Pedagogia(s) da Infância

O48p Oliveira-Formosinho, Júlia

Pedagogia(s) da infância : dialogando com o passado : construindo o futuro / Júlia Oliveira-Formosinho, Tizuko Morchida Kishimoto, Mônica Appezzato Pinazza, organizadoras. – Porto Alegre : Artmed, 2007.
328 p. : il. ; 23 cm.

ISBN 978-85-363-0842-5

1. Pedagogia – Educação infantil. I. Kishimoto, Tizuko Morchida. II. Pinazza, Mônica Appezzato. III. Título.

CDU 37.013

Catalogação na publicação: Júlia Angst Coelho – CRB 10/1712

Pedagogia(s) da Infância

Dialogando com o Passado Construindo o Futuro

Júlia Oliveira-Formosinho
Tizuko Morchida Kishimoto
Mônica Appezzato Pinazza
organizadoras

Reimpressão

artmed®

2007

Capa
Abílio Ribeiro – Arte-finalização Gustavo Macri

Ilustração da capa
Crianças do Colégio D. Pedro V, Braga, Portugal
Contracapa: Os Direitos das Crianças: Trabalho de alunos da Escola Carvalhosa, Braga, Portugal

Preparação do original
Elisângela Rosa dos Santos

Leitura final
Carla Rosa Araujo

Supervisão editorial
Mônica Ballejo Canto

Projeto gráfico e editoração eletrônica
Armazém Digital Editoração Eletrônica – Roberto Vieira

ARTMED® EDITORA S.A.
Av. Jerônimo de Ornelas, 670 - Santana
90040-340 Porto Alegre RS
Fone (51) 3027-7000 Fax (51) 3027-7070

SÃO PAULO
Av. Embaixador Macedo de Soares, 10735 - Galpão 5
Vila Anastácio - 05035-000 São Paulo SP
Fone (11) 3665-1100 Fax (51) 3667-1333

SAC 0800 703-3444

IMPRESSO NO BRASIL
PRINTED IN BRAZIL
Impresso sob demanda na Meta Brasil a pedido de Grupo A Educação.

Autores

Júlia Oliveira-Formosinho (org.) Professora associada do Instituto de Estudos da Criança (IEC) da Universidade do Minho e vice-presidente da Associação Criança, de Braga, Portugal. Assessora internacional da rede de pesquisadores dos contextos integrados de educação infantil, da Faculdade de Educação da Universidade de São Paulo, e membro da direção da Associação Européia de Investigação em Educação da Infância. Tem desenvolvido pesquisas com publicações nacionais e internacionais nas áreas de pedagogia da infância, formação de professores e supervisão.

Tizuko Morchida Kishimoto (org.) Professora titular da Faculdade de Educação da Universidade de São Paulo e coordenadora da rede de pesquisadores Contextos Integrados de Educação Infantil, do Laboratório de Brinquedos e Materiais Pedagógicos (LABRIMP) e do Museu da Educação e Brinquedo. Docente e pesquisadora no campo da educação infantil, formação de professores e jogos e brincadeiras, com publicações nacionais e internacionais sobre esses temas.

Mônica Appezzato Pinazza (org.) Professora doutora da Faculdade de Educação da Universidade de São Paulo e da Universidade São Judas Tadeu. Membro da rede de pesquisadores Contextos Integrados de Educação Infantil e coordenadora do grupo de estudos Formação de Professores e Práticas de Supervisão em Contexto. Docente e pesquisadora nas áreas de formação de professores e educação infantil, com artigos publicados sobre esses temas. Membro do grupo gestor do Fórum Paulista de Educação Infantil.

Alberto Filipe Araújo Doutor em Filosofia da Educação pela Universidade do Minho (Braga, Portugal) e professor auxiliar com agregação do Instituto de Educação e Psicologia da mesma universidade. Os seus trabalhos dividem-se em três áreas afins: filosofia do imaginário educacional, filosofia da educação e história das idéias pedagógicas.

Alessandra Pimentel Mestra em Psicologia da Educação pela Pontifícia Universidade Católica de São Paulo e doutora em Educação pela Faculdade de Educação da Universidade de São Paulo. Pesquisadora do Núcleo de Estudos em História da Psicologia (NEPSI) da PUC-SP, com estudos nas áreas de desenvolvimento e aprendizagem, formação de professores, psicologia do jogo e história da psicologia.

Ana Lúcia Goulart de Faria Professora doutora da Faculdade de Educação da Universidade de Campinas e coordenadora do subgrupo de estudos e pesquisa em educação infantil do Grupo de Estudo e Pesquisa em Educação e Diferenciação Sociocultural (GEPEDISC). Pesquisadora dos temas educação infantil, pedagogia da infância, sociologia da infância e ciências sociais aplicadas à educação, com várias publicações e traduções no campo da educação.

Dalila Maria Brito da Cunha Lino Bacharel em Educação de Infância e doutora em Estudos da Criança, área de especialização em Metodologia e Supervisão em Educação de Infância pela Universidade do Minho. Exerce funções de docência no Instituto de Estudos da Criança da Universidade do Minho no Departamento de Ciências da Educação da Criança. Colabora na equipe de investigação do Projecto Infância e é membro da Associação Criança.

Emília Cipriano Sanches Professora titular da Faculdade de Educação da Pontifícia Universidade Católica de São Paulo e coordenadora do curso de pós-graduação do Centro Universitário Monte Serrat (UNIMONTE), de Santos (SP), e do grupo de pesquisa ligado à rede de pesquisadores Contextos integrados de educação infantil. Pesquisadora no campo da pedagogia da infância, com estudos e várias publicações sobre a educação infantil. Membro do grupo gestor do Fórum Paulista de Educação Infantil.

Fátima Vieira Professora assistente do Instituto de Estudos da Criança (IEC) da Universidade do Minho e pesquisadora da Associação Criança, de Braga, Portugal, com estudos e publicações nas áreas de pedagogia da infância e supervisão na formação de professores.

João Formosinho Professor catedrático do Instituto de Estudos da Criança (IEC) da Universidade do Minho. Diretor do Centro de Investigação em Formação de Profissionais de Educação da Criança. Membro do Conselho Científico-Pedagógico da Formação Contínua de Professores. Presidente da Associação Criança. Tem publicado nas áreas de formação de professores, organização da escola e educação de infância. Conduz atualmente uma investigação de larga escala sobre o programa inglês de formação de líderes para instituições de infância.

Joaquim Machado de Araújo Doutor em Filosofia da Educação pela Universidade do Minho (Braga, Portugal) e docente no Instituto de Estudos da Criança (IEC) da mesma universidade. Tem trabalhos publicados nas áreas de administração educacional, formação de professores, pedagogia e políticas educativas.

Marisa Del Cioppo Elias Professora titular do Departamento de Tecnologia da Pontifícia Universidade Católica de São Paulo e do curso de pós-graduação da Universidade Braz Cubas, de Mogi das Cruzes (SP). Graduada em Pedagogia e em Sociologia com doutorado em Educação. Membro fundador do Fórum da Pedagogia Freinet e do Conselho de Ética em Pesquisa de ambas as universidades citadas. Autora de várias publicações nas áreas de alfabetização, educação infantil e metodologias de ensino.

Maristela Angotti Professora doutora do Departamento de Didática da Faculdade de Ciências e Letras da UNESP, de Araraquara (SP) e diretora geral do Instituto Taquaritinguense de Ensino Superior (ITES), de Taquaritinga (SP). Coordenadora de grupo de pesquisa ligado à rede de pesquisadores Contextos Integrados de Educação Infantil. Docente, pesquisadora e autora de várias publicações na interface das áreas temáticas de educação infantil e de formação de professores.

Apresentação

Júlia Oliveira-Formosinho

AS CRIANÇAS DEVEM SER VISTAS, MAS NÃO OUVIDAS

"As crianças devem ser vistas, mas não ouvidas" é uma máxima do código educativo tradicional das altas classes sociais inglesas. Mas esse princípio emigrou para outros contextos geográficos, para outras classes sociais, saiu da esfera da educação familiar e obteve ressonância na política educativa e na vida escolar.

Também as vozes dos pedagogos permaneceram vistas tanto na retórica das leis e dos documentos oficiais quanto na retórica dos documentos das escolas (projetos educativos, projeto político-pedagógico), mas não ouvidas, isto é, não praticadas. São vozes antigas que transportam uma sabedoria que precisamos escutar com urgência para desenvolver uma outra pedagogia: uma pedagogia transformativa, que credita a criança com direitos, compreende a sua competência, escuta a sua voz para transformar a ação pedagógica em uma atividade compartilhada.

A pedagogia da infância pode reclamar que tem uma herança rica e diversificada de pensar a criança como ser participante, e não um ser em espera de participação.

A HERANÇA PEDAGÓGICA: SOMOS ANÕES AOS OMBROS DE GIGANTES

Jean Nouvelle, incontornável marco da arquitetura atual, desenvolveu a idéia de que ser moderno consiste em fazer o melhor uso da memória e arriscar-se a inventar. Não só na arquitetura, mas também na pedagogia, é tão empobrecedor ignorar o passado quanto ignorar o futuro. Ignorar o passado e começar tudo de novo, a cada momento, é ignorar a natureza humana que constrói identidade(s) e cultura(s) a partir da memória. Ignorar o futuro, e retomar em cada momento o passado como única configuração do presente, é ignorar a liberdade criativa individual e coletiva que desafia à participação na construção do mundo.

A pedagogia dispõe da memória e da história para essa reconstrução. Ela é o produto de uma construção sócio-histórica cultural que em si mesma já transporta os germes de uma construção nova. A contemporaneidade terá de empreender essa (re)construção no desenrolar de um fio histórico vivido e interpretado não como mera transmissão, mas como recriação e criação. É preciso, então, fazermos o melhor uso da memória no risco de inventar. Essa reinvenção revela o que disse o filósofo medieval: somos anões aos ombros de gigantes.

A herança pedagógica da segunda metade do século XIX e do século XX tem fontes plurais, entre outros: os contributos da história da pedagogia (os pedagogos, os modelos pedagógicos), da psicologia do desenvolvimento e da educação, do desenvolvimento das ciências sociais (antropologia, sociologia da infância) e do movimento dos direitos humanos, especificamente dos direitos da criança.

Essas motivações levaram ao desenvolvimento de um projeto: o de revisitar um conjunto de pedagogos e estabelecer com eles um diálogo que nos permita o duplo movimento próprio da pedagogia: desconstrução-reconstrução. É o projeto do livro que aqui se apresenta. Dewey, Freinet, Froebel, Montessori, Malaguzzi, Piaget, Bruner, Vygotsky são autores com os quais ele dialoga, o que nos coloca perante uma herança pedagógica rica de imagens novas: a de criança e de aluno, a de adulto e de professor, a de processo de ensino aprendizagem.[1]

Representando, esses autores, em termos temporais, cerca de 150 anos de história da pedagogia, os diálogos que esta obra desenvolve presenteiam-nos com a possibilidade de revisitar uma tessitura de idéias que foi construindo, década após década, as possibilidades do(s) modo(s) participativo(s) de fazer pedagogia.

Este livro, afastando-se de um presentismo redutor, procura inquirir de que modo as tensões vividas no século XX tiveram manifestações inovadoras nas concepções de criança e de adulto, nas concepções de escola, professor e aluno, nas concepções do processo de ensino-aprendizagem. De que modo essas concepções vieram a ser anunciadas na pedagogia do século XX é uma pergunta a que ele procura dar resposta.

Nas "coisas da pedagogia"[2] temos andado muito afastados desse diálogo histórico, temos enveredado, com irreflexão surpreendente, por propostas e receituários provenientes dos mais diversos quadrantes, sem previamente nos perguntarmos: Quem? Por quê? Para quê? Como? Na ausência dessa indagação, caímos em uma pedagogia ditada pelos modismos, sujeita a lógicas que não se situam nas "coisas da profissão" e que, antes pelo contrário, lhe são exteriores. O exercício de recentração da pedagogia na reinstituição dos seus saberes sócio-histórico-culturalmente construídos é tarefa individual e coletiva.

Este livro procura na reconstituição dessa memória não o saudosismo, mas um encontro com o futuro, visando à reconstrução de uma pedagogia da infância para o século XXI.

DA ESQUIZOFRENIA EDUCATIVA À TRANSFORMAÇÃO DOS CONTEXTOS PEDAGÓGICOS

O modo de fazer pedagógico que ignora os direitos da criança a ser vista como competente e a ter espaço de participação (o modo pedagógico transmissivo ou a pedagogia transmissiva) persiste, não por falta de pensamento e propostas alternativas, mas pelas razões de regulação burocrática da escola que o autor anônimo do século XX, para usar a expressão de João Formosinho e Joaquim Machado, impôs.

É por isso que a proposta construtivista que retoma, em muito, os textos dos pedagogos do final do século XIX e princípios do século XX, criou alguma ressonância ao nível da retórica política, educativa e nunca conseguiu penetrar a esfera praxiológica para transformá-la. É, assim, que hoje assistimos a uma quase esquizofrenia educativa em que se naturalizou a distância entre as propostas e a realidade pedagógica experienciada por adultos e crianças.

No entanto, aceitar outras imagens da criança que falam da competência participativa e dos direitos a essa participação traz consigo uma obrigação cívica de incorporá-las em cotidianos que as respeitam. Nesse sentido, o livro que hoje se apresenta baseia-se na verificação da persistência do modo transmissivo de fazer pedagogia, na urgência de desconstruir o modo transmissivo e de construir o modo participativo, no reconhecimento de que a memória e a história são fecundas em propostas para traçar caminhos de recontextualização da pedagogia da infância, no reconhecimento de que a dependência do presentismo, provindo de vários quadrantes, empobrece a cultura pedagógica e deixa-nos, como profissionais, frágeis e dependentes de modismos e agendas que nos são exteriores. Enfim, baseia-se no reconhecimento de que, no diálogo com essas propostas, desenvolvemos um sentido de pertencimento a uma comunidade cultural rica e plural, que está na origem da nossa identidade profissional e que nos sustenta na reinvenção do futuro.

Esta obra contém em si um outro desafio: a recusa das alternativas pedagógicas como retórica, a sua exigência como projeto em ação. Ela procura, na longa história da pedagogia, alguns diálogos que nos ajudam a esclarecer concepções, tomar decisões, sentir pertencimento e, com isso, desenvolver um sentir, um pensar e um fazer pedagógico fortalecido, rico, texturado, menos dependente do aqui e agora, do presentismo redutor, e menos limitado.

Partilhar culturas praxiológicas que desenvolvem gramáticas do fazer pedagógico é uma aprendizagem experiencial em contexto que, quando realizada em uma perspectiva de reconhecimento da pluralidade das epistemologias da prática, representa o melhor uso da memória pedagógica para a reconstrução de cotidianos que promovam a competência participativa da criança.

NOTAS

1. Ao fazer esta escolha, tínhamos a consciência de que, por agora, deixaríamos de lado outros autores que também poderiam contribuir para o projeto deste livro. A verdade é que escolher é sempre selecionar. Outros projetos em curso procederão a outros diálogos.
2. Expressão muito utilizada por Sérgio Niza.

Sumário

1

Pedagogia(s) da infância: reconstruindo uma práxis de participação

Júlia Oliveira-Formosinho

A UTILIZAÇÃO DA HERANÇA HISTÓRICA NA RECONSTRUÇÃO DE UMA PRÁXIS DE PARTICIPAÇÃO

"As crianças devem ser vistas, mas não ouvidas" é uma máxima do código educativo tradicional das altas classes sociais inglesas. Esse princípio emigrou da esfera da educação familiar inglesa para a esfera pública dos sistemas educativos ocidentais, tendo ressonância na política educativa e na vida escolar – também as vozes dos pedagogos permanecem vistas na retórica das leis e dos documentos oficiais, na retórica dos documentos das escolas (projeto educativo, projeto político-pedagógico), mas não realmente ouvidas, isto é, não praticadas, não constituídas em uma práxis.

As propostas construtivistas que retomam, em muito, os textos dos pedagogos do final do século XIX e princípio do século XX, se criam alguma ressonância ao nível da retórica da política educativa, nunca conseguiram penetrar a carapaça burocrática que protege a pedagogia transmissiva tradicional, ou seja, nunca conseguiram transformar a esfera praxiológica. É, assim, que hoje assistimos a uma quase esquizofrenia educativa em que se naturalizou a distância entre as propostas e a realidade pedagógica experienciada por adultos e crianças.

Então, a persistência de um modo de fazer pedagógico que ignora os direitos da criança a ser vista como competente e a ter espaço de participação (o modo pedagógico transmissivo ou a pedagogia transmissiva) persiste, não por falta de pensamento e propostas alternativas. De fato, a pedagogia da infância pode reclamar que tem uma herança rica e diversificada de pensar a criança como ser participante, e não como um ser em espera de participação. A persistência deve-se à regulação burocrática da escola que o autor anônimo do século XX, para usar a expressão de João Formosinho e Joaquim Machado, lentamente construiu.[1]

Mas aceitar, ao nível dos valores e das teorias, outras imagens da criança que falam da competência participativa e dos direitos a essa participação traz consigo uma obrigação cívica de incorporá-las em cotidianos que as respeitam, de transformar a práxis. A pedagogia da infância dispõe da memória e da história para essa transformação, para se recentrar na reinstituição dos seus saberes, pois é o produto de uma construção sócio-histórica cultural que em si mesma já transporta as sementes de uma nova construção.

O propósito deste livro é que escutemos as vozes de pedagogos dos dois últimos séculos, porque transportam a sabedoria de que precisamos para desenvolver uma outra pedagogia – uma pedagogia transformativa, que credita a criança com direitos, compreende a sua competência, escuta a sua voz para transformar a ação pedagógica em uma atividade compartilhada.

A PRÁXIS COMO O LÓCUS DA PEDAGOGIA

A pedagogia organiza-se em torno dos saberes que se constroem na ação situada em articulação com as concepções teóricas e com as crenças e os valores. A pedagogia é, portanto, um "espaço ambíguo" já não de um-entre-dois, a teoria e a prática, como alguns disseram (Houssaye et al., 2002), mas antes de um-entre-três, as *ações*, as *teorias* e as *crenças*, em uma triangulação interativa e constantemente renovada.

Convocar crenças e valores, analisar práticas e usar saberes teóricos constitui um movimento triangular de criação de um "espaço ambíguo" – o espaço da pedagogia – que nos reenvia para uma triangulação praxiológica. Ser profissional reflexivo é fecundar, antes, durante e depois da ação, as práticas nas teorias e nos valores, interrogar para ressignificar o já feito em nome da reflexão que constantemente o reinstitui.

A pedagogia como construção de saberes praxiológicos na ação situada recusa os reducionismos – o academicismo em que a lógica dos saberes constitui-se em critério único, o empiricismo em que a experiência primária do cotidiano, não "ampliada", traduz-se em referência central (Formosinho, 2002). Diferentemente de outros saberes que se constroem pela definição de domínios com fronteiras bem

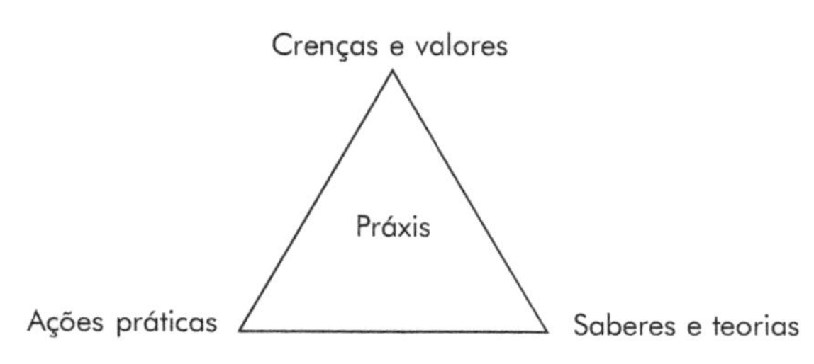

FIGURA 1.1 A triangulação praxiológica.

definidas, os saberes pedagógicos criam-se na ambigüidade de um espaço que conhece as fronteiras, mas não as delimita, porque a sua essência está na integração.

Este capítulo visa a contribuir para a reconstrução de uma pedagogia da infância baseada em uma práxis de participação. Partindo do princípio de que a práxis é o lócus da pedagogia, concluímos que, por isso, é mais complexa do que as crenças, as teorias e as práticas consideradas isoladamente. Uma pedagogia centrada na práxis de participação procura responder à complexidade da sociedade e das comunidades, do conhecimento, das crianças e de suas famílias, com um processo interativo de diálogo e confronto entre crenças e saberes, entre saberes e práticas, entre práticas e crenças, entre esses pólos em interação e os contextos envolventes. Por essa razão, é um modo de fazer pedagogia mais complexo do que o modo transmissivo. É o que veremos a seguir.

PEDAGOGIA DA TRANSMISSÃO E PEDAGOGIA DA PARTICIPAÇÃO: DOIS MODOS DE FAZER PEDAGOGIA

Um exercício que a herança pedagógica dos dois últimos séculos permite-nos é o de contrastar os modos de fazer pedagogia: o modo da transmissão e o modo da participação (Oliveira-Formosinho, 2002a). Dewey, nos Estados Unidos, Freinet, na França, Malaguzzi, na Itália, Paulo Freire, no Brasil, Sérgio Niza, em Portugal, são somente alguns exemplos de pedagogos que procuraram modos alternativos de fazer pedagogia e, para tal, necessitaram desconstruir o modo tradicional.

O mesmo debate ocorre na sociedade entre a concepção de cultura como reprodução e a concepção de cultura como recriação. Assim, no desenvolver desse exercício encontramos a cultura, como realidade dinâmica, a confrontar-se com essa definição do que é conhecimento e o processo de construí-lo. Esse debate cultural recebe contribuições da pedagogia; esta, por sua vez, recebe contribuições desse processo cultural mais amplo. É um jogo de espelhos em que o campo da pedagogia, ao ver o debate na sociedade e na cultura, revê-se no espelho, porque vê os seus debates internos ocorrendo em outros espaços de cultura, encontra-se refletido nesses debates e alimenta-se desse diálogo cultural (Readings, 1996; Naughton, 2005).

No Quadro 1.1, comparam-se os modos pedagógicos ao nível dos objetivos, dos conteúdos, dos métodos e materiais, do processo de ensino-aprendizagem. No Quadro 1.2, comparam-se os modos pedagógicos ao nível da relação pedagógica e do papel dos diversos atores educativos. No Quadro 1.3, apresentam-se as fontes teóricas e os autores, bem como os modelos pedagógicos concretos filiados em cada um desses modos.

Todos os pedagogos que propuseram alternativas significativas para uma pedagogia – em que a criança ativa e competente é respeitada nos seus direitos de participação – tomaram posição nesses níveis constitutivos dos modos diferenciados de fazer pedagogia.[2]

Quadro 1.1
Comparação de dois modos de pedagogia

	Pedagogia da transmissão	Pedagogia da participação
Objetivos	• adquirir capacidades pré-académicas • acelerar as aprendizagens • compensar os déficits	• promover o desenvolvimento • estruturar a experiência • envolver-se no processo de aprendizagem • construir as aprendizagens • dar significado à experiência • atuar com confiança
Conteúdos	• capacidades pré-acadêmicas • persistência • linguagem adulta	• estruturas e esquemas internos mentais • conhecimento físico, matemático, social • metacognição • instrumentos culturais
Método	• centrado no professor • centrado na transmissão • centrado nos produtos	• aprendizagem pela descoberta • resolução de problemas • investigação
Materiais	• estruturados • utilização regulada por normas emanadas do professor	• variados, com uso flexível • abertos à experimentação
Processo de aprendizagem	• mudança comportamental observável, realizada através do ensino	• jogo livre e atividades espontâneas • jogo educacional • construção ativa da realidade física e social
Etapas da aprendizagem	• simples – complexo • concreto – abstrato	• períodos de aprendizagem e desenvolvimento
Avaliação	• centrada nos produtos • comparação das realizações individuais com a norma	• centrada nos processos • interessada nos produtos e nos erros • centrada na criança individual • centrada no grupo • reflexiva das aquisições e realizações

Quadro 1.2
Comparação de dois modos de pedagogia

	Pedagogia da transmissão	Pedagogia da participação
Motivação	• reforços seletivos vindos do exterior (do professor)	• interesse intrínseco da tarefa • motivação intrínseca da criança
Atividade da criança	• discriminar estímulos exteriores • evitar erros • corrigir erros • assumir função respondente	• questionamento • planejamento • experimentação e confirmação de hipóteses • investigação • cooperação e resolução de problemas
Papel do professor	• diagnosticar • prescrever objetivos e tarefas • dar informação • moldar e reforçar • avaliar os produtos	• estrutura o ambiente • escuta e observa • avalia • planeja • formula perguntas • estende os interesses e conhecimentos da criança e do grupo em direção à cultura • investiga
Interação Professor – criança Criança – criança Criança – material	 • alta • baixa • baixa	 • alta • alta • alta
Tipos de agrupamento	• pequeno grupo	• individual • pequeno grupo • grande grupo

A *pedagogia da transmissão* que se centra na lógica dos saberes, no conhecimento que quer veicular, resolve a complexidade através da escolha unidirecional dos saberes a serem transmitidos e da delimitação do modo e dos tempos para fazer essa transmissão, tornando neutras as dimensões que contextualizam esse ato de transmitir. A persistência e a resistência desse modo tem a ver com a simplicidade, a previsibilidade e a segurança da sua concretização, pois ele representa um processo de simplificação centrado na regulação e no controle de práticas desligadas da interação com outros pólos, de uma resposta à ambigüidade através da

Quadro 1.3
Comparação de dois modos de pedagogia

	Pedagogia da transmissão	Pedagogia da participação
Modelos Curriculares Concretos (Programas)	• DISTAR* • DARCEE**	• High Scope (Estados Unidos) • Kamii DeVries (Estados Unidos) • Reggio Emília (Itália) • Modena (Itália) • Pen Green (Inglaterra) • Freinet (Brasil) • Movimento da Escola Moderna – MEM (Portugal) • Associação Criança (Portugal)
Teóricos	• perspectiva transmissiva tradicional • perspectiva comportamentalista	• Piaget • Mead • Vygotsky • Bruner

* Direct Instruction System for Teaching Arithmetic and Reading.
** Demonstration and Research Center for Early Education.

definição artificial de fronteiras e de respostas tipificadas. Por isso, é o modo pedagógico congruente com o modo organizacional baseado na burocracia, pois esta é baseada na simplificação do juízo que fundamenta a ação, na pré-decisão no centro da ação a ser desenvolvida pela periferia.

Nosso principal objetivo aqui é contribuir para nos libertarmos da opressão da pedagogia da transmissão. Porém, como nos ensina Paulo Freire, em pedagogia a ruptura não é um mero exercício de desocultação, mas sim um compromisso com a reconstrução e com a esperança. A partir dessa desconstrução, pretendemos facilitar a reconstrução de uma pedagogia da participação.

A *pedagogia da participação* cumpre a essência da pedagogia na sua expressão por nós considerada mais nobre, que reside na integração das crenças e dos saberes, da teoria e da prática, da ação e dos valores. Ela o faz em combinações múltiplas, fugindo da "realidade atual e criando mundos possíveis" (Bruner, 1986). Parte dessa complexidade resulta da integração de saberes, práticas e crenças quer no espaço da ação e reflexão, quer no espaço da produção de narrativas sobre o fazer e para o fazer.

A pedagogia da participação centra-se nos atores que constroem o conhecimento para que participem progressivamente, através do processo educativo, da(s) cultura(s) que os constituem como seres sócio-histórico-culturais. A pedagogia da participação realiza uma dialogia constante entre a intencionalidade conhecida para o ato educativo e a sua prossecução no contexto com os atores, porque estes são pensados como ativos, competentes e com direito a co-definir o itinerário do projeto de apropriação da cultura que chamamos educação.[3]

A interatividade entre saberes, práticas e crenças é construída pelos atores; na construção do seu itinerário de aprendizagem, mas em interação com os seus contextos de vida e com os contextos de ação pedagógica. Assim, a interdependência entre os atores e os ambientes, faz da pedagogia da participação um espaço complexo, no qual lidar com a ambigüidade, a emergência e o imprevisto torna-se critério do fazer e do pensar. A participação implica a escuta, o diálogo e a negociação, o que representa um importante elemento de complexidade desse modo pedagógico.

Em síntese, a interatividade entre saberes, práticas e crenças, a centração nos atores como co-construtores da sua jornada de aprendizagem em um contexto de vida e de ação pedagógica determinado, através da escuta, do diálogo e da negociação, conduzem a um modo de fazer pedagógico caleidoscópico, centrado em mundos complexos de interações e interdependências, promovendo interfaces e interações. Esse modo de fazer pedagógico configura a ambigüidade, a emergência, o imprevisto como critério do fazer e do pensar, produzindo possibilidades múltiplas que definem uma pedagogia transformativa. Estas são características que fogem à possibilidade de uma definição prévia total do ato de ensinar e aprender, exigindo a sua contextualização cotidiana.[4]

Esta síntese permite-nos enunciar as tarefas centrais de um modo participativo de fazer pedagogia. A primeira tarefa é a de construção de contextos educativos complexos que permitam a emergência das possibilidades múltiplas e que participem no processo de construir participativamente conhecimento. A segunda tarefa situa-se no coração relacional desse modo pedagógico, que o define como espaço de interação e escuta, a serviço da diferenciação pedagógica. A terceira tarefa é a de, dialogando com a história, escolher reflexivamente uma gramática pedagógica que permita pertencer a uma comunidade aprendente que partilhe um modo de fazer pedagógico, contribuindo para a construção do conhecimento sobre esse modo de fazer.

Essas tarefas serão analisadas a seguir, após uma releitura do confronto entre os dois modos de fazer pedagogia a partir de Dewey.

PEDAGOGIA DA TRANSMISSÃO E PEDAGOGIA DA PARTICIPAÇÃO: UMA LEITURA A PARTIR DE DEWEY

Fazer uma leitura do contraste entre o modo transmissivo e o modo participativo a partir de Dewey tem o intuito de afastar qualquer incompreensão acerca do que é uma educação não-tradicional.[5]

No século passado, foram múltiplas as alternativas que se criaram para a rejeição da transmissão. Em um artigo notável sobre a criança e o currículo, Dewey escreve, em 1902, que há quem não veja alternativa entre forçar a criança do exterior ou deixá-la entregue a si própria. O diálogo com Dewey[6] constitui uma via muito rica para significar que esse debate entre a criança e o currículo não deve levar à exclusão nem da criança, dos seus interesses e motivações, nem do currículo no que representa de significados, objetivos e valores sociais.

Segundo Dewey, as diferenças teóricas profundas em torno do que é ensinar e aprender nascem de elementos em conflito e em contradição. Na ausência de reflexão e de criação de pontos de vista alternativos que permitam ver à outra luz os elementos em conflito, a via é a do enclausuramento em torno de um dos elementos. Na opinião de Dewey, assim se criam as escolas de opinião que, quando selecionam certas condições por oposição às condições contraditórias e as edificam em verdade única, sem espaço para reflexão, comportam-se como seitas.

Para ele, os elementos fundamentais do processo educativo são, ao mesmo tempo, as *crianças* (com os seus interesses e opiniões) e os *objetivos* (os significados e valores sociais incorporados na experiência da sociedade e da cultura). O processo educativo não se situa de um dos lados contra o outro, pois a sua essência é a interação desses elementos fundamentais. A teoria educativa precisa constantemente refletir os dois elementos e a sua interatividade, em vez de se entrincheirar de um dos lados. A não ser assim, quem perde é a epistemologia da prática, empobrecida pelo déficit reflexivo.

Contudo, Dewey chama a atenção para o fato de a via mais fácil ser o antagonismo que se traduz em considerar os elementos apenas naquilo que os separa e optar por um que se edifica em verdade absoluta. Então, a chave para ensinar extrema-se: ou a natureza da criança ou a natureza do currículo. O processo educativo deixa de ser problematizado como holístico, e de natureza interativa, e passa a ser equacionado de modo simplista através de um dos elementos em conflito: a criança ou o currículo, o indivíduo ou a cultura social.

No que se refere às finalidades da educação, uns enclausuram-se do lado da finalidade personalizadora, enquanto outros do lado da finalidade socializadora e cerram trincheiras que permitem esgrimir debates e captar adeptos.

Uma corrente de pensamento pedagógico fixa a sua atenção, de forma exclusiva, sobre a importância do conteúdo do currículo em oposição ao conteúdo da própria experiência da criança, pois se receia que esta possa ser estreita, imperfeita, egoísta, egocêntrica, impulsiva. Define-se que é necessário inscrever, na natureza volátil da criança, a lei e a ordem. O currículo traz um mundo organizado com base na certeza do conhecimento, em que tudo é medido e definido, fugindo à experiência confusa, vaga, incerta da criança.

O papel do educador é o de substituir uma natureza superficial, casual, peculiar, por uma natureza estável e ordenada através de lições. Ele o faz dividindo cada tópico em disciplinas, cada disciplina em lições, cada lição em fatos e fórmulas para a criança seguir, passo a passo, degrau a degrau, para, através do domínio progressivo de cada uma dessas partes, chegar ao todo. Desse modo, a aquisição da informação constitui-se na questão pedagógica central – a discussão sobre a divisão em disciplinas substitui uma reflexão sobre as finalidades; a sucessão dos assuntos e das matérias determina o método.

Para a outra corrente de pensamento pedagógico, a personalidade, o caráter da criança é o ponto de gravitação e o desenvolvimento da criança é a grande finalidade da educação. O valor da escola reside em servir essa finalidade, porque a personalidade é mais importante que a matéria, a realização pessoal subordina a aquisição de informação. Apenas a criança determina a finalidade e a quantidade do assunto-matéria, pois este não é mais do que o alimento para a sua realização pessoal.

Dewey continua com a sua teorização, analisando as implicações dessa oposição fundamental entre o currículo e a criança. Explica que do lado dos "curricularistas", isto é, dos que defendem a supremacia do curso de estudos, a "disciplina" é a palavra-chave. Do outro lado, a palavra-chave é o interesse da criança. A primeira posição sustenta-se na lógica dos conteúdos, na erudição do professor e no treino da criança. A segunda posição sustenta-se na psicologia da criança, requer o conhecimento da sua estrutura psicológica e uma posição de empatia e subordinação perante essa estrutura. A primeira perspectiva requer a definição de instâncias de orientação e de controle, enquanto a segunda possibilita a criação de espaços de liberdade e iniciativa.

Na questão do ensinar-aprender, as posições teóricas diferenciam-se sobretudo em torno de um núcleo central de imagens: a de criança e a de professor, a de processo de ensino-aprendizagem e respectiva avaliação. Essas diferenças têm consequências nos níveis de definição dos modos de fazer pedagogia.

Os objetivos educacionais diferenciam-se, no modo transmissivo e no modo participativo, porque esse núcleo de imagens oferece grande variabilidade entre os dois modos. A imagem da criança como construtora de conhecimento, com competência para ter voz no processo de ensino-aprendizagem gera, em congruência, um determinado conjunto de objetivos. Quando a criança é considerada uma "tábua rasa", uma "folha em branco" na qual o ensino vem inscrever os conhecimentos, essa inscrição passa a ser a tarefa central do professor e o pólo de gravitação da definição de objetivos educacionais.

Também existem as diferentes definições de bom aluno para cada modo pedagógico. No modo transmissivo, o bom aluno é o que consegue acelerar essa inscrição de conhecimentos. Compensar os déficits é tarefa do professor perante os alunos que apresentam dificuldades de aprendizagem. No modo participativo, em que a criança é percebida como competente e como sujeito de direitos, parte-se dos seus interesses como motivação para a experiência educativa que se estrutura e complexifica, promove-se a compreensão desses interesses como base para a experiência e sua estruturação. No modo participativo, o bom aluno é o que se envolve, pois o seu envolvimento nas atividades e nos projetos é considerado indispensável para que dê significado às experiências, sendo essencial para que construa conhecimento e aprenda a aprender.

No entanto, Dewey adverte que as posições extremas são, geralmente, deixadas aos teóricos e que os profissionais, usando o bom senso, "oscilam em um labirinto de compromissos", compreendendo a necessidade de aproximar a teoria e o bom senso. Isso se traduz na necessidade de regressar à teorização da interação dos elementos constitutivos do processo educativo, recusando a noção prejudicial de "hiato de qualidade" entre a experiência da criança e os conteúdos que formam a seqüência do currículo.

Fazer isso significa um movimento duplo de reflexão: por um lado, sobre a experiência da criança no que contém de elementos e fatos, do mesmo tipo dos conteúdos que compõem a seqüência de estudos; por outro lado, sobre analisar se a experiência das crianças contém os interesses que dirigem a organização do conteúdo. É que adotar uma posição teórica de reflexão crítica que foge aos simplismos estéreis não é criar um espaço onde tudo se confunde.

As pedagogias propostas por aqueles que, nas últimas três décadas do século XIX e no século XX, iniciaram movimentos de renovação pedagógica são férteis em modelos para uma pedagogia da participação. Dentre eles, convocamos Dewey, fonte inspiracional constante, para nos explicar mais esse fator de complexidade de uma pedagogia da participação. Ele nos faz compreender que os dois elementos do ato de ensino-aprendizagem – as crianças e o currículo – têm identidade própria. Uma proposta reflexiva para a construção de uma práxis participativa reconhece que o ato educativo integra esses dois elementos, porque a agência do aprendente, em liberdade e cooperação, recebe o conhecimento e transforma-o, isto é, participa da sua reconstrução.

Nesse sentido, procuramos explicar a necessidade de que uma pedagogia da participação se inicie pela construção (ou reconstrução) do contexto educativo dos aprendentes, conceitualizando-o como contexto educativo complexo que permita a emergência de possibilidades múltiplas, como contexto que participe no processo de construir participativamente o conhecimento.

O CONTEXTO QUE PARTICIPA: A PEDAGOGICIDADE DO ESPAÇO E DOS MATERIAIS

Construir um contexto[7] que participe na participação colocou-se ao longo do século XX como um dos maiores desafios a que a pedagogia da infância procurou responder. De Maria Montessori a Malaguzzi encontramos respostas muito diferenciadas que, contudo, defendem uma idéia em comum: a aprendizagem é situada. Um dos maiores desafios perante os quais nos colocou a pedagogia da infância provém de ter mostrado que a construção do conhecimento pela criança necessita de um contexto social e pedagógico que sustente, promova, facilite, celebre a participação, de um contexto que participe na construção da participação.

Comecemos pelo contexto físico – o espaço, a arquitetura, os materiais. Há uma pedagogicidade indiscutível na materialidade do espaço, disse Paulo Freire (1997) quando, como secretário da educação do Estado de São Paulo, visitou escolas da rede escolar e constatou o desprezo a que estavam votados os espaços educativos. Horrorizado, perguntava ainda como cobrar das crianças um mínimo de respeito pelas carteiras, mesas e paredes se o poder público revelava absoluta desconsideração pela coisa pública.

Em 1902, ao percorrer as lojas de material escolar, de Chicago, tentando encontrar mesas e cadeiras que satisfizessem as necessidades das crianças, sob os pontos de vista artístico, higiênico e educativo, Dewey teve grande dificuldade em encontrar aquilo que procurava. Um comerciante respondeu-lhe: "Receio bem não ter o que vocês desejam. Vocês querem carteiras onde as crianças possam trabalhar, todas estas são para ouvir". Dewey comenta que isso resume toda a história da educação tradicional, uma educação na qual tudo foi concebido para pôr as crianças a ouvir. Medeia quase um século entre esse episódio da vida de Dewey e o episódio da vida de Paulo Freire, mas ambos reconhecem a importância do contexto físico na pedagogia adotada.

Vários modelos pedagógicos preocuparam-se com a arquitetura do espaço educacional. Este ambiente, proposto por Maria Montessori, os modelos arquitetônicos froeblianos, a integração dos espaços educativos interiores e exteriores de Margaret Macmillan, a pedagogia da escuta de Reggio Emilia são somente alguns exemplos que falam da importância do contexto físico, do espaço e da arquitetura da sala de atividades, do espaço de recreio, da escola e do espaço envolvente. Esses elementos são importantes para criar outra visão da criança e do professor, do ensinar e do aprender.

O CONTEXTO QUE PARTICIPA: DO CONTEXTO FÍSICO AO CONTEXTO SOCIAL

Embora o espaço físico tenha uma pedagogicidade indiscutível, ele não é suficiente para caracterizar um contexto. Um conjunto de salas de aula não é necessariamente uma escola. Siegel e Cohen (1991) analisam essa questão perguntando: "por que uma casa não é (necessariamente) um lar?"[8]. É que um lar articula atores que mantêm entre si relações, recordações, tradições, metas, organizações idiossincráticas das presenças no espaço.

Na sua esteira, perguntamos: por que um conjunto de salas de aula não é (necessariamente) uma escola? Por que uma sala não é (necessariamente) um ambiente? Por que uma escola não é (necessariamente) um contexto educativo? É que uma escola articula atores que mantêm relações com outros atores, desenvolvendo atividade intencional, criando memória da presença no contexto. Um contexto físico, por si só, não faz uma escola; para que um edifício escolar seja uma escola, são necessárias diversas condições. Uma escola é um contexto social constituído por atores que partilham metas e memórias, por indivíduos em interdependência com o contexto que constroem intencionalidade educativa.

Em pedagogia, particularmente na pedagogia da infância, falamos muito de contexto: o contexto sala de atividades, o contexto escola, o contexto familiar, o contexto comunitário. Falamos muito na importância do contexto na aprendizagem da criança, na interação entre contextos. Esse conceito é tão importante para a pedagogia que convém aprofundá-lo na literatura para então ressignificar a noção de contexto na pedagogia da infância.

Mais uma vez, o olhar histórico pode ser convocado para apoiar uma compreensão aprofundada do conceito de contexto educativo. No século passado, correntes teóricas provindas da filosofia (especificamente da epistemologia), da psicologia e da pedagogia, chamaram a atenção para o fato de que cada ser humano é o homem e a sua circunstância, é um sujeito em contexto (e não um sujeito abstrato), é um aprendiz situado no aqui e agora. Seria empobrecedor ignorar toda a teorização disponível em torno do homem encarnado, sobretudo aquela que tem mais relevância para a questão que aqui queremos tratar: a do ambiente educativo. Dentre essa teorização, convocaremos Kurt Lewin (1943/1951), Cole (1992) Siegel e Cohen (1991) para nos elucidarem sobre o conceito de contexto e a sua importância.

Kurt Lewin (1943/1951), em meados do século passado, estudou a importante realidade que se refere ao crescimento e à aprendizagem dos indivíduos como totalidade com o contexto, os processos psicológicos ou sociais como constituintes de uma totalidade, de uma estrutura, com o contexto. Para Lewin, a análise do campo (o contexto) como um todo inclui tanto os aspectos psicológicos quanto os não-psicológicos.[9] Os hábitos de grupo e os hábitos individuais só podem ser compreendidos como resultados do organismo e do seu espaço vital, do grupo e do seu contexto. Refere ainda que a estrutura do organismo individual, do grupo e do contexto deve ser analisada como um todo.

No âmbito da psicologia sociocultural, Cole (1992) afirma que o essencial é que o contexto e o objeto entrelaçam-se em uma corrente de atividade. Não estamos perante duas variáveis que podem analisar-se independentemente, mas perante duas variáveis que constituem uma unidade de análise. A cultura é inseparável do contexto de que emana em uma tripla direção: porque o contexto não pode separar-se da dimensão temporal que o configura (a história na realidade humana); porque no contexto estão presentes, de igual modo, instrumentos materiais e simbólicos; porque um contexto envolvente é necessariamente um contexto social.

O CONTEXTO QUE PARTICIPA: A INTERDEPENDÊNCIA ENTRE O CONTEXTO E OS PROCESSOS DE APRENDIZAGEM

O papel do conceito de contexto no estudo dos processos psicológicos varia conforme as diversas teorias psicológicas, mesmo entre aquelas que se consideram ecológicas. Valsiner e Winegar (1992) apresentam uma análise da utilização desse conceito nas teorias psicológicas que nos ajudará a compreender o que entendemos por contexto em uma pedagogia da participação. Aplicaremos essa análise ao processo psicológico mais presente no ato pedagógico – a aprendizagem.

As teorias contextualizadoras, como as que evoluíram a partir do comportamentalismo – *social learning*, por exemplo –, explicam os fatores que influem nos processos psicológicos de aprendizagem e desenvolvimento como estruturalmente independentes. Isto é, as relações entre o indivíduo e o contexto são unidirecionais e aditivas, não são interativas.

Logo, o contexto surge como uma constante, como um conjunto de fatores estruturalmente imodificáveis pelo indivíduo, que influenciam o seu comportamento, mas estão para além das possibilidades de ação sobre ele. O modo transmissivo de fazer pedagogia, nas suas versões mais "modernas", está preocupado em identifi-

Quadro 1.4
Teorias contextuais e teorias contextualizadoras no estudo dos processos psicológicos

	Teorias contextuais	Teorias contextualizadoras
Meta da teoria	Explicar a interdependência do indivíduo e do contexto nos processos psicológicos de aprendizagem e desenvolvimento.	Explicar os fatores que influem nos processos psicológicos de aprendizagem e desenvolvimento.
Relações entre objeto de estudo e o contexto	Os processos psicológicos são interdependentes do contexto.	Os fatores que influem nos processos psicológicos são estruturalmente interdependentes.
Relações entre o indivíduo e o contexto	As relações entre o indivíduo e o contexto são bidirecionais e interativas.	As relações entre o indivíduo e o contexto são unidirecionais e aditivas, não são interativas.
Estatuto do contexto na pesquisa	Na pesquisa, não existem níveis de variáveis independentes.	Na pesquisa, é fácil distinguir níveis de variáveis independentes no contexto e níveis de variáveis dependentes nos processos psicológicos.
Meta da pesquisa	O objetivo da pesquisa é compreender os processos que explicam as relações entre a pessoa e o contexto.	O objetivo da pesquisa é enumerar os fatores que afetam os resultados dos processos psicológicos.

Fonte: Valsiner e Winegar (1992).

car os fatores que afetam os resultados de aprendizagem para isoladamente os manipular, cada um por si, como variáveis independentes entre si, e com isso conseguir melhores resultados. Estamos diante de uma perspectiva que, na linguagem de Valsiner e Winegar (1992), chama-se de contextualizadora. Por exemplo, isolam-se fatores como o número de disciplinas no plano de estudos, o número de alunos por turma, o tempo da aula ou a qualificação dos professores, modifica-se cada um isoladamente e mede-se o efeito dessa modificação nos resultados de aprendizagem.

As teorias contextuais, como, por exemplo, são algumas teorias ecológicas, a teoria sociocultural (Bruner, Cole, Rogoff, Valsiner, entre outros), constatam que há um espaço de interdependência na ação, no pensamento e na realização que estimula "a realidade mental da criança em direção a mundos possíveis" (Bruner, 1986). Há interdependência e interatividade entre as pessoas e os seus contextos de vida. Aplicando essas idéias à educação, constatamos que realmente existe interdependência e interatividade entre as crianças e os seus contextos educativos. Assim, a primeira tarefa do educador é a de pensar o contexto educativo e organizá-lo para que se torne um "segundo educador".[10] Ao educador pedimos que crie espaço de participação para as crianças, o que começa por criar um contexto que participe. Em um contexto que participa, a estrutura, a organização, os recursos e as interações são pensados para criar possibilidades múltiplas a fim de que a escuta ativa da criança tenha reais conseqüências nos resultados de aprendizagem. É por isso que, por exemplo, a manipulação do número de alunos por turma não é, por si só, garantia da melhoria dos resultados escolares.

Identificar os fatores que influenciam os resultados e a prática e melhorá-los isoladamente não é o mesmo que ter a convicção da relação inter-sistêmica de todas as dimensões da pedagogia, assim como não é o mesmo que construir um espaço educativo de natureza interativa e multidirecional que, na linguagem de Reggio Emilia, seja definido pela criação de possibilidades múltiplas.

Uma pedagogia participativa tem grande clareza acerca da relação inextrincável entre os processos de aprendizagem e os contextos em que se desenrolam, o que, em outras palavras, é dizer que reconhece a bidirecionalidade e interatividade entre os atores do processo educativo e os seus contextos. A partir dessa consciência reflexiva e crítica em torno das relações aluno-contexto, nasce a necessidade de que se situe a intervenção pedagógica, primeiramente, na construção do contexto educativo (Oliveira-Formosinho, 1996, 1998). A unidade de análise para intervenção (e também para a investigação) é a da compreensão do fenômeno em contexto, do sujeito em contexto. O contexto e os fenômenos educativos são interdependentes no sentido de desenvolverem relações interativas e bidirecionais.

A práxis pedagógica tem de se construir nessa ligação indissociável pessoas-contextos. A pedagogia da infância constitui-se em um mundo de interações orientadas para projetos colaborativos em um contexto que promove a participação. Desse modo, recontextualizar a pedagogia não é nem meramente renovar o contexto nem meramente renovar os professores, mas sim reconstruir a atividade-em-contexto. Sujeito e contexto unificam-se no âmbito da cultura. A mediação de atividade nas instituições de educação de infância torna-se, então, uma questão urgente. É isso que torna uma pedagogia da participação mais complexa e imprevisível, pois a criação de possibilidades múltiplas implica que há uma interdependência real entre o contexto e os processos psicológicos e educativos de aprendizagem e desenvolvimento, mas não uma subordinação previsível desses processos aos vários tipos de contextos.[11]

OS PROCESSOS DA PARTICIPAÇÃO: DA OBSERVAÇÃO E DA ESCUTA À DIFERENCIAÇÃO PEDAGÓGICA

A história da pedagogia revela-nos que no coração da educação tradicional estão os saberes considerados essenciais e imutáveis, ou seja, indispensáveis para que alguém seja educado (instruído, culto, ilustrado). Assim, o professor é visto como o transmissor daquilo que ontem lhe foi transmitido – o executor dessa transmissão.[12]

No âmbito de uma pedagogia da infância transformativa, preconiza-se a instituição de um cotidiano educativo que conceitualiza a criança como uma pessoa com agência, não à espera de ser pessoa, que lê o mundo e o interpreta, que constrói saberes e cultura, que participa como pessoa e como cidadão na vida da família, da escola, da sociedade. No centro da construção dos saberes estão as pessoas: as crianças e os adultos, os alunos e os professores. Assim, os "ofícios" de aluno e professor são reconstruídos com base na reconceitualização da pessoa como detentora de agência: a pessoa do aluno e a pessoa do professor.

Segundo Barnes (2000), dispor de agência significa ter poder e capacidades que, através de seu exercício, tornam o indivíduo uma entidade ativa que constantemente intervém no curso dos acontecimentos à sua volta. A liberdade é essencial para o exercício da agência, tal como o é para o exercício da escolha. Se os poderes internos só pudessem ser ativados através de determinações externas, não poderíamos falar de agência. É constitutivo do conceito de agência que a pessoa possa escolher cursos diferentes de ação, logo, tenha liberdade. O poder da escolha real requer o direito da liberdade.

Uma pedagogia de infância construtivista baseia-se tanto na crença de que todas as pessoas têm agência quanto nos saberes teóricos que descrevem, compreendem e explicam o exercício dessa agência (saberes psicológicos, sociológicos, antropológicos, organizacionais). Uma pedagogia de infância construtivista conduz, assim, a uma pedagogia de participação.

O significado de participação é, por vezes, apresentado em perspectivas simplistas e em oposição. Há uma *perspectiva individualista* que diz ser preciso permitir a cada criança ter influência no processo de tomada de decisão. Desse modo, a proposta pedagógica constitui-se em treinar as crianças para, baseadas na afirmação do conhecimento dos seus direitos, desenvolverem a assertividade, inclusive o direito de ser parte no processo de tomada de decisão sobre o que lhe diz respeito. O objetivo principal é o domínio do poder de influenciar processos e pessoas, sendo desejável treinar a criança para ser assertiva nesse processo. As *perspectivas comunitárias*, por sua vez, sublinham a idéia do grupo-turma ou da classe e da escola como comunidade educativa onde as interações e relações são centrais (Oliveira-Formosinho, 2005), onde o sentimento de pertencimento e participação é cultivado como forma de realizar a comunidade. O conceito de *togtherness* de Dewey é aqui muito útil.

No nosso entendimento, a busca da assertividade individual não se deve procurar sem o sentido de pertencimento comunitário, e este não se cumprirá integradamente sem que os indivíduos da comunidade possam ser assertivos. Uma pedagogia da participação transformativa deve certificar-se de que, simultaneamente, realiza o ator social em contexto, com formas de participação recíproca, e o ator pessoal em crescimento, que é um sujeito autônomo, com expressão e iniciativa próprias. Mais uma vez a pedagogia revela-se na sua complexidade, integrando a autonomia individual de exercício do poder e a influência com o exercício social, recíproco e relacional da participação coletiva. Podemos perceber a importância de Dewey nesse exercício integrador.

Os processos principais de uma pedagogia da participação são a observação, a escuta e a negociação. As práticas desejáveis de observar, ouvir, escutar e negociar precisam estar situadas em um pensamento reflexivo e crítico sobre o porquê e o para quê dessa observação, escuta e negociação. Segundo Barbara Rogoff (1990), nos processos de participação guiada, os adultos e as crianças colaboram em processos de organização e interações para que a participação da criança seja guiada para metas. A colaboração dos atores e a intencionalidade das metas (instituir na escola a democracia, reconstruir a cultura, aprender a cidadania moral) desenvolve-se em projetos e atividades cultural e pedagogicamente valiosos. A participação guiada é um processo de colaboração (Oliveira-Formosinho, 2002a).

Tomando o caso específico da *observação*, assistimos a alguns casos em que se pensa a observação da criança como importante para o processo educativo. Contudo, como fazê-lo torna-se mais importante do que o porquê e para quê (Oliveira-Formosinho, 2002a). A observação é um processo contínuo, pois requer o conhecimento de cada criança individual,[13] no seu processo de aprendizagem e desenvolvimento, a partir da sua forma de criação de significado para a experiência, necessariamente diferente da forma de atribuição de significado à experiência dessa outra criança individual que, embora da mesma idade, tem já outra história de vida, outra experiência, outra família, em outra cultura.

Isso requer uma simbiose entre teoria e prática, expressa pela observação da "criança-em-ação, não a observação do indivíduo solitário, mas um indivíduo que se situa em vários contextos – familiar, profissional, comunitário e social. Assim, em uma pedagogia da participação, a observação é contextual, pois não se observa a criança, e sim as suas aprendizagens no contexto educacional que se criou, o que requer que, antes de observar a criança, observe-se o contexto que se criou (Oliveira-Formosinho, 2002b).

A *escuta* é um processo de ouvir a criança sobre a sua colaboração no processo de co-construção do conhecimento, isto é, sobre a sua colaboração na co-definição da sua jornada de aprendizagem. Para além da discussão sobre os formatos de documentação da escuta, é importante aceder à compreensão holística e integrada da escuta. A escuta, tal como a observação, devem ser um processo contínuo no cotidiano educativo, um processo de procura de conhecimento sobre as crianças (aprendentes), seus interesses, suas motivações, suas relações, seus saberes, suas intenções, seus desejos, seus modos de vida, realizado no contexto da comunidade educacional, que procura uma ética de reciprocidade. Assim, a escuta e a observação devem se um porto seguro para contextualizar a ação educativa.

A *negociação* é um processo de debater e consensualizar com a classe os processos e os conteúdos curriculares, bem como o ritmo e os modos da aprendizagem. Trata-se da participação guiada da classe na co-definição do planeamento curricular. É um instrumento de participação que afasta ainda mais a perspectiva construtivista da perspectiva tradicional, pois leva os alunos a entrar no cerne da pedagogia transmissiva – o currículo.

A diferenciação pedagógica é o fim último dessa participação guiada através da observação, da escuta e da negociação. Trata-se de encontrar uma base para desenvolver um fazer e um pensar pedagógico que fogem à "fatalidade" de educar todos como se fossem um só, que conseguem superar o modo simultâneo. O objetivo é encontrar uma forma de diferenciação pedagógica que assume a heterogeneidade e a diversidade como riqueza para a aprendizagem situada e oferece modos alternativos de organizar a classe e a escola.

Para bem compreender a diferenciação pedagógica, é essencial retomar o contraste inicial entre a perspectiva individualista e a perspectiva comunitária. Diferenciar não é individualizar o ensino, a serviço de uma visão individualista da vida e da sociedade; é assumir a heterogeneidade e a diversidade como riqueza e conseguir a integração da autonomia individual de exercício do poder e influência com o exercício social, recíproco e relacional, da participação coletiva.

Pode surgir, então, a seguinte questão: dada a interdependência entre o contexto e os processos de aprendizagem e desenvolvimento, dada a complexidade inerente a todos esses processos de participação, como operacionalizar uma práxis participativa?

AS GRAMÁTICAS PEDAGÓGICAS: DA NECESSIDADE DE UTILIZAR MODELOS PEDAGÓGICOS

Uma das grandes conquistas da história da pedagogia foi a construção de gramáticas pedagógicas A gramática pedagógica operacionaliza-se por meio de uma perspectiva ou modelo pedagógico. O modelo pedagógico baseia-se em um referencial teórico para conceitualizar a criança e o seu processo educativo e constitui um referencial prático para pensar antes-da-ação, na-ação e sobre-a-ação. Ou seja, o modelo pedagógico permite concretizar no cotidiano do terreno uma praxis pedagógica.

O conceito de *modelo pedagógico* refere-se a um sistema educacional compreensivo, que se caracteriza por combinar um quadro de valores, uma teoria e uma prática. A gramática pedagógica dispõe, portanto, de teoria e de uma base de conhecimentos explícita, desde o nível fundamentador da filosofia educacional, passando pelos níveis de uma teoria de ensino-aprendizagem até o nível da conseqüente teoria de avaliação educacional. No âmbito mais geral do modelo pedagógico, definem-se as grandes finalidades educacionais e seus conseqüentes objetivos. No âmbito mais específico do modelo curricular, elaboram-se orientações, umas mais gerais outras mais específicas, no que se refere à prática educacional.

O *modelo curricular* situa-se ao nível do processo de ensino-aprendizagem e explicita orientações para a práxis pedagógica cotidiana nas suas várias dimensões curriculares. Aplicando à gramática construtivista, os modelos pedagógicos definem: o *tempo* como dimensão pedagógica; o *espaço* como dimensão pedagógica; os *materiais* como "livro de texto"; *a escuta e a interação* como promoção da participação guiada; a *observação e documentação* como garantia da presença da(s) cultura(s) da(s) criança(s) no ato educativo; o *planejamento* como criação da intencionalidade educativa; a *avaliação da aprendizagem* como regulação do processo de ensino-aprendizagem; a *avaliação do contexto educativo* como requisito para a avaliação da criança e como auto-regulação por parte do educador; os *projetos* como experiência da pesquisa colaborativa da criança; as *atividades* como jogo educativo; a *organização* e *a gestão dos grupos* como garantia da pedagogia diferenciada.

O modelo curricular orienta e organiza ainda a compreensão das inter-relações entre todas essas dimensões; a compreensão das interfaces entre essas dimensões e as áreas curriculares integradas; as interfaces de escola com a comunidade educativa (as famílias, os pais); as interfaces da educação infantil com a creche e o ensino fundamental. O modelo curricular é um importante andaime para apoiar o professor na procura de um cotidiano com intencionalidade educacional, em que as crianças envolvam-se, persistam, aprendam e desenvolvam um *habitus* para aprender. A Figura 1.2 mostra a complexidade das dimensões da pedagogia.

O que realmente apóia o educador, a criança e o grupo é essa prática e essa epistemologia. É a ação do educador, reflexiva sobre si próprio, comunicativa com o modelo curricular que co-construiu, partilhada com os seus pares. Disso se conclui que o modelo curricular é uma condição necessária, mas não suficiente para a construção de um modelo pedagógico.

Uma gramática pedagógica pressupõe ainda um modelo formativo para pensar a formação dos profissionais que optam por trabalhar nessa perspectiva. Ela dispõe, assim, de uma perspectiva pedagógica para ensinar as crianças e de um modelo de formação contínua e desenvolvimento profissional. A base epistemológica

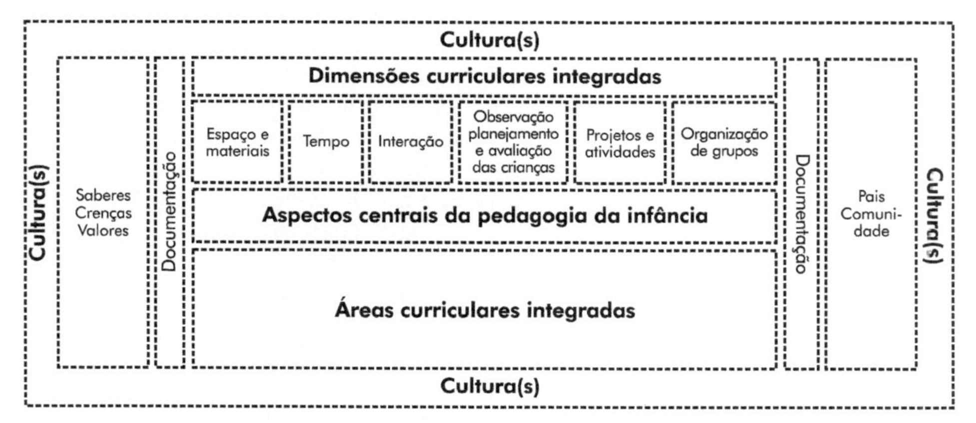

FIGURA 1.2 Dimensões da pedagogia da infância.

desse modelo de formação deve ser coerente com a base epistemológica do modelo pedagógico e, portanto, articulável com o modelo curricular.

Na gramática pedagógica construtivista, o instrumento para pensar a formação dos profissionais que optam por trabalhar nessa perspectiva implica um modelo de formação continuada em contexto, baseado em comunidades de prática, que permita recriar uma cultura profissional e uma epistemologia da prática congruentes (Niza, 1997; Oliveira-Formosinho, 1998).

AS GRAMÁTICAS PEDAGÓGICAS: OS MODELOS PEDAGÓGICOS COMO JANELAS E COMO MUROS

Uma idéia, uma teoria, uma pedagogia não existe, no âmbito educativo, por si, qual essência platônica. Existe na práxis, pois a práxis é a casa da pedagogia. Assim sendo, qualquer modelo pedagógico pode ser usado, por um profissional ou por um grupo de profissionais, de diferentes modos. Pode ser usado como janela ou como muro, para tomar emprestada a metáfora de Tracy (2002).

O modelo pedagógico pode ser um muro ou uma janela que facilita ou dificulta a jornada de aprendizagem do professor no seu percurso de desenvolvimento, obstaculizando ou facilitando a compreensão "ampliada" das dimensões da pedagogia já referidas e uma ação consistente dos modelos pedagógicos já referidos. Assim, por via indireta, pode facilitar ou dificultar as jornadas de aprendizagem das crianças.

Pedindo emprestada a interpretação de Formosinho (2007), podemos identificar várias situações em que o modelo pedagógico transforma-se em muro. O *militantismo* que concebe a apropriação do modelo como a tarefa de ser missionário ou apóstolo do modelo no meio profissional; o *clubismo* que concebe a apropriação do modelo como ser membro da associação ou movimento que o leva a participar de reuniões e rituais. Nos dois casos, estamos diante da hipervalorização das crenças e das pertenças.

Podemos encontrar outras situações em que o modelo pedagógico transforma-se em muro. A situação do *discursivismo* que concebe a apropriação do modelo como a capacidade de reproduzir o seu discurso, a sua retórica; o *teoricismo* que concebe a apropriação do modelo como o estudo e a pesquisa das teorias que o fundamentam. Assistimos, nesse caso, a uma hipervalorização das teorias.

Todavia, podemos deparar-nos com situações de cariz diferente. A do *didatismo* que concebe a apropriação do modelo como a capacidade de usar as receitas didáticas geradas no seu seio e praticadas pela maioria dos seus membros; o *ritualismo* que concebe a apropriação como a prática fervorosa dos seus rituais didáticos, associativos e formativos. Estamos perante a hipervalorização das práticas.

Temos, contudo, outros usos da pedagogia explícita. O modelo pedagógico como janela é uma gramática que cria linguagem, significados, uma estrutura conceitual e prática, um contexto de experiência e comunicação com a experiência; um contexto de ação e reflexão-sobre-a-ação. Esse modelo implica uma gramática curricular aberta à reconstrução individual e coletiva, com uma didática flexível em permanente construção.

O modelo pedagógico como janela constitui-se em uma ponte entre as aprendizagens dos professores e as aprendizagens das crianças, entre os percursos de co-construção do conhecimento e da ética. Ele tem na experiência refletida e comunicada, a partir da ação sistemática e ampliada, um desafio cotidiano de recontextualização e integração, um recurso para resolver os dilemas que a ação diária coloca à profissão. Tal como a gramática, ele permite a prosa, a poesia e, mais que isso, permite várias prosas e poesias.

AS GRAMÁTICAS PEDAGÓGICAS: DOS MODELOS PEDAGÓGICOS CONSTITUÍDOS EM COMUNIDADES DE APRENDIZAGEM ÀS REDES EDUCATIVAS

Um modelo pedagógico não existe, por si, nos escritos dos seus teóricos; existe na práxis, que é a casa da pedagogia. Assim, o modelo global, como gramática pedagógica, pressupõe ainda um modelo formativo para pensar a formação dos profissionais que optam por trabalhar nessa perspectiva.

Na gramática pedagógica construtivista, o instrumento para pensar a formação dos profissionais implica um modelo de formação continuada em contexto, baseado em comunidades de prática, que permita recriar uma cultura profissional e uma epistemologia da prática congruentes (Niza, 1997; Oliveira-Formosinho, 1998).

Em uma perspectiva construtivista, a criação de comunidades de aprendizagem é condição essencial para a construção e a evolução dos modelos pedagógicos, pois permite uma reflexão constante sobre a práxis pedagógica do modelo. Naturalmente, essas comunidades de aprendizagem conectam-se com outras similares em redes de afinidade, ou organizam-se em movimentos pedagógicos, ou criam associações pedagógicas com o fim de construir e promover a difusão do modelo. Há exemplos históricos e atuais de todas essas possibilidades.

Vejamos com um exemplo concreto: como reage um educador infantil a propostas de avaliação somativa (avaliação precoce) na educação dessa etapa? Esta é uma importante questão da prática cotidiana de muitos educadores infantis. Um educador isolado procurará recorrer aos conhecimentos e técnicas disponíveis no âmbito da formação inicial, no âmbito das ciências da educação.

Um profissional que se insira em uma rede, em um movimento ou em uma associação, isto é, em uma comunidade de pedagogia de infância instituída em comunidade de prática reflexiva, pergunta quais os modos para avaliar a aprendizagem das crianças pequenas que, por fazerem jus aos seus princípios e crenças, pode adotar e quais os que não deve adotar. Quais os que respeitam a diversidade da criança e os seus direitos a uma pedagogia diferenciada[14] e quais os que, por utilizarem estratégias prescritivas e normalizadoras, terá de recusar porque faz outra recusa prévia: a recusa da avaliação como seleção precoce (Oliveira-Formosinho, 2002b).

CONSIDERAÇÕES FINAIS

Como dizia João Formosinho, em 1996, a adoção de um modelo pedagógico pelos educadores de infância é um fator de sustentação da sua práxis. A necessidade de o Estado definir linhas curriculares não é contraditória com essa adoção, pois tal definição diz respeito às aprendizagens mínimas obrigatórias, não às dimensões curriculares nem aos dispositivos pedagógicos, uma vez que não compete aos Estados arbitrar questões científicas nem dirimir entre propostas pedagógicas.

A adoção (ou colaboração com) um modelo pedagógico, a partilha cotidiana no seio de uma comunidade de prática, o pertencimento a uma rede, o movimento ou a associação pedagógica são as melhores garantias que um grupo profissional docente tem para sustentar uma autonomia docente, seja ao nível individual ou ao nível coletivo. Geralmente, a recusa de uma gramática pedagógica com nome é uma porta aberta para a adoção, por defeito, da pedagogia sem nome nem rosto do autor anônimo do século XX.

NOTAS

1. Remeto o leitor ao capítulo final da obra de Formosinho e Machado (2005).
2. Um exercício formativo é o de ler os grandes pedagogos situando-os nessa comparação.
3. A educação torna-se "porta da cultura", como afirma Bruner. Tizuko Kishimoto faz, neste livro, uma análise muito útil da teoria educativa de Bruner, contextualizada na sua vida e obra.
4. Esta imprevisibilidade não tem nada a ver com o espontaneísmo pedagógico, como veremos nas seções seguintes, dedicadas à construção das diversas tarefas do modo participativo de fazer pedagogia, e em cada capítulo deste livro.
5. O capítulo de Mônica Pinazza, neste livro, representa uma possibilidade de reflexão bastante abrangente para revisitar Dewey.
6. O movimento de revisitar Dewey é hoje muito importante tanto no âmbito da pedagogia quanto no âmbito da filosofia e da cultura. Veja-se os diálogos de Rortry e Habermas com Dewey.
7. Várias teorias e modelos pedagógicos centram-se no contexto de sala de aula e utilizam a terminologia *ambiente educativo*. Ver, por exemplo, a teoria de Maria Montessori ou o modelo pedagógico *High Scope*.
8. *Why a house is not a home?*, no original em inglês.
9. Nas ciências humanas e sociais, essa sensibilidade tem sido mais evidenciada na antropologia e na etnografia. Na pedagogia, uma boa conseqüência desse olhar é ter obrigado a pesquisa a se aproximar da escola. Intervir nela e melhorá-la requer ter-lhe intimidade. Fazer trabalho em laboratório para melhorar os programas educativos é pouco prometedor, assim como tentar melhorar os programas educativos considerando unicamente contribuições da teoria (Lacasa, 1994).
10. A primeira tarefa do pesquisador é a de criar projetos que analisem e interpretem essa interdependência.

11. Podemos até definir a pedagogia da infância como o estudo dos contextos educacionais da infância (escolares e não-escolares) no âmbito de processos e realizações. Esse estudo é perspectivado do ponto de vista da criança em contexto, do adulto em contexto, das interações entre qualquer um dos grupos de atores entre si e com os seus contextos.
12. Para a caracterização dessa perspectiva, ver Formosinho (2002), Formosinho e Machado (2005, 2006, 2007), bem como o último capítulo deste livro, de João Formosinho e Joaquim Machado.
13. Ao requerer a prática da observação individual e contínua, reconhece uma perspectiva desenvolvimentista, no sentido moderno que lhe atribuiu Lilian Katz (1996) – a de tomar em consideração os aspectos do aprender que mudam com a idade e com a experiência da criança.
14. Diferenciar é ensinar de tal maneira que a aprendizagem seja um direito de todos.

REFERÊNCIAS

BARNES, B, *Understanding agency*: social theory and responsible action. London: Sage, 2000.

BRUNER, J. *Actual minds, possible words*. Cambridge: Harvard University, 1986.

COLE, M. Context, modularity, and the cultural constitution of development. In: WINEGAR, L.T.; VALSINER, J. (Ed.). *Children's within social context*. Hilsdale: Lawrence Erlbaum Associates, 1992. vol. 2: Research and methodology, p.5-32.

Cole, M. e Siegel, A. W. (1991). *Context and development*. Hilsdale, NJ: Lawrence Erlbaum Associates.

DEWEY, J. *El niño y el programa escolar*. Buenos Aires: Losada, 1972.

DEWEY, J. *Experiencia y educación*. Buenos Aires: Losada, 1964.

FORMOSINHO, J. A academização da formação de professores de crianças. *Infância e Educação: Investigação e Práticas (Revista do Grupo de Estudos para o Desenvolvimento da Educação de Infância)*, 4, p.19-35, set. 2004.

_______. A universidade e a formação de educadores de infância: potencialidades e dilemas. In: MACHADO, M.L.A. (Org.). *Encontros e desencontros em educação infantil*. São Paulo: Cortez, 2002. p.169-188.

_______. *Modelos pedagógicos e redes pedagógicas na educação básica*. No prelo.

_______. Prefácio. In: OLIVEIRA-FORMOSINHO, J. (Org.). *Modelos curriculares para a educação de infância*. Porto: Porto Editora, 1996. (Coleção Infância)

FREIRE, P. *Pedagogía de la autonomía*. Madrid: Siglo XXI, 1997.

HOUSSAYE, J. (Dir.). *Pédagoges comtemporains*. Paris: Armand Colin, 1996.

HOUSSAYE, J. et al. *Manifeste pour les pédagogues*. Issy-les-Moulineaux: ESF, 2002.

KISHIMOTO, T. (2006). Brincadeiras e narrativas infantis: uma pedagogia para a educação infantil na perspectiva de Jerome Bruner. In: *Pedagogia(s) da infância:* construindo o direito à participação. São Paulo: Artes Médica.

LACASA, P. *Aprender en la escuela aprender en la calle*. Madrid: Visor, 1994.

LEWIN, K. *Field theory in social science*. (D. Cartwright, Ed.). New York: Harper e Row, 1951.

NAUGHTON, G.M. *Doing Foucault in early childhood studies:* applying poststructural ideas. London: Routledge Falmer, 2005.

NIZA, S. *Formação Cooperada:* ensaio de auto-avaliação dos efeitos da formação no Projecto da Amadora. Lisboa: EDUCA, Movimento da Escola Moderna, 1997.

OLIVEIRA-FORMOSINHO, J. A formação em contexto de trabalho. In: *Formação de professores: saberes* docentes, aprendizagem profissional e ação docente. Lisboa: Universidade Aberta, 2007.

______. A participação guiada: coração da pedagogia da infância? *Revista Portuguesa de Pedagogia – Infância: Família, comunidade e educação (Revista da Faculdade de Psicologia e Ciências de Educação da Universidade de Coimbra,* ano 38, 1,2 e 3, p.145-158, 2004.

______. (Org.). *Modelos curriculares para a educação de infância.* Porto: Porto Editora, 1996. (Coleção Infância)

______. *O desenvolvimento profissional das educadoras de infância:* um estudo de caso. Tese (Doutoramento em Estudos da Criança) – Braga: Universidade do Minho, 1998.

______. (Org.). A avaliação alternativa na educação de infância. In: ______. (Org.). *A supervisão na formação de professores I: Da Sala à Escola.* Porto: Porto Editora, 2002a. p. 144-165. (Coleção Infância, vol. 7)

______. (Org.) (2002b). Em direcção a um modelo ecológico de supervisão de professores: uma investigação na formação de educadores de infância. In: ______. (Org.). *A supervisão na formação de professores I*: da sala à escola. Porto: Porto Editora, 2002b. p.94-120. (Coleção Infância, vol. 7)

______. O desenvolvimento profissional dos professores. In: *Formação de professores:* saberes docentes, aprendizagem profissional e ação docente. Lisboa: Universidade Aberta, 2007.

______. O modelo curricular do M.E.M.: uma gramática pedagógica para a participação guiada. *Escola Moderna (Revista do Movimento Escola Moderna)*, v.18, n.5, p.5-9, 2003.

OLIVEIRA-FORMOSINHO, J.; ARAÚJO, S.B. O envolvimento da criança na aprendizagem: construindo o direito de participação. *Análise Psicológica – Experiência Social, Educação e Desenvolvimento (Revista do Instituto Superior de Psicologia Aplicada),* v.1, n.22, p. 81-94, jan./mar. 2004.

OLIVEIRA-FORMOSINHO, J.; MACHADO, J. A pedagogia burocrática como pedagogia oficial do sistema escolar. *Actas da ProfMat 2005– 20 Anos de Encontros*, p. 1-12 , 2005. CD-ROM. Évora.

______. Anônimo do século XX: a construção da pedagogia burocrática. In: ______. *Pedagogia(s) da infância*: dialogando com o passado, construindo o futuro. Porto Alegre: Artmed, 2007.

______. Contextos burocráticos e aprendizagem profissional. *Formação de professores:* saberes docentes, aprendizagem profissional e ação docente. Lisboa: Universidade Aberta, 2007.

______. Modernidade, razão e afeto. *Revista Estudos do Século XX,* Coimbra, 2006.

OLIVEIRA-FORMOSINHO, J.; PARENTE, C. Para uma pedagogia da infância ao serviço da equidade: o portfólio como visão alternativa da avaliação. *Infância e Educação: Investigação e Práticas (Revista do Grupo de Estudos para o Desenvolvimento da Educação de Infância), 7,* p.22-46, nov. 2005.

PINAZZA, M. John Dewey: Inspirações para uma pedagogia da infância. In: *Pedagogia(s) da infância:* construindo o direito à participação. São Paulo: Artmed, 2006.

READINGS, B. *The university in ruins.* Cambridge: Harvard University, 1996.

ROGOFF, B. *Apprenticeship in thinking*: cognitive development in social context. New York: Oxford University, 1990.

SIEGEL, A. W.; COHEN. Why a house is not a home? Constructing contexts for development. In: COLE, M.; SIEGEL, A. W. *Context and development*. Hilsdale: Lawrence Erlbaum , 1991. p.305-316.

TRACY, S.J. Modelos e abordagens. In: OLIVEIRA-FORMOSINHO, J. (Org.). A *supervisão na formação de professores. I: Da Sala à Escola*. Porto: Porto Editora, 2002. p.94-120. (Coleção Infância, vol. 7)

VALSINER, J.; WINEGAR, L. T. Introduction: a cultural-historical context for social "context". In: WINEGAR, L.T.; VALSINER, J. (Ed.). *Children's within social context*. Hilsdale: Lawrence Erlbaum, 1992. p.1-18. Vol. 1: Matatheory and theory.

WHALLEY, M. The Pen Green Centre Team. *Involving parents in their children's learning*. London: Paul Chapman, 2001.

2

Froebel: uma pedagogia do brincar para infância

Tizuko Morchida Kishimoto
Mônica Appezzato Pinazza

Friedrich Froebel tem um lugar de destaque na pedagogia por uma filosofia educacional que representa o ápice do pensamento romântico (Cambi, 1999). Reunindo as proposições de Rousseau, Pestalozzi, bem como princípios de Schelling, Fichte, Schiller, Krause e Richter, compôs um constructo teórico original de sugestões práticas que superam o seu tempo e inspiram muitas reflexões pedagógicas.

A pedagogia da infância de Froebel, coerente com sua filosofia, pressupõe a criança como ser criativo e propõe a educação pela auto-atividade e pelo jogo, segundo a lei fundamental do desenvolvimento humano: a lei das conexões internas. Ao inserir suas idéias em uma instituição, criou o jardim-de-infância (*Kindergarten*), como a livre república da infância (Froebel, apud Hughes, 1925).

Os princípios educativos de Froebel foram divulgados em obras editadas na língua inglesa por Harris, traduzidos e comentados por Blow, Hughes, Hailmann e Jarvis, discutidos por historiadores da educação, como Cambi, Eby e Hubert, e biógrafos, como Prufer e Bowen, e analisados criticamente pelo filósofo e educador John Dewey. Na construção deste capítulo, tomam-se como referência as obras traduzidas do original alemão que compõem a coleção International Education Series, editadas por William T. Harrris, com comentários de analistas como o próprio Harris, Susan Blow e James Hughes, além de outras fontes.

O intuito é oferecer ao leitor um panorama da vida e da obra de Froebel, procurando iluminar aspectos de sua filosofia educacional menos divulgados, como o papel do brincar no desenvolvimento da linguagem, a educação e o cuidado, as linguagens integradas na educação da criança pequena e a formação do educador, os quais mereceram destaque em sua pedagogia e muito podem contribuir ao projeto de uma pedagogia da infância.

FRIEDRICH FROEBEL: CONTEXTUALIZAÇÃO DE SUA VIDA E OBRA

O período histórico estende-se de 1782 a 1852, tempo de vida do filósofo e educador alemão Friedrich Froebel, nascido em Oberweissbach, aldeia da Turíngia, principado de Swartzburg-Rudolstadt, Alemanha Meridional, e falecido em Marienthal, na Saxônia (Cambi, 1999). Frobel presenciou e sofreu os impactos das Revoluções Francesa e Industrial na economia, na política e na ideologia, de onde emanaram os princípios para o nacionalismo (Hobsbawm, 2003).

A Alemanha, no século XIX, tornou-se o epicentro de uma verdadeira "revolução cultural", que abrangeu as diversas áreas do pensamento e das produções humanas (literatura, filosofia, ciência, arte, música), e aí a nova expressão do romantismo, herdeira e herética do iluminismo, revela-se mais forte e orgânica. Discutem-se as matrizes filosóficas de Kant, Fichte, Schelling, Hegel, Schopenhauer, Schleiermacher e Herbart; as literaturas de Goethe e Schiller; as ciências de Alexander e Wilhelm von Hulmboldt; as músicas de Beethoven, Schubert, von Weber e Wagner (Blow, 1896). Nesse tempo, opera-se uma profunda renovação teórica assentada em uma nova idéia de formação do espírito por meio da cultura (*Bildung*), ligada a novas concepções de espírito humano, cultura e história, assim como à reafirmação da educação, da escola e da família como instâncias essenciais ao processo de formação humana.

A obra pedagógica de Froebel é uma das importantes manifestações da vanguarda alemã de "um novo modelo de pedagogia impregnada dos postulados da filosofia romântica" (Cambi, 1999, p.416), profundamente complexa e inquieta, definida a partir de uma intensa ideologização da educação. Isso significou aproximar pedagogia e sociedade e atribuir uma função sociopolítica ao processo educativo, tendo como pressuposto a liberdade.

Duas perspectivas ideológicas da educação distintas conviviam nas sociedades européias: uma, que era burguesa, defendia o processo educativo como meio de conformar os indivíduos à ordem e ao espírito da burguesia; outra, que emanava do povo, entendia a educação como forma de promover a libertação da mente e da consciência para a emancipação política. Mesmo entre os burgueses, havia pedagogos defensores de uma educação ampliada à idade infantil e realizada em instituições que tivessem melhores condições e que verdadeiramente emancipassem os homens.

O projeto pedagógico froebeliano nasce e desenvolve-se em meio a esses conflitos ideológicos, como um projeto emancipador de educação infantil, posto que, desde o século XVIII, na Alemanha, diferentemente do que ocorreu em outros países da Europa, perseverou uma ideologia romântica de liberdade que se distanciava do caráter de restauração preconizado por outras ideologias. O jardim-de-infância de Froebel tornou-se conhecido pelo cultivo da vida social livre e cooperativa, que destoava de tendências político-sociais restritivas e autoritárias que persistiam na Alemanha, as quais impossibilitavam pensar a continuidade do mundo exterior no interior da instituição infantil (Dewey, 1958).

Como já se verificava na proposta educativa do filósofo suíço Pestalozzi, o pensamento educacional alemão, inclusive o froebeliano, compreendeu a formação do homem como um processo libertador e a educação como meio de integrar o indivíduo à coletividade, tornando-o capaz de participar da vida política, social e econômica e de se tornar responsável pela nova sociedade, industrial e liberal.

A pedagogia de Froebel expressa a trajetória de um pensador que viveu diversas experiências, o que lhe deu oportunidade de transitar por vários caminhos: filosofia, química, mineralogia, agricultura, linguagem e artes e, especialmente, as ciências naturais, as matemáticas e a economia rural (Jacobs,1880). Tais matrizes fazem despontar aquele que seria o fio condutor de sua obra: a explicação do desenvolvimento do homem pela confluência das forças da natureza física e espiritual.

Com uma infância marcada pela ausência da mãe e pouco contato com o pai, Froebel revelou, desde cedo, sua personalidade introspectiva, o que fez dele um sensível observador das coisas da natureza, voltado às incursões pela floresta e ao cultivo de plantas no jardim da família, origem de seu entusiasmo pela botânica, cujo estudo desenvolveria mais tarde (Eby, 1976).

Aprendeu, com dificuldade, as primeiras noções de leitura, escrita e cálculo com o pai, que, desanimado com a falta de talento do filho, deixou de instruí-lo. Embora tenha passado algum tempo em uma escola de meninas, onde os exercícios consistiam basicamente na memorização de passagens bíblicas e de hinos, somente aos 10 anos iniciou estudos regulares em uma escola paroquial de Stadt-Ilm, localidade em que viveu até os 14 anos na residência de seu tio materno, o pastor Hoffman.

Em 1797, depois de permanecer alguns meses na casa paterna, não manifestando inclinação para a vida acadêmica, foi enviado para Turíngia como aprendiz de um guarda florestal, reconhecido pelo seu trabalho em agrimensura. Froebel passou dois anos em um trabalho solitário, repleto de reflexões junto à natureza. Dedicou-se à coleção de minerais, vegetais e insetos e ao estudo de botânica, matemática e línguas. Dessa vivência nasceu o interesse pelas ciências naturais. Em 1799, dirigiu-se a Jena, onde se matriculou como estudante de filosofia na Universidade do Estado. Encaminhou-se, então, aos estudos científicos, especialmente na área de mineralogia.

Após a experiência universitária, voltou à terra natal, de onde partiu, pouco depois, para cursar agricultura, em Hidburghousen. Atuou, mais tarde, como agrimensor; posteriormente, trabalhou como secretário e contador em duas grandes propriedades, até que, em 1805, dirigiu-se à Frankfurt para estudar arquitetura.

O interesse pelas questões da educação do homem nasce à época em que, estudante de arquitetura, teve contato com Gruner, diretor da escola-modelo de Frankfurt e discípulo de Pestalozzi. Convidado a lecionar nessa escola, Froebel tomou conhecimento das idéias pestalozzianas e sua admiração por elas transformou-se em entusiasmo. Empreendeu, em 1806, uma curta visita (14 dias) ao mestre suíço em Yverdon. O impacto causado pelo sistema pedagógico que conheceu levou Froebel ao aprofundamento e à difusão de seus princípios. Dizia ele: "Tudo é vivaz, tudo é atividade, prazer, alegria" (Prufer, 1944, p.16).

Voltou a Yverdon em 1808 e permaneceu no instituto durante dois anos, período em que teve a oportunidade de observar de perto os procedimentos de ensino, percebendo a falta de clareza e de sistematização do método de Pestalozzi. Isso o levou a tomar partido nas polêmicas entre os dois eminentes professores Schimid e Niederer, concordando com o primeiro quanto à necessidade de buscar fundamentação científica à pedagogia pestalozziana e sanar as falhas do ensino ministrado no Instituto.

Froebel interessou-se, em especial, por dois tipos de atividades desenvolvidas com as crianças em Yverdon: os passeios realizados por Pestalozzi, que colocavam os alunos em contato com a natureza e possibilitavam lições práticas, e os jogos ao ar livre. Tinham-lhe causado profunda impressão o *Livro das mães* (1803) e *Como Gertrudes ensina seus filhos* (1803), do educador suíço. Convenceu-se, desde logo, da necessidade de ampliar as propostas para a educação da *primeiríssima* infância, que, segundo ele, haviam sido somente tocadas por Pestalozzi (Prufer, 1944, p.26).

Suas vivências pedagógicas deixaram claro seu interesse pelas questões educacionais, o que o influenciou a concentrar todos os seus esforços para construir uma nova visão de educação, tarefa a qual consagrou toda a sua vida. Em 1810, Froebel volta a Frankfurt, seguindo depois (em meados de 1811) para a Universidade de Gottingen, onde se aprofundou nos estudos das ciências naturais e da linguagem. Atraído pelos trabalhos do professor Weiss, na área de mineralogia, partiu, em 1812, para a Universidade de Berlim, atuando como ajudante no Museu Mineralógico da mesma instituição.

Em Jena e, mais tarde, em Berlim, Froebel foi fortemente influenciado pelo idealismo de Bruno, Fichte, Schelling e Schiller (Hubert, 1957). Porém, foi o realismo espiritualista de Krause que lhe forneceu a concepção de mundo e que o harmonizou com a perspectiva de vida democrática, a busca da unidade e a oposição ao movimento totalitário, lutas que empreendeu durante toda a sua existência.

As teorias de Fichte, contidas em *Discursos à nação alemã* (1808), geraram em Froebel grande entusiasmo pela nação, motivando-o ao alistamento voluntário na guerra contra as forças napoleônicas. Durante o período em que permaneceu no regimento (até junho de 1814), conheceu Willian Middendorf e Henry Langethal, que o acompanhariam, mais tarde, em sua trajetória educativa. Esse episódio político fortaleceu em Froebel a idéia de promover a unidade alemã e de imaginar uma educação nacional.

De volta da guerra, permaneceu ainda em Berlim até 1816, quando partiu para Griesheim a fim de cuidar da educação de sobrinhos órfãos. Desde então, sucederam-se na vida de Froebel importantes experiências pedagógicas que, embora o tenham levado a enfrentar fortes resistências de cunho ideológico e dificuldades financeiras, fortaleceram suas convicções sobre a natureza humana e os rumos a serem seguidos pela educação.

Como observa Madame Baronesa de Marenholtz, grande admiradora de seu trabalho, Froebel fez uma clara opção, mesmo diante de privações, de consagrar todo o seu tempo à realização do projeto que sempre teve em vista: "o aperfeiçoamento da educação da criança, ponto de partida da regeneração do homem" (Jacobs,

1880, p.10). Em toda a sua trajetória como educador, cercou-se de colaboradores fiéis, como Middendorf, Langethal e Arnold Barop, além de familiares, destacando-se Henriqueta Wilhelmine Hoffmeister, com quem se casou em 1818.

Em 1817, em Keilhau, Froebel funda o primeiro empreendimento educativo, o Instituto Alemão de Educação Universal, onde (até 1831) procura definir e divulgar suas principais teses sobre a educação, apresentando-as no livro *A educação do homem* (1826). É nesse período que Froebel, em suas conversações, começa a manifestar a intenção de usar meios mais naturais para educar e instruir crianças de três a sete anos, apresentando, dessa forma, o primeiro esboço daquela que seria a sua grande realização: o *kindergarten* (Bowen, apud Rodrigues, 1897). Seguiram-se a Keilhau experiências educativas no Instituto de Wartensee, em Lucerna (1831), no Instituto de Willisau (1833) e no orfanato de Burgdorf (1835), cidade em que no passado havia atuado Pestalozzi.

Os longos anos de observação dos fenômenos do universo e as incursões em diferentes áreas do conhecimento em busca de explicações para a existência de todas as coisas conduziram o filósofo à formulação de uma lei fundamental, que se tornou o eixo de seu pensamento pedagógico: a unidade entre o homem, a natureza e Deus, ou seja, a lei da conexão interna. Ao mesmo tempo, verifica múltiplas manifestações da natureza, a presença de elementos contraditórios e opostos. Diz ser essa a forma de conhecer: encontrar por analogias e comparações a união entre os contrastes (Froebel, 1896). Desses dois importantes princípios decorre a concepção froebeliana dos dons e das ocupações, da educação simbólica e dos jogos livres.

O projeto pedagógico de Froebel foi colocado em prática em 1839, em Blankenburg, quando inaugurou um instituto educativo chamado Instituto de Jogos e Ocupações, destinado a crianças e jovens. Em 1840, passou a ser chamado Jardim Geral da Infância Alemã ou, como ficou conhecido, Jardim-da-Infância (Kindergarten). Froebel demonstrou particular preocupação com a formação de quem cuidaria das crianças, ou seja, as mulheres – mães e jovens educadoras. Nesse sentido, a Escola de Treinamento para Cuidadoras e Educadoras de Criança, criada em Keilhau em 1847, tinha como objetivo preparar mulheres jovens para uma prática educativa baseada no desenvolvimento, na compreensão, na criatividade e na formação da personalidade da criança, tanto no plano individual quanto no coletivo (Froebel, 1899).

Atento às relações interativas entre a mãe e a criança, Froebel destaca o papel materno no estabelecimento da união da criança com a natureza, a sociedade e Deus. Entende que, a partir da influência recíproca nos contatos entre mãe e filhos, ocorre a manifestação das necessidades instintivas e potencialidades inatas infantis (Froebel, 1899, 1912). Às mães e aos educadores dedicou *Mutter und kose-lieder*, na qual enfatiza a importância das músicas e brincadeiras na educação.

Na Alemanha, o seu sistema pedagógico teve a acolhida dos liberais progressistas que, em meados do século XIX, entendiam o jardim-de-infância como parte integrante do plano geral da educação pública. Apesar das pressões políticas que determinaram, na época, o fechamento de várias instituições froebelianas, formou-se em torno do filósofo uma legião de adeptos de sua metodologia que, mesmo antes de sua morte, já se ocupavam de seu estudo e divulgação.

PRINCÍPIOS DE DESENVOLVIMENTO HUMANO E EDUCAÇÃO INFANTIL

Froebel acredita em uma força interna natural impulsionadora do processo de desenvolvimento. Entende, também, que a evolução humana ocorre de modo gradual e contínuo, havendo interligação entre as diferentes etapas da vida. Com isso, todas as manifestações adultas mantêm estreito vínculo com os acontecimento desde a mais tenra infância. A trajetória do desenvolvimento humano revela a história do desenvolvimento da raça e recapitula a história da criação e do desenvolvimento de todas as coisas (Froebel, 1896). Sem dúvida, uma visão de vanguarda do desenvolvimento infantil. Nas palavras de Dewey (1959b, p.62):

> O reconhecimento, por parte de Froebel, da importância das aptidões inatas das crianças, sua carinhosa atenção para com elas e seu influxo para induzir os outros a estudá-las representam talvez a contribuição individual mais eficaz, na moderna teoria educacional, para o reconhecimento amplo da idéia do desenvolvimento.

Contudo, o próprio Dewey faz fortes críticas a Froebel por sua concepção de desenvolvimento e instrumentos educativos (p.62-63).

> (...) a sua formulação da noção do desenvolvimento e a organização de artifícios educativos para incentivá-lo foram grandemente dificultadas pela circunstância de que ele concebia o desenvolvimento como o desdobramento de um princípio latente e já formado. Não conseguiu ver que crescimento é crescer, desenvolvimento é desenvolver, e por isso deu maior importância ao resultado, ao produto, do que ao processo.

Dewey detalha o significado de experiência e desenvolvimento em sua teoria progressivista um século depois. No entanto, tais críticas não invalidam as postulações froebelianas, que apontam uma perspectiva apropriada – e mesmo avançada – para seu tempo. Afinal, eram escassos os conhecimentos das ciências (por exemplo, a fisiologia e a psicologia) e plenamente possíveis, à época, as explicações do desenvolvimento humano assentadas em princípios metafísicos e religiosos. Deixadas de lado tais explicações metafísicas, sua teoria é bastante coerente e atual.

Lei das conexões internas: a lei fundamental do desenvolvimento

As postulações de Schelling sobre o significado espiritual da natureza (o sentido transcendental das coisas) tiveram impacto considerável nas formulações froebelianas. Nesse sentido, Froebel pode ser considerado verdadeiro discípulo de Schelling, por sua doutrina da unidade do espírito e da natureza, em *The education of man* e em seu projeto educativo do jardim-de-infância, que transformou os asilos infantis e as escolas da infância em instituições educativas (Blow, 1896). Como afirma Dewey (1958, p.67), o jardim-de-infância froebeliano é a expressão mais viva da "filosofia altamente romântica e simbólica de Schelling".

Concordando com Schelling de que o absoluto é o espírito, Froebel (1896, p.1-2) expõe:

> Em todas as coisas há vida e reina uma lei eterna. (...) A Unidade está em Deus. Todas as coisas procedem da Unidade Divina, de Deus, e tem sua origem na Divina Unidade, em Deus somente. Deus é o princípio de todas as coisas (...). O divino eflúvio que vive em todas as coisas é a essência de todas elas (...).

A unidade entre o homem, a natureza e Deus, expressa pela lei da conexão interna, aplica-se a todas as instâncias da vida. Reúne o mundo orgânico e inorgânico; está presente no processo de desenvolvimento do indivíduo (a interligação entre as fases evolutivas); unifica as dimensões física, intelectual e espiritual e liga o homem à família e à humanidade. Na confluência entre os elementos da natureza e a existência humana encontra-se a divindade. Segundo Froebel (1896, p.42):

> Para tornar o interno externo, e o externo interno, para encontrar a unidade para ambos, esta é a forma externa geral na qual o destino do homem é expresso (...). Então, todo objeto externo vem ao homem com o convite para determinar sua natureza e relações. Por isso ele tem seus sentidos, os órgãos que lhe possibilitam encontrar esse convite. Isso está exaustivamente indicado na palavra *S-inn* (sentido) ou internalização auto-ativa.[1]

O princípio de conexões internas inclui a lei da conexão dos contrastes, que Froebel designa como a lei do desenvolvimento e da unificação: mais uma lei da vida. Para ele (1896, p.42):

> Toda coisa e todo ser vem a ser conhecido somente quando está conectado com o oposto de seu tipo, assim como sua unidade, sua concordância com seu oposto, essa equação com referência a esta é descoberta. E a completude deste conhecimento depende ainda da completude desta conexão com o respectivo oposto, e ainda a completa descoberta do pensamento ou relação conectada.

Para Froebel, esta representa a forma de conhecer as coisas, efetuando analogias e comparações e, em um movimento progressivo de análise e síntese, procedendo à união entre os contrastes.

A despeito das diferenças filosóficas e interpretativas, a teoria das conexões internas, embora com outras denominações, prevalece nas concepções da psicologia do século XX. Bruner (1956), em *A study of thinking*, postula a atividade mental como fruto do processo de categorização que envolve contrastes e opostos (pertencer ou não à categoria). Para Froebel, o conhecimento é processado quando a criança relaciona opostos como amor-ódio, quente-frio, etc. Se, para Froebel, pensar é fazer conexões internas, por meio da lei dos opostos, para Bruner, é categorizar.

O editor W. Harris (Froebel, 1896, p.V) destaca que a grande palavra froebeliana é conexão interna, na qual se baseia o sistema do *kindergarten*:

> Deve haver uma conexão interna entre a mente do aluno e os objetos que estuda, e isso determina o que estudar. (...) Finalmente, há conexões internas dentro da alma que unificam as faculdades de sentimento, percepção, fantasia, pensamento e vontade, e determina a lei de tais desdobramentos. Conexão inata é de fato a lei do desenvolvimento, o princípio de evolução, e Froebel é o reformador educacional que deu mais que todos para tornar válida a educação que os germânicos chamam "método desenvolvimental".

Ao admitir conexões internas feitas pela criança, Froebel supera a proposta de Pestalozzi de usar as coisas reais como um fundamento para o treino intelectual pelos sentidos, definindo a auto-atividade como princípio central que move a ação da criança. Assim, o filófoso a compreende como ser ativo e criativo, a qual faz conexões internas, tem capacidade de aprender, adquire experiência por meio da auto-atividade, faz reflexão e chega à autoconsciência com o auxílio do adulto.

Seu método desenvolvimental, embora contendo um princípio latente já formado, como critica Dewey (1959b), é um processo conduzido internamente pela própria criança, que faz conexões com o auxílio do adulto. Em *Education by development*, Froebel salienta que "o desenvolvimento da criança (...) é conectado não somente com o que é perceptível, mas com o que é, em qualquer tempo, perceptível e simbólico" (1899, p.9).

Froebel, ao entender o ser humano como auto-ativo, admite uma conexão interna de dois tipos:

1. entre o indivíduo que aprende e os objetos;
2. entre sentimento, percepção, imaginário, pensamento e vontade, o que chama lei de desdobramentos.

Não concebe categorias distintas na mente, mas vê o conhecimento como resultado do amálgama de sentimento, vontade, imaginário e pensamento. Assim como a mente humana não pensa separadamente da percepção, da razão, do sentimento e da vontade, também a relação entre o indivíduo que aprende e o mundo externo é regida por conexões internas.

Bruner introduz o *New Look*[2] no campo da percepção, integrada à cognição, ao pensamento à emoção, evidenciando que a leitura do mundo não se faz desgarrada de sua forma de pensar, tal como, um século antes, já anunciava Froebel.

Auto-atividade

Froebel concebe a criança como dotada de auto-atividade, ou seja, pela ação, expressa intenções em contato com o mundo externo. Ao considerar o conhecimento como processo de conexão que engloba sentimentos, percepção e pensamento, situa-se no patamar dos grandes pedagogos que pensam a criança nos tempos atuais. Segundo ele (1912, p.23):

> A atividade e a ação são os primeiros fenômenos do despertar da vida da criança. Essa atividade e essa ação são, na verdade, a expressão central do interno (...) que aparece em harmonia com sentimentos e percepção, indicando a apreensão e compreensão de si pela criança assim como uma germinação da capacidade individual.

Justifica a auto-atividade em termos metafísicos: "cada ser humano desenvolve a si, de forma auto-ativa e livre de acordo com a lei interna" (Froebel 1896, p.13), enfatizando sua relevância para a educação da criança e a formação do professor. Para o tradutor e comentarista Hailmann (apud Froebel, 1896, p.11)

> auto-atividade (...) implica não meramente que o aprendiz faça tudo por si, mas que ele poderá ser beneficiando somente pelo que faz: implica que todo tempo poderá ser ativo, que a atividade pode tomar seu eu interior em todas as fases do ser. A lei da auto-atividade demanda não atividade sozinho, mas todos os lados da atividade do ser humano, o eu total.

Froebel ressalta que, "*na boa educação, (...) há liberdade; lei, auto-determinação (...) Deus criou o homem a sua própria imagem: então, o homem precisa* ***criar*** *e apresentar-se diante da vida como Deus*" (1986, p.13). Hailmann menciona o profundo valor dado por Froebel à atividade criativa que estimula produções com blocos, especialmente novos formatos com o mesmo material, insistindo na reflexividade, na paciência e no respeito pelas coisas existentes.

Considerado "psicólogo" por seu profundo conhecimento da conduta infantil, Froebel insiste no papel da observação para a elaboração de sua pedagogia. "Veja e observe a criança; ela pode ensinar-nos o que fazer" (1896, p.77), ou "Cada um que observa com muita atenção sempre o primeiro estágio de vida da criança encontra (freqüente e definitivamente) o impulso da criança para atividade" (1912, p.16). Foi observando a criança que Froebel percebeu o seu interesse em ver o que há dentro do brinquedo, e criou os jogos de construção para "quebrar" e "consertar".

Para Blow (1896), a teoria froebeliana cria espaço para o *self-making*, pois é uma pedagogia que leva à atividade e cita inúmeros exemplos do *Mother play*, de como as mães interagem com os bebês, criando andaimes e, como diria Bruner (1983), dando oportunidade para a elaboração de significados.

Concepção de educação

Froebel é considerado por Dewey (1958) como o primeiro a descrever alguns princípios essenciais da prática educativa com crianças: o exercício da cooperação e ajuda mútua; atividades impulsivas e instintivas da criança como fontes primárias da atividade educativa; a valorização das atividades espontâneas – jogos, dramatizações, mímicas e movimentos livres – como base da ação educativa; as atividades individuais que aproximam a criança de situações e ocupações típicas da sociedade em que está inserida e da qual deve participar com sua criatividade e produção.

Na pedagogia froebeliana, a educação infantil não visa à aquisição de conhecimento, mas à promoção do desenvolvimento. A educação é vista como parte do processo geral de evolução pela qual todos os indivíduos estão unidos à natureza e fazem parte do mesmo processo. Para Froebel, a educação é a realização do processo evolutivo no seu supremo estágio, revelando-se no ser humano individual. Desse modo, antes de todos, estabelece o conceito de educação que ainda prevalece (Monroe, 1946).

Nessa perspectiva, o elemento fundamental no processo educativo deve ser a espontaneidade. Embora esse conceito tenha sido anunciado por Pestalozzi, Froebel o ampliou, colocando-o como eixo central de sua pedagogia. Segundo Hughes (1925), o mérito do filósofo alemão foi ter reconhecido que a anarquia não é causada pela liberdade; porém, cultivando a atividade espontânea da criança é que se promove o autoconhecimento e o autocontrole.

Froebel contrapõe-se ao conceito de educação como preparação para um estado futuro. A vida em que a criança deve ser inserida não é a vida do adulto, mas a vida que a rodeia no presente. A educação ocorre no processo, não no passado ou no futuro. Sua crença em uma força natural que emana do próprio homem e o impulsiona ao desenvolvimento o levou a defender a educação com base na liberdade e no respeito às capacidades de cada indivíduo: “o ensino e a educação devem por necessidade adaptar-se, acompanhar, seguir (só resguardando e protegendo), porém nunca prescrever, determinar, impor” (Froebel, 1896, p.7).

O desenvolvimento ocorre à medida que a criança entra na plena posse dos seus poderes e a sua natureza penetra na unidade da vida que a rodeia. O desenvolvimento futuro é medido pelo mesmo padrão. O objetivo da educação é realizado complementarmente na criança e no adulto. Baseado na concepção de educação como atividade e proporcionando-a pela atividade da própria criança, não há conflito entre o que se diz e o que se pratica. A coerência entre concepções e práticas pedagógicas é outra preocupação de Froebel.

Educação dos menores de três anos

A maioria dos leitores das obras froebelianas desconhece *Mutter und Koselieder*,[3] que trata de músicas e jogos para mães e crianças, “um livro para estudar e educar a criança” (Blow, 1896, p.36). Considerada obra prática, passou despercebida como pedagogia para a criança. Admiradora dessa pedagogia, Blow produziu quatro versões comentadas: músicas, movimentos e poemas (*Songs and music of Froebel´s mother play*), simbolismo das brincadeiras (*Symbolic education*), carta às mães (*Letter to a mother*) e brincadeiras interativas da mãe com a criança, a chave da filosofia froebeliana (*Mottoes and commentaries of Froebel´s mother play*), obras que fazem parte da coleção editada por Harris.

Comenius (1957), no século XVII, propunha a escola maternal para a educação dos pequenos sob a responsabilidade da mãe. Froebel avançou, propondo uma educação que integra o cuidado e a educação do bebê em casa, sob os cuidados dos membros da família, e criou uma proposta de aprender brincando para a criança menor de 3 anos.

O conceito de *gliedganzes* (membro-totalidade) e a lei das conexões internas fizeram-no valorizar, no processo educativo, a ação interativa: primeiro, entre a mãe e o bebê e, em seguida, entre o bebê e o pai, os irmãos, os parentes e a comunidade.

Em várias passagens de *The education of man* e *Pedagogic of kindergarten*, está presente a idéia central de educação como conexões internas e externas, um processo partilhado entre a criança, a mãe, o pai, os irmãos e a comunidade. Por trás dessa idéia de educação há uma nova concepção de criança que, embora inocente e frágil, esconde uma força pouco conhecida, um dinamismo interno, que encontra em si mesma, o fator de desenvolvimento. A criança não é mais vista como menos, mas como mais. A infância não é mais um período que se deve esquecer, renegar, mas um momento de perfeição. A criança não é mais um adulto em miniatura, mas um ser em germinação.

Educação e cuidado da criança pequena

Froebel (1896, p.65) considera que, ao cuidar do bebê, a mãe auxilia a aquisição da fala:

> Dê-me seu braço. Onde está sua mão? Não menos importante é a maneira de levar a criança a conhecer os membros que ela não pode ver, o nariz, os ouvidos, a língua e os dentes.(...) Aqui eu tenho seu ouvido, o nariz, e a criança rapidamente coloca a mão no ouvido ou no nariz.

São exemplos de situações interativas, em que a mãe, em resposta às intenções da criança, auxilia o desenvolvimento da linguagem e a consciência de si e das partes de seu corpo.

Na obra *The songs and music of Friedrich Froebel´s mother play*, encontram-se vários exemplos de músicas utilizadas para desenvolver as linguagens verbal, gestual e matemática, pelo ritmo compassado da melodia, dos gestos e das palavras. Blow (1912) destaca a utilização de linguagens integradas por meio das leis das conexões internas e dos contrastes na música *Play with limbs*[4] (Froebel, 1897, p.2) na versão adaptada de Emily Hustington Miller. A música traz uma alegoria da integração entre a educação e o cuidado da criança pequena no ato de trocar fraldas. A mãe vai movimentando os braços e as pernas do bebê, em ações ritmadas, enquanto canta, o que remete para a diversidade das linguagens motora, verbal e até matemática (Froebel, 1897, p.3-4).

Em *Letters to a mother*, Blow (1912, p.34-66) comenta cartas de Froebel às mães sobre como a criança se faz (*self-making*) com o auxílio do adulto, que deve usar energia e disciplina nesse propósito. Em um dos exemplos, utiliza a brincadeira com os membros para mostrar que a criança revela-se por meio da ação iniciada livremente de movimentar os pés. Inibir o movimento, pela barreira que a mãe faz com a mão, possibilita a consciência dessa ação motora, o que é justificado pelas leis das conexões e dos contrastes.

Froebel menciona a reflexão sobre as próprias ações, como diria Dewey (1959a), ou a autoconsciência, conhecer-se a si e suas ações. Nesse processo interativo, a autoconsciência não se faz sozinha, mas em contato com o outro. É a mãe que vai dando à criança as condições para a tomada de consciência de situações, como a de um bloco de construção que se transforma em cachorro ou a de onde está o nariz, que representam processos de autoconsciência decorrente de intersubjetividades, em processos de interação, analisados posteriormente por Vygotsky (1988).

ATIVIDADES E LINGUAGENS INFANTIS

Brincar

Dewey (1958, p.120) reconhece a importante contribuição de Froebel para a compreensão do papel das brincadeiras no processo de desenvolvimento da criança e sua inserção na prática educativa.

> Há muitas evidências de que Froebel estudou cuidadosamente – de forma indutiva, poderíamos dizer hoje em dia – as brincadeiras das crianças de seu tempo e os jogos que as mães jogavam com suas crianças. Ele fez um grande esforço – como em seu texto *Mother play* – para mostrar que certos princípios de grande importância estavam envolvidos. Ele teve que conscientizar sua geração de que essas coisas não eram meramente triviais e infantis porque feitas por crianças, mas eram fatores essenciais em seu crescimento.

Apesar do empenho em divulgar o papel do brincar, Harris salienta que "o *kindergarden*, ao usar os dons e ocupações, não usou o melhor do que Froebel inventou. A peculiar contribuição de Froebel está nas brincadeiras e jogos que escreveu no *Mutter und Kose Lieder*,[5] e explicou-o com toda a sua filosofia (Froebel, 1896, p.XIII).

Na teoria de desenvolvimento infantil froebeliana, o brincar ocupa um espaço essencial. Como define o autor (Froebel, 1896, p.54-55): "Brincar é o mais alta fase do desenvolvimento infantil – do desenvolvimento humano neste período. É a representação auto-ativa do interno – representação do interno da interna necessidade e impulso".

Ao postular o brincar como a fase mais significativa do desenvolvimento da criança, Froebel (1896, p.55), aproxima-se de Vygotsky (1988):

> Brincar é a atividade mais pura, mais espiritual do homem neste estágio, e, ao mesmo tempo, típico da vida humana como um todo – a vida natural interna escondida no homem e em todas as coisas. Ele dá, assim, alegria, liberdade, contentamento interno e descanso externo, paz com o mundo. Ele assegura as fontes de tudo que é bom. Uma criança que brinca por toda parte, com determinação auto-ativa, perseverando até esquecer a fadiga física, poderá seguramente ser um homem determinado, capaz de auto-sacrifício para a promoção deste bem-estar de si e de outros. Não é a mais bela expressão da vida da criança neste tempo o brincar infantil? A criança que está absorvida em seu brincar? A criança que desfalece adormecida de tão absorvida? (...) brincar neste tempo não é trivial, é altamente sério e de profunda significação.

Froebel antecipa concepções sobre o brincar, como a seriedade (Huizinga, 1951), o envolvimento (Leavers, 2000), a auto-atividade, o caráter livre (Brougère, 1995; Kishimoto, 1996, 1997), o estado de alegria e bem-estar (Dahlberg, Moss, Pence, 1999; Shonkoff e Meissels, 2000).

O gérmen do jogo para a vida futura também já está posto por Froebel: "As brincadeiras das crianças são as folhas germinais de toda vida posterior (...). A vida posterior do homem, mesmo para o momento em que poderá deixá-la, tem sua fonte no período da infância" (1896, p.55-56). A relevância do brincar continua a ser ressaltada na década de 1990, "os anos dourados" para a infância, com estudos da neurologia sobre os efeitos do bem-estar no desenvolvimento da criança (Shonkoff e Meissels, 2000). Froebel já divulgava, um século antes, os efeitos do bem-estar no desenvolvimento da criança, em sua principal obra, *The education of man* (1896, p.22):

> Relaxamento, alegria e sorriso indicam nos sentimentos da criança que está adaptada ao puro, não perturbado desenvolvimento de sua natureza, de sua natureza humana, da vida da criança, a vida humana na criança (...) Agitação, tristeza, lágrimas indicam em sua primeira aparência o que é oposto ao desenvolvimento da criança, do ser humano (Froebel, 1896, p.22).

Em *Pedagogic of kindergarten*, menciona como as roupas devem garantir o bem-estar da criança, já que a liberdade dos movimentos contribui para o brincar e afeta seu espírito (Froebel, 1912, p.63-64):

> No sentido de tornar a criança neste período apta para mover e brincar, para desenvolver e crescer livremente, e sem obstáculo, suas roupas precisam ser livres de laços e pressões de todos os tipos; para isso vestimentas precisam afetar o espírito da criança. A vestimenta da criança não pode cegar o corpo; deve ter em mente, na alma da criança, o mesmo efeito para o corpo. (...) Vestimenta é um dado importante, para a criança ou o adulto.

O bem-estar está na base de condutas relacionadas ao brincar. Ao valorizar a liberdade e questionar a arbitrariedade como condições para o brincar, critica sua associação ao ensino. Rabelais, em *Pantagruel*, alertava para o excesso de treino; Fenélon, a eficácia do brincar; Locke, a liberdade do brincar; Schiller, o profundo significado do brincar; Richter, em *Levana*, afirmava que o brincar da criança é a primeira frase poética (criativa) do homem. Para Hailmann, "a Froebel cabe o crédito de ter encontrado a verdadeira natureza e função do brincar". (1896, p.58).

Froebel entende que a mãe, mesmo sem instrução, brinca com a criança e a educa, trazendo o significado da linguagem no contexto da brincadeira. Psicólogos como Bruner (1983a, 1983b, 1996) mostram que mães de todas as partes do mundo introduzem as crianças nos significados da linguagem pela brincadeira. Segundo Froebel (1896, p.64):

> A mãe natural faz tudo isso instintivamente, sem instrução e direção; mas isso não é suficiente: é preciso que ela faça isso conscientemente, como um ser humano agindo sobre outro que está crescendo em consciência (...) e conscientemente levando para o contínuo desenvolvimento do ser humano, em uma certa vida de conexão interna.

Aquisição da linguagem por meio do brincar

Para Froebel (1896, p.90), pela mediação do adulto, objetos de interesse da criança adquirem nomes e significados, tarefa fundamental para o conhecimento do mundo do bebê:

> Este período, então, é proeminentemente o período de desenvolvimento da faculdade da fala. Então, em tudo que a criança faz, é indispensável que o que fala fique claro e definitivamente designado pela palavra, conectado com a palavra. Cada objeto, cada coisa, se torna tal somente pela palavra.

A primeira fala da criança vem pelos gestos, como assegura em *The education of man* (1896, p.45): "Agora, como já indicamos, tais movimentos da face e do corpo são, de início, representações do interno no externo". Denomina tais brincadeiras como primeiras frases da criança, as quais devem ser cuidadosamente observadas. A integração entre os significados, o gesto e a fala podem ser vistos no interesse da criança pelo cachorro, o que leva a mãe a verbalizar denominações e coisas em movimento nesse processo interativo (Froebel, 1896, p.68-69).

> A mãe mostra à criança coisas em movimento: (...) O cachorro diz "au-au!" E depois diretamente da palavra ao nome, do ouvido para a visão: Onde está o "au-au?".
>
> Similarmente ela atrai a atenção da criança para a mutabilidade das coisas. "Papa vem" ou "tiau, papa". Novamente, mostrando a automobilidade das coisas, "venha, Kitty, meu cachorro" e "Corre, Kitty, corre". Ela incita a criança à atividade corporal "Segura a flor" "Pega Kitty" ou, vagarosamente, rolando a bola, "Pega a bola".

Na obra *Pedagogics of the kindergarten*, Froebel (1912) descreve como a criança adquire a linguagem por meio do brincar. Em várias passagens, mostra como as brincadeiras interativas de mães-filhos integram emoções e pensamento, conduzindo o olhar, o movimento, o som, o gesto e as significações. E indaga: "como formar o brincar-palavra da criança?" (p.40).

O autor propõe a observação do desenvolvimento da criança, ou de como ela estabelece as conexões, para dar suporte às situações e aos objetos focalizados por ela. Esse suporte significa o aproveitamento das brincadeiras para dar nome às situações e aos objetos de atenção da criança.

Para Froebel (1912, p.42), as ações da criança são integradas, recaindo o foco não no conteúdo, mas em seu desenvolvimento integral:

> nós podemos assinalar que é altamente importante para a educadora observar sempre o primeiro e claro traço de articulada conexão da natureza corporal, intelectual e espiritual da criança, (...) e assim nenhuma dessas direções da natureza da criança poderia ser levada ou cultivada, no desenvolvimento da criança às expensas do outro (...) o fundamento real, o ponto de partida do desenvolvimento da criança é o coração e as emoções.

Ao propor, no brincar, a trilogia: *criar, sentir e pensar*, Froebel (1912, p.56) mostra o valor da ação criativa da criança, o papel das emoções e a integração do pensamento na ação. As concepções sobre o desenvolvimento infantil, nesse aspecto, são similares às da maioria dos psicólogos atuais. Wallon (1950) destaca as emoções como desencadeadoras das ações da criança. Bruner (1983a, 1983b) e Vygotsky (1988) evidenciam a integração da atividade infantil. O pecado de Froebel foi assumir o inatismo das conexões internas, o que enfraquece a noção do desenvolvimento como processo, tema bastante recorrente em suas obras. Eliminando esse dado, fruto de concepções do seu tempo, sua teoria continua atual como base para a pedagogia da infância.

Para Froebel (1912), a mãe nomeia o efeito da ação da criança sobre o objeto ao verbalizar "a bola rola", ou o local, "está ali", e cria condições para a compreensão do fenômeno e sua denominação. Muitos, quando se deparam com quadros contendo figuras de movimento com a bola, imaginam "exercícios mecânicos". Entretanto são representações gráficas de brincadeiras interativas de mães com crianças para desenvolver o que chama *brincar-palavra*.

Froebel explicita, à semelhança de Bruner (1983a, 1983b), o saber-fazer que a criança adquire em ações com a bola e a aquisição da linguagem que a acompanha. Fechando a mão sobre a bola: "Onde está a bola?". Abrindo a mão: "Aqui está a bola". (1912, p.45-46). Tais brincadeiras são similares às pesquisadas por Ninio e Bruner (1978). Froebel, menciona que, nas brincadeiras interativas, há ação livre e espontânea, exploração e seqüência de ações que são compreendidas pela criança. O brincar envolve o clima interativo e prazeroso com situações marcadas por uma pergunta, uma resposta e um *feedback*. Esses três elementos, considerados importantes por Nino e Bruner na seqüência de aquisição de palavras, já estão em germinação nos exemplos incluídos nas obras de Froebel (1896, 1912).

O uso de blocos de construção, como objetos substitutivos, proporciona o desenvolvimento simbólico: "Agora a bola virou uma galinha: tip, tap, tap, a galinha vem correndo. Agora o cachorro: Opa, vai o cachorro sobre a cerca" (Froebel, 1912, p.470). Contar histórias e representar situações com o uso de objetos:

> seis blocos formam uma avenida; pai e mãe, irmãos e irmãos vão andar nela. (...) três ou mais blocos formam um cavalo e seu potro; dois blocos juntos semelhantes a um representam um boiadeiro – então, a criança tem a manada e o boiadeiro. O boiadeiro pode dirigir e, logo, muda, seis blocos formam o estábulo com duas cocheiras e dois blocos são duas vacas, etc. (Froebel, 1912, p.181)

É o jogo de construção dando suporte à situação imaginária.

O brincar envolve a criança inteira, seus sentimentos, seus movimentos, sua percepção e seu pensamento, as mães e os pais. Froebel esclarece (1912, p.52):

> A criança, na companhia do pai, cresce, escala com ele, com sua ajuda; tudo isso é oferecido em múltiplas formas pelas brincadeiras com a bola, que pode ser proeminente, o pai vê em sua relação com a criança, chamando por sua força, consideração, reflexão, mas também usando a força do desenvolvimento. Por meio do brincar precoce, especialmente o que é conectado com a fala, a mãe, com toda a sua ternura, entra na vida da criança.

O desenvolvimento físico ocorre quando a criança aprende a segurar a bola com mais equilíbrio, a ficar em seu centro de gravidade. Embora tenha consciência de que, ao brincar, ela aprende a fortalecer os músculos de todo o corpo, Froebel preocupa-se mais com o brincar livre ou em interação com o adulto, que leva ao desenvolvimento do imaginário.

A bola é o exemplo da representação da unidade divina e da natureza porque contém em si conteúdo, massa, matéria, espaço, forma, cor, som, tamanho e figura, possibilitando a exploração de tais características pela criança quando em conexão com os pais. "Assim, a bola, é um veículo de conexão entre a mãe e a criança, entre pais e criança – é a conexão entre a criança e seu ambiente próximo – e em geral um veículo de conexão entre a criança e a natureza; e a bola conecta a criança com a natureza assim como o universo conecta o homem com Deus" (Froebel, 1912, p.54).

Froebel (1912) dedica o Capítulo VI da obra *Pedagogics of the kindergarten* aos brinquedos e brincadeiras da criança que contribuem para o seu desenvolvimento. Observa bebês, nas primeiras semanas de vida, que se interessam por objetos que se movem no espaço que brilham. "A mãe, enquanto supre a criança com leite morno, chama sua atenção para as coisas que brilham, que se movem e denomina com palavras: 'a pequena luz' ou 'o pássaro'" (p.64).

Propõe uma pedagogia do brincar, que respeita o interesse da criança, conduzida pela mãe e pelo pai, em processos interativos, e o brinquedo como recurso para a auto-atividade e o desenvolvimento da fala. A preocupação com o brincar da criança já começa muito cedo na esfera do próprio corpo e com objetos pendurados perto de sua visão. Móbiles já fazem parte da rotina de educação de bebês. Conforme Froebel (1896, p.48-49):

> Neste estágio do desenvolvimento, a criança (...) começa a brincar com seus membros – suas mãos, seus dedos, seus lábios, sua língua, seus pés assim como com a expressão de seus olhos e face (...) No sentido de evitar deixar a criança na cama mentalmente desocupada, é aconselhável suspender, em uma linha à altura da vista da criança, uma gaiola de pássaros cantadores vivos. Isto assegura ocupação para os sentidos e a mente, aproveitável em muitas direções.

Segundo Hailmann (Froebel, 1896, p.49), "as mulheres de Appenzell, usualmente grandes amantes da liberdade, substituíram o 'móbile' vivo por um pássaro artificial com papel brilhante e colorido. Froebel, ele próprio, após um período, propôs trocar os pássaros por bolas do seu primeiro dom". O comentarista de Froebel analisa a fala do bebê, citando a repetição de sons e termos onomatopaicos, etc. São jogos repetitivos de reprodução de sons, típicos de crianças dessa idade.

Como bom observador, Froebel (1896, p.54) percebe que a criança, nos primeiros tempos, não se diferencia dos objetos que a circundam e compreende a natureza antropomórfica do pensamento infantil:

> Brincar e falar constituem elementos em que a criança vive. Assim, a criança neste estágio dá a cada coisa as faculdades de vida, sentimento e fala. Ela imagina que as coisas podem ouvir. Porque a criança começa a representar seu ser interno externamente, ela reproduz a mesma atividade a tudo, para a pedra e pedaço de madeira, para a planta, a flor e um animal.

Linguagens integradas

Froebel considera importante a experiência de fazer, de usar as mãos, de empregar a expressão plástica. Critica o processo de desenvolvimento intelectual que se restringe à expressão de idéias apenas com palavras e que não reconhece o valor das coisas. A expressão de idéias pelas mãos assegura sua formulação em palavras e relação das coisas com os símbolos impressos. Froebel antecipa-se ao século XX ao mostrar a relevância das múltiplas linguagens para expressão do conhecimento do mundo (1896, p.77).

> Então, a representação de objetos pela linha leva logo a criança à percepção e representação da direção na qual age a força. "Aqui flui o riacho" e, dizendo isso, a criança faz uma marca, indicando o curso do riacho. A criança desenha linhas significando uma árvore. "Aqui cresce outro braço e aqui ainda outro" e como fala ela desenha a árvore, e as linhas indicam os ramos.

Pelo grafismo, a criança desenvolve o processo de atribuição de significações para a construção do pensamento simbólico (1896, p.50):

> Com a linguagem começa a expressão e a representação do interno, com a linguagem coloca-se a organização ou a diferenciação de fins e meios. O ser interno

> é organizado, diferenciado, e luta para fazer-se conhecido (*Kund thun*), para anunciar-se (*verkündigen*) externamente. O ser humano luta por seu poder autoativo para representar seu ser interno externamente, de forma permanente e com um material sólido; e essa tendência é expressa na palavra *Kind* (criança), K-in-d, que cabalmente pela palavra significa, conforme o tradutor, um retorno à palavra *Kund thum* e *verkündigen*, que designa o estágio de desenvolvimento.

Froebel indica que a palavra e o desenho são formas de representação (1896, p.79): "(...) semelhante à palavra, nunca é coisa em si, mas somente uma imagem da coisa. A faculdade para desenhar é, então, inata na criança, no homem assim como a faculdade da fala".

Froebel já percebera a capacidade instintiva do ser humano para a linguagem e a sua representação: "Há na arte, também, um lado onde (o ser humano) toca a matemática, a compreensão; outra onde ele toca o mundo da linguagem" (1896, p.226). Além disso, observara não só a emergência da linguagem oral no movimento, mas da matemática aliada às canções e poesias, nos traços do desenho infantil e nas coleções de objetos que a criança organiza. Ao perceber como ela aprende intuitivamente o número, fazendo espontaneamente classificações e juntando objetos, Froebel aproxima-se das concepções piagetianas: "Por longo tempo, a criança não pode dizer os numerais, que em si são vazios e sem significados para elas, sem a ajuda de objetos que enumera" (1896, p.83).

RELAÇÃO ADULTO-CRIANÇA E FORMAÇÃO DO ADULTO EDUCADOR

Educação e responsabilidades da mãe, do pai e da família

Compreender *Mother play* requer entender a vida de Froebel e mergulhar em seu pensamento (Blow, 1896). Apaixonado pela educação, dedicou 24 anos de sua vida a experiências educacionais e, compreendendo a relação indissociável entre a mãe e a criança, "estudou a infância e a maternidade em sua união e influência recíproca" (Blow, 1896, p.10).

Para Froebel, a lei das conexões internas e externas está na base do sentimento de pertencimento da criança à comunidade. Tal sentimento une a criança com a mãe, o pai, os irmãos e as irmãs em alta unidade espiritual, descobrindo depois que todos, como seres humanos sentem e sabem que estão em comunidade e unidade com o alto princípio – com a humanidade, com Deus. O sentimento de comunidade é o início de toda verdade espiritual e religiosa, de toda genuína unificação com Deus (Froebel, 1896, p.25).

A formação de educadoras(es) da criança pequena

Comenius (1956) foi o primeiro a pensar na formação de educadores para a escola maternal. Froebel, por sua vez, sistematizou um curso envolvendo não só mães, mas também educadores (pais e comunidade). Teve a compreensão do papel do brincar e das conexões internas e externas como eixos da pedagogia do adulto. Pensou nas especificidades de aprendizagem e desenvolvimento de crianças pequenas (educação no âmbito doméstico) e nas maiores (educação no jardim-de-infância). Diferenciou a educação infantil do ensino fundamental.

Na obra *Education by development*, Froebel (1899) expõe seu plano para um curso de formação de professores para educação infantil. A meta do curso era "desenvolver e educar a criança desde seu nascimento até o tempo de preparo para começar a vida escolar, e assim para começar a instrução na escola propriamente dita" (p.230-231). O curso deveria formar:

1. a mulher como auxiliar educacional para a casa ou família; a formação de educadoras (nursery *maids* e *nurses*) para o primeiro estágio da infância;
2. a formação de diretores e educadores dos círculos de crianças e uniões infantis, os verdadeiros jardins de infância (p.230).

O curso era destinado às mulheres, mães e educadores do primeiro estágio da infância que se ocupavam das crianças no ambiente familiar, assim como às educadoras (jardineiras) e aos diretores dos círculos de crianças e uniões infantis fora do ambiente doméstico.

Froebel destinava seu curso de formação a auxiliares, educadores e diretores com idades entre 15 a 20.[6] A primeira etapa era voltada à educação infantil e a segunda, ao ensino das letras, que correspondia ao antigo primário. No Brasil, Rui Barbosa, no final do Império, sugere um curso para formação de jardineiras que não chegou a ser implantado. Anália Franco, em São Paulo, implementa um curso, de dois anos, destinado a profissionais de creches e escolas maternais de sua organização (Kishimoto, 1988).

Embora Froebel considerasse necessário um curso de maior duração, a primeira fase destinada à educação infantil dispunha de 26 semanas, em tempo integral, das 8 às 19 horas (cerca de 1.430 horas), buscando a integração entre a teoria e a prática do brincar, realizado no centro de formação e nas instituições infantis, desde o início do curso. Froebel organiza obras contendo músicas e poesias adaptadas à cultura infantil e à formação do adulto. Susan E. Blow separou e organizou as músicas e poesias froebelianas destinadas aos adultos em *Mottoes and commentaries of mother play* e, às crianças, em *The songs and music of Friedrich Froebel's mother play*.

Percebendo a especificidade do bebê e de crianças maiores, Froebel (1899) fixa metas distintas relacionadas ao brincar infantil para educadores da primeira fase da infância e jardineiras e diretores. As mesmas canções, na versão para as mães, focam a função de educadora e, para as crianças, remetem ao prazer de brincar e expressar intencionalidade. Froebel antecipou a formação profissional compreendida por Knowles, no final dos anos de 1960 (apud Merriam, Caffarella, 1999, p.272), como *andragogia*,[7] *a arte e ciência que auxilia o adulto a aprender e que difere da arte e ciência de aprendizagem da criança*. Prepara, para as mães, materiais de suporte como as canções e cartas que comentam as ações com as crianças e, para as crianças, canções, movimentos e pautas musicais.

Froebel divulga uma concepção de formação profissional que exige a compreensão da relevância do brincar, primeiro na esfera do adulto, para chegar ao universo infantil. Sua teoria de conexões internas e externas assegura esse pressuposto. Um dos eixos de seu projeto de educação incluía o trabalho manual, que não foi adotado na Alemanha, mas nos países escandinavos.

O projeto *Volkserziehungsanstall* previa o uso do trabalho manual para ser adotado em Helba, Alemanha, mas não foi realizado. A integração entre o fazer e o pensar, aliado às representações, motivou-o a divulgá-lo em 1829, pressupondo "o esforço criativo, a união e interdependência do fazer e pensamento, representação e conhecimento, arte e ciência" (Hailmann, apud Froebel, 1896, p.38). Como proposta de educação em tempo integral, parte do período destinava-se à escolarização e, no outro, a atividades variadas. A lista envolvia produzir utensílios de cozinha, colecionar objetos da natureza, de arte e do campo, fazer dobraduras, encapar e recuperar livros, cuidar de pássaros, galinhas e patos, realizar trabalhos com madeira, brincar com ervilhas, modelar com argila, desenhar e pintar, etc.

Na Alemanha, o projeto não foi adiante. Na Finlândia, em 1866, Cygnaeus, um admirador de Froebel, introduziu o trabalho com madeira (*slöjd*) como atividade obrigatória nas escolas do país. Bem-sucedido na Finlândia, propagou-se para a Suécia e ganhou o suporte de Clausen-Kans na Dinamarca. Pode-se aventar que o desenvolvimento dos jardins froebelianos nos países escandinavos teve um diferencial, se comparado a outros países, em decorrência da introdução de trabalhos com madeira e da própria cultura nórdica, de maior valorização da criança e das brincadeiras simbólicas.

DESCONSTRUÇÕES E CONSTRUÇÕES, HERANÇAS E EQUÍVOCOS

Desconstruções e construções

Froebel revê concepções de Pestalozzi sobre a educação elementar e o ensino mútuo como apropriados para crianças de 3 a 7 anos, construindo uma imagem de criança ativa e criativa nos jardins-de-infância. Nesse sentido, propõe o desenvolvimento livre das crianças, divergindo da escolarização pleiteada em sua época e aproximando o trabalho dos jardins-de-infância ao da família.

Com Froebel, o que estava apenas esboçado em Richter e Hoffman torna-se um programa de educação coerente, que coloca o jogo no centro do processo pedagógico, ao menos para as crianças menores de 7 anos (Brougère, 1995).

Ao considerar o jogo como sério, à semelhança de Richter, rompe com a noção de frivolidade, fazendo emergir um novo paradigma do jogo no pensamento romântico. O jogo abandona sua relação multissecular com a frivolidade para se tornar parte da educação natural, em um quadro finalista em que a natureza não pode enganar-se. A originalidade de Froebel, hoje senso comum na educação infantil, é vincular o papel do jogo na primeira infância à concepção de material estimulante, específico, manipulável e simbólico (Dewey, 1958; Brougére, 1995). Não se trata de um material para "aquisição de conteúdos", mas para exploração livre e espontânea.

Froebel entende o jogo como ação livre e demonstra a potencialidade do material, dos dons, que se tornam educativos quando, por meio da auto-atividade, a criança exterioriza seu saber e desenvolve-se. O jardim-de-infância diverge da escola e assemelha-se às práticas familiares. A especificidade infantil requer uma prática que não foque o conhecimento sistematizado, mas o desenvolvimento e a aprendizagem auto-iniciada pela criança, tão comum no contexto familiar. Hoje, os jardins-de-infância tornaram-se escolas dominadas pelo controle do adulto, sem espaço para a iniciativa da criança.

Em *Symbolic education*, Blow (1911, p.3-15) introduz a noção de *gliedganzes* (membro-totalidade), evidenciando a desconstrução realizada por Froebel em direção contrária à de Rousseau, que defendia o atomismo, a teoria dominante de seu tempo, ao pleitear a educação de Emílio isolado do mundo. Assim, Rousseau propõe o isolamento, enquanto Froebel valoriza o todo e as conexões. Pestalozzi aproxima-se de Rousseau em sua visão das percepções, dos sentidos, mas Froebel distancia-se de ambos ao incluir os sentimentos e as experiências anteriores como parte do processo de percepção, que não é mera constatação dos sentido, porque envolve todo o ser. Para Susan Blow, grande divulgadora da pedagogia froebeliana, a mente de Pestalozzi foi um campo de batalha entre a concepção de desenvolvimento de Froebel e o atomismo herdado de Rousseau.

Apesar da postura romântica de colocar na base do desenvolvimento pressupostos religiosos e naturais, pode-se dizer que Froebel está mais próximo dos pedagogos do século XX, pois evidencia como a percepção não é um fenômeno solitário, uma vez que depende de pensamentos e de sentimentos. Ele enfatiza, mais que Pestalozzi, a espontaneidade da ação, o poder da criança e a forma ativa e cooperativa do professor, que urge viver (aprender e fazer) com a criança. O viver tem o sentido de aprender e fazer. Não é preparo para a vida futura, é a própria vida, como insiste, mais tarde, Dewey (1959b, 1967).

Harris (apud Froebel, 1896, p.VII) menciona conexões internas de três tipos:

1. entre a mente daquele que aprende e os objetos que estuda;
2. entre os objetos e os símbolos, como a fala e a escrita;
3. entre a alma (auto-atividade) que une as faculdades de sentimento, percepção, fantasia, pensamento e volição e determina a lei do desabrochar.

Froebel não concebe categorias distintas na mente, mas entende que o conhecimento é conectado pelo amálgama de sentimento, vontade, imaginário e pensamento.

Para Hughes (1897), o caráter filosófico e investigativo do pensamento froebeliano avança além das inspirações instintivas pestalozzianas. Froebel construiu sua pedagogia pela experiência e pela investigação, ao longo dos 30 anos de estudos da criança nos braços das mães e em diversos contextos, o que lhe possibilitou reconhecer a força intrínseca da criança para o desenvolvimento e a auto-atividade produtiva como essencial para a formação do caráter do ser humano. Por isso, acreditou na possibilidade de realizar a educação infantil centrada na auto-expressão, tendo muita clareza sobre a função simbólica do pensamento infantil. Superando as práticas de Pestalozzi assentadas na imitação e na reprodução, defendeu a espontaneidade e a criatividade das crianças.

Para Pestalozzi, o conhecimento provém dos sentidos, da associação com os objetos reais, em um movimento de fora para dentro. Froebel, por sua vez, vê a criança como ser ativo, que estabelece conexões internas, que tem o dom inato da aprendizagem, que usa sua experiência por intermédio da auto-atividade, que faz reflexões com o auxílio de adultos e, assim, chega à autoconsciência. Embora o método de desenvolvimento da criança postulado por Froebel sofra de um simbolismo exacerbado, seu mérito está no fato de insistir sobre o valor de ações conduzidas pela própria criança, que realiza conexões com o auxílio do adulto.

A auto-atividade, outro conceito-chave, evidencia o protagonismo da criança. A meta de Froebel é educar através da auto-atividade e investigar a relação das atividades da criança no brincar para o crescimento da mente. Nesse processo, a criança avalia o que pode fazer e descobre espontaneamente suas possibilidades.

Froebel criou um sistema de educação que começa no bebê, na família (mãe, pai, irmãos e parentes) e continua na comunidade, nos círculos infantis ou *kindergarten*, e prossegue no ensino fundamental. Os métodos de Froebel, após revisão, foram adotados por Mme. Pape-Carpentier nas escolas maternais da França, por Dewey, nos Estados Unidos, por Montessori, na Itália, por Decroly, na Bélgica, por Kerschenteiner, na Alemanha, por Claparède, na Suíça, e por vários educadores no Brasil (Kishimoto, 1988), que preferem aos métodos intuitivos, mais estáticos, os ativos que suscitam o interesse na criança.

Heranças e equívocos vistos com a expansão da teoria froebeliana

Blow (1912, p.55) cita duas apropriações inadequadas, muito populares, do sistema froebeliano: educação da ameixa doce (*sugar plum education*) e educação do vaso de flor (*flower-pot education*).

> A educação da ameixa doce, em seu aspecto moral, significa persuadir, adular, subornar; em seu aspecto intelectual, é ficar apenas no interesse da criança. A meta da educação não é a felicidade, mas a bondade; a meta da educação não é o interesse da criança, mas o incitar e guiar esta auto-atividade (p.57).

Para Froebel, a auto-atividade leva ao esforço e ao verdadeiro interesse, que não pode ser fruto de adulação; o caráter precisa ser formado com esforço, concepção similar à de Dewey (1959b, 1975), para quem o interesse ou a auto-atividade devem ser acompanhados de esforço. Não se trata, portanto, de uma educação adocicada que atenda os interesses imediatos e passageiros da criança. A educação do vaso de flor significa o esforço para tornar a criança inteligente e boa por meio de um ambiente artificial perfeito, como colocar a planta em ambiente artificial, para mantê-la em segurança, junto a uma ensolarada janela do quarto. Ambas as perspectivas são contrárias à liberdade porque utilizam um ambiente artificial e favorecem impulsos cegos. Froebel dimensiona o suporte do adulto, sem destruir a liberdade da criança e sua capacidade de auto-atividade.

Blow (1912), em autocrítica, alerta para as apropriações inadequadas da teoria froebeliana, em decorrência do desconhecimento de *Mother play* (*Mutter und Koselieder*) entre seus divulgadores:

> O estudo do *Mother play* ensinou-me verdades as quais eu não conhecia quando eu mais necessitava; eu poderia evitar muitos erros e poupar muitas tristezas. Com a esperança de que meu livro possa auxiliar outros a evitar meus próprios erros, eu me submeto a um generoso julgamento dos leitores, muitos dos quais são meus amigos (p.XVIII).

Na expansão dos jardins-de-infância, predominou o uso de dons e ocupações,[8] sem relação com as conexões internas e os *gliedganzes* (membro-totalidade). A pouca compreensão da criança como auto-ativa, criativa, cooperativa e dotada de múltiplas linguagens, que aprende e que se desenvolve através do brincar, levou a maior parte das experiências a uma pedagogia mecanicista e repetitiva.

Se, nos Estados Unidos, o simbolismo da teoria froebeliana foi pouco compreendido, predominando a lógica dos dons e ocupações, essa mesma orientação foi adotada por outros que tiveram o primeiro contato com o *kindergarten* americano, entre eles o Japão (Wollons, 1993; Kishimoto, 1995) e o Brasil (Kishimoto, 1990, 1996, 1998, 2000; Pinazza, 1997).

Especialmente no Estado de São Paulo, na época de implantação do jardim-de-infância, as publicações mais substanciais sobre as práticas educativas froebelianas aparecem em dois importantes periódicos oficiais: *Revista do Jardim de Infância*, de 1896 e 1897, uma espécie de manual metodológico, e *Revista de Ensino*, de 1912, as únicas fontes de sugestões pedagógicas para o jardim. Do caráter prescritivo das orientações, depreende-se a ênfase em lições com dons e ocupações e em ações mecânicas e de cunho eminentemente disciplinar (Pinazza, 1997).

A tradução literal das canções e dos poemas elimina a beleza poética que tinge as cores de cada cultura. A adaptação do material ao contexto da época e aos interesses da crianças garante o sucesso da pedagogia froebeliana. A falta de adaptação levou ao fechamento do jardim-de-infância da Escola Americana, do pastor George W.Chamberlain, dirigido por Horace Lane, em São Paulo, no final do século XIX. O anexo à Escola Normal Caetano de Campos exigiu, antes de sua abertura, em 1896, a tradução e a adaptação à cultura brasileira das canções e dos poemas pela especialista em literatura infantil Zalina Rolim (Kishimoto,1988). No Japão, quando da instalação do primeiro jardim, houve preocupação em adaptar o material froebeliano à cultura japonesa (Wollons, 1993; Kishimoto, 1995).

O uso exclusivo dos dons e das ocupações retirou os jogos e os brinquedos infantis das práticas educativas. Froebel distingue o brincar da ocupação. As ocupações com os blocos de construção, mesmo acompanhados de canções,[9] são exercícios dirigidos pelo adulto para a aquisição de conteúdos. Aqui está o ponto fraco desse tipo de atividade, ou seja, a direção do adulto voltada ao estudo de conceitos como superfície, canto ou ângulo, forma, número, etc. Práticas como a de utilizar as oito partes do cubos juntas e dizer "Um todo" ou dividir pela metade e dizer "Duas metades!" (Froebel, 1912, p.138) são inadequadas, porque é o adulto, e não a criança, que inicia a ação.

CONSIDERAÇÕES FINAIS

Froebel, como reformador pedagógico de seu tempo, valoriza a expressão espontânea da criança e, como psicólogo da infância, transporta à prática pedagógica os princípios psicológicos, reconhecendo o poder natural da criança de simbolizar e estabelecer relações entre os objetos. Como destaca Cambi (1999, p.427), pela primeira vez, depois de Rousseau, uma pedagogia – a de Froebel – redefiniu organicamente a imagem da infância.

Uma pedagogia da infância que valorize a atividade e a participação criativa da criança e considere o brincar como essencial no plano curricular e metodológico não pode prescindir dos pressupostos filosóficos de Froebel. Embora seu simbolismo exacerbado seja inadequado, não se pode negar o caráter inovador e humanista das idéias froebelianas a respeito da natureza da criança pequena e das práticas educativas.

NOTAS

1. Em nota de rodapé, o tradutor Hailmann comenta que S-inn é um jogo de palavras: *Sinn* e *Selbsthätige INN-erlichmaching* (sentido e internalização auto-ativa).
2. Publicações dessa fase: Bruner e Goodman. Value and need as organizing factors in perception. *Journal of Abnormal and Social Psychology*, v.42, p.33-55, 1947; Bruner e Postman. Emotional selectivity in perception and reaction. *Journal of Personality*, v.16, p.69-77, 1947; Bruner e Postman. An approach to social perception. In *Current Trends in Social Psychology*. W. Dennin (ed.). Pittsburgh: University of Pittsburgh Press, 1943; Miller, Bruner e Postman. Familiarity of letter sequences and tachistoscopic identification. *Journal of General Psychology*, v.5, p.129-139, 1954. E mais de 20 outros artigos em diferentes periódicos especializados até meados dos anos 1950, quando se iniciam os estudos sobre o pensamento. Ver, também, obra editada por Bruner e Krech. *Perception and personality: A symposium*. New York: Greenwood Press Publishers, 1968.
3. *The mottoes and commentaries of Friedrich Froebel´s mother play* é uma versão de *Mutter und Koselieder* traduzida para o inglês e comentada por Susan Blow, com canções adaptadas por Henrietta R. Eliot.
4. *Up and down, and in and out.*
   Toss the little limbs about;
   Kick the pretty dimpled feet-
   That´s the way to grow, my sweet!

This way and that,
With a pat-a-pat-pat.
With one, two, three,
For each little knee.
By-and-bye, in work and play,
They´ll be busy all the day;
Wading in the water clear,
Running swift for mother dear,
So this way and that,
With a pat-a-pat-pat,
And one, two, three,
For each little knee.

5. Inclui canções e músicas para crianças, traduzida e comentada por Susan E. Blow, no volume XXXL da coleção editada por Harris como *Mottoes and commentaries of Froebel´s mother play*.
6. Foram divulgados por Froebel (1899, p.241) no Curso de Treinamento para Educadores de Crianças, Profissionais e Educadores de Educação Infantil, Keilhau, Near Rudolstadt, outubro de 1847.
7. Características dessa aprendizagem: 1) enquanto a pessoa amadurece, seu autoconceito move-se de uma personalidade dependente para autodireção; 2) o adulto acumula um reservatório de experiência crescente, que é rica fonte de aprendizagem; 3) a prontidão do adulto para aprender é relacionada com tarefas desenvolvimentais de seu papel social; 4) o adulto é mais centrado em problemas do que em conteúdos na aprendizagem; 5) os adultos são motivados a aprender mais por fatores internos do que externos.
8. Os dons são materiais utilizados pela pedagogia froebeliana e as ocupações são atividades desenvolvidas com esses materiais, sendo estéticas, conceituais e simbólicas.
9. "Cubo pode ficar em pé, se a forma correta for tentada.
Pode você ver, meu bebê, a real razão por quê?" (Froebel, 1912, p.80).

REFERÊNCIAS

BATESON, G. Vers une écologie de l´esprit. Traduit de l´anglais par Ferial Drosso, Laurencine Lot et Eugène Simion. Paris: du Seuil, 1977. Tomo 1.

BLOC, M.N.; CHOI, S. Conceptions of play in the history of early childhood education. *Child & Youth Care Quartely*, v.19, n.1, p.31-48, 1990.

BLOW, S. The mottoes and commentaries of Friedrich Froebel's mother play. In: HARRIS, W.T. (Ed.). *International education series*. New York/ London: D. Appleton and Company, 1896. vol. 31.

______. *Letters to a mother-on the philosophy of Froebel*. In: HARRIS,W.T. (Ed.). International education series. New York/ London: D. Appleton and Company, 1912. vol 45.

______. *Symbolic education:* a commentary of Froebel's mother play. In: HARRIS, W.T.(Ed.). *International education series*. New York/ London: D. Appleton and Company, 1911. vol. 26.

______. *The songs and music of Friedrich Froebel's mother play.* In: HARRIS, W.T. (Ed.). *International education series.* New York/ London: D. Appleton and Company, 1897. vol. 32.

BROUGÈRE, G. *Jeu et education*. Paris: Retz, 1995.

BRUNER, J.S. *Le Development de l´enfant:* savoir faire, savoir dire. Paris: PUF, 1983a.

______ . Child´s talk. In: ______ . *Learning to use language*. New York: W.W. Norton S. Company, 1983b.

______ . *L´Éducation, entrée dans la culture. Les problèmes de l´école à la lumière de la psychologie culturelle.* Paris: Retz, 1996.

BRUNER, J.S.; GOODNOW, J.J.; AUSTIN, G.A. *A study of thinking*. New York: John Wiley & Sons, 1956.

CAMBI, F. *História da pedagogia*. São Paulo: UNESP, 1999.

DAHLBERG, G.; MOSS, P.; PENCE, A. *Beyond quality in early childhood education and care: postmodern perspectives*. Nova York: Routledge/Falmer, 1999. (Publicado pela Artmed: *Qualidade na educação da primeira infância*, 2003.)

______ . *Quality in Early childhood education and care: postmodern perspectives*. London: Routledge/Falmer, 2002.

DEWEY, J. *Como pensamos.* 3.ed. São Paulo: Companhia Editora Nacional, 1959a. (Atualidades Pedagógicas; 2)

______ . *Democracia e educação*. São Paulo: Companhia Editora Nacional, 1959b. (Atualidades Pedagógicas; 21).

______ . *Experiencia e educación*. 9.ed. Buenos Aires/Argentina: Losada, 1967.

______ . *Interest and effort in education*. Carbondale/Illinois.EUA. Arcturus Books/ Southern Illinois University Press, 1975.

______ . The school and the society(1899). In: DEWEY, J. *The child and the curriculum: the school and society*. Chicago/Illinois.EUA. The University of Chicago Press/ Phoenix Books, 1958. p.5-160.

EBY, Frederick. *História da educação moderna:* teoria, organização e práticas educacionais (SéculoXVI/Século XX). Brasília/DF: Instituto Nacional do Livro/ Porto Alegre/RS: Globo, 1976.

FROEBEL, F. *Pedagogics of the Kindergarten – or his ideas concerning the play and plaything of the child.* HARRIS,W.T. (Ed.). *The international series*. New York/London: D. Appleton and Company, 1912. vol 30.

______ . *Education by development:* the second part of the Pedagogics of the Kindergarten. In: HARRIS, W.T. (Ed.). *The international series*. New York/ London: D. Appleton and Company, 1899. vol. 44.

______ . The education of man. In: HARRIS, W.T. (Ed.). *The international series.* New York/ London: D. Appleton and Company, 1896, 1897. vol 5.

HOBSBAWM, E.J. *A era das revoluções (1789-1848)*. 17. ed. São Paulo: Paz e Terra, 2003.

HUBERT, R. *História da pedagogia*. São Paulo: Companhia Editora Nacional, 1957.

HUGHES, J.L. Froebel's educational laws for all teachers. In: HARRIS, W.T. (Ed.). *The international series*. New York/ London: D. Appleton and Company, 1897. vol. 41.

______ . *La pedagogia de Froebel.* Madrid: Daniel Jorro Editor, 1925.

HUIZINGA, J. *Homo ludens:* essai sur la fonction sociale du jeu. Paris: Gallimard, 1951.

JACOBS, J.-F. *Manuel pratique des jardins d'enfants.* 4. et. Paris: Librairie G. Fischbacher, 1880.

KISHIMOTO, T.M. *Jogo, Brinquedo, Brincadeira e a Educação*. São Paulo: Cortez, 1996.

______. A educação infantil no Japão. *Cadernos CEDES – Antropologia e Educação Interfaces do Ensino e Pesquisa*, Campinas, v. 37p. 23-44, 1995.

______. *A pré-escola em São Paulo (1877 a 1940)*. São Paulo: Loyola, 1988.

______. A pré-escola na república. *Pro-Posições: Revista da Faculdade de Educação – UNICAMP*, v. 3, p. 55-66, dez. 1990.

______. Brinquedo e brincadeira na educação japonesa:proposta curricular dos anos 90. *Educação & Sociedade*, Campinas, v. 60, p. 64-88, 1997.

______. Froebel e a concepção de jogo infantil. *Revista da Faculdade de Educação(USP)*, São Paulo, v. 1, n.1, p. 145-168, 1996.

______. O primeiro jardim-de-infância público do estado de São Paulo e a pedagogia froebeliana. *Educação & Sociedade*, ano 17, n. 56. p.452-475, dez.1996.

______. Scolarisation, socialisation et jeu dans l´education enfatnine brésilienne. In: RAYNA, S.; BROUGÈRE, G. *Traditions et innovations dans l´education préscolaire:* perspectives internationales. Paris: INRP, 2000. p.43-63.

LEAVERS, F. L´éducation expérientielle: l ´implication de l´enfant, un critère de qualité. In: *Traditions et innovations dans l ´éducation préscolaire. Perspectives internationales*. In: RAYNA, S.; BROUGÈRE, G. (Coord.). Paris: Institut National de Recherche Pédagogique, 2000. p. 293-322.

MERRIAM, S.B.; CAFFARELLA, R.S. *Learning in adulthood:* a comprehensive guide. San Francisco: Jossey-Bass, 1999.

MONROE, P. *História da educação*. São Paulo: Nacional, 1946.

NINIO, A.; BRUNER, J. The achievement and antecedents of labeling. *Journal of Child Language,* 5 p. 1-15, 1978.

OLIVEIRA-FORMOSINHO, J.; KISHIMOTO, T.M. *Formação em contexto:* uma estratégia de integração. São Paulo: Thompson, 2002.

PINAZZA, M.A. *A pré-escola paulista à luz das idéias de Pestalozzi e Froebel:* memória reconstituída a partir de periódicos oficiais. Tese (Doutorado) – São Paulo: FE-USP, 1997.

PRUFER, G. *Froebel – La vida y la obra del fundador dos jardines infantiles*. Buenos Aires/ Argentina: Americalee, 1944.

RODRIGUES, T.C. Froebel. Tradução de trecho da obra Froebel and Education Through Self Activity, de BOWEN, In: *Revista do Jardim da Infância*, v. 2, p. 23-58, 1897.

SHONKOFF, J.P.; MEISSELS, S.J. (Ed.). *Handbook of early childhood intervention*. Cambridge: Cambridge University, 2000.

SHULMAN, L.S.; KEISLAR, E.R. (Dir.) *La pédagogie par la découverte*. Paris: ESF, 1973.

VYGOTSKY, L.S. *A formação social da mente*. São Paulo: Livraria Martins Fontes, 1988.

WALLON, H. *Les origines du caractère chez l'enfant*. Paris: PUF, 1949.

WOLLONS, R. The black forest in a bamboo garden: missionary kindergartens in Japan, 1868-1912. *History of Education Quartely*, v. 22, n.1, p. 1-35, 1993.

3

John Dewey: inspirações para uma pedagogia da infância

Mônica Appezzato Pinazza

Ao longo de mais de um século, a contar dos primeiros escritos, a obra de John Dewey foi visitada e revisitada por muitos estudiosos interessados nos assuntos da educação, e suas teorizações foram referência à pedagogia que atravessou o século XX e, ainda hoje, mostram todo o seu vigor. No Brasil, como em outras partes do mundo, suas publicações originais foram bastante veiculadas, sendo possível encontrar nos acervos bibliográficos exemplares de edições na língua inglesa, em espanhol e em português, com apresentações e comentários dos tradutores.[1] Os pressupostos de Dewey, impressos em diversos periódicos especializados da área de educação, marcam a chegada do ideário escolanovista à pedagogia brasileira, por volta do final da década de 1920 e início da década de 1930 junto a outros expoentes desse movimento, como Adolphe Ferrière, Pierre Bovet, Édouard Claparède, Ovide Decroly e Maria Montessori. Suas contribuições foram objeto, em momentos posteriores, de vários estudos e pesquisas acadêmicas.

Este capítulo resultou de um reencontro com a obra de John Dewey a fim de recuperar os conceitos de experiência, de pensamento reflexivo e de educação pela e para a eqüidade, da maneira como formulados no bojo da filosofia de educação e teoria pedagógica deweyana, trazendo à luz suas contribuições para se pensar a formação da criança e do adulto reflexivos.

John Dewey não esteve preocupado, especificamente, com a criança pequena e com a educação infantil. É certo que o foco de seus escritos esteve voltado, em muitos momentos, às questões da escola elementar. No entanto, basta percorrer o conjunto de sua obra para constatar que suas convicções filosóficas e pedagógicas transcendem as especificidades de graus e conteúdos de ensino. Dewey fala de processos educativos e refere-se à criança, nos planos individual e social, antes de tratá-la como aluno. Dado o alcance de suas teses, certamente elas podem servir para iluminar caminhos para uma pedagogia da infância.

A VIDA E A OBRA DE JOHN DEWEY: CONTEXTO HISTÓRICO

Na introdução do volume *The child and the curriculum: the school and society* (1958), que reúne duas importantes produções de John Dewey,[2] Leonard Carmichael afirma que é sempre melhor aprender sobre um *grande inovador*, quando se considera o contexto em que suas obras foram escritas, em vez de recorrer a outros que falam, em segunda mão, sobre as novas idéias do *pensador criativo*. Assim, julgou-se indispensável começar pelo reconhecimento de alguns acontecimentos que compuseram o contexto histórico da vida e da obra de John Dewey para compreender suas opções filosóficas, epistemológicas e políticas na construção de uma filosofia de educação e teoria pedagógica, expressas em mais de meio século de intensa produção.

Dewey viveu em um tempo de profundas e estimulantes transformações no âmbito das idéias e das práticas sociais e políticas, ocorridas a partir do final do século XIX. Testemunhou diferentes formas de fazer filosofia, a ampliação das possibilidades explicativas das ciências e o desenvolvimento dos ideais de liberdade e democracia, em meio a fortes mudanças na organização do trabalho e da convivência impostas pela industrialização.

Formaram o cenário de vida e produção intelectual de Dewey: na filosofia, as teses que romperam com os antigos sistemas filosóficos, apresentando diferentes tendências interpretativas, como o realismo de Francis Bacon (1561-1626), o empirismo de John Locke (1632-1704), o utilitarismo de Jeremy Bentham (1748-1832) e Stuart Mill (1806-1873), o racionalismo de Immanuel Kant (1724-1804) e o idealismo de Hegel (1770-1831); na biologia, as teorias evolucionistas com as hipóteses explicativas de transformações da espécie formuladas por Lamarck e Darwin, que avançam na hipótese da recapitulação; na psicologia, a perspectiva genética e dinâmica dos estudos experimentais de William James, que romperam com o associacionismo e o sensualismo da psicologia clássica, descritiva e estática, do século XIX, sem contar a chegada, no início do século XX, dos pressupostos da psicanálise e os seus prolongamentos na psicologia social e psicologia da *gestalt*, com o repúdio aos constrangimentos e com as tentativas de compreensão das relações interpessoais no âmbito da vida em grupo[3] e, por fim, na política, a difusão das idéias socialistas, promovendo uma tomada de consciência das relações de classe e da noção de alienação, o que resulta na crescente reivindicação de liberdade e no fortalecimento dos princípios de vida social democrática, a partir da segunda metade do século XIX e início do XX (Hubert, 1957; Eby, 1976; Not, 1981).

Nesse contexto, em que confluem novas referências nos planos cognitivo e político, florescem os princípios gerais da educação progressiva e de renovadas práticas pedagógicas para uma escola que se pretendia emancipadora. Dewey não só esteve atento a todos os movimentos de sua época, como também dialogou com muitos deles, construindo sua própria forma de filosofar e de fazer ciência, como mostra sua longa e rica trajetória de vida.

Nascido em Burlington, pequena cidade americana do Estado de Vermont, em 20 de outubro de 1859, ainda na infância, na vida familiar, teve a primeira mostra da possível convivência das diferenças. Seu pai, dedicado ao comércio, era procedente de uma família de granjeiros estabelecidos na região fronteiriça com o Canadá no espírito dos "pioneiros", enquanto sua mãe provinha de uma família conceituada no meio político e cultural. No plano religioso, foi educado sob os preceitos do congregacionalismo, interpretado de modos distintos pelo pai (universalista) e pela mãe (parcialista). As diversas orientações religiosas renderam-lhe inquietações que só foram melhor elaboradas intelectual e emocionalmente tempos depois, com sua iniciação nos estudos da filosofia (J.M. Dewey, 1939).[4]

Os caminhos trilhados por Dewey foram diferentes da grande parte de seus companheiros de infância e juventude em Burlington, que eram encaminhados às atividades da vida doméstica e às ocupações simples na indústria e na agricultura. Após concluir os primeiros estudos em escolas de sua região, passou a cursar a Universidade de Vermont, onde se graduou em 1879.

Dos tempos de graduação vieram os contatos com a teoria do evolucionismo, nos estudos das ciências naturais, e o interesse pela filosofia e pelo pensamento social. Os conhecimentos adquiridos no curso ampliaram-se com leituras realizadas por iniciativa própria, uma prática que o acompanhou desde os tempos da infância. Os ensinamentos filosóficos na linha do intuicionismo eclético de seu professor favorito, Henry Torrey, trouxeram a Dewey as críticas ao empirismo inglês e a possibilidade interpretativa da filosofia idealista de Kant.

Por essa época, Dewey teve suas primeiras experiências como professor, lecionando em uma escola secundária por dois anos e em uma escola primária por um ano (Dewey, 1959e). Em 1882, Dewey foi para a recém-fundada Universidade John Hopkins, em Baltimore, Maryland, centro de grande efervescência intelectual, onde teve contato com importantes mestres, como George S. Morris, Stanley Hall e Charles S. Peirce (J.M. Dewey, 1939; Eby, 1976; Cambi, 1999). Doutorou-se em 1884, com especialização em História Política e das Instituições, orientado por H.B. Adams, e em Filosofia, sob orientação de G.S. Morris e Charles S. Peirce.

Da vivência com Morris resultou a sua aproximação ao idealismo de Hegel, que o auxiliou na compreensão da unidade orgânica universal, uma questão que se lhe impunha desde as primeiras aproximações com a filosofia. De grande impacto em seu pensamento foi a visão sintetizadora hegeliana que unia o subjetivo ao objetivo, o material ao espiritual, o divino ao humano. Morris exerceu forte influência sobre Dewey no que tange ao pensamento lógico. Dewey interpretou Morris e fez sua própria opção, elaborando para si a definição da lógica como processo para a busca da verdade. Tal definição acompanhou sua obra e encontrou correspondência com o conceito de investigação à época em que, definitivamente, havia organizado seu instrumentalismo e experimentalismo, o que pode ser apreendido na leitura de *Lógica: a teoria da investigação*, obra publicada originalmente em 1938.

Convidado para lecionar na Universidade de Michigan, Dewey chegou a professor titular de Filosofia, permanecendo nessa instituição de 1884 a 1894, com um intervalo de um ano (1888-1889), quando lecionou na Universidade de Minnesota. Durante esse período, publicou estudos psicológicos e filosóficos, envolvendo-se também com a lógica, a moral e a pedagogia, além de continuar seduzido pelo idealismo hegeliano, especialmente no que dizia respeito à defesa "de uma base empírica do poder exercido pelo ambiente cultural na formação das idéias, crenças e atitudes intelectuais dos indivíduos" (J.M. Dewey, 1939, p.17).

Ainda nos tempos de Michigan, Dewey começou a procurar novas vias que aproximassem o pensamento filosófico dos problemas práticos e encontrou o pragmatismo e a psicologia experimental. Alguns estudos psicológicos, baseados em Stanley Hall, o conduziram novamente à leitura da obra de William James, *Principles of psycology*, publicada em 1890. Contudo, antes dessa data, Dewey já havia publicado duas obras sobre a psicologia que acreditava experimental e contraposta à psicologia clássica, associacionista e estática: *Manual de psicologia* (1887) e *Psicologia aplicada* (1889), teses que se fortaleceram na aproximação com W. James.[5]

O encontro com o pensamento pragmático, empírico e pluralista que sustenta a psicologia experimental de William James foi decisivo para que Dewey se pusesse a caminho de uma nova forma de filosofar. O método pragmático foi definido por James, em sua obra *Pragmatism* (1907), como "um método de assentar disputas metafísicas que, de outro modo, se estenderiam interminavelmente" (James, 1974a, p.10). Trata-se de interpretar fatos, coisas e acontecimentos traçando as suas conseqüências práticas, ou seja, interpretar noções e definir os significados das coisas.

Conforme explicita James, o termo pragmatismo deriva da palavra grega *prágma* (que significa *ação*), da qual provêm os termos *prática* e *prático*, tendo sido introduzido pela primeira vez, em filosofia, por Charles Sanders Peirce (1839-1914), em um artigo datado de 1878, sob o título *Como tornar claras nossas idéias*. Nessa oportunidade, segundo James, Peirce sustentava que, para desenvolver o significado de um pensamento, necessitamos apenas determinar que conduta está apto a produzir: aquilo é para nós o seu único significado.

Assim, no pragmatismo, voltam-se as costas às explicações com base em razões *a priori*, dos princípios e sistemas fechados e fixados com pretensões ao absoluto e às origens, aproximando-se do concreto, dos fatos e da ação. Nesse sentido, representou o rompimento com a metafísica que, de acordo com os pragmatistas, opera com a magia e o encantamento de palavras que conduzem a *princípios* do universo.

Nas palavras de James, com o pragmatismo, altera-se o temperamento da filosofia: "O temperamento racionalista cede seu reinado ao temperamento empírico, ao método empírico de chegar à verdade" (idem, p.12). Assim, o pragmatismo é um método e, também, uma "teoria genética do que se entende por verdade" (p.15). Muda-se o conceito de verdade e os critérios definidores do que deve ser considerado verdadeiro, revelando-se o sentido da transitoriedade da verdade. O pragmatismo define o valor prático da verdade e afirma que as idéias verdadeiras são aquelas que podemos assimilar, validar, corroborar e verificar, o que não é possível com as idéias falsas.

O sentido de transitoriedade da verdade e o entendimento da verificação e da validação, como processos de busca das conseqüências práticas das idéias, orientaram Dewey no delineamento de sua teoria da experiência e do ato de pensar reflexivo e na formulação dos princípios de investigação. Parece que essa sua compreensão da verdade acompanhou-o, inclusive, em seus diálogos profundos com as oposições e com os antagonismos impostos pela história dos pensamentos. Na exposição de suas teses filosóficas e pedagógicas, demonstra o caráter conciliador e sintetizador de seu pensamento e constrói suas críticas sempre em um movimento contínuo de aproximação e rompimento com o passado e com os modos divergentes de pensar.

Na apresentação de *Democracia e educação*, em 1936, Anísio Teixeira expressa muito bem o compromisso de Dewey com o pensamento e a cultura de seu tempo: "(...) nem restauração do passado nem imposição de um futuro ainda inexistente. Mas revigoração de tudo do passado que ainda for útil e operante e readaptação de tudo que for novo e eficaz, em uma contextura que não será integralmente nova senão porque integralmente viva e orgânica" (Dewey, 1959b, p.X).

Dewey adotou os princípios do pragmatismo e avançou em direção a uma lógica científica que o conduziu a uma perspectiva instrumental da verdade. Como esclarece o próprio W. James, Dewey e seus aliados entendem que as idéias (partes integrantes da experiência pessoal) são verdadeiras na medida em que instrumentalmente auxiliam no estabelecimento de relações satisfatórias com outras experiências. Significa dizer que uma verdade é válida em um momento transitório em que pode servir de instrumento à compreensão das coisas (James, 1974a).

Com Dewey nasceu e firmou-se a visão ampliada do pragmatismo de James, designada por ele próprio de instrumentalismo. A concepção instrumentalista norteou a construção de toda a sua obra filosófica e pedagógica, fortemente presente em seus ensinamentos na Universidade de Chicago, onde ocupou o cargo de diretor do Departamento de Filosofia, Psicologia e Educação.

No período de sua permanência em Chicago, que se estendeu de 1894 a 1904, o investimento de maior impacto foi a criação, em 1896, da Escola Elementar da Universidade, conhecida como escola-laboratório (The Laboratory School, que ficou popularmente conhecida como Dewey School), a primeira escola experimental da história da educação. Foi aí que Dewey pode colocar à prova muitas de suas postulações. Na escola-laboratório, estudavam crianças de 4 a 14 anos, divididas em pequenos grupos de 8 a 10 cada um, sem a rígida separação por séries. Os trabalhos eram conduzidos por professores com experiência em jardim-de-infância e escola elementar e dirigidos por Dewey, havendo um plano geral de organização em que os princípios norteadores estavam explicitados, sem um esquema fechado de ação.

Este foi um momento de intensas teorizações sobre educação e questões pedagógicas, na concomitância com o desenvolvimento de um projeto prático, o que possibilitou a explicitação do sentido deweyano de educação progressiva e de escola nova (escola ativa). Já em 1897, em *My pedagogic creed*, Dewey expôs suas idéias sobre a educação, a escola e as questões escolares (conteúdos e métodos) e sua relação com o progresso social, ampliadas em importantes produções literárias durante seu tempo em Chicago: *The school and the society* (1899) e *The child and the curriculum* (1902).

Também foi nesse período de permanência em Chicago que Dewey participou intensamente dos trabalhos da Hull House, uma fundação social que reunia pessoas de diferentes crenças e condições sociais. Em contato com operários, sindicatos e políticos de diversas orientações, teve oportunidade de conhecer diretamente os problemas sociais e econômicos resultantes da urbanização, do progresso tecnológico e do crescente processo de imigração. Dewey atribui às ações dessa fundação o fortalecimento de sua fé vital na liberdade e na democracia, fé esta que, mesmo que latente, já o acompanhava desde a infância e a juventude, fruto dos preceitos religiosos em que foi criado. Defensor de toda causa em favor da liberdade de participação feminina, atribui esse seu entusiasmo ao caráter e à inteligência de três mulheres de seu convívio pessoal: Jane Addams, diretora da fundação Hull House, Alice Chipman, sua esposa e colaboradora, e Ella Flagg Young, profissional de grande influência em assuntos educacionais da época.

Dewey estava convencido de que a democracia, considerada como sistema de vida moral e humana, deveria servir de guia na educação, o que o levou a conceber uma filosofia de democracia em que a educação ocupa o lugar central, como destaca Joseph Ratner no Prefácio *Education today* (1940). Em 1904, Dewey deixa a Universidade de Chicago, devido a fortes embates travados com a direção, por conta da luta pela autonomia da escola experimental. Transferiu-se para a Universidade de Colúmbia, onde se tornou professor emérito e permaneceu até 1930. À época, também atuou como professor no *Teachers College* de Nova York. Dedicou, nesse período, grande atenção aos problemas sociais e participou de vários movimentos em prol dos ideais democráticos (J.M. Dewey, 1939).

Os princípios filosóficos, científicos e políticos que sustentaram sua teoria da educação ganharam expressão definitiva em obras que se sucederam: *How we think* (1910); *Interest and effort in education* (1913); *Schools of tomorrow* (1913), em parceria com sua filha Evelyn Dewey; *Democracy and education* (1916); *Reconstruction in philosophy* (1920); *Experience and nature* (1925) e *The sources of a science of education* (1929).

As idéias de Dewey foram amplamente difundidas para além das fronteiras norte-americanas, levadas por alunos de diferentes partes do mundo que visitavam o *Teachers College* da Universidade de Colúmbia e, também, por suas conferências proferidas em uma série de visitas a vários países no período de pós-guerra: Japão (1918-1919), China (1919-1920), Turquia (1924), México (1926) e Rússia (1928). De acordo com Eby (1976, p.531), *nenhum pensador educacional moderno, desde Pestalozzi, foi tão universalmente famoso em sua pátria e fora dela.*

Mesmo após deixar a Universidade de Columbia, Dewey continuou a produzir intensamente. Datam do período posterior a 1930 obras como *Art as experience* (1934), *Experience and education* (1937) e *Logic: the theory of inquiry* (1938), além de vários materiais de conferências e escritos publicados em periódicos, reunidos em um volume intitulado *Education today* (1940).[6] Três anos antes de sua morte, ocorrida em 1° de junho de 1952, Dewey publica sua última grande obra: *Conhecimento e transação.*

A Dewey atribui-se o mérito de ter sido o filósofo do século XX que dedicou maior atenção às questões educacionais, fazendo-as ocupar o centro de sua filosofia. Na história das idéias dos tempos modernos, é unanimemente apontado como um dos mais expressivos representantes da filosofia de sua época, o maior pedagogo contemporâneo e, como sugerem alguns, o principal pensador filosófico que o Novo Mundo produziu. Os impactos de seus pensamentos podem ser encontrados nos ensaios e nas experiências de pedagogos contemporâneos, como Kerschensteiner (escola do trabalho), Cousinet (trabalho coletivo livre), Ferrière (escola ativa), Decroly (centros de interesse) e Kilpatrick (método de projetos), o que o forma um dos "altos expoentes da pedagogia contemporânea e o principal progenitor da 'educação nova' e da 'escola ativa'" (Dewey, 1959e, p.8).

Em um movimento que lhe foi característico ao expor suas críticas e seus pensamentos filosóficos e pedagógicos, Dewey dialogou profundamente com as múltiplas manifestações que assumiram as escolas novas, efetuou um exame arguto sobre elas, expressando os princípios norteadores de uma verdadeira educação progressiva, assentada em uma teoria instrumentalista da experiência, fortemente comprometida com o processo sócio-histórico de seu tempo.

CONVICÇÕES FILOSÓFICAS, EPISTEMOLÓGICAS E POLÍTICAS

Uma filosofia da experiência para uma filosofia da educação

Na obra *Experience and nature* (1925), traduzida ao português sob o título *Experiência e natureza*, Dewey procura esclarecer aquilo que chamou de *naturalismo empírico* ou *empirismo naturalista* ou, ainda, *humanismo naturalista* (Dewey, 1974a). Contrapõe-se à separação entre o homem e a experiência, assim como entre a experiência e a natureza, e inspira-se no método das ciências naturais para a compreensão da relação experiência-natureza.

Defende que os objetos e fatos da natureza são o ponto de partida para a experiência, chamada por ele de *primária* ou de *primeira mão*. Contudo, explica que a experiência expande-se para além da natureza, na medida em que se enriquece no âmbito de uma compreensão científica. A experiência enriquecida revela os elementos mais profundos da natureza e apodera-se de uma porção da mesma, ampliando-se por meio de um processo investigativo.

Ao adotar, como forma de filosofar, o método empírico e experimental, discute o sentido metodológico da experiência para a filosofia e defende a conexão entre a experiência primária e a experiência elaborada. Por isso mesmo, questiona o dualismo dominante no pensamento filosófico a partir de Descartes, em que se separa mente e matéria, mundo físico e mundo psíquico.

Refuta as teses do intelectualismo, por ser um método que desconsidera a experiência primária como ponto de partida para uma experiência reflexiva, resultante de uma compreensão científica. E afirma: "o 'intelectualismo' como método soberano em filosofia é tão alheio aos fatos da experiência primária que não somente obriga o recurso ao método não-empírico como termina por fazer o conhecimento, concebido como onipresente, inexplicável" (1925, p.176).

Considera que filosofia que se sustenta em intuições *a priori* e em uma suposta faculdade da razão pura opõe-se à experiência. Por isso, separa completamente o conhecimento e o pensamento das atividades práticas. Dewey atribui a essa forma de filosofar as oposições irredutíveis no plano explicativo das relações entre pensamento e ação, experiência e conhecimento. Nessa perspectiva, filosofia e ciência aparecem como rivais, a menos que a ciência disponha-se a aceitar e a se submeter aos ditames da metafísica. A ciência é tratada como algo *meramente empírico.*

Ao enunciar a sua filosofia empírica, Dewey reformula essa contraposição e considera que, enquanto a ciência apela para o conhecimento da natureza, do homem e da sociedade por meio de métodos e técnicas possíveis em dado momento, os esforços filosóficos estão voltados à determinação dos valores e usos a que se deve dirigir o conhecimento produzido. Unem-se, também, no âmbito das hipóteses quando é necessário um novo ponto de vista para se lançar ao conhecimento de algo. Não há uma linha que separe o que é científico e o que é filosófico. Filosofia e ciência comprometem-se juntas com o processo do conhecimento para a compreensão das condições e relações históricas e sociais.

Do mesmo modo que se contrapõe à filosofia intelectualista, distancia-se igualmente do empirismo sensualista (sensacionista), para o qual a experiência confunde-se com meras sensações dos objetos do mundo e o conhecimento com a recepção e a associação de impressões sensoriais (Dewey, 1959b). A partir de sua crítica ao empirismo das impressões e sensações, introduz sua definição de empirismo, em que a experiência é entendida como *experimentação*.

Desenvolve a idéia da experiência em uma perspectiva do processo científico do conhecimento. A experiência não é simples sensação, fruto do contato com os objetos, com seus atributos isoladamente, uma vez que não recebemos passivamente as impressões dos objetos. Pelo contrário, as experiências efetivam-se pelas relações que as pessoas estabelecem com os objetos e seus atributos em um processo de discriminações e identificações por meio da experimentação. A verdadeira experiência está na combinação "'daquilo que as coisas nos fazem' modificando nossos atos, favorecendo alguns deles e resistindo e embaraçando a outros e 'daquilo que nelas podemos fazer', produzindo-lhes novas mudanças" (Dewey, 1959b, p.299)

Admite que o valor dos objetos científicos reside justamente em seu caráter instrumental, ou seja, quando são instrumentalidades para compreender e dominar os acontecimentos da experiência primária. Dewey distingue, mas não isola, a experiência primária da experiência elaborada. Considera um erro negar o valor da experiência primária e direta, que é impregnada das condições e dos valores sociais defendendo que "(...) as qualidades que atribuímos aos objetos devem ser imputadas a nossas próprias maneiras de ter experiência deles, e que estas, por sua vez, se devem à força das interconexões sociais e do costume. Esta descoberta marca uma emancipação; purifica e reconstrói os objetos de nossa experiência primária ou direta" (Dewey, 1974a, p.171).

Na filosofia empírica de Dewey, assegura-se o lugar da experiência primária como ponto de partida para o conhecimento, num processo construtivo inteligente e libertador, que amplia a compreensão inicial dos fatos e valores sociais. Segundo ele (1951, p.108-109):

> É uma filosofia que explica o fato de que o único meio efetivo de combater as tendências reacionárias, com sua apelação à autoridade externa, é o deliberado desenvolvimento de uma filosofia da experiência baseada no reconhecimento da força libertadora e diretiva da inteligência. Utiliza a grande vantagem da conexão íntima da ciência com as mudanças das instituições sociais e as relações humanas.

Uma filosofia da educação deve estar submetida a uma filosofia empírica e experimental. Isso corresponde à idéia de uma conexão orgânica entre a educação e a experiência pessoal e de adoção do método experimental como método da ciência a servir de guia para uma prática educativa (Dewey, 1967).

A concepção deweyana de educação progressiva

Como afirma Luzuriaga (1975), em vários momentos históricos, os ideais de uma educação renovada tiveram seus representantes: na educação grega, os métodos de Sócrates; na educação romana, as idéias de Cícero e Quintiliano contrárias à educação clássica; no período do Renascimento, os humanistas Feltre, Erasmo, Vives, Rabelais e Montaigne, contra a educação dogmática e autoritária da Idade Média; no século XVII, Ratke e Comenius; no século XVIII, Rousseau e Pestalozzi e, no século XIX, Froebel.

No final do século XIX e início do XX, os princípios de uma educação renovada ganham expressão definitiva, configurando-se um verdadeiro movimento de idéias designado como escola nova, educação progressiva ou, ainda, escola ativa. O instrumentalismo de Dewey identifica-se de várias maneiras com o movimento da educação progressiva e serviu de inspiração a muitas das expressões escolanovistas.

No entanto, suas teses filosóficas e pedagógicas foram confundidas com concepções que sustentam formas plurais de pensar a escola nova e, por conseqüência, receberam tratamento idêntico nas críticas desferidas à educação progressiva. Eby (1976, p.548) fala de "algum mal-entendido no início da história" do movimento em terreno norte-americano. Cambi (1999, p.552) esclarece que as idéias de Dewey não foram percebidas ou foram falseadas, porque no interior do movimento ativista "prevaleceram interpretações de tipo individualista e espontaneísta, libertário e antiintelectualista".

O próprio Dewey trata de desfazer essas falsas interpretações. Anuncia uma filosofia da experiência para uma teoria da educação, ao mesmo tempo em que apresenta suas críticas à educação tradicional e à escola velha, uma análise arguta das diversas manifestações da escola nova.[7] Argumenta a favor de uma educação progressiva assentada na conexão orgânica entre o processo educativo e as experiências pessoais, que se contrapõe às práticas da escola velha, mas não se confunde com muitas expressões assumidas pelas escolas novas.

A pedagogia atual e a pedagogia da infância podem valer-se da concepção deweyana de uma educação e de uma instituição escolar verdadeiramente libertadoras. Muitas das inquietações que conduziram Dewey a formular fortes críticas aos currículos e métodos pedagógicos de seu tempo persistem ainda hoje e, por isso, estão no centro das grandes discussões no campo educacional.

O conceito de educação como preparação representa um dos aspectos que mais mereceram – e ainda merecem – o questionamento de profissionais da área. Dewey discorda da idéia de "preparar" os jovens para as futuras atribuições sociais, a partir de práticas centradas nos saberes considerados intelectuais e científicos trazidos pelos professores e pelos livros-texto, em programas e métodos rígidos (Dewey, 1967). Não aceita a educação como preparação para "as responsabilidades e regalias da idade adulta", ou mesmo na preparação do adulto "para a outra vida" (Dewey, 1959b, p.58). Adverte que "as crianças não são encaradas como membros sociais em situação definida e regular. Encaram-nas como candidatos; colocam-nas na lista dos que esperam".

Trata-se de uma compreensão da criança como ser imaturo e incompleto, cuja estreiteza de mundo deve ser superada mediante a apresentação ordenada de matérias de estudos e lições. Nessa perspectiva, as práticas educativas assentam-se em programas previamente estabelecidos, que definem um verdadeiro abismo entre as experiências trazidas pelas crianças de suas práticas sociais e os conteúdos mais elaborados, selecionados, classificados, ordenados e divididos, segundo uma lógica diferente daquela que se opera no processo infantil. Para Dewey (1958a, p.8):

> O problema da instrução consiste em se procurar textos contendo estas divisões e conseqüências lógicas e em apresentar estas partes em classe de um modo igualmente muito definido e graduado (...). A criança é, simplesmente, o ser imaturo que tem de ser conduzido à maturidade (...). A criança tem de receber, aceitar. Cumpre sua missão quando é flexível e dócil.

Tais práticas que impõem oposições entre experiências pessoais e conhecimentos científicos apartam do ambiente escolar, sobretudo em graus mais avançados de ensino,[8] aquelas atividades ou *ocupações construtivas* ou *ocupações ativas* (atividades físicas, trabalhos manuais, jogos, artes, etc.) que se aproximam das vivências cotidianas da criança, valorizando mais as atividades intelectuais (com base em conceitos abstratos e simbólicos) (Dewey, 1940i, 1940j, 1958a, 1958b, 1959b).

Dewey defende que as situações educativas devem apoiar-se na atividade da criança, ou seja, ela deve aprender fazendo (*learning by doing*). As artes e as ocupações devem constituir o estágio inicial do currículo. Para ele (1959b, p.113-114), um bom objetivo educacional:

> (...) é aquele que leva a observar a experiência atual do aluno, e, concebendo um esboço de plano de desenvolvimento dessa experiência, conserva este constantemente em vista e modifica-o conforme as condições se apresentarem (...) deve

alicerçar-se nas atividades e necessidades intrínsecas do indivíduo que vai ser educado.

Não se trata de opor os planos escolares e as experiências pessoais trazidas pelas crianças, mas garantir adequada acomodação e interação entre essas duas dimensões na prática educativa a fim de haver continuidade e fluidez no processo de aquisição de conhecimentos. Para Dewey, é esse um dos grandes desafios dos professores comprometidos com uma educação progressiva. Eles devem reconhecer nas crianças os interesses e as experiências pessoais e considerá-los como ponto de partida para atividades inteligentes e experiências ampliadas dentro de um programa organizado de estudos (Dewey, 1958a, 1967). Não se satisfazer com o trabalho no nível das possibilidades, das intenções e dos interesses das crianças, como se fossem traços fixos de uma determinada idade, mas acreditar e investir no fluxo do processo de desenvolvimento (Dewey, 1958a).

Também defende uma educação que promova a liberdade e as individualidades (Dewey, 1940e, 1967), sem que os fins educativos sejam os caprichos, os sentimentos e os desejos pessoais momentâneos das crianças.[9] Segundo ele, ser livre é poder projetar, elaborar julgamentos sobre as coisas, selecionar e ordenar meios para buscar fins percebidos como relevantes. Não se trata somente de liberdade de movimentos, de expressão corporal: "A única liberdade de importância durável é a liberdade da inteligência (...) a liberdade de observação e de juízo exercida com respeito a propósitos que têm um valor intrínseco" (Dewey, 1967, p.73).

Adverte, contudo, que a liberdade não reside na satisfação de impulsos e desejos imediatos. A pessoa que se submete aos impulsos de modo cego pode ter uma falsa idéia de que é livre; porém, na verdade, está à mercê de condições acidentais. A liberdade supõe uma ação inteligente com previsibilidade de conseqüências, a partir da identificação clara de propósitos ou fins.

A pedagogia de Dewey anuncia que a liberdade de ação não se opõe à intencionalidade e ao estabelecimento de propósitos educativos, nem tampouco à formação de hábitos. Pelo contrário, são os fins e propósitos que garantem a inteligibilidade das atividades, atribuindo significado às experiências, e são os hábitos que possibilitam que as experiências sucedam-se umas às outras. Essas lições ultrapassam o tempo e sustentam as argumentações da pedagogia atual em favor de práticas que expressem clareza em suas intenções e que resultem em experiências verdadeiramente educativas e duradouras, sem prejuízo à livre iniciativa e à criatividade da criança.

Não bastam desejos para impulsionar uma experiência, que pode perder-se caso não seja esclarecida sua significação. O propósito transforma os impulsos em planos e métodos de ação, implicando uma operação inteligente, reflexiva e pessoal, em que intervém o processo de pensar (Dewey, 1967). As experiências não são igualmente educativas e nem todas elas são verdadeiras. Algumas não são educativas porque geram obstáculos e impedem a ocorrência de experiências posteriores. Podem até ser experiências interessantes, mas que se perdem e não engendram condições para novas experiências.

O valor de uma experiência baseia-se em dois princípios: da continuidade e da interação. Dewey explica o princípio da continuidade ou *continuidade experiencial* pelo conceito de hábito (ou, como prefere, *hábitos intelectuais*), não como um modo mais ou menos fixo ou rotineiro de fazer coisas, mas como a permanência de dados de experiências vividas pela pessoa, dos quais ela pode lançar mão a qualquer momento, influenciando na qualidade das experiências subseqüentes (Dewey, 1959b, 1967). Aquele que vive uma experiência não permanece o mesmo.

Nessa perspectiva, toda experiência recolhe algo da experiência passada e modifica de algum modo a qualidade da que vem depois. Ao enunciar tal princípio, Dewey inspira-se na psicologia experimental de W. James, exposta na obra *Principles of psycology* (1890), em que defende a existência de um fluxo de consciência e de pensamento, ou seja, o pensamento não se compõe de associação de sensações e idéias isoladas, mas como parte de uma "consciência pessoal". James (1974c) entende a consciência como um fluxo permanente de mudanças, um processo dinâmico. Contrapondo-se ao associacionismo e ao empirismo puramente sensualista (sensacionista), Dewey aproxima-se de James e admite que cada experiência é uma força em movimento. Seu valor só pode ser julgado com base naquilo que promove (Davey, 1967, p.40):

> A experiência não entra simplesmente na pessoa. Penetra nela, certamente, pois influencia na formação de atitudes, de desejo e de propósito. No entanto, isso não é tudo. Toda a experiência tem um aspecto ativo que modifica em algum grau as condições objetivas em que ocorrem.

A continuidade da experiência representa, em termos educativos, o olhar para os desdobramentos futuros da experiência presente, a possibilidade de expandir para novas experiências. Assim, "o problema central de uma educação baseada na experiência é selecionar aquele gênero de experiências presentes que vivam frutífera e criativamente nas experiências subseqüentes" (Dewey, 1967, p.25).

Tal idéia de futuro não pode ser confundida com a "preparação" vigente nas práticas educativas como o fim primordial. Não se trata de usar o presente para prover o futuro. Como afirma Dewey (1967), somente vivendo de forma plena as experiências presentes é que nos preparamos para viver o futuro. A educação deve ser um processo sempre presente, já que se fundamenta na vida e na experiência.

Preparar no sentido de ampliar e aprofundar experiências corresponde à promoção de crescimento e à reconstrução das experiências, não como coisas isoladas nos conteúdos de estudos. Dewey já o havia anunciado em *My pedagogic creed* (1897): "a educação deve ser compreendida como uma reconstrução contínua da experiência" (Dewey, 1940h, p.11).

As experiências não ocorrem no vazio. Condições objetivas externas determinam sua natureza quando estão envolvidos em um jogo recíproco com as condições internas do indivíduo. Este é o segundo princípio que define o valor da experiência: a interação entre as condições externas e internas, o que se chama *situação*. Viver no mundo implica viver uma série de situações. Para Dewey (1967, p.47):

> Existe uma interação entre um indivíduo e objetos e outras pessoas. As concepções de "situação" e "interação" são inseparáveis uma da outra. Uma experiência é sempre o que é porque tem lugar uma transação entre um indivíduo e o que, no momento, constitui seu ambiente (...) o ambiente é qualquer condição que interatua com as necessidades, propósitos e capacidades pessoais para se criar uma experiência.

A escola e os educadores devem saber como extrair dos ambientes físicos e sociais tudo o que pode contribuir para fortalecer experiências valiosas. Cabe à educação reconhecer no ambiente que experiências podem ser favoráveis e como eventualmente nelas se operam as forças internas e externas. Ao tratar a questão do ambiente educativo, Dewey deixa uma outra importante lição à pedagogia de hoje. Destaca que a composição dos espaços, a natureza e a disposição do mobiliário e de outros materiais são elementos reveladores da concepção que se tem da prática educativa e adverte sobre a importância de prover um ambiente que favoreça a construção, a criação e a investigação ativa da criança (Dewey, 1958b).

Experiência não pode ser confundida com mera atividade. Não basta inserir atividades ou ocupações ativas na escola, sem pensá-las no âmbito de uma organização progressiva de informações e idéias. Igualmente perigosa é a inclusão de experiências com os objetos que não ultrapassem o plano dos sentidos, o que pode resultar em práticas desvirtuadas, como aquelas que derivaram de uma interpretação indevida das "lições de coisas" de Pestalozzi (Dewey, 1959b, 1975).

A experiência subentende mudança, que só será significativa na medida em que suas conseqüência revelarem uma mudança com significação dada pelas relações entre os atos e o resultado deles, ou seja, o valor de uma experiência está em ter um elemento intelectual. Ela deixa de ser mera tentativa e erro para se tornar reflexiva quando são descobertas as relações entre os atos e o que acontece em conseqüência deles, isto é, quando são identificados os propósitos da ação. Para Dewey (1959b, p.159-160), "pensar equivale a patentear, a tornar explícito o elemento inteligível de nossa experiência (...) é considerar o influxo da ocorrência sobre o que pode suceder, mas ainda não sucedeu". Nesse sentido, a experiência não está em oposição ao pensamento, mas representa um estágio inicial do ato de pensar.

O ato de pensar reflexivo: um empreendimento de investigação

Em sua obra *How we think*, de 1910, Dewey dedica-se à explanação de seu conceito de pensamento reflexivo e faz uma distinção entre o ato de pensar reflexivo e outras categorias de pensar que se revelam em forma de devaneios, sonhos ou crenças. Na reflexão, a desordem, a automatização e a ausência de regras dos devaneios são substituídas por um movimento orientado e contínuo para um fim ou propósito. Implica um fluxo de consciência, que define uma cadeia em que um termo de pensamento articuladamente se sucede a outro. Segundo Dewey (1959a, p.14): "A reflexão não é simplesmente uma seqüência, mas uma conseqüência –

uma ordem de tal modo consecutiva que cada idéia engendra a seguinte como seu efeito natural e, ao mesmo tempo, apóia-se na antecessora ou a esta se refere".

O ato de pensar reflexivamente avança em um esforço consciente e voluntário para esclarecer as crenças iniciais sobre os fatos e objetos do mundo, tendo em vista que tais crenças suscitam dúvidas e requerem a investigação das bases que as sustentam. assim, "o pensamento reflexivo faz um ativo, prolongado e cuidadoso exame de toda crença ou espécie hipotética de conhecimento, exame efetuado à luz dos argumentos que a apóiam e das conclusões a que chega" (Dewey, 1959a, p.18).

O pensamento reflexivo envolve um processo de investigação que afasta o indivíduo da impulsividade e das ações rotineiras. Supõe a previsão e o planejamento de ação a partir do reconhecimento de fins ou propósitos, representando a atividade deliberada e intencional em direção a objetivos. Como afirma Dewey, "converte uma ação puramente apetitiva, cega e impulsiva, em ação inteligente" (1959a, p.26).

O ato de pensar reflexivamente requer da pessoa três atitudes: *espírito aberto* para aceitar diferentes possibilidades explicativas das coisas do mundo e novas inquietações; *interesse absorvido* para alcançar total envolvimento pessoal com determinado objeto ou causa a ser considerada em análise e *responsabilidade* em examinar e assumir as conseqüências de algo projetado e da ação resultante (Dewey, 1959a, p.39-40). No curso da atividade reflexiva, interpõem-se obrigatoriamente o interesse e o esforço pessoais. Compreendidos como complementares, ambos garantem a consecução de um processo de pensamento e ação.

Para Dewey, o interesse implica que algo afeta uma pessoa, levando-a a tornar-se absorta e envolvida. "Tomar interesse é ficar alerta, cuidadoso, atento. Interesse exprime absorção, apaixonamento da pessoa por alguma coisa" (1959b, p.138). Define-se pelo seu caráter de propulsão e atividade, no sentido de levar a pessoa a ter um impulso em direção a algo; pela objetividade, porque concretiza-se em atos ou em elaborações finais, e pela pessoalidade, porque supõe união orgânica da pessoa com o objeto e com os resultados de sua ação (Dewey, 1975).

O esforço significa continuidade, resistência frente às dificuldades do processo reflexivo. O esforço tem a ver com o valor da ação para a pessoa, que passa pela definição de seus propósitos ou fins. Dewey (1959a, p.111) define como limites do pensamento reflexivo a situação *pré-reflexiva*, percebida como problemática, embaraçosa, confusa, em que um problema é suscitado e deve ser resolvido, e a situação *pós-reflexiva*, que se mostra esclarecida, resolvida.

Uma situação define-se como um todo contextual, da maneira como é percebido, e não como objetos ou fatos isolados ou justapostos. Uma situação indeterminada, incerta, não estabelecida é uma condição que antecede a investigação. O processo de investigação está em curso quando existe a formulação de uma indagação, o reconhecimento de um problema. Uma situação torna-se problemática quando o indivíduo a assume como objeto de investigação, ou seja, ela não é originalmente problemática (Dewey, 1974b).

O ato de pensar manifesta-se em situações incompletas, que ainda evoluem. Ocorre quando as coisas são incertas, duvidosas ou problemáticas. Uma vez que surge em situação que suscita dúvida, esse ato é um meio de investigar, de inquirir, de observar (Dewey, 1959b, 1975). Tal é a importância do problema no processo de investigação: Dewey afirma que já se está a caminho de uma solução quando se define bem um problema, ou seja, o seu enunciado revela as referências de possíveis soluções, que aparecem em forma de idéias, antecipando-se àquilo que pode acontecer ou ser encontrado. Segundo ele (1959b, p.162):

> (...) todo o ato de pensar é investigação, é pesquisa pessoal, original, da pessoa que faz, mesmo que todo o resto do mundo já conheça aquilo que ela procura descobrir. Nesse sentido, a reflexão encerra em si um risco. Não se pode garantir antecipadamente a certeza. A penetração no desconhecido é por sua natureza uma aventura; não podemos ter antecipada segurança. As conclusões da reflexão, até que os acontecimentos se confirmem, são, por conseqüência, mais ou menos tateantes ou hipotético.

O ato de pensar envolve os seguintes fatores: a consciência de um problema suscitado em uma situação incompleta, que gera perplexidade, confusão e dúvida; a previsão conjetural, na tentativa de interpretar os elementos dados, atribuindo-lhes uma tendência para produzir conseqüências; o exame cuidadoso (observação, inspeção, exploração, análise) de todas as considerações possíveis que definam e esclareçam o problema a resolver; a elaboração de uma hipótese e, por fim, o traçado de um plano de ação com base na hipótese concebida (Dewey, 1959a, 1959b). Identifica ainda cinco fases do ato de pensar, que acontecem de forma absolutamente dinâmica: *as sugestões*, que representam idéias iniciais de como solucionar algo; *a intelectualização*, importante na constituição do problema a ser resolvido; *a idéia-guia* ou *hipótese*, que fornece o norte à observação e aos processos de coleta de dados; *o raciocínio*, definido como a elaboração mental da idéia, que lhe confere consistência e sentido e, finalmente, *a verificação da hipótese*, mediante ação exterior ou imaginativa.

O ato reflexivo é um ato disciplinado, no sentido positivo e construtivo do termo. A disciplina, compreendida por Dewey (1959a, p.93) como "poder de controle dos meios necessários para atingir os fins e, igualmente, poder de avaliar e verificar os fins", encontra correspondência no conceito deweyano de liberdade. Nesse sentido, a reflexão também é um exercício da liberdade quando definida como "poder de agir e executar, independentemente, de tutela exterior" (Dewey, 1959a, p.93).

O processo de pensar segue uma lógica própria, em que intervém o juízo da pessoa, que se revela nas opções feitas e que resulta em tomadas de decisões. A análise e a síntese são funções do juízo, indissociáveis e complementares em uma ação reflexiva. Selecionar fatos (análise) e interpretá-los em um contexto mais amplo, reunindo-os a outros fatos (síntese), são processos indispensáveis na atividade intelectual. É o que permite atribuir significado e compreender, ou seja, apreender a significação de algo. Conforme Dewey (1959a, p.140):

Apreender o significado de uma coisa, de um acontecimento ou de uma situação é ver a coisa, o acontecimento ou situação, em suas relações com outras coisas: notar como opera ou funciona, que conseqüências traz, qual é a sua causa e possíveis aplicações.

A reflexão subentende, ao mesmo tempo, o envolvimento da pessoa em uma determinada situação, sua participação na situação e certo distanciamento, acompanhado de imparcialidade, para que suas esperanças e seus desejos não interfiram nas observações e interpretações. A concepção do valor da experiências na reflexão e a identificação do ato reflexivo com o processo de investigação conduzem Dewey a defender que a educação deve empregar o método científico, em um esforço para desenvolver aqueles processos que são próprios da investigação experimental, de tal sorte a não opor o método "psicológico" das experiências dos educandos ao método "lógico" dos especialistas e dos cientistas (Dewey, 1958a, 1959a, 1959b).

Ciência, para Dewey, é o fator de progresso na ação. O método científico, associado à experimentação, promove a libertação dos métodos autoritários e das rotinas. Para Dewey (1959b, p.253), ciência experimental:

> (...) significa a possibilidade de se utilizar a experiência passada como servidora e não como senhora do espírito. Ela significa que a razão atua dentro da experiência, e não além desta, para dar-lhe uma qualidade inteligente ou racional. A ciência é a experiência a tornar-se racional (...) A ciência representa a revelação dos fatores cognitivos da experiência.

Os métodos de ensinar e aprender devem criar condições que estimulem, promovam e ponham à prova o pensamento reflexivo. Contudo, os métodos educativos, por vezes, presumem experiência por parte dos alunos. Mesmo nos *jardins-de-infância*, a ansiedade por chegar a objetivos intelectuais tende a fazer com que se omita ou se reduza o tempo de experiência primária da criança com os objetos, prevalecendo como guias as intuições e as perspectivas do adulto. Assim como o cientista deve apropriar-se de seu objeto de investigação em um laboratório, também a criança deve ter tempo para interagir com o material.

De acordo com Dewey, é preciso garantir um ambiente educativo em que sejam recriadas condições de um processo de investigação, a fim de que as crianças possam perceber problemas, levantar sugestões, fazer inferências e interpretações, ou seja, formar suas próprias idéias sobre o problema. A inventividade do pensamento reflexivo não pode ser transferida de uma pessoa para outra, perdendo-se em palavras. "Quando uma idéia é dita, ela é para a pessoa a quem foi dita um fato e, não, uma idéia" (Dewey, 1959b, p.175).

As postulações deweyanas sobre a experiência e o pensamento reflexivo, vistas no terreno da prática educativa, revelam a importância de a escola ser um grande laboratório em que as atividades e as experiências primárias com os objetos e fatos sirvam de ponto de partida à reflexão e ao processo do conhecimento. Para Dewey (1940g, p.242):

> O método de laboratório é experimental: é um método de descoberta mediante a busca, a investigação, a comprovação, a observação e reflexão; todos são processos que requerem "atividade" mental em lugar de simples capacidades de absorção e reprodução.

Trabalhar na perspectiva de laboratório significa levar os alunos a aprenderem a descobrir, instigando sua curiosidade, equipando-os com os métodos de averiguação de processos, enfim, tornando-os sujeitos de seu próprio conhecimento.

A educação como processo social e democrático: o sentido de eqüidade em Dewey

Dewey compreende a educação e as práticas escolares sob a luz das fortes transformações da sociedade e traz para o plano pedagógico suas mais profundas convicções políticas, que apontam para um modelo de vida social democrática.[10]

No pensamento de Dewey, a educação confunde-se com o processo de vida em sociedade. "A educação é um método fundamental de progresso e reforma sociais" (Dewey, 1940h, p.15). A educação progressiva não deve ocupar-se somente do estudo da criança, com uma "escola centrada na criança", mas deve desvelar as forças sociais que permeiam as existências individuais. Com o olhar na sociedade e na escola de seu tempo, Dewey (1940d, p.223) enuncia um princípio fundamental aplicável a qualquer sistema educacional comprometido com as questões sociais:

> Há de chegar a época em que se julgue que ninguém está completamente educado se não pode entender as forças básicas da civilização industrial e urbana. Somente as escolas que tomem a direção na criação desta forma de educação podem chamar-se progressivas em um sentido socialmente válido.

A educação, para Dewey, é um processo de vida, e não uma preparação para a vida futura. A escola, como instituição social, deve representar a vida presente – uma vida tão real e vital para a criança como aquela que vive em casa, na vizinhança ou no parque, em outras palavras, uma forma embrionária da vida em sociedade. Além disso, identifica a democracia e a liberdade com o processo individual de pensar inteligentemente, que só pode ser efetivado mediante uma educação que valorize o indivíduo e suas experiências pessoais. Conforme Dewey (1940a, p.62):

> A vida moderna significa democracia; a democracia significa a liberação da inteligência para uma efetividade independente; a emancipação da mente como um órgão individual para realizar sua própria obra. Nós naturalmente associamos democracia com a liberdade de ação, porém a liberdade de ação sem uma capacidade livre de pensamento por detrás dela é só caos. Se renuncia-se à autoridade externa, tem que ser porque a substitui pela autoridade interna da verdade, descoberta e conhecida pela razão.

Dewey defende uma educação que parte das experiências primárias oriundas das vivências sociais das crianças, valendo-se delas para outras experiências ampliadas e mais sofisticadas. As atividades e ocupações sociais são o meio de correlação das disciplinas escolares. Na escola democrática,[11] não se rivalizam as experiências de vida e os conteúdos curriculares, as atividades práticas (a ação, o movimento) e as atividades intelectuais. "A democracia que proclama a igualdade de facilidades como seu ideal requer uma educação em que o ensino e a aplicação social, as idéias e a prática, o trabalho e o reconhecimento do sentido do que se faz, estejam unidos desde o princípio até o fim" (Dewey, 1959c, p.135).

O ambiente escolar deve revelar-se como uma modalidade da vida, uma sociedade simplificada, em miniatura, que provê ocupações que refletem vivências comunitárias, porque está em íntima interação com outras modalidades extra-escolares da existência do indivíduo. Assim, para Dewey educação moral é o desenvolvimento de uma consciência de vida em comunidade. "Moral é toda a educação que desenvolve a capacidade de participar eficazmente da vida social" (1959b, p.396).

Para que a educação tenha um significado social, é preciso que as mudanças da sociedade sejam acompanhadas de transformações no plano educacional. Na situação da prática educativa, isso significa que os acontecimentos escolares não podem estar alheios aos problemas da comunidade e que a escola deve assumir uma postura de compreensão, aproximação e enfrentamento dos conflitos sociais. Conforme Dewey (1959d, p.106, 108):

> (...) um problema social é um problema que o educador tem em comum com o agricultor, com o trabalhador de obras, com o pequeno comerciante, com o trabalhador de colarinho duro. O problema é social porque é comum (...) a relação da educação com os problemas sociais não é, pois, externa e acadêmica. Reside, primeiramente, na comunidade de interesses dos educadores com todos os trabalhadores, que são genuínos produtores de necessidades sociais

A escola tem uma tarefa política na formação dos indivíduos, pois pode representar um espaço de discussão das dificuldades sociais, favorecendo o desenvolvimento da capacidade de discriminação das questões da vida real. Nesse processo, cabe ao professor buscar uma compreensão das forças que emanam da convivência social, transportando suas reflexões ao plano de decisões na prática pedagógica. Para construir essa consciência, é preciso que ele mantenha contato com fatos e pessoas de outras instâncias da vida comunitária.

Dewey defende veementemente a escola pública e igual para todos. Critica qualquer forma de separação em classes ou distinções (entre ricos e pobres) no plano da vida social e no sistema educacional. A qualidade educativa de uma experiência depende do grau em que o grupo se estabelece como tal. A comunidade, por sua vez, define-se pelas experiências, pelos interesses, pelas idéias e pelos sentimentos pessoais compartilhados entre todos os membros. A vida em sociedade supõe a comunhão de objetivos, crenças e aspirações, não podendo prescindir da comunicação de experiências e interesses e co-participação. Isso implica dispor de oportunidades iguais para que haja entre os indivíduos um processo mútuo (Dewey, 1959b).

Dewey questiona o modelo de sociedade ou, como prefere distinguir, associações em que não existe reciprocidade de interesses. Diz que, nesses casos, experimenta-se a instalação do isolamento e do exclusivismo, o que desvela um estado em que prevalecem os interesses pessoais e conquistas individuais em vez de interesses por uma organização e progresso de relações cada vez mais ampliadas. "A verdade fundamental é que o isolamento tende a gerar, no interior do grupo, a rigidez e a institucionalização formal da vida, e os ideais estáticos e egoístas" (Dewey, 1959b, p.92).

A condição favorável para uma comunidade é aquela em que os desejos, as vontades e os interesses pessoais, valorizados no âmbito das trocas grupais, cedem espaço àqueles defendidos pelo grupo. Dewey (1967) compreende que o controle social é inerente à condição de grupo, não implicando necessariamente a restrição de liberdades individuais. A igualdade não representa a anulação das diferenças e da diversidade. O controle das ações individuais é definido pela situação total em que se encontram os indivíduos e da qual são efetivos integrantes e participantes.

Dewey chama de antidemocrática a sociedade que pensa os indivíduos inseridos em classes fixas, segundo padrões, percentagens e médias estandardizadas, porque não admite as qualidades distintivas, únicas e individualizadas. As escolas têm práticas de classificação que fazem desaparecer as individualidades. Elas operam com grandes números de "mediocridades em lugar de individualidades" (1940f, p.167), com base em referências que destacam inferioridades e superioridades.

Por mais que as qualidades inatas possam estabelecer limites, não representam uma força ativa e definitiva. Nessa perspectiva é que a educação deve tratar os indivíduos em suas qualidades únicas e distintivas, procurando ampliar as suas possibilidades de pensar e agir. "A democracia não será democracia até que a educação adote como fim principal a liberação das atitudes distintivas na arte, no pensamento e na relação humana. Por hora, obstáculo intelectual que se interpõe é o costume de classificar e comparar quantitativamente" (Dewey, 1940e, p.177).

A escola progressiva restaura a possibilidade de os indivíduos contribuírem com suas experiências pessoais no grupo. Essa condição de participação não nasce e não se mantém espontaneamente. É preciso pensar e planejar situações que propiciem a colaboração mútua e a co-responsabilidade. Nesse contexto, o professor participa juntamente com o grupo, em um clima sem falsas e passageiras adesões, formalidades ritualizadas e condutas convencionais. "Quando a educação se baseia na experiência e se considera à experiência educativa como um processo social (...) o professor perde a posição de amo ou ditador e adota a de guia das atividades do grupo" (Dewey, 1967, p.69).

Dewey insiste na clareza dos propósitos educativos e da intencionalidade das ações por parte da direção e dos professores no âmbito escolar. Chega a afirmar que dirigir uma escola progressiva é mais complexo que nos moldes tradicionais, pois implica profunda compreensão dos motivos individuais, sem perder de vista a possibilidade de ampliá-los em benefício da sociedade.

IMPLICAÇÕES PEDAGÓGICAS: A FORMAÇÃO REFLEXIVA DA CRIANÇA E DO ADULTO

Muitas das contribuições de Dewey à pedagogia de sua época e também à pedagogia atual depreendem-se diretamente do conjunto de suas convicções. Contudo, pretende-se agora destacar duas importantes decorrências dos pensamentos deweyanos no plano das práticas de formação da criança e do adulto (aqui considerado o profissional da educação) reflexivos, que podem auxiliar no traçado de uma pedagogia da infância. Trata-se de idéias que se ampliaram com o tempo e que inspiram várias postulações presentes na atualidade.

O trabalho de projetos: uma proposta de formação da criança reflexiva

O trabalho de projetos pode ser considerado uma das mais fortes expressões da proposta de educação pela experimentação e pela investigação, defendida por Dewey. Os primeiros ensaios da prática com projetos são realizados por Dewey à época da escola-laboratório de Chicago, identificados como *ocupações construtivas* ou *ativas*. Mais tarde, sua idéia é aprimorada por seu discípulo direto e grande colaborador William Kilpatrick, resultando na definição do método de projetos ou sistema de projetos, designações que se tornam correntes a partir de 1918 (Lourenço Filho, s/d).

Hoje, o trabalho de projetos está presente em muitas recomendações da pedagogia que defendem ações inovadoras na educação e, em especial, na educação da infância. Podem ser citados, como exemplos, os trabalhos de diversas localidades do norte da Itália e da cidade de Braga, em Portugal,[12] que são matizadas por diferentes influências pedagógicas e trazem importantes contribuições a países como o Brasil.

Existe uma pluralidade de propostas de inserção dos projetos nas práticas educacionais que, tributárias dos princípios enunciados por Dewey, só se tornam legítimas herdeiras quando assentadas verdadeiramente no conceito de educação pela experiência e pela reflexão. Os projetos inserem-se no universo das *ocupações construtivas*, consideradas por ele essenciais no processo educativo por representarem a conexão entre os saberes da criança e os saberes mais elaborados do plano curricular.

A compreensão de que a prática educativa não deve opor as experiências primárias pessoais ao conhecimento científico, as atividades práticas (que envolvem movimentos e exercícios dos sentidos) às atividades intelectuais (que envolvem o universo simbólico), resulta na defesa do valor das ocupações construtivas, como meio de aproximar as atividades da vida social das atividades formais da escola (Dewey, 1940i, 1958b, 1959b). Por intermédio das ocupações construtivas, revelam-se as histórias dos processos e materiais, o desenvolvimento histórico-cultural do homem e das ocupações sociais. A criança não só reencontra-se com as atividades de seu ambiente presente, como recapitula os componentes culturais do passado, compreendendo que o processo de desenvolvimento da vida no plano individual corresponde ao processo de desenvolvimento da vida na *raça*.[13]

Sob a denominação *ocupações construtivas* estão incluídas múltiplas atividades e diferentes instrumentos e materiais. Segundo Dewey (1959b, p.216):

> Há trabalhos com papel, papelão, madeira, couro, barbante, argila e areia, e metais, com ou sem aparelhos e instrumentos ou máquinas. Os processos empregados são: dobrar, cortar, furar, medir, modelar, fazer moldes e modelos, aquecer e esfriar, e as aplicações próprias de instrumentos como martelos, serrotes, limas, etc. Excursões, jardinagem, cozinhar, costurar, imprimir, encadernar livros, tecer, pintar, desenhar, cantar, dramatizar, contar histórias, ler e escrever – como trabalhos ativos com finalidades sociais (e não como simples exercícios para adquirir proficiência que futuramente seja usada) além de inumerável variedade de brinquedos e jogos, constituem algumas espécies de ocupação.

Entre as ocupações construtivas encontram-se os jogos e as brincadeiras, assim como trabalhos de diferentes naturezas com vários materiais, em que se inclui o trabalho de projetos, envolvendo o exercício dos sentidos e as atividades de movimento. Dewey distingue jogo e trabalho, destaca a relevância de ambos e não opõe uma atividade à outra. Na vida da criança, não há momentos exclusivos de brinquedos e trabalhos, mas sim maior relevo de uma ou outra atividade em dados momentos.[14] Assim, não se justifica pensar na exclusividade de uma ou outra atividade, seja no *jardim-de-infância*, seja na escola elementar (Dewey, 1975).

As ocupações não podem ser confundidas com atividades quaisquer oferecidas à criança para mantê-la entretida em sua cadeira e distante das travessuras e do ócio. (Dewey, 1958b) Não são exercícios motores ou treinos mecânicos dos sentidos realizados com objetos da vida prática.[15] Propor ocupações construtivas não significa a simples inserção de uma diversidade de materiais e de procedimentos, em uma perspectiva meramente utilitária e imediatista (Dewey, 1958b; 1959a; 1959b, 1975). Para Dewey, as ocupações são educativas quando representam atividades que promovem experiências inteligentes com fatos, instrumentos e objetos do ambiente, em uma organização progressiva de informações e conceitos, por meio de experimentação.

Trata-se de um trabalho experimental em que o que interessa à criança não são tanto os fatos objetivos, menos ainda as leis científicas, mas sim a manipulação direta dos materiais e a aplicação de formas simples para produzir resultados interessantes (Dewey, 1940i, p.54). O método experimental exige que se sigam pistas das idéias, atividades e conseqüências observadas, o que supõe momentos de revisão e resumo com análise e registro dos elementos significativos da experiência.

As ocupações construtivas representam a oportunidade da criança de responsabilizar-se por um trabalho intelectual de resolução de problemas percebidos por ela como relevantes. Nesse sentido, requer o delineamento de um plano de investigação, segundo modelos próprios de ação; a seleção de instrumentos e materiais que melhor se adaptem aos seus propósitos experimentais; a percepção dos próprios erros e a descoberta de caminhos para corrigi-los, conforme suas capacidades atuais. Ocupação é colocar o máximo de consciência em tudo o que é feito (Dewey, 1958b, p.134).

Nas ocupações construtivas ou nos projetos, a criança é a investigadora. As regulações das atividades não podem vir em forma de ordens, modelos ou soluções propostas pelo adulto (professor/professora), pois podem tirar da criança a possibilidade de realizar suas próprias observações, que a levem à elaboração de hipóteses e planos de ação/investigação. Ademais, existem profundas diferenças entre as formas como as atividades se organizam na ótica do adulto e da criança: o adulto vê maior urgência nos resultados das atividades e seus propósitos são mais intelectualizados do que os das atividades infantis.

Para que as ocupações ou os projetos sejam verdadeiramente educativos, devem ter início nos desejos, nos impulsos e nas primeiras sugestões da criança. A apresentação de modelos não deve preceder as iniciativas da criança. A imitação é importante no processo de desenvolvimento infantil, mas não deve representar a melhor forma de iniciação de atividades reflexivas (Dewey, 1958b, 1959a).

Os impulsos iniciais devem transformar-se em algo mais duradouro, ou seja, em fins ou propósitos de ação que exijam o esforço da criança. Os propósitos infantis não necessariamente coincidem com os do adulto, mas tornam-se educativos quando promovem experiências ampliadas e resultados interessantes, superando atividades triviais e rotineiras.

O projeto deve ser sustentado por novas indagações que surgem no percurso de seu desenvolvimento, trazendo à criança novos problemas e sugestões que a levem a formular novas idéias e hipóteses. A continuidade do projeto é garantida pela conexão das etapas do processo investigativo.

O adulto, ao perceber os interesses da criança, deve instigar a formulação de problemas e orientar o processo de investigação, antevendo os caminhos e as realizações possíveis. Cabe a ele as descobrir e organizar projetos que, ao mesmo tempo, estejam ao alcance das crianças e permitam observações e inferências mais ampliadas.

Para Dewey (1959a, p.214-215), os projetos possibilitam a apresentação de

> problemas típicos que devam ser resolvidos por reflexão e experimentação pessoal e pela aquisição de conteúdos definidos do conhecimento capazes de levar, mais tarde, a noções científicas mais especializadas. (...) Trabalhar em projetos significa planejar um trabalho inteligente e consecutivo que propicie uma familiaridade da criança com os métodos investigativos e com a experimentação.

O trabalho de projetos concretiza-se na prática educativa quando se consideram como ponto de partida os interesses e as experiências infantis e se propicia a ampliação dessas experiências para outras cada vez mais complexas e elaboradas. Isso se faz mediante um processo de investigação protagonizado pela criança, sob o olhar atento do adulto, que, tendo intenções claras em seu trabalho educativo, oferece suporte, organiza situações e registra as experiências em desenvolvimento.

A reflexão do(a) professor(a): a conexão necessária entre a prática profissional e as teorizações

Dewey destaca o papel do(a) professor(a) na organização dos processos educativos e na promoção de um contexto favorável ao grupo. Em defesa de uma escola democrática, aponta o reconhecimento da individualidade intelectual do(a) professor(a) como uma das principais condições de qualquer reforma educacional. Conclui que "todas as demais reformas estão condicionadas à qualidade e ao caráter dos que atuam na profissão docente (Dewey, 1940a, p.67).

Valoriza a independência, a iniciativa e a inventividade dos profissionais de educação e afirma que a atitude antidemocrática de limitar as ações do(a) professor(a) no âmbito da escola e da sala de aula tem grande repercussão na maneira como conduz o seu trabalho docente com a criança. "A supressão antidemocrática da individualidade do professor tem uma correlação estreita com a indevida supressão da inteligência e da mente da criança" (p.68).

A despeito das indiscutíveis especificidades de trabalho nas diferentes modalidades educacionais (educação infantil, ensino fundamental, médio ou superior), há algo que diz respeito à profissionalidade do profissional de educação em geral que pode ser expresso nas seguintes perguntas: quais as fontes dos saberes dos professores? Que estatuto devem ter esses saberes nos programas de formação profissional (inicial e contínua) e na prática docente?

As discussões sobre a formação e a prática docente conduzem, inevitavelmente, às questões dos saberes pedagógicos que, por sua vez, inserem-se nos domínios de concepções mais amplas que orientam as teorizações e pesquisas educacionais. Trata-se de verdadeiros dilemas filosóficos e epistemológicos que acompanham a própria constituição do campo da educação e da pedagogia, traduzindo-se nos termos de polarizações: teoria-prática, ciência-arte. Como filósofo e teórico da educação, Dewey dedica-se a esse assunto em sua obra *The sources of a science of education*, escrita em 1929, da qual é possível depreender a sua compreensão sobre formação e prática de professores, em uma perspectiva reflexiva.

Revelando a tendência de sua época em conceber o caráter científico dos campos de conhecimento a partir do modelo das ciências exatas e naturais, Dewey discorda da estreiteza desse conceito de ciência. Explica que o termo, em sentido mais amplo, significa: "a existência de métodos sistemáticos de investigação que, quando se dirigem a estudar uma série de fatos, nos põem em condições de compreendê-los melhor e de dominá-los mais inteligentemente, menos ao azar e com menos rotina" (Dewey, 1929, p.8). A ciência e os métodos científicos representam uma possibilidade libertadora, com meios diversificados e não-uniformes de ver e solucionar novos problemas.

Dewey apresenta a ciência como superação do plano meramente empírico da prática educativa e, ao mesmo tempo, revela os perigos de uma prática como aplicação linear de regras de ação propostas por teorias e pesquisas científicas. Procura reconhecer o que a educação tem de arte e de ciência. Distingue, mas não opõe esses campos, e enfatiza que, no âmbito da aplicação concreta, a educação aproxima-se mais da arte, porque os elementos científicos, muitas vezes, não dão conta dos fatos inéditos e imprevistos da prática educativa. Existem momentos em que prevalecem a iniciativa e a inventividade daquele que exerce essa prática. Na educação, "há espaço para os projetos originais e atrevidos de indivíduos excepcionais" (Dewey, 1929, p.13).

Contudo, existe uma tênue fronteira que separa uma prática inventiva de uma prática reprodutiva, em que certos atos educativos são perpetuados. Assim, aquilo que é arte torna-se instrumental e mecânico. De modo paradoxal, a ciência pode contribuir para a perpetuação de processos ou para a emancipação da arte educativa, dependendo da compreensão e do emprego de seus métodos e conclusões.

Quando considerado somente o plano empírico da educação, prevalecem na concepção de práticas como tradição, imitação de procedimentos e reprodução de modelos, respostas imediatas a condições momentâneas. Ser bom professor e ter boa capacidade de ensinar define-se pelo domínio de estratégias e instrumentos que resultem em êxito imediato, segundo alguns indicadores, tais como ordem na sala de aula, reprodução dos conteúdos ensinados pelos alunos, resultados de exames e índices de promoção e retenção em séries.

Disso decorre a ânsia de estudantes e profissionais por receitas, em uma expressão clara de que a ação pedagógica pode reduzir-se ao como fazer. A ciência é chamada somente para legitimar algo, uma espécie de "selo de qualidade de ações (...) É apreciada porque se pensa que dá autenticidade e autoridade inquestionáveis a um procedimento específico a ser aplicado na sala de aula" (Dewey, 1929, p.15).

Convertem-se os estudos e as teorias científicas em modelos, diretrizes e regras uniformes, resultando na destruição "do jogo livre da educação como arte" (Dewey, 1929, p.14). Nessa perspectiva, a ciência é antagônica à educação como arte. Além disso, desconsidera-se a complexidade da prática educativa e as inesgotáveis situações e fatores que nela intervêm, acreditando que as investigações científicas podem dar conta da totalidade de fatos e episódios educacionais. É o sentido de prática como ciência aplicada.

De acordo com as formulações de Dewey sobre o valor educativo de uma experiência, é plausível dizer que as experiências vividas na prática pelo(a) professor(a) não produzem um conhecimento ou uma experiência expandida e enriquecida, pois opera-se tão-somente no nível das respostas às urgências. Para que se tenha uma prática educativa modificada a partir das experiências primárias dos professores, é preciso que elas avancem para um plano de experiências mais elaboradas, e isso só ocorre mediante o processo de abstração, essencial à ciência. A abstração implica o exame distanciado de experiências familiares para levá-las ao campo da inquisição reflexiva ou teórica. Para Dewey (1929, p.16-17):

> Ser capaz de sair, no momento da confusão, das urgências e necessidades dos interesses práticos imediatos é uma condição da origem e do tratamento científico em qualquer campo. A preocupação de alcançar alguma utilidade direta ou prática limita sempre a indagação científica.

Não existe a aplicação universal das teorizações científicas. A ciência deve representar um apelo às observações, às indagações e, portanto, ao pensamento reflexivo. Sua contribuição está para além do plano presente e deve propiciar a visibilidade de propósitos mais amplos e de experiências mais duradouras e inteligentes. A ciência pedagógica não se constrói somente no plano dos achados teóricos nem produz regras da prática. "Seu valor para a prática educativa – e toda educação é ou um modo de prática inteligente ou acidental e rotineira – é indireto; consiste em oferecer instrumentalidades intelectuais que podem ser utilizados pelo educador" (Dewey, 1929, p.28).

Da mesma forma que na educação da criança são imprescindíveis as experiências vividas como fontes primárias de reflexões e, por conseguinte, de experiências expandidas, para o(a) professor(a) as suas realizações, no campo prático, devem representar o começo e o fim no processo reflexivo, em que as teorias e os achados científicos significam o mesmo que os conhecimentos científicos trazidos pelos programas escolares podem significar para a criança. A conclusão a que se chega é de que a "ciência da educação não se encontra nos livros, nem nos laboratórios experimentais, nem nas salas de aula onde se ensina, senão nas mentes dos que dirigem a atividade educativa" (Dewey, 1929, p.32).

No plano da formação de professores, isso quer dizer que não basta desfilar uma série de saberes da psicologia, sociologia, estatística, entre outros. Mesmo que bem compostos no plano curricular, são conteúdos científicos que não resultam diretamente na ciência pedagógica. Na constituição dessa ciência intervém a reflexão daqueles que estão envolvidos com a prática educativa. A ciência da educação não pode ser uma "ciência de gabinete" *(arm-chair science)*, posto que não pode distanciar-se de sua fonte original de provisão intelectual, qual seja: o ambiente escolar. Assim, é fundamental a conexão entre o trabalho prático e a obra científica, entre o professor e o investigador.

Dewey advoga a relevância da participação dos professores que estão em exercício no processo de construção de saberes científicos da prática educativa. Fala da importante parceria entre os centros acadêmicos e os centros da prática, pois sem esses últimos torna-se inviável julgar o alcance real do problema ao qual se dedica a investigação. Somente a aproximação da realidade é que permite compreender e apreender a pertinência dos achados científicos no plano das realizações práticas e, portanto, protegê-las da artificialidade e arbitrariedade das prescrições metodológicas. "A experiência concreta educativa é a fonte primária de toda a inquisição e reflexão porque aponta os problemas, e comprova, modifica, confirma e retifica as conclusões da investigação intelectual" (1929, p.56).

Contrário aos argumentos que dizem que os professores não têm o preparo suficiente para cooperar de forma inteligente e efetiva com a investigação científica, Dewey (p.47) defende que eles são "os canais mediante os quais as conseqüências da teoria pedagógica chegam à vida dos que estão na escola. Eu suspeito que, se estes professores são somente canais de recepção e transmissão, as conclusões da ciência se desviarão e alterarão antes de chegar às mentes dos alunos".

As postulações científicas só podem contribuir com a transformação de práticas quando os professores tornam-se autores nesse processo e protagonizam, verdadeiramente, o processo de constituição de saberes pedagógicos.

O que há de mais surpreendente e inspirador nesse conjunto de formulações de Dewey é o caráter de vanguarda de suas idéias. Aqueles que defendem a superação de clássicas dicotomias no plano da formação de professores – teoria-prática, academia-terreno de atuação, conhecimento científico- conhecimento experiencial – têm recorrido às proposições deweyanas para sustentar suas teses sobre a *formação reflexiva* de professores. É o que se pode constatar, por exemplo, na obra de Zeichner (1993), em que o autor recupera o conceito de reflexão defendido por Dewey para apresentar sua concepção de prática reflexiva e sua proposta de formação do professor.

Dewey valoriza o tratamento científico das questões educativas e, ao mesmo tempo, alerta sobre os perigos da prescrição dos métodos científicos. Quando faz isso, destaca o processo reflexivo do professor como fonte essencial de conhecimento e elo de conexão entre o universo das práticas e das teorizações.

CONSIDERAÇÕES FINAIS

Quando Dewey faz uma recapitulação da trajetória histórica dos movimentos de idéias de seu tempo, emprega a metáfora do nascimento dos caudalosos rios. Ele diz que os arroios que descem das montanhas, quando vistos isoladamente, são insignificantes. Em um longo percurso, unem-se e formam os rios que, por fim, desembocam no oceano. Tais como os grandes rios, "os grandes movimentos não são grandes em seu nascimento. Tomados isoladamente, seu princípio é tão insignificante e trivial em aparência como os arroios" (Dewey, 1940g, p.230). O reencontro com a obra de Dewey representa, para os estudiosos e pesquisadores da educação de hoje, oportunidade de acompanhar o trajeto de importantes "arroios" e "braços de rios" que auxiliam na constituição dos pensamentos pedagógicos da atualidade.

À semelhança do que ocorre com as águas dos arroios e rios, que arrastam escombros recolhidos no caminho e que tendem a dividir-se em inúmeras correntes secundárias, no campo das idéias, os estudos mais recentes são tributários do muito que recolhem do passado – e os caminhos percorridos não são tranqüilos, sendo mesmo bastante tortuosos. É fundamental reconhecer suas fontes inspiradoras para que não se alimente a falsa sensação do novo, do inovador.

É com essa cautela que se deve partir para a construção de uma pedagogia da infância, tendo a certeza de que ela pode receber de Dewey tanto lições de humanidade – crença nas potencialidades humanas, respeito às individualidades e diferenças, garantias de liberdade e democracia – quanto lições de pedagogia – valor das experiências e dos interesses das crianças, pensadas no plano da intencionalidade da ação pedagógica em um ambiente físico e relacional verdadeiramente educativo.

NOTAS

1. Lorenzo Luzuriaga e Anísio Teixeira podem ser destacados como responsáveis por traduções de originais das obras de Dewey para os idiomas espanhol e português, respectivamente. Na obra traduzida *El niño y el programa escolar: mi credo pedagógico* (1959), Lorenzo Luzuriaga apresenta um estudo preliminar sobre o autor norte-americano. Na apresentação da primeira edição de *Democracia e educação* (1936), Anísio Teixeira faz uma breve recapitulação do pensamento de Dewey.
2. As duas obras de Dewey que compõem este volume foram publicadas em momentos distintos: *The school and society* foi publicada pela primeira vez em 1899 e *The child and the curriculum*, em 1902. Na pesquisa realizada, encontrou-se a tradução da segunda obra em duas publicações, uma em espanhol e outra em português. Na língua espanhola, consta da composição do volume: *El niño y el programa escolar: mi credo pedagógico* (1959), traduzido por Lorenzo Luzuriaga. Na língua portuguesa, no volume intitulado *Vida e educação – A criança e o programa escolar (I) e Interesse e esforço (II)* (1954), traduzido por Anísio Teixeira. Muitos dos escritos de Dewey, tanto no idioma original como em traduções, aparecem compondo volumes sob outros títulos, o que exige do leitor uma busca atenta e cuidadosa de suas obras fundamentais.
3. É certo que a psicologia adotada por J. Dewey aproximou-se da psicologia experimental de W. James. Contudo, não se pode negar outras manifestações da psicologia que tanto influenciaram os pensadores contemporâneos de Dewey, especialmente aqueles com que compartilhou muitos dos ideais da educação progressiva. A obra de Édouard Claparéde, por exemplo, foi influenciada por pressupostos da psicanálise.
4. J.M. Dewey é a referência bibliográfica de Jane Mary Dewey, editora de *Biography of John Dewey*, escrita por ela e por duas outras filhas de Dewey (Evelyn e Lucy) com o auxílio dele próprio.
5. William James (1842-1910), filósofo, médico dedicado à anatomia e fisiologia, trouxe fundamentais contribuições à psicologia, formulando críticas às explicações associacionistas, propostas pela psicologia clássica, a partir das teorias evolucionistas. Sua perspectiva filosófica pragmatista sustentou a constituição de uma nova corrente da psicologia que, junto a outras, inaugurou a psicologia científica. Isso representou o distanciamento da psicologia de uma perspectiva metafísica e a aproximação dos estudos experimentais da fisiologia, trazendo como importantes contribuições ao campo o conceito de "fluxo de consciência" e a teoria das emoções. Foi o primeiro norte-americano a organizar um laboratório de psicologia experimental (Hubert, 1957, Not, 1981).
6. A obra *Education today*, editada e prefaciada por Joseph Ratner, em 1940 reúne vários escritos de Dewey e percorre três décadas de importante produção (1897-1938). São artigos veiculados em periódicos e materiais de conferências, organizados cronologicamente. Inclui nesse volume o célebre tratado *My pedagogic creed*, de 1897. *Education today* foi traduzida para o espanhol por Carlos Luzuriaga, publicada pela Editorial Losada S.A, incluindo 23 escritos de Dewey, enquanto o original, em inglês, inclui 45 textos. Por exemplo, *My pedagogic creed* não consta no volume em espanhol.
7. As críticas de Dewey à escola tradicional e a certas manifestações da educação nova podem ser encontradas nas obras: *Democracia e educação* (1959b), tradução de *Democracy and education* (1916); *How much freedom in new school?* (1930), publicada em *Education today* (1940), e *Experiência e educação* (1967), tradução de *Experience and education* (1937).

8. Dewey poupa os *kindergartens* e os graus inferiores de ensino de seu tempo, em que, segundo ele, as rupturas entre as experiências pessoais das crianças e o programa não são percebidas como em outros graus escolares mais avançados (Dewey, 1967).
9. Reside nesse ponto uma das principais críticas de Dewey às escolas progressivas de sua época, que levaram ao extremo a idéia de "criança como centro" e que, de forma equivocada, compreenderam que a centralidade da educação estaria toda depositada nos desejos e interesses pessoais presentes, tomados como fins ou propósitos educativos (Dewey, 1940d, 1967).
10. Embora comprometido com causas políticas e sociaias, a opção política de Dewey e sua defesa por uma sociedade democrática transcendem às postulações partidárias. Pelo fato de se não ter filiado a partidos políticos, foi alvo de censuras (Luzuriaga apud Dewey, 1959e).
11. O conceito de democracia transportado ao plano das práticas educativas escolares é tratado por Dewey em diferentes obras, incluindo-se no texto *Democracia y educación*, retirado de *Las escuelas de mañana*, tradução de Lorenzo Luzuriaga da obra *The schools of tomorrow* (1913), de John e Evelyn Dewey.
12. No caso de Braga, Portugal, tratam-se dos trabalhos realizados no Instituto de Estudos da Criança da Universidade do Minho e na Associação Criança.
13. Para compor sua análise sobre o processo de recapitulação dos processos sociais, Dewey (1940i, 1958b) recorre às teorias das épocas de cultura na educação e de recapitulação na biologia.
14. Os jogos e as brincadeiras não são objeto de análise do presente estudo. Maiores esclarecimentos sobre esses conceitos e a sua relação com outras naturezas de atividades podem ser encontrados em Dewey (1958b, 1959a, 1959b, 1975).
15. Ao falar da importância das ocupações construtivas na prática educativa, Dewey reconhece a relevância da educação dos sentidos e das lições de Pestalozzi, das propostas de Froebel para o jardim-de-infância, pautadas nos brinquedos, nos jogos e nas ocupações, e do método das *Case dei Bambini* de Montessori. Contudo, tece críticas à maneira como foram interpretadas as lições de coisas, valorizando unicamente a familiaridade da criança com os atributos do objeto. Mostra restrições aos princípios do simbolismo froebeliano, assentados na idéia do todo absoluto, e à tendência dos materiais montessorianos em se tornarem exercícios mecânicos. Critica os materiais de Froebel e Montessori por serem resultantes de um trabalho de elaboração do adulto, anterior ao da criança. Outros detalhes encontram-se em Dewey (1959a, 1959b, 1975).

REFERÊNCIAS

CAMBI, F. *História da pedagogia*. São Paulo: UNESP, 1999.

DEWEY, J.M. (Ed.). Biography of John Dewey. In: SCHILPP, P.A. (Ed.). *The philosophy of John Dewey*. Evanston/Chicago. Northwestern University. Menasha/Wisconsin: George Banta, 1939. (The Library of Living Philosophers; vol.1).

______. *Como pensamos*. 3.ed. São Paulo: Companhia Editora Nacional, 1959a. (Atualidades Pedagógicas; 2).

______. *Democracia e educação*. São Paulo: Companhia Editora Nacional, 1959b. (Atualidades Pedagógicas; 21).

______ . Democracia e educación. In: ______ . *El niño y el programa escolar: mi credo pedagógico*. 4.ed. Buenos Aires: Losada, 1959c. p.113-135.

______ . Democracy in education. In: ______ . *Education today.* New York: G.P. Putnam's Sons. Van Rees, 1940a. p.62-73.

______ . *El niño y el programa escolar: mi credo pedagógico*. 4. ed. Buenos Aires: Losada, 1959e.

______ . Education as politic. In: ______ . *Education today.* New York: G.P. Putnam's Sons. Van Rees Press, 1940b. p.157-163.

______ . Education as religion. In: ______ . *Education today.* New York: G.P. Putnam's Sons. Van Rees Press, 1940c. p.144-149.

______ . *Experiencia e educación*. 9.ed. Buenos Aires: Losada, 1967.

______ . Experiência e natureza. In: *Os pensadores*. São Paulo: Abril Cultural, 1974a. vol. 11, p. 159-210.

______ . How much freedom in new schools? In: ______ . *Education today.* New York: G.P. Putnam's Sons. Van Rees, 1940d. p.216-223.

______ . Individuality, equality and superiority. In: ______ . *Education today.* New York: G.P. Putnam's Sons. Van Rees Press,1940e. p.171-177.

______ . *Interest and effort in education*. Carbondale: Arcturus Books/Southern Illinois University, 1975.

______ . La educación y los problemas sociales actuales. In: ______ . *El niño y el programa escolar:* mi credo pedagógico. 4.ed. Buenos Aires: Losada, 1959d. p.99-111.

______ . La filosofia de la educación. In: ______ . *La ciencia da la educación*. Buenos Aires: Losada, 1951. p.81-110.

______ . Lógica: teoria da investigação. In: *Os pensadores*. São Paulo: Abril Cultural, 1974b. vol. 11, p. 211-244.

______ . Mediocrity and individuality. In: ______ . *Education tToday.* New York: G.P. Putnam's Sons. Van Rees, 1940f. p.164-170.

______ . Monastery, bargain counter or laboratory in education? In: ______ . *Education today.* New York: G.P. Putnam's Sons. Van Rees Press, 1940g. p.230-243.

______ . My pedagogic creed. In: ______ . *Education today.* New York: G.P. Putnam's Sons. Van Rees Press, 1940h. p.3-17.

______ . The child and the curriculum(1902). In: DEWEY, J. *The child and the curriculum: the school and society*. Chicago/Illinois.EUA. The University of Chicago Press/ Phoenix Books, 1958a. p.3-31.

______ . The place of manual training in the elementary course of study. In: ______ . *Education today.* New York: G.P. Putnam's Sons. Van Rees, 1940i. p.53-61.

______ . The primary-education fetich In: ______ . *Education today.* New York: G.P. Putnam's Sons. Van Rees Press, 1940j. p.18-35.

______ . The school and the society(1899). In: DEWEY, J. *The child and the curriculum:* the school and society. Chicago/Illinois: The University of Chicago Press/Phoenix Books, 1958b. p.5-160.

______ . *The sources of a science of education*. New York/EUA: Liveright, 1929.

______ . The teacher and his world. In: ______ . *Education today.* New York: G.P. Putnam's Sons. Van Rees, 1940l. p.300-302.

______. The teacher and the public. In: ______. *Education today.*New York: G.P. Putnam's Sons. Van Rees, 1940k. p.303-307.

EBY, F. *História da educação moderna:* teoria, organização e práticas educacionais(SéculoXVI/ Século XX). Brasília (DF): Instituto Nacional do Livro/ Porto Alegre/RS: Globo, 1976.

HUBERT, R *História da pedagogia*. São Paulo: Companhia Editora Nacional, 1957.

JAMES, W. O significado da verdade. In: *Os pensadores*. São Paulo: Abril Cultural, 1974a. vol. 11, p. 39-46.

______. Pragmatismo. In: *Os pensadores*. São Paulo: Abril Cultural, 1974b. vol. 11, p. p.7-37.

______. Princípios de psicologia. In: *Os pensadores*. São Paulo: Abril Cultural, 1974c. v. 11, p. 47-97.

KONDER, L. *Introdução ao fascismo*. Rio de Janeiro: Edições Graal, 1997.

LOURENÇO FILHO, M. B. *Introdução ao estudo da escola nova*. 7. ed. São Paulo: Melhoramentos. s/d.

LUZURIAGA, L. *História da educação e da pedagogia*. 7. ed. São Paulo: Companhia Editora Nacional, 1975. (Atualidades Pedagógicas; 59).

NOT, L. As pedagogias do conhecimento. São Paulo: Difel, 1981.

ZEICHNER, K.M. A formação reflexiva de professores: idéias e práticas. Lisboa: Educa, 1993.

4

Maria Montessori: uma mulher que ousou viver transgressões

Maristela Angotti

O CONTEXTO DE SUA HISTÓRIA

Para se entender melhor o homem, é importante e necessário contextualizá-lo em seu espaço e tempo. O período da história italiana, circunstanciado neste capítulo, foi assim delimitado por ser o espaço e o tempo em que viveu Maria Montessori.

A história mundial tem revelado a crueldade e a exploração imposta sobre os homens pelo próprio homem, marcando momentos de dor e vergonha. O final do século XIX e a primeira metade do século XX retratam um dos períodos que talvez possam ser considerados e destacados, na contemporaneidade, como um dos mais cruéis e devastadores para a humanidade. Nada fará esquecer os horrores e as conseqüências das duas grandes guerras mundiais ou mesmo das infindáveis guerras pretensamente religiosas no Oriente Médio.

Maria Montessori nasceu no ano da Unificação Italiana[1] (1870), momento em que a Itália iniciava o difícil processo de trabalhar com seus contrastes, de unificar um país que, ao norte, mantinha um sistema capitalista que colocava a região em desenvolvimento nítido e que, ao sul, ainda semifeudal, era marcado pela miséria e pela ação de criminosos. O confronto entre o norte e o sul influenciou e trouxe conseqüências para a vida e os costumes da região central do país, na qual nasceu Maria Montessori.

As difíceis relações entre Estados e Igreja, as lutas por incorporações territoriais, políticas e religiosas demarcaram um novo desenho geopolítico social aos mapas. A Itália do final do século XIX e da primeira metade do século XX registrou inúmeros conflitos após a queda do governo de direita. Como o conflito vivido com a Igreja, só resolvido com o Tratado de Latrão, em que se firmou o Estado do Vaticano. Além disso, foi palco da criação e ascensão do fascismo, das difíceis relações internacionais com a França e com a Áustria e das experiências devastadoras com as duas grandes guerras.

Após a Unificação Italiana e a queda do governo de direita, o país vive a experiência de um governo parlamentar que destacou a Itália e a equiparou aos países mais adiantados. O direito de liberdade sustenta o desenvolvimento da educação, da indústria e do comércio. Esse período é marcado por expressivas transformações sociais, políticas e educacionais, como se pode observar pela síntese elaborada por Cambi (1999, p.497-498):

> A Itália, na sua história da escola antes e depois da unificação do país, pode ser tomada como um caso exemplar desse desenvolvimento/reorganização/racionalização/laicização que ocorreu na escola oitocentista. Na Itália anterior a 1860, as condições escolares são radicalmente diferenciadas: mais desenvolvidas e de nível quase europeu no norte (no Piemonte e na Lombardia), bastante orgânicas na Toscana, em condições desastrosa o Estado da Igreja e no Reino das Duas Sicílias. Também do ponto de vista escolar a Itália é um mosaico, embora a dominação napoleônica, com a sua reorganização das escolas segundo o modelo francês, tenha deixado alguns traços: diversas são as legislações, diversas as tradições, diversos os modelos visados. Depois, em 1861, foi aplicada à Itália unida a Lei Casati, promulgada para o Piemonte em 1859, que em 380 artigos organizava o sistema escolar segundo os princípios liberais: delineava uma administração centralizada com a tarefa de programar e controlar a vida escolar no seu conjunto, dividia a instrução escolar em clássica e técnica, fixava os dois graus – inferior e superior- da instrução elementar delegada às comunas e instituía as escolas normais para a formação dos professores. Impunha, ainda, a obrigatoriedade escolar para o grau inferior elementar, que continuou com grande evasão, como continuaram muito precárias por longo tempo – depois de 1861 – as condições das escolas elementares (quanto a instalações, recrutamento de professores, salários do corpo docente etc.). Ademais ela foi aplicada como um molde sobre situações muito diferentes da piemontesa, produzindo – especialmente no Sul – resultados escassos na luta contra o analfabetismo (pela atribuição do ônus financeiro às prefeituras quanto a construções, mobiliário e docentes, mesmo as prefeituras paupérrimas do sul). Só em 1877, com a esquerda no poder e Michele Coppino no Ministério da Educação, foram promulgados os novos programas que tiveram uma marca de tipo positivista: fixava-se a obrigatoriedade até os nove anos, alongava-se de um ano (aumentado para cinco) o curso elementar, eliminava-se a religião das matérias de estudo e introduziram-se "os direitos e os deveres do cidadão". A escola italiana se laicizava (...).
>
> Reformas escolares mais incisivas ocorreram apenas no fim do século e nos primeiros anos dos novecentos: em 1896, o ministro Gianturco instituía a escola complementar feminina, trienal, pós-elementar; em 1904, a Lei Orlando fazia voltar o curso elementar a quatro anos, juntando a 5ª e a 6ª classes, e a obrigatoriedade aumentada para os 12 anos; em 1911, a Lei Dàneo-Credaro avocou as escolas elementares ao Estado e instituiu um liceu moderno, jamais instalado. Será, enfim, Giovanni Gentile que, em 1923, renovará radicalmente a escola italiana segundo o critério do "voltar a Casati", fechando todo o espaço de mobilidade social e favorecendo apenas o canal formativo do liceu, mas dando uma forma orgânica – estrutural e culturalmente – à escola italiana.

Na história italiana, registra-se a guerra contra a Áustria, iniciada em 23 de março de 1915, que tinha por interesse a incorporação de áreas territoriais. A referida guerra contou com a participação de um soldado que atendia pelo nome de Benito Mussolini, o qual, posteriormente, ajudou a escrever como protagonista um dos períodos mais tristes e violentos da civilização. Vinculado ao partido socialista, porém líder nato que ansiava por poder a qualquer custo, Mussolini enfrentou fortes embates, dentro do partido, que acabaram por ocasionar a sua expulsão do mesmo.

A expulsão do partido socialista, a participação na guerra, a condecoração a um herói ferido no *front* municiaram e fortaleceram o espírito de Mussolini em seu ideal de poder. Inimigo do partido socialista, conhecedor profundo de seus princípios teóricos, o "grande herói" tornou-se dos maiores e mais acirrados críticos da ideologia que fundamenta o partido socialista. Com o poder da crítica bem elaborada, em um contexto adverso e propício a uma nova ordem, com o perfil de liderança e o reconhecimento popular, Mussolini funda o partido fascista em 1919.

A Itália, vitimada pelo pós-guerra, em meio a uma grave crise marcada por inúmeras greves incentivadas pelos socialistas, com invasões a propriedades particulares, sentiu a sua burguesia migrar para o respaldo dos ideais nacionalistas radicais de Mussolini e seu recém-criado partido. Com a força da burguesia e o populismo junto à classe operária Mussolini foi eleito. Instaura-se, assim, no país um regime político fundamentado na perda dos direitos individuais, na extinção da liberdade, tendo ainda promovido o extermínio de intelectuais e socialistas.

O fascismo, em sua essência como ideologia de direita, buscou a manutenção de privilégios por meio da conservação de um sistema socioeconômico, além da elaboração do pragmatismo radical sustentado na fragilização da teoria marxista que fundamentava o partido e a ideologia socialista. Na busca da explicitação do que foi o fascismo, o estudioso Leandro Konder (1997, p.21) explicita-o em sua complexidade, revelando o caráter de exploração sobre as classes populares e de protecionismo desumano.

> (...) o fascismo é uma tendência que surge na fase imperialista do capitalismo, que procura se fortalecer nas condições de implantação do capitalismo monopolista de Estado, exprimindo-se através de uma política favorável a crescente concentração do capital; é um movimento político de conteúdo social conservador, que se disfarça sob uma máscara "modernizadora", guiado pela ideologia de um pragmatismo radical, servindo-se de mitos irracionalistas e conciliando-os com procedimentos racionalista-formais de tipo manipulatório. O facismo é um movimento chauvinista, antiliberal, antidemocrático, anti-socialista, antioperário. Seu crescimento num país pressupõe condições históricas especiais, pressupõe uma preparação reacionária que tenha sido capaz de minar as bases das forças potencialmente antifascistas (enfraquecendo-lhes a influência junto às massas); e pressupõe também as condições da chamada sociedade de massas de consumo dirigido, bem como a existência nele de um certo nível de fusão do capital bancário com o capital industrial, isto é, a existência do capitalismo financeiro.

As conseqüências do pós-guerra favoreceram não apenas a criação do fascismo italiano, como também a orientação que adviria ao partido nazista, criado na Alemanha em 1919. O fortalecimento do nazismo permitiu a ascensão de Adolf

Hitler, que assumiu a presidência do partido em 1921. Os ecos da experiência fascista italiana impressionam os redutos mais conservadores das nações mundiais e fortalecem os ideais e a orientação nazista pelo poder.

Hitler assume o poder na Alemanha em 1933 e começa a escrever uma das páginas mais sangrentas da humanidade, encerrada com sua morte por suicídio em 30 de abril de 1945. A morte do nazista foi precedida em dois dias pelo fuzilamento do fascista Benito Mussolini na Itália, já deposto de seu cargo desde 1943.

Nas palavras registradas por Konder (1997, p.58-59), esse período expressa o horror, manifesto numericamente, das investidas bélicas, das atrocidades promovidas por Mussolini e Hitler, mas não revela o prejuízo moral da humanidade quando identifica que:

> Sessenta e um países haviam participado da guerra, e no solo de quarenta deles haviam sido travadas sangrentas batalhas. Cerca de sete milhões de alemães haviam morrido e, dos que haviam sobrevivido, calcula-se que outros sete milhões não tinham casa para morar. Antes de capitular, entretanto, o fascismo havia assassinado seis milhões de poloneses, seis milhões de judeus, vinte milhões de cidadãos da União Soviética (dos quais treze milhões eram civis). A guerra havia deixado cicatrizes profundíssimas, inapagáveis. O fascismo "clássico", tal como havia sido realizado por Mussolini e por Hitler, havia sofrido uma derrota da qual não mais podia se recuperar.

No período histórico italiano demarcado pelo nascimento e pela morte da educadora Maria Montessori (1870-1952), a educação italiana experienciou transformações radicais. A Unificação Italiana exigiu reformulações definidas por legislação assinada em 1877, a qual tornava obrigatória a freqüência escolar e determinava o caráter laico das instituições, suprimindo o ensino religioso e dificultando as relações com a Igreja Católica. A instrução pública italiana é valorizada e defendida em seu caráter popular, dada a exaltação ao patriotismo nacionalista e imperialista da época.

Com o advento do fascismo e a eleição de Benito Mussolini em 1921, a educação passa por um curto mas intenso período de florescimento, no qual Giovanni Gentile encontrava-se à frente do Ministério da Educação, sendo assistido por Guiseppe Lombardo Radice, criador das bases da escola funcional. Em 1923, o fascismo promulgou a lei que corporifica a reforma escolar, acentuando o sentido espiritual-estético da educação, incentivando a implementação dos princípios e métodos da escola nova propiciando as experimentações que foram acompanhadas pela efetivação de pesquisas referentes à psicologia escolar.

O ensino passa a ser regulado por um sistema descentralizado, as questões regionais ganham espaço na dinâmica das soluções dos problemas e define-se o retorno à educação religiosa confessional. O cenário educacional, assim delineado, retrata contradições intrínsecas às intenções e aos princípios que sustentavam o fascismo. Foi curto o período de Giovanni Gentille à frente do ministério. Fato é que a educação, como havia sido estruturada, não atendia aos interesses do regime político fascista, no qual direito e liberdade não eram conceitos que se aplicavam à vida do povo italiano. Com a queda de Gentile e seus assessores, a educação é reestruturada para atender aos interesses da doutrina fascista.

As escolas de caráter ativo, inovador, experimentais são fechadas, entre elas as escolas montessorianas. Diante do cerceamento e da falta de liberdade pela escolha educacional aos seus filhos, os italianos revoltam-se e fazem um movimento para garantir o funcionamento das escolas. A pressão popular obteve resultados e as escolas de orientação montessoriana foram reabertas temporariamente. Mussolini, ao perceber a força de Montessori, o poder de suas propostas e a popularidade que gozava junto ao povo italiano (e nessa época já em outros países), procurou aproximar-se da educadora como condição de angariar popularidade para si e poder de manipulação pelas vias educacionais. Firme em seus propósitos e seus ideais, sobretudo os de liberdade e autonomia para a pessoa humana, Montessori não permite que sua imagem seja atrelada à de Mussolini e nem tampouco que suas propostas sejam aplicadas para manipulação e controle do povo italiano. A conseqüência é imediata e novamente suas escolas são fechadas pelo líder fascista.

A Itália das primeiras décadas do século XX mantinha uma pedagogia tradicional, idealista e católica, que não se coadunava com a pedagogia científica de Montessori, de forte inspiração positivista e cuja essência expressava o crédito nos princípios da educação sensorial, da atividade, da liberdade e da autonomia da criança.

Tais princípios indispuseram frontalmente Montessori à liderança de Mussolini, líder fascista que agia contra as liberdades individuais, manipulador que, ao reconhecer o perigo das idéias montessorianas, tratou de distanciar a educadora de seu país, obrigando-a ao exílio em 1934. O compromisso com a divulgação e o fortalecimento de sua obra fez com que Montessori, perseguida pelo governo fascista, migrasse para outros países. A necessidade de fugir de perseguições, de lutar pela liberdade e pela paz exigiu longos anos no exílio em solos de países europeus e orientais.

MARIA MONTESSORI: A OUSADIA EM SE VIVER MULHER

Em Chiaravalle, Província de Ancona, nasceu a menina a quem a educação mundial deve tributos. Filha de Alessandro Montessori e de Renilde Stoppani, Maria Montessori encontrou na família lastro cultural e financeiro para investir em sua formação e tornar-se uma árdua defensora de seus princípios, posicionamentos e direitos como ser humano e mulher. Teve uma vida marcada por sofridas conquistas, definidas por uma ousadia transgressora de seu tempo sociocultural, político e científico. Manteve com seu pai uma forte relação de amizade e cumplicidade, mas foi em sua mãe que encontrou apoio e sustentação para enfrentar os desafios em busca de seus ideais.

Maria Montessori ainda era criança quando sua família transferiu-se para Roma, abrindo maiores oportunidades para o seu crescimento pessoal e para a sua formação educacional e profissional. Na adolescência, revelou ímpeto e determinação quando, decidida a ser engenheira, quis mudar de escola e cursar um ensino técnico no qual havia mais matemática e a possibilidade de trabalhar na elaboração de projetos. Foi para a Escola Técnica Michelangelo Buovarroti, instituição de atendimento de meninos na qual ficava em situação de marginalização, não tendo tido a oportunidade de compartilhar integralmente do convívio e das condições de igualdade com o gênero masculino nas atividades de formação em curso.

Dessa experiência pôde depreender alguns de seus desinteresses e algumas certezas. Constatou que não queria mais enveredar pelos caminhos da engenharia e teve a possibilidade de reconhecer a sua verdadeira identificação profissional a certeza de querer trabalhar com as pessoas. A família ficou aliviada com a revelação de desinteresse pelo curso de engenharia, tido como fazer específico para o gênero masculino, mas não contava com o que ainda poderia vir.

A formação pessoal-acadêmica de Maria Montessori registra vários títulos. Em 1890, obteve o título de licenciada na cadeira de físico-matemática, e em 1892, diplomou-se em Ciências Naturais pela Faculdade de Ciências Físicas, Matemáticas e Naturais da Universidade de Roma. Contrariando frontalmente a sociedade e a cultura de sua época, enfrentando os limites de espaços e profissionalização demarcados pelo gênero masculino, a jovem obstinada inscreveu-se no curso de Medicina e Cirurgia da Universidade de Roma, onde se diplomou em 29 de julho de 1896, tornando-se a primeira mulher italiana a obter o título de médica.

A conquista a fez popular na Itália e, um mês depois de formada, Montessori foi convidada a representar seu país no Congresso Internacional dos Direitos da Mulher em Berlim, no qual defendeu a igualdade de condições entre os gêneros em termos de formação, atuação e remuneração. Sob esse aspecto participou também em 1900 de outro congresso em Londres. No retorno a Roma, ainda em 1896, a jovem médica foi convidada a trabalhar com crianças anormais, na Clínica Psiquiátrica da Universidade de Roma. Deparou-se com uma turma de deficientes mentais que viviam em condições absolutamente desfavoráveis para o seu desenvolvimento.

A formação na área médica, assim como o contato com os estudos do médico Jean-Marie Gaspard Ytard, otólogo francês, e Édouard Séguin auxiliaram-na a estruturar o trabalho na clínica psiquiátrica. A atuação e o contato com as crianças anormais permitiram a Montessori a elaboração de teses que redundaram nas bases de sua proposta pedagógica. As elaborações desses autores permitiram o desenvolvimento de uma pedagogia cunhada como pedagogia da reparação, baseada, sobretudo, no desenvolvimento das capacidades sensoriais como condição de melhor prover o desenvolvimento cognitivo.

Cambi (1999, p.388), revela o processo de elaboração da pedagogia da recuperação, desenvolvida para integrar e desenvolver os deficientes, que fora iniciado por Itard e que obtivera contribuições consideráveis de Séguin e Montessori:

> O caso do rapaz selvagem de Aveyron, tratado por Itard no início do século XIX, continua exemplar, apesar da impossibilidade da completa recuperação de Victor (um rapaz de 12 anos encontrado em um bosque e criado por lobos) sobretudo em relação à linguagem. Depois, através de Séguin e de Maria Montessori, as

> técnicas de recuperação se aperfeiçoam, partindo sempre de um pressuposto de tipo sensorial (formar a mente através dos sentidos), para complicar-se entre os séculos XIX e XX com as contribuições da psiquiatria infantil e da psicanálise, que ativam procedimentos bastante diversos de recuperação, de tipo interativo entre deficientes e terapeuta/professor, de tipo fortemente emotivo além de técnico-sensorial, ligado sobretudo ao jogo.(...) Nasceu, assim, uma pedagogia especial, ortofrênica e da recuperação, altamente especializada, mas também vinculada às grandes temáticas da pedagogia, sobre as quais lança luzes (não só sobre a aprendizagem, mas também sobre a comunicação infantil, sobre o conhecimento das necessidades primárias da infância).

Forte influência teve Séguin no referencial e na proposta pedagógica de Montessori, sobretudo pela relação estabelecida entre a sensação, o intelecto e a vontade que deveriam ser tratados de maneira interligada, por meio da educação sensorial, em ambiente mais livre e estimulante. Revela-se a origem da importância dada por Montessori às atividades sensório-motoras, que deveriam fortalecer a autonomia infantil, a individualidade do ser humano e o seu processo de socialização/adequação ao meio.

Inspirada nos fundamentos científicos dos autores citados, além do contato com os estudos do antropólogo Sergi, referentes aos processos de observação das realizações infantis e aos melhores momentos para propiciar aprendizagens, foi que Montessori desenvolveu o método da educação moral para as crianças anormais (deficientes), apresentado com sucesso no Congresso Pedagógico de Turim, em 1898. Nessa época, foi convidada pelo Ministro da Instrução Pública para uma série de conferências às professoras de crianças anormais, que constituíram a semente do que posteriormente se transformou na Escola Normal Ortofrênica, instituição dirigida por Montessori durante alguns anos.

Revela-se, assim, na história de vida de Maria Montessori o interesse, a preocupação e o crédito de necessário investimento na formação de professores, a quem sempre dedicou atenção especial na definição do papel que deveriam assumir frente às crianças, fossem elas normais ou não. O pressuposto básico de sua pedagogia assenta-se na tese de que entre as crianças deficientes e as normais existiria uma correspondência de comportamentos, respostas que ocorreriam apenas em momentos e ritmos diferentes, ou seja, nos deficientes o ritmo e os tempos seriam mais lentos do que nas crianças normais, mas ambas teriam a chance de atingir aprendizados e desenvolvimento. Tal afirmação pode ser identificada nas próprias reflexões de Montessori (1965, p.28):

> Quando, em 1898 e 1900, consagrei-me à instrução das crianças excepcionais, tive logo a intuição de que esses métodos de ensino não tinham nada de específico para a instrução de crianças excepcionais, mas continham princípios de uma educação mais racional do que aqueles que até então vinham sendo usados, pois que uma mentalidade inferior era suscetível de desenvolvimento. Esta intuição tornou-se minha convicção depois que deixei a escola dos deficientes; pouco a pouco adquiri a certeza de que métodos semelhantes, aplicados às crianças normais, desenvolveriam suas personalidades de maneira surpreendente.

O interesse por áreas como a psicologia, a antropologia e a educação rendeu a Montessori o título de doutora em Ciências Médicas, outorgado pela Real Universidade de Roma, recebido no dia 29 de julho de 1898, exatos dois anos após a conclusão do curso de medicina.

A elaboração da pedagogia científica, elaborada, vivenciada e defendida por Maria Montessori, ocorreu a partir de seu contato com cerca de 50 crianças na faixa etária dos 3 aos 6 anos, oriundas de San Lorenzo, um bairro pobre da cidade de Roma.

Em fragmentos de suas lembranças, presentes na obra *A criança*, Montessori (s/d, p.134-137) assim descreve a origem de suas experiências com crianças normais, os princípios de seu método, seus sentimentos e compromissos com a criança, a partir da organização dos abrigos populares ocorridos em Roma no ano de 1906:

> Em 6 de janeiro de 1906, foi inaugurada a primeira escola para crianças pequenas normais com 3 a 6 anos – não posso dizer com o meu método, porque este ainda não existia, mas ali em breve nasceria. Naquele dia, porém, havia apenas cerca de 50 criancinhas paupérrimas, de aspecto rude e tímido, muitas delas chorando, quase todas filhas de analfabetos, que tinham sido confiadas aos meus cuidados.
>
> O projeto inicial era de reunir os filhos pequenos de operários que residiam em um conjunto de habitações populares, a fim de que não ficassem abandonadas pelas escadas, não sujassem as paredes e não criassem desordem. Para isso, reservaram uma sala no próprio conjunto, para servir de refúgio, de creche. E fui chamada a encarregar-me daquela instituição que "poderia ter um bom futuro".
>
> Foi assim que o acaso me fez encontrá-las. Eram crianças choronas, medrosas, tão tímidas que não se conseguia fazê-las falar, rostos inexpressivos, olhar espantado, como se nunca tivessem visto nada na vida. Eram, com efeito, pobres crianças abandonadas, crescidas em casas miseráveis e escuras, sem um estímulo psíquico, sem qualquer cuidado. Pareciam malnutridas aos olhos de todos e não era preciso ser médico para perceber que tinham necessidade urgente de alimentação, de vida ao ar livre e de sol. Flores fechadas, mas sem a frescura dos botões – espíritos encerrados em invólucros fechados.
>
> Não obstante, empenhei-me em tentar uma educação científica dos sentidos, a fim de testar as eventuais diferenças de reações entre as crianças normais e as deficientes, e, sobretudo, para procurar uma correspondência, que se me afigurava interessante, entre as reações de crianças normais mais jovens e de crianças deficientes de idade maior.

Em decorrência de situação de vida bastante adversa vivida por essas crianças, das experiências vivenciadas e das conquistas alcançadas com o trabalho desenvolvido por Montessori foi que, a partir de janeiro de 1907, em uma iniciativa realizada pelo Instituto Romano de Beni Stabili, criou-se a primeira *Casa dei Bambini*. Tal experiência permitiu o florescimento de uma nova pedagogia, baseada no método experimental, que teve sua origem nos trabalhos e, sobretudo, na observação das crianças anormais.

A proliferação do trabalho foi ganhando vulto e divulgação, sendo que outras casas foram abertas no mesmo ano e nos anos seguintes. A proposta da pedagogia científica baseava-se na necessidade de ir além do diagnóstico dos problemas educacionais e prover uma nova escola. Segundo Montessori (1965), essa nova escola deveria desenvolver um olhar e procedimentos diferentes frente à situação educacional. "É necessário que a escola permita o livre desenvolvimento da atividade da criança para que a pedagogia científica nela possa surgir: essa é a reforma essencial" (p.16).

O ano de 1898 foi ainda marcado por mais uma ousadia para Montessori, além da formatura no curso de medicina. Nesse ano, ocorreu o nascimento de seu único filho, Mario Montessori, gerado de um relacionamento com o colega de trabalho na Escola Normal Ortofrênica, o também médico Montesano. Para se manter em sigilo o relacionamento, o nascimento da criança e o nome do pai, foi estabelecido um acordo entre Montesano e Montessori, cujas bases residiam na condição de ambos permanecerem solteiros. Condição bastante difícil de ser atendida, sobretudo pelos valores da época. Montesano, porém, não manteve o acordo e acabou casando-se com outra mulher.

Tal situação motivou a saída de Montessori da direção da escola que dirigia e em que ambos trabalhavam. O filho Mario foi, então, enviado para uma fazenda nos arredores de Roma, mantido no anonimato e visitado por Maria como se fosse sua tia. Mario Montessori só conheceu a verdadeira identidade de sua mãe aos 15 anos, quando com ela passou a viver, em decorrência dos problemas políticos enfrentados pela Itália fascista, os quais alteraram a vida e os planos de Maria Montessori.

Foi, portanto, apenas em 1934, em decorrência do exílio forçado por Mussolini, que Montessori assume e reconhece como seu filho Mario Montessori, agora com 15 anos, e o leva consigo para a Espanha. A família, agora constituída por mãe e filho, ficou sediada em Barcelona, onde as propostas montessorianas já eram bem difundidas e aceitas. O convívio entre mãe e filho fez com que Mario desenvolvesse um amor devotado e leal à sua mãe e uma cumplicidade ímpar ao seu ideário didático-pedagógico e político, que só fez crescer ao longo dos anos.

Em uma de suas inúmeras viagens de divulgação de seu método experimental, em Londres, Montessori conheceu Gandhi, que sugeriu a necessidade de educar todo um povo, sobretudo a "casta dos intocáveis", que era a classe mais pobre de seu país. Motivada pelo desafio, Montessori segue com seu filho para a Índia em 1939, tendo lá crescido muito, mas tendo também vivido muitos reveses. Em 1940, a Índia entrou na Segunda Grande Guerra contra Hitler, contra a influência nazista e fascista no mundo. Apesar de Montessori ser reconhecida e de ter um trabalho bastante valorizado na Índia, acabou ficando em uma situação pouco confortável por estar em um país em guerra com o seu país de origem.

Maria e Mario são mantidos reclusos, sem direito à liberdade, liberdade essa que se havia tornado bandeira de vida para ambos. Os ingleses, porém, reconhecendo o valor de Montessori e a sua idade já avançada, permitiram que ela continuasse seu trabalho mesmo fora do local de reclusão, mas não lhe permitiram a saída do país. No dia de seu aniversário, quando completou 70 anos, os ingleses a presentearam com a libertação de seu filho. A libertação de Mario fez-se nos mesmos moldes da oferecida à sua mãe, ou seja, uma liberdade tutelada.

O contato com os indianos, os princípios de sua filosofia religiosa e de vida foram incorporados à sua proposta: a introspecção, a educação cósmica, a educação para a paz, o silêncio, a normalização, o autocontrole e a condição de bastar-se. O reconhecimento de que cada ser humano tem um papel a desempenhar no cosmo e precisa buscar a sua harmonia com Deus para realizar-se. Pelo exemplo de vida e pela obra em favor da paz mundial, Maria Montessori foi indicada duas vezes ao Prêmio Nobel da Paz, em 1948 e 1949. Nesse período, já fazia parte dos grupos de trabalho mantidos pela Unesco.

Mesmo com idade já adiantada, aos 80 anos, a grande educadora que tanta preocupação, interesse demonstrou e devotou à criança, ainda reservou forças para ministrar seu último curso internacional que ocorreu em Londres, cujo tema foi: "Educação como um apoio ao desenvolvimento natural do psiquismo da criança do nascimento à universidade". Na Holanda, na cidade de Noordwyk, em 6 de maio de 1952, aos 82 anos, faleceu Maria Montessori. Porém, continuam ressoando ainda hoje, por todo o mundo, seus ideais e sua proposta pedagógica.

A PERSPECTIVA EDUCACIONAL DE MONTESSORI

A perspectiva educacional constituída por Montessori sustenta-se na pedagogia científica, fundamentada na educação sensorial e implementada sob os princípios do método experimental. A educação, a partir do final do século XIX, sofreu fortes modificações pelo desenvolvimento dos estudos científicos na área. Inegavelmente, parte da contribuição para tal feito deve-se à contribuição advinda dos estudos e práticas efetivados por Maria Montessori, bem como aos princípios e propostas elaboradas e implementadas por ela e seus seguidores. A criança, sua liberdade, sua autonomia e seu desenvolvimento são questões que se ampliam em suas preocupações e que se revestem de importância em suas lutas.

A perspectiva educacional aqui focada foi desenvolvida sob a grelha de uma pedagogia científica, fundamentada em diferentes ciências, que têm por foco a educação, a cultura, o organismo e a fisiologia do corpo humano como condição fundamental de prover o desenvolvimento do homem livre e autônomo, que busca alcançar a plenitude de sua vida ao viver. Segundo Montessori (1957, p.115):

> A criança de 3 a 4 anos deve sentir-se capaz de fazer muitas coisas sozinha: vestir-se, despir-se, sem precisar da ajuda do adulto. Saber executar por si mesma as ações práticas da vida sem que outro faça por ela, ou esteja à sua disposição. É então que a criança começa a se interessar por atividades intelectuais, e chega a escrever aos 4 anos e 6 meses. Isso é tanto mais interessante na medida em que a criança tem consciência e consegue verbalizar essa necessidade: "Ajude-me a fazer sozinho".

O ideal de escola nessa pedagogia reside em propiciar e garantir as manifestações espontâneas e da personalidade da criança, de permitir o aflorar do livre desenvolvimento da atividade no ser humano em sua infância. A nova escola montessoriana, portanto, é bastante díspar da proposta implementada na Itália durante o regime fascista. Os princípios de autonomia, liberdade e atividade não se coadunam com os ideais de controle e subordinação ao espírito nacionalista desenvolvido por Mussolini. Para Montessori (1957, p.105):

> A escola deve ser um lugar onde a instrução seja facilitada em todos sentidos, e o programa deve ser uma ajuda para orientar-se. O importante é que na instrução ocorra um progresso real sem que a personalidade sofra. E a experiência mostra não apenas que a criança não sofre no estudo, mas também que o exercício mental reforça sua inteligência.
>
> Porém, como as crianças não são todas iguais, e suas possibilidades de aprender variam, assim como suas aptidões individuais para as diversas matérias, o agrupamento por séries escolares e por disciplinas, como nos programas estabelecidos hoje, torna-se um obstáculo para o desenvolvimento individual. Um aluno deve seguir adiante sempre que tenha atingido o grau de maturidade necessário, e não é indispensável que todas as disciplinas colaterais procedam da mesma maneira, a não ser aquelas entre as quais exista uma verdadeira interdependência. Por esta razão, os programas têm uma importância orientadora.

Montessori propõe algo de novo para sua época, mas que se mantém inovador ainda hoje que constituiu o método ativo para a preparação racional dos indivíduos às sensações e percepções. É a educação baseada no desenvolvimento dos sentidos, que guarda importante valor pedagógico e científico, já que o desenvolvimento dos sentidos precede o das atividades superiores intelectuais, segundo seus créditos. Segundo Montessori (1965, p.176), "A educação dos sentidos afina a percepção das diferenças dos estímulos, por meio de exercícios repetitivos".

As classes montadas com base na proposta pedagógica montessoriana são identificadas pela convivência entre crianças de diferentes idades e pela possibilidade do trabalho individual garantido pela liberdade e autonomia de escolha entre materiais disponíveis em ambiente organizado para o prosseguimento da aprendizagem.

A primeira infância caracteriza-se por ser um período em que se deva auxiliar o desenvolvimento natural da criança, pois seu crescimento físico ocorre de maneira rápida e paralela com a formação das atividades psíquicas e sensoriais. A formação, sob essa perspectiva, pode permitir o desenvolvimento da atenção em decorrência da observação do ambiente, tão necessária para a formação de homens observadores, adequados à sua época e bem preparados para as atividades cotidianas de vida prática. Assim, a educação prática põe o homem em contato direto com o lado prático da vida, com o mundo exterior, permitindo que o mesmo seja apreendido Montessori, 1957, p.161-162):

> Eis o que devemos esperar das crianças normais: uma espontânea pesquisa do ambiente exterior, ou, como costumo exprimir-me, uma exploração voluntária do ambiente. As crianças encontram uma alegria a cada nova descoberta: desenvolve-se em seu íntimo um sentido de dignidade e de satisfação que as encoraja

> indefinidamente a procurar ao redor de si sensações novas, o que as torna espontaneamente observadoras. (...)
> (...) Não se formam observadores com dizer apenas: "observa", mas sim, dando o meio para observar; e este meio é a educação dos sentidos.

Além disso, para Montessori (1957, p.102), a educação sensorial deve ser entendida, ainda, como:

> (...) base para a educação estética e a educação moral. Multiplicando as sensações e desenvolvendo a capacidade de apreciar as mínimas quantidades diferenciais entre os vários estímulos, afina-se mais e mais a sensibilidade. A beleza reside na harmonia, não nos contrastes; e a harmonia é afinidade; e, para percebê-la, é necessária certa finura sensorial. As harmonias estéticas da natureza e da arte não são percebidas pelos homens de sentidos grosseiros. O mundo torna-se-lhes estreito e áspero. No ambiente em que vivemos existem fontes inexauríveis de fruição estética ante as quais os homens passam como insensatos ou como irracionais, procurando prazer nas sensações fortes porque só estas lhe são acessíveis. (...)
> Os sentidos são os órgãos de "apreensão" das imagens do mundo exterior, necessários ao entendimento, como a mão é o órgão de apreensão das coisas materiais necessárias ao corpo.

O método experimental prende-se à necessidade de observação da criança para bem poder entendê-la e ao seu desenvolvimento, respeitando suas necessidades e seus interesses, tal como a criança observa seu meio para nele poder inserir-se como um pequeno explorador de mistérios. Segundo Cambi (1999), a pedagogia experimental, que se dinamiza sob a perspectiva do método experimental, é constituída visando a "aspectos objetivos e mensuráveis da experiência educativa submetida a experimentação" (p.500) e assenta-se em uma base que busca a não elaboração de valores na implementação do processo de experimentação.

OS ATORES EDUCATIVOS E SEUS PAPÉIS

A criança, segundo Montessori, é o ser que reserva em si mesmo as melhores potencialidades, as quais precisam ser despertadas para melhor desenvolvimento da pessoa. Os ideais educacionais da pedagogia científica residem no crédito de que educar é permitir a livre expressão do ser, é liberar seu potencial para que ele se autodesenvolva.

O princípio básico que sustenta a educação e a cultura da pessoa humana baseia-se no estímulo de um ambiente adequado e motivador, que possa educar os sentidos, despertar a vida intelectual da criança e prepará-la para as atividades de vida prática, de vida cotidiana, oferecendo-lhe condições de bastar-se sem viver o isolamento. A criança, ser de infinitas potencialidades, como pai do adulto "(...) é um explorador ousado de um mundo em que tudo é novidade, e, como explorador, o que mais necessita é de um caminho: isto é, algo limitado e direto, que a conduza e a salve dos fatigantes desvios que a estorvam em seus avanços" (Montessori, 1965, p.107).

A criança é reconhecida por Montessori como um explorador, um pequeno cientista a observar e desvendar o mundo. Para tanto, precisa ter definida sua área de atuação, delimitadas suas possibilidades de escolha e permitida a liberdade de ação em um ambiente preparado com materiais preestabelecidos para que seus períodos sensíveis possam ser atendidos. Para ela (s/d, p.54):

> A criança realiza suas aquisições nos períodos sensíveis, que se poderiam comparar a um farol aceso que ilumina interiormente, ou a um campo elétrico que ocasiona fenômenos ativos. É essa sensibilidade que permite à criança relacionar-se com o mundo exterior de maneira excepcionalmente intensa. Cada esforço é acréscimo de poder. O torpor da indiferença, a fadiga, só ocorrem depois que a aquisição foi completada no período sensível.

Os períodos sensíveis foram estudados e descobertos em animais pelo cientista holandês De Vries. Montessori apropriou-se e ampliou a extensão desses estudos, reconhecendo a existência similar dos períodos sensíveis nas crianças, os quais poderiam ser explorados pelo processo educacional.

O entendimento dado a esses períodos é derivado de sensibilidades especiais que são passageiras, necessidades latentes, que são definidas em momentos específicos no processo evolutivo do ser humano e que precisam ser atendidas. Esses períodos caracterizam-se por um interesse específico externalizado pela criança, que se reveste de uma energia potencial que precisa ser liberada como condição de não permitir o desinteresse cognitivo no decurso de sua vida, que pode levá-la à atrofia intelectual.

Por meio da observação metódica do crescimento morfológico das crianças, Montessori pôde identificar esses períodos e estabelecer as necessidades e os interesses específicos, assim como a seqüência natural de dificuldades. Dessa forma, pôde identificar as melhores condições materiais e definir a melhor adequação para o ambiente educador. Acreditou que essa composição seria a maneira adequada para atender a criança ao longo de seu desenvolvimento evolutivo.

A observação da criança e a interação que estabelece com o meio, em seu processo de desvendá-lo, exige o desenvolvimento de uma parte fundamental do corpo, propiciado e exigido pela educação sensorial por meio das vias do método experimental, ou seja, o desenvolvimento das mãos, como explicita Montessori (s/d, p.98):

> A mão é um órgão de estrutura delicada e complexa que permite à inteligência não só manifestar-se, como também estabelecer relações especiais com o ambiente. Pode-se dizer que o homem "apodera-se do ambiente com a mão" e o transforma sob a orientação da inteligência, cumprindo, assim, sua missão no grande quadro do universo.

O livre desenvolvimento da atividade pelo método experimental exige, portanto, grande preocupação com a organização e o preparo do ambiente para que a criança possa desfrutar dos princípios da autonomia e da responsabilidade frente à sua escolha, descobrindo e entendendo o mundo ao seu redor e com ele aprendendo a se desenvolver. A proposta de normalização revela-se de fundamental importância para o refinamento das atividades sensório-motoras, que permitam o autocontrole, a segurança nas escolhas e na realização das atividades.

A normalização constitui-se no encontro da criança consigo mesma, na busca do silêncio interior que permite escutar-se e escutar até mesmo o barulho existente no silêncio. É o controle das sensações, da coordenação motora e o desenvolvimento da atenção, das percepções, da observação que permitem a realização exata de atividades com materiais educativos. Na situação de silêncio, a criança busca entender seu papel divino no cosmos, estabelecendo a harmonia perfeita com um projeto divino que a ela se impõe: o encontro com o significado de sua existência.

O conceito de normalização foi definido com muita clareza e objetividade por Machado (1983, p.60), expressando o ideal educacional da proposta elaborada por Maria Montessori, quando assim se registra:

> Normalização é o ajustamento integrativo do homem na ordem divina da natureza. Visa à unificação íntima do ser, mantendo-o no movimento de seu desenvolvimento para uma plenitude de vida física, psíquica, moral e da graça. E a pessoa foi criada com capacidade de dominar a si mesma e a natureza que a rodeia, em vista do bem, da justiça e do amor, atualizando e ordenando equilibradamente o seu trabalho.

O ambiente que se proponha a atingir a finalidade educativa, assim descrita, necessita estar devidamente preparado e elaborado com uma atmosfera ideal de trabalho bastante voltado à introspecção e às condições de realização autônoma e independente, com materiais interessantes e motivadores da atenção, do interesse e do movimento infantil de descortinamento do mundo cognitivo, seguindo suas tendências naturais. É a proposição clara de uma ambiente que tende a ser ativo, que está baseado na atividade da criança, e não em regências definidas ou ministradas pela professora. Pois, como considerava Montessori, o aprender infantil não pode ser guiado pela professora, mas sim pela natureza humana exteriorizada nos períodos sensíveis.

Nesse novo ambiente, a professora sai de sua cátedra, desce do tablado e oferece espaço para a criança definir seus próprios passos e suas escolhas a partir de seu interesse natural, de sua curiosidade. Professora e materiais compõem os elementos de partilha que coexistem no cenário de sala de aula para prover a educação da criança. A configuração desse ambiente, porém, é limitada aos materiais padronizados que são apresentados às crianças pela mestra/guia/diretora. Apenas após a apresentação realizada pela mestra é que os materiais poderão ser disponibilizados para uso pela criança.

Há que se destacar que o material empregado por Montessori não pode ser confundido como sendo um brinquedo ou um jogo que se oferece à criança. Na verdade, ela propôs que o material deveria ser utilizado de maneira educativa para que, assim, pudesse promover o desenvolvimento cognitivo, sensório-motor, entre outros. Antes disso, os jogos e os brinquedos eram considerados algo inferior na vida da criança, como sendo propositores de uma atividade ociosa, à qual se recorria na falta de algo melhor para se fazer. Eram atividades consideradas de pouco proveito para o desenvolvimento infantil.

A utilização da casa de bonecas e dos cantos utilizados por Montessori permitem a percepção de que, para além das atividades de vida prática, constata-se a existência de um determinado tipo de jogo em sua proposta, o jogo simbólico. Ele favorece à criança o autoconhecimento, o conhecimento da situação vivida, a elaboração da visão de mundo, a sensibilidade e a percepção no reconhecimento e na representação de papéis de seu cotidiano, elaborando-os e expressando-os pelas vias da representação.

Na pedagogia montessoriana, a mestra tem por elaboração maior a estruturação e o preparo do ambiente, a apresentação dos materiais e o dever de guiar o aluno para que não desperdice tempo e energia no que pode ser supérfluo à sua formação. Assim, o papel da mestra consiste em permitir a presença maior e de intensa atividade da criança em um ambiente educador. A preparação e organização do ambiente são de responsabilidade da professora; porém, seu procedimento deverá ser o de reserva, de discrição, atuando por meio de uma educação indireta (Fresco, 2003) e proporcionando à criança a exploração de seu potencial latente.

A definição dos papéis educativos vividos pela professora e pelos materiais na composição de um ambiente estruturado tem por finalidade o controle do erro infantil, o caminho na busca da independência e da autonomia da criança. O adulto, em sua função de educar no âmbito da proposta elaborada por Montessori, recebe a orientação de não influenciar a criança em seu processo de formação, procedendo de maneira sempre muito discreta, utilizando poucas palavras nas apresentações e orientações, mantendo-se reservado na condução e na orientação dos trabalhos.

A professora deverá aprender com a criança sobre a própria criança e sua natureza, por meio de uma observação atenta de seus períodos sensíveis, de seus interesses e necessidades latentes, permitindo-lhe o aflorar do potencial latente e da satisfação dos mesmos. Para a realização do papel profissional de educar, a professora deverá, em seu processo de formação e atuação, desenvolver o espírito do cientista, do observador da criança, do observador da humanidade.

O papel atribuído à professora na proposta montessoriana é bastante complexo e revela um nível de exigência e rigor bastante grande. O perfil permeia as considerações do que deveria ser o cientista e o místico. Os fragmentos destacados do livro *Pedagogia científica*, escrito pela própria Montessori (1965), identifica a assertiva expressa quando trata do papel do cientista e do educador (p.12-15):

> Cientista é aquele que, à luz da experiência, descobriu a via que conduz às verdades profundas da vida e que, de qualquer forma, desvela-lhe os segredos fascinantes; aquele que, sentindo nascer-lhe um amor profundo pelos mistérios da

natureza, chega a esquecer de si próprio. O cientista não é, pois, aquele que maneja os instrumentos, mas o que conhece a natureza. Este apaixonado apresenta, como o monge, os sinais exteriores da sua paixão. É um cientista aquele que, em seu gabinete de trabalho, vive alheio ao mundo exterior, negligenciando tudo o mais, indo às vezes ao excesso, como os que negligenciam a própria aparência, pois esquecem-se de si mesmos; é um cientista aquele que, à força de usar um microscópio, tornou-se cego; ou aquele que se inocula o bacilo da tuberculose, ou analisa os excrementos de um colérico, na ânsia de descobrir os veículos de transmissão das doenças; cientista é aquele que, embora sabendo que determinada preparação química pode ser explosiva, não hesita em tentar a sua síntese correndo o risco de cair fulminado.

Eis o espírito do homem de ciência, a quem a natureza, revelando-lhe os segredos, coroa com a glória da descoberta.

Procuremos, porém, infundir numa só alma o espírito de um áspero sacrifício do cientista e do inefável êxtase de uma alma mística – e teremos obtido o espírito do "educador".

Com efeito, ele aprenderá com a própria criança os meios e o caminho para a sua própria educação; isto é, aprenderá com a criança a aperfeiçoar-se como educador.

TECENDO ALGUMAS CONSIDERAÇÕES

É muito importante identificar a coerência entre a convicção vivida por Montessori e o estabelecimento dos mecanismos de busca para realizar seus propósitos, o que revela também congruência entre o seu modo de ser, seus fundamentos teóricos, metodológicos, seus ideais, valores e conceitos, entre outros fatores, e a prática profissional implementada, a prática didático-pedagógica.

É preciso reconhecer e defender a necessidade dessa busca, incluindo o lidar com todos os fatores que interferem nessa tomada de posição, como condição necessária para o estabelecimento de condições relativas à clareza e aos caminhos passíveis e possíveis de luta por uma causa educacional, como se constitui ainda hoje a educação infantil. A ousadia em se viver de maneira coerente o ser pessoa e o ser profissional é condição de veracidade e legitimidade naquilo que se faz, é sustentação necessária para se justificar condizentemente os próprios atos e propósitos. Essa busca pela congruência não consiste em atitude fácil ou pouco dolorosa, mas permite que se vislumbre o viver no sentido mais íntegro e digno do ser pessoa expresso na condição de vida profissional.

O conhecimento pessoal ou o autoconhecimento deve-se constituir em parte integrante da base de conhecimentos e saberes a serem desenvolvidos pelos diferentes programas, níveis e modalidades de formação de professores, sobretudo pelas marcas que esses profissionais deixam, com a sua forma de ser, em seus educandos. A história registrada permite identificar que Maria Montessori viveu intensamente a congruência destacada, o que muito fortaleceu a sua obra, mas também a fez sofrer muitas privações e vieses por esse mesmo motivo.

Enveredando na análise da proposta pedagógica montessoriana, por mais orgânica e bem fundamentada que possa ser ou parecer, nela se revelam alguns pontos de possíveis fragilidades a serem considerados. Pode ser destacado, como exemplo, a crítica bastante forte à proposta referente à rigidez de escolha e à utilização do material pela criança. Não se vislumbra a possibilidade de inserção de outros materiais na prática pedagógica a não ser os criados, aproveitados e apresentados pela autora da pedagogia em questão.

O material montessoriano, que mantém uma dinâmica de utilização bastante rígida, acabou sendo criticado pelo seu alto custo e pela tendência a ser utilizado apenas em escolas para a elite. As irmãs Carolina e Rosa Agassi, por exemplo, fizeram críticas à proposta pedagógica montessoriana, ao alto custo do material, ao rigor imposto em seu uso, além das questões referentes à maneira como as relações interpessoais eram estabelecidas e projetadas em sala de aula.

Segundo Cambi (1999), as irmãs Agassi desenvolveram em sua proposta critérios mais empíricos e relações mais afetivas entre os atores educativos que compunham a prática didática. Propuseram a utilização de materiais que objetivavam mais o exercício da observação e da expressão. Isso era feito por meio da utilização de materiais ocasionais, o que seria hoje mais próximo da sucata utilizada em nossas instituições. Assim, o desenvolvimento infantil proposto por elas passava, por uma via metodológica considerada mais artesanal do que a instituída por Maria Montessori, além de promover, por meio de sua proposta, relações interpessoais mais afetivas, com menor apelo à individualização, demonstrando maior preocupação com a socialização infantil.

Questão também interessante de ser revelada refere-se às condições de livre escolha. A livre escola de atividades e materiais a serem trabalhados constitui fato real na proposta montessoriana, mas esse procedimento só poderá ser efetivado dentro de uma limitação de materiais disponibilizados ao uso infantil. Isso sugere que, mesmo tendo sido esses materiais desenvolvidos através da observação atenta e cuidadosa sobre as crianças e seus períodos sensíveis, eles não representam, necessariamente, o interesse e a escolha natural da criança naquele momento, mas sim o que se disponibiliza a ela.

A cristalização em termos do material utilizado e a maneira de utilizá-los pode ser elemento revelador de uma ausência de preocupação e reconhecimento de que o movimento histórico, a evolução, a ciência, as novas tecnologias podem motivar e influenciar de forma diferente e contundente a infância. A divulgação da proposta por todo o mundo exige a fidelidade ao que originalmente foi apresentado, o que sugere a não consideração das questões e dos fatores gestados em determinados momentos históricos, que colocam elementos bastante díspares e motivadores de novos interesses e necessidades para a infância ou para a criança considerada na sua singularidade.

A liberdade em escolher sua própria atividade pode ser considerada como a escolha a ser realizada em ambiente previamente preparado para prover condições positivas de aprendizagem infantil a partir, sobretudo, do incentivo ao desenvolvimento da sensibilidade sensório-motora existente no contexto de vida prática e da quadriga triunfante (desenho, leitura, escrita e aritmética). Portanto, há um limite de materiais a ser disponibilizado para uso das crianças, o que significa reafirmar que seus interesses serão norteados pela motivação favorecida pelo ambiente e que seu uso autocorretivo não promoverá condições para que a criança possa explorar as possibilidades de um material, de um objeto constante nele constante, a não ser por meio da resposta que o mesmo lhe oferecerá.

Metodologicamente, pode-se constatar a falta de reconhecimento e de investimento, bem como o controle excessivo em relação à livre expressão da criança em suas possibilidades diversas com as diferentes linguagens que povoam o potencial infantil. São bastante reduzidas as oportunidades de criação, de expressão, de exploração possíveis de serem experienciadas pelas vias da utilização do material disponibilizado.

Franco Cambi (1999), ao apresentar e criticar o Dalton Plan elaborado por Heleb Parkhust (1887-1973), inspirado na proposta pedagógica montessoriana, identifica-o como sendo uma "atomização da vida escolar", pela falta de objetivos comuns entre os atores educativos que compõem a prática didática, ou seja, a professora e os seus alunos. Cada indivíduo segue os próprios interesses e desenvolve a própria rotina de trabalho independe dos demais. Esses interesses são direcionados pelo autocontrole para realizar individualmente suas atividades (que são autocorrigidas pelo material utilizado), em uma constante busca pelo bastar-se.

O processo de socialização pode ser comprometido pela excessiva tentativa de individualização do ensino por meio das atividades realizadas a partir da livre escolha dos materiais disponibilizados para uso da criança no ambiente institucional. O trabalho individual visa a desenvolver regras de respeito da criança pelo ambiente, pelo material a ser utilizado por todos, o que faz reconhecer um compromisso com o que é de uso público, mas não há nessa proposta uma sensibilidade consistente em relação a um trabalho realizado nos moldes de um fazer que espelhe cooperação ou espírito coletivo.

Desse modo, a proposta caracteriza-se pelo uso de material rígido, pela possibilidade de criação e expressão comprometida, pelo ensino individual e dirigido que pode comprometer a socialização e a vida em coletividade, mesmo que esse ensino seja direcionado pela própria criança, porque ele sempre ocorrerá no cenário didático-pedagógico constituído pela docente. Não se pode negar, porém, que todo e qualquer trabalho acadêmico pode ser analisado e criticado em suas peculiaridades, contradições e ganhos. Mesmo que críticas possam ser realizadas à proposta montessoriana, é inegável a riqueza da contribuição educacional dela advinda. Registra-se, por exemplo, a observação sobre a criança para que se possa conhecer mais sobre a natureza infantil e o próprio ser criança em sua singularidade.

A criança é considerada por Montessori como sendo o pai do adulto, o criador da nova humanidade, a que deve ser observada e com quem se pode aprender sobre a essência do homem, sua relação e seu papel no mundo em que vive. Nesse sentido, Maria Montessori (1965, p.64) relaciona elementos a serem considerados para que uma nova educação possa ser pensada para nossas crianças, para nossos educandos, uma nova forma de se pensar na conquista da humanidade do ser humano no seu período de vida em viver a infância:

> É aqui que a educação pode desenvolver sua eficiência.
>
> Mantemos os escolares constrangidos por aqueles instrumentos que degradam o corpo e o espírito: a carteira escolar, a recompensa e a punição exteriores, a fim de reduzi-los aonde? Infelizmente, para conduzi-los sem objetivo.
>
> Pensa-se em impingir, mecanicamente, o conteúdo dos programas em seu espírito: programas compilados pelos ministérios e impostos por leis. Verdadeiramente, hoje se impõe, como necessidade urgente, a renovação dos métodos de educação e de instrução; quem luta por isso, luta pela regeneração humana.

NOTA

1. A Itália era um território dividido em sete Estados absolutistas dominados pelos austríacos, pelos franceses e pelo Papa. A Unificação Italiana foi o processo de união dos Estados absolutistas localizados na Península Itálica em uma única nação: a alta burguesia italiana, representada pelo norte, efetivou o movimento chamado Rissorgimento, objetiva estruturar uma monarquia liberal que buscasse o progresso e a possibilidade de concorrer com o mercado externo; já a média burguesia e o proletariado reivindicavam a formação de um Estado republicano. Esse processo de unificação foi concluído com a conquista de Roma, capital do Estado pontifício, em 1870. Todavia, as relações entre papado e Estado foram regularizadas somente em 1929 pelo Tratado de Latrão, assinado pelo Duce e pelo Papa Pio XI. Os Estados de Trento e Triste (domínio austríaco) foram incorporados após a Primeira Guerra Mundial.

REFERÊNCIAS

ANGOTTI, M. *O trabalho docente na pré-escola:* revisitando teorias, descortinando práticas. São Paulo: Pioneira, 1994.

CAMBI, F. *História da pedagogia.* São Paulo: UNESP, 1999.

FRESCO, G.H. Il "mondo" Montessori. *Revista Bambini, Dossier: La scuola dell'infanzia in Itália: esperienze differenti,* 2003.

KONDER, L. *Introdução ao fascismo.* Rio de Janeiro: Edições Graal, 1997.

LOURENÇO FILHO, M.B. *Introdução ao estudo da escola nova.* 10. ed. São Paulo: Melhoramentos, 1969.

MACHADO, I.L. *Educação Montessori*: de um homem novo para um mundo novo. São Paulo: Biblioteca Pioneira de Ciências Sociais, 1983.

MIALARET, G. *A Educação pré-escolar no mundo.* Lisboa: Moraes, 1976.

MONTESSORI, M. *A criança.* Rio de Janeiro: Nórdica, s/d.

_______. *Ideas generales sobre mi método.* 2. ed. Buenos Aires: Losada, 1957.

_______. *Mente absorvente.* Rio de Janeiro: Portugália, 1968.

_______. *Pedagogia científica:* a descoberta da criança. São Paulo: Flambloyant, 1965.

_______. *Uma história no tempo e no espaço.* Obrape, s/d.

SITES CONSULTADOS:

http://www.montessoriprosaber.com.br/escola/montessori/biografia.htm / *18/11/2003 NÃO ESTÁ DISPONÍVEL*

Disponível em: http://www.montessori.it/mariamontessori/ – *Opera Nazionale Montessori: Maria Montessori*. Acesso em: 18 nov. 2003.

http://www.montessori_namta.org/generalinfo/biog.html-6k. / *18/11/2003 NÃO ESTÁ DISPONÍVEL*

Disponível em: http://www.montessori.edu/maria.html. Acesso em: 18 nov. 2003.

FLAHERTY, T. Maria Montessori. Disponível em: http://www.webster.edu/~woolflm/montessori.html. Acesso em: 18 nov. 2003.

http://www.montessori-ami.org/4people/4bmaria.htm-10k / por Marilena Henny-Montessori (filha de Mario Montessori e neta de Maria Montessori); Associação Montessori Internacional- AMI. / 18/11/2003 *NÃO ESTÁ DISPONÍVEL*

5

Maria Montessori: infância, educação e paz

Joaquim Machado de Araújo
Alberto Filipe Araújo

Maria Montessori[1] interessou-se pela pedagogia não em virtude de uma eventual vocação juvenil para o ensino, a carreira que então se abria às mulheres, mas pelo contato com crianças com deficiência mental na clínica psiquiátrica da universidade de Roma, logo após ter se tornado a primeira mulher médica da Itália em 1896. Representou, assim, o seu país nos congressos feministas de Berlim (1896) e Londres (1900).

Como assistente na clínica psiquiátrica, competia-lhe visitar os asilos de loucos da cidade e selecionar os doentes para a clínica, entre os quais estavam as crianças com deficiência mental. Montessori percebe a necessidade de desabrochamento das suas qualidades e da sua integração social, de forma a encontrarem a dignidade de ser humano. Essa percepção leva-a a defender em 1898, no Congresso Pedagógico de Turim, que "as crianças deficientes não são delinqüentes, têm direito aos benefícios da instrução tanto ou mais que as crianças normais", justificando o seu plano para a educação de crianças deficientes, que incluía a criação de escolas oficiais.

Entre 1899 e 1901, em Roma, foi diretora da primeira escola ortofrênica, onde recebe as crianças que os professores das escolas ordinárias da cidade consideram não-educáveis devido a sua deficiência mental e, mais tarde, as crianças deficientes dos asilos de loucos. Mais tarde, veio a afirmar: "Estes dois anos de prática foram o meu único e verdadeiro diploma em pedagogia" (1932, t.1, p.14). Com efeito, ajudada pelos colegas, ela forma um grupo de professores "nos métodos especiais de observação e de educação das crianças inábeis" (*minus habentes*), desloca-se a Londres e a Paris para estudar os métodos lá usados[2] e, na volta, consagra-se ao ensino das crianças e com elas passa a jornada completa (das 8 às 19 horas), deixando a noite para reflexão, comparação, análise, correção e preparação do trabalho do dia seguinte.

São os resultados obtidos nas suas experiências com crianças "deficientes" que – na linha de Séguin e analogamente ao que Decroly fazia na mesma época na

Bélgica – a convencem de que os mesmos métodos, se "aplicados às crianças normais, desenvolveriam a sua personalidade de uma maneira maravilhosa e surpreendente" (1932, t.1, p.15).[3] Apesar de essa idéia datar de 1901, a sua concretização precisou esperar até que Montessori torne-se estudante de filosofia para seguir o curso de psicologia experimental, faça pesquisas de antropologia pedagógica nas escolas elementares, estude os métodos e as organizações em uso para a educação das crianças normais, descubra o mundo interior da criança,[4] em que "se elabora a criação do homem" (1936, p.16), e faça do seu método uma conseqüência dessa descoberta:

> Seria erro inadmissível crer que a eventual observação das crianças houvesse engendrado a atrevida idéia de supor existir na criança uma natureza oculta e que de tal intuição se houvesse concebido o conceito de uma escola especial e de um novo método de educação. Não é possível observar mais do que já se conhece, e, por conseguinte, torna-se impossível atribuir à criança, por vaga intuição, duas naturezas [a normal e a desviada] e demonstrar isso experimentalmente. O desconhecido tem de se revelar, se assim se pode dizer, pela sua própria energia (1936, p.157).

A oportunidade de trabalhar com crianças normais surge-lhe quando da criação de uma instituição para reunir e assegurar a guarda das crianças pequenas do bairro operário de San Lorenzo, em Roma (1907-1908). Nesta *Casa dei Bambini*, ocupa-se de todo o tipo de crianças e desenvolve o que se chamaria o *método Montessori de ensino*, baseando as suas teorias na observação do que as crianças fazem por si, sem a direção de adultos. Essa observação alicerça-lhe a idéia de que as crianças são mestres de si próprias e, para aprender, precisam de liberdade e multiplicidade de opções entre as quais escolher.

O êxito dessa *Casa dei Bambini* leva à abertura de uma segunda em um outro bairro operário, atrai as visitas não apenas de educadores, mas também de reis e embaixadores, inspira a primeira escola montessoriana em Londres por parte de M. Bertram Hawker (que a instala na sua própria casa) e torna célebre Maria Montessori. Ela publica a sua primeira obra importante, o livro no qual relata os resultados das suas experiências, intitulado *Il Metodo della pedagogia scientifica applicato all'educazione infantile nelle Case dei Bambini*.[5] Esse livro obtém sucesso imediato e passa a ser publicado em numerosas edições e em mais de 20 idiomas, durante os 30 anos seguintes.

A sua fama corre mundo, as suas idéias ganham raízes, arquitetos procuram-na para que os ajude a edificar *Case dei Bambini* onde tudo seja adaptado às necessidades físicas e mentais das crianças. Na Itália, os filantrópicos liberais fundaram uma sociedade, primeiro com o nome de *Amici del metodo*, mais tarde como *Opera Montessori*, para promover o seu método nas escolas. Por toda a Europa e Grã-Bretanha, aparecem fundações e sociedades montessorianas que se estendem à América. O "método" Montessori é adotado nas escolas primárias da Itália em 1911 (à semelhança do que acontecera com o de Decroly em algumas escolas da Bélgica) e em poucos anos multiplicam-se as escolas montessorianas na Europa, na América e até no Oriente.

O legado pedagógico de Montessori é extenso. Apresentamos aqui as linhas mestras da "pedagogia científica" de Montessori, com as suas vertentes de conhecimento e de (auto)educação da criança, explicitamos os princípios que a sustenta e seguimos a contraposição que essa pedagoga estabelece entre o mundo do adulto e o mundo da criança para realçar a idéia de infância que atravessa os seus escritos.

A PEDAGOGIA CIENTÍFICA

Em 1912, Maria Montessori reagrupa na sua *Pedagogia científica* as observações essenciais saídas dos seus trabalhos que dão corpo ao "método Montessori". Aliás, a cientificidade da sua pedagogia está mais no caminho e no método que inicia do que no mais ou menos rigoroso conteúdo científico dos seus estudos. A cientificidade da pedagogia reside em induzir a partir da observação e da experimentação, do ambiente cuidado e dos estímulos selecionados, mas livremente escolhidos. A pedagogia científica consiste, assim, em fazer uma "experimentação pedagógica com um material de ensino e esperar a reação espontânea da criança". E nessa experimentação e espera reside a formação do educador: ele "aprenderá [...] da própria criança, como e em que sentido deverá fazer a sua própria educação, isto é, aprenderá da criança a aperfeiçoar-se como educador" (1932, t.1, p.7).

Montessori afirma a existência de uma vida psíquica na criança, qual "embrião espiritual" em desenvolvimento, e denuncia que "o adulto pode inconscientemente impedir os seus desígnios" (1936, p.153). Por isso, "o mais urgente dever da educação" vem a ser "libertar" o "indivíduo oculto", a "criança desconhecida", "revelar o segredo da criança", criar condições de possibilidade ao desabrochamento da "personalidade da criança", ela mesma "um ser vivo seqüestrado", porque "libertar é conhecer: sim, descobrir o conhecido" (1936, p.154)

Querendo fazer da psicologia uma ciência, Montessori chega à pedagogia. Contudo, o seu ponto de partida não são as idéias dogmáticas da psicologia da infância, mas antes "um método que nos faça chegar à liberdade da criança, para tirar, da observação das suas manifestações espontâneas, a verdadeira psicologia da infância" (1932, t.1, p.12). O método Montessori vem a ser o método da pedagogia experimental desenvolvida, durante dois anos, nas *Case dei Bambini.*

O pensamento educacional de Montessori incide, por um lado, no conhecimento da criança e, por outro, na sua educação: "Neste princípio reside a educação nova: chegar primeiramente à descoberta da criança e realizar a sua libertação. Nisto consiste, pode dizer-se o problema da existência: existir primeiramente. Depois surge o outro capítulo, tão amplo como a evolução para o estado de adulto, e que consta do problema dos auxílios que se devem prestar à criança" (1936, p.155).

O conhecimento da criança

A formação biologista de Montessori permite-lhe ver que a criança é diferente do adulto e que a diferença fundamental consiste no fato de que ela está sempre em crescimento e em metamorfose, enquanto o adulto atingiu o estágio normal da espécie. Na verdade, a médica e pedagoga italiana associa o desenvolvimento intelectual ao de uma borboleta[6] (1932, t.1, p.8) e concebe as fases do desenvolvimento mental do ser humano como uma seqüência de nascimentos sucessivos. Utiliza os conceitos de mutação e de metamorfose: o primeiro para indicar repentinos acessos de crescimento físico ou mental e o segundo para descrever as mudanças profundas que dele resultam, tal como a puberdade.

A própria concepção de liberdade na educação é biológica, motivo pelo qual deve ser entendida como "uma condição apta ao mais favorável *desenvolvimento* da personalidade, seja do lado fisiológico, seja do lado psíquico" e, por isso, inclui o livre desenvolvimento da consciência. Segundo Montessori (1932, t.1, p.38):

> Como se fosse possuído por um culto profundo da vida, o educador deve respeitar, observando-o com um interesse humano, o desenvolvimento da vida infantil. Ora, a vida infantil não é uma abstração; é a vida de cada criança. Não há senão uma manifestação biológica: o indivíduo vivente; e, a cada indivíduo observado em particular, deve dirigir-se a educação, isto é a ajuda ativa à expansão normal da vida. A criança é um corpo que cresce e uma alma que se desenvolve; a dupla forma fisiológica e psíquica tem uma fonte eterna: a vida; nós não devemos quebrar nem apagar as suas misteriosas energias, mas devemos, pelo contrário, esperar-lhe as manifestações sucessivas.

Montessori coloca o conhecimento da biologia a serviço da educação das crianças (Paew, 1935, p.25). Rejeita, assim, provocar e favorecer o desenvolvimento da criança mostrando-lhe como deve fazer e forçando-a se necessário. Ela prefere deixar que a vida psíquica da criança expanda-se livremente, que se interesse e manifeste as suas preferências como quer fazê-lo, alimentá-la e estimulá-la mediante brinquedos apropriados, afastando os perigos, e calmamente esperar que ela se desenvolva segundo as suas possibilidades. Entre as idéias que fundamentam o seu método pedagógico destacam-se, como referimos, as etapas do desenvolvimento pelas quais passa o ser humano desde o nascimento até os 18 anos: pequena infância (dos 0 aos 6 anos), grande infância (dos 6 aos 12 anos) e adolescência (dos 12 aos 18 anos).[7]

A *pequena infância* (dos 0 aos 6 anos) – período do espírito absorvente – é um período de transformação em que se constrói o indivíduo, o ser social, em que o adulto não pode agir diretamente e a criança precisa de uma liberdade que lhe permita ter iniciativas, sem que aquele intervenha. A mente absorvente é aquela que "tudo recebe, que não julga, não repele, não reage. Absorve tudo e tudo encarna no homem. [...] A criança cria a própria 'carne mental', usando as coisas que estão no seu ambiente" (1971, p.340).

A etapa da pequena infância divide-se em duas fases: a do espírito absorvente inconsciente (dos 0 aos 3 anos) e a do espírito absorvente consciente (dos 3 aos 6 anos). Na primeira fase, forma-se a inteligência e outras faculdades psíquicas; o intelecto tem como tarefa "receber" do mundo: alimenta-se inconscientemente (como uma esponja) do seu meio envolvente e acumula materiais que depois lhe servirão para construir a sua vida consciente. Na segunda fase, a criança começa a andar, torna-se consciente e as faculdades desenvolvem-se: todas as coisas armazenadas inconscientemente vêm à superfície graças ao trabalho das mãos da criança – as mãos vêm a ser instrumento do cérebro –, a memória está lá para recebê-las e a vontade para ajudar na sua construção.[8] Montessori identifica nessa etapa seis períodos sensíveis de desenvolvimento – sensibilidade à ordem, à linguagem, ao caminhar, aos aspectos sociais da vida, aos pequenos objetos e a aprender através dos sentidos – e concebe-os como uma predisposição a desenvolver novos conhecimentos e habilidades através dos sentidos. São essas idéias que dão suporte ao método Montessori.

A *grande infância* (dos 6 aos 12 anos) – período do crescimento uniforme – é um tempo de grande estabilidade, em que as características psicológicas permanecem as mesmas, o corpo e o espírito cultivam as suas forças. A criança é capaz de um intenso trabalho intelectual e aprovisiona conhecimentos variados. Socialmente, esse período é marcado pela aparição de um instinto gregário – tudo se faz em grupo – que é importante conhecer e utilizar para ajudar o desenvolvimento social e moral da criança. Reforça-se a faculdade de raciocínio, que, no plano moral, revela-se na tendência para verificar o fundamento de toda ação: é verdadeiro ou falso?

A *adolescência* (dos 12 aos 18 anos) é um período de transformação em que a criança tende não à extroversão do período anterior, mas à introversão, e nasce o indivíduo socialmente consciente. Abre-se um novo "período sensitivo" (Montessori fala nesse período de "recém-nascido"): a sensibilidade aos fatos e às experiências relativas à vida social. Essa etapa divide-se em duas fases: a da puberdade (dos 12 aos 15 anos) e a da adolescência (dos 15 aos 18 anos).

Um dos aspectos mais marcantes da pedagogia montessoriana é o estudo dos "períodos sensitivos" como diretrizes para a formação do homem (1936, p.260). Ela distingue no desenvolvimento da criança períodos sensitivos[9] (1936, p.62-78), durante os quais o indivíduo experimenta sensibilidades interiores que o guiam na escolha das situações favoráveis ao desenvolvimento em uma ambiência multiforme: "A inteligência do homem não sai do nada: edifica-se sobre fundamentos elaborados durante os seus períodos sensitivos" (1936, p.88). Em cada período sensitivo, aparece uma nova função – linguagem, ordem, refinamento dos sentidos (cor, som, forma, textura), boas maneiras – que evolui sempre no sentido da superação de uma situação inicialmente confusa em direção à construção de uma situação nova, simples e clara.

O período sensível de um ser humano não é um simples instinto; a sua "essência" é uma "amor intelectual ardente", um "drama de amor entre a criança e o seu meio", "um fato psíquico que sustenta uma imensa atividade mental". Se a educação acompanha os períodos sensíveis, se ela se faz em função deles, as crianças trabalham com um interesse sustentado e não se cansam: tudo é fácil, tudo é interessante, tudo é vida, pois cada esforço traz um acréscimo de potência. Os períodos sensíveis são, por natureza, fenômenos transitórios, sendo necessário reconhecê-los para utilizá-los ao máximo. Para Montessori (1936, p.73-74):

> Se nada auxilia a criança, se o ambiente não foi preparado para a receber, será um ser em contínuo perigo, do ponto de vista da sua vida psíquica. A criança está no mundo como um exposto, quer dizer como um abandonado; está sujeita a encontros obstrutores, a lutas pela existência psíquica, inconscientes, mas todavia reais, de conseqüências fatais para a construção definitiva do indivíduo.
>
> O adulto não o ajuda porque nem sequer sabe que no pequenino ser existe este esforço, e por isso não se apercebe do milagre que se está realizando: o milagre da criação a partir do nada, efetuado aparentemente em um ser sem vida psíquica.

Não é que a criança não evolua se não forem explorados em seu proveito os vários períodos sensíveis, mas, nesse caso, a sua evolução não é potencializada e é inútil querer apanhar de novo um período sensível deixado escapar. Assim, fora do respectivo período sensível, o crescimento e alguma qualidade realizam-se com menos facilidade e exigem maiores esforços, porquanto, durante cada um desses períodos, a criança mostra um interesse bastante exclusivo por domínios especiais e, como se sabe, o interesse gera a atenção, a qual constitui a condição primordial de uma observação rigorosa (Paew, 1935, p.25). É, pois, necessário que o adulto "siga a criança nos primeiros desenvolvimentos e a ajude. Não tem de a ajudar a construir-se, porque este trabalho incumbe a natureza; tem de respeitar com delicadeza as suas manifestações, facilitando-lhe os meios necessários para a construção que ela podia obter por seus próprios meios" (1936, p.74).

Outra idéia que fundamenta o método Montessori é a de que a *mão* é o instrumento da inteligência humana (1971, p.39). Na senda do sensualismo filosófico que defende que "nada existe na inteligência que não tenha sido colhido pelos sentidos", Montessori afirma que, como a idéia procede da sensação, a inteligência procede da atividade manual. Daí a importância que ela atribui, por um lado, à atividade motora da criança (1936, p.143) e, por outro, ao material posto à disposição da criança a ser educada. Mas, ao mesmo tempo, faz-se eco de Aristóteles, quando observa que "o que existe no intelecto existe de maneira diferente que nos sentidos", e rejeita a idéia de que a criança é "tábula rasa", passiva, desprovida de orientações interiores (1971, p.16-24; 1996, p.61), à mercê do ambiente, como afirma o postulado de que "a criança não só é passiva do ponto de vista psíquico, mas [...] uma espécie de recipiente vazio, que se tem de modelar e encher" (1936, p.94-95).

Assim, a pedagogia montessoriana, por um lado, confere grande importância ao ambiente, tanto é que o torna "fulcro central de toda a construção pedagógica", e, por outro, afirma a existência da "sensibilidade interior da criança": "A criança é um observador que regista ativamente as imagens, por intermédio dos sentidos, o que é diferente de recebê-las como se fosse um espelho. Quem observa fá-lo graças a um impulso interno, a um sentimento especial, e, por conseguinte, escolhe as imagens" (1936, p.95). Com Alessandra Avanzini (2004, p.144), podemos, então, afirmar que a mão tem um papel determinante no percurso educativo da criança: é a mão que toca e manuseia os objetos, mas igualmente a mão que é guiada pelo cérebro, "o movimento da mão a serviço da inteligência para a execução dos trabalhos": "A mão constitui o órgão, elegante e de complicadíssima estrutura, que permite não somente as manifestações da inteligência, mas também estabelecer relações especiais com o ambiente: o homem, pode dizer-se, 'toma posse do ambiente com as mãos', transformando-o sob o guia da inteligência" (1936, p.120). Conclui, pois, Avanzini (2004, p.144):

> O espírito preexiste a qualquer movimento. Os sentidos são fundamentais, porque sem a capacidade de sentir o homem não pode conhecer, não obstante o modo com que o homem usa os sentidos e organiza a realidade é sempre um ato acima de tudo teórico. O conhecimento, portanto, em Montessori é sempre fruto de uma abstração. O seu ativismo, afinal de contas, é o ativismo de um sujeito que decidiu tomar posse do mundo, dando-lhe vida por meio da consciência e assegurar, na primeira pessoa, um uso abstrato da realidade.

A educação da criança

A criança deve beneficiar-se de uma educação que vise ao desenvolvimento da personalidade humana e das suas potencialidades: "Descobrimos que a educação não é aquilo que o professor dá, mas é um processo natural que se desenvolve espontaneamente no indivíduo humano; que não se adquire ouvindo palavras, mas em virtude de experiências efetuadas no ambiente. A atribuição do professor não é a de falar, mas preparar e dispor uma série de motivos de atividade cultural em um ambiente expressamente preparado" (1971, p.15). Nessa concepção de *autoeducazione* da criança, ao educador compete "ajudar a vida" que começa com o recém-nascido e termina no adulto. Com efeito, educar é ajudar a vida da criança, facilitar-lhe a expressão do potencial de que é portadora. A construção de si pela criança é a descoberta em si desta potencialidade.

A lei dos períodos sensíveis permite compreender que a dificuldade de aprender não é uma questão de idade, mas que é o potencial do indivíduo que define a dificuldade de um estudo. A observação das crianças leva Montessori à descoberta de que a melhor idade para aprender a escrever situa-se entre os 3 anos e 6 meses e os 4 anos e 6 meses e que, no fim desse período, a criança não parece interessar-se, concluindo daí que afirmar que as crianças só devem aprender por volta dos 6 aos 7 anos é ignorar o aspecto sensorial da linguagem: sentir o contorno da forma das letras em relevo (com os "dedos a escrever") e fazer corresponder cada forma a um som. O período dos 7 aos 9 anos é já um período sensível à gramática; trata-se do segundo período sensível à linguagem, um período mais intelectual, em que a construção da linguagem fascina a criança e em que ela fixa a sua atenção na relação das palavras entre si. Na escola montessoriana, utilizam-se nesse período "jogos educativos" relativos à classificação das palavras pelo sufixo, pelo prefixo, pelo singular, pelo plural, pelo gênero, etc.; à classificação das palavras segundo a sua relação ou a sua função, e à análise da frase.

Segundo Montessori, são três as "circunstâncias favoráveis", os "pontos exteriores essenciais" à educação da criança: ambiente adequado, mestre humilde e material científico (1936, p.196).

Ambiente adequado

O primeiro fator da educação é "o ambiente agradável e tranqüilo" que se faculta à criança, "sem restrições" (1936, p.195), e dele faz também parte o adulto.[10] O ambiente "facilita a expansão do ser em desenvolvimento, reduzindo os obstáculos ao mínimo possível. O ambiente recolhe as energias, porque oferece os meios necessários para o desenvolvimento da atividade delas derivada" (1936, p.155). Começa pelo "terreno cultivável, bastante vasto, ao ar livre, contíguo à escola", de preferência "em comunicação direta com a escola [...] de maneira que a criança fosse livre e de entrar à vontade" (1932, t.1, p.27).

A principal modificação ambiental dá-se no mobiliário escolar, que suprime os bancos[11] e adota uma configuração de lar doméstico, de "casa" à medida da criança: pequenas cadeiras, pequenas mesas (umas quadradas e individuais e outras de formas e dimensões diferentes, com toalha, jarra de flores e arranjo floral), algumas pequenas poltronas,[12] um lavabo muito baixo (com as prateleiras laterais, brancas e laváveis, para colocar o sabão e com as pequenas escovas e as toalhas), armários baixos e compridos com várias portas (de fechadura e chave acessível para abrir, fechar e colocar objetos) e cobertos com toalhas, pequena bacia com peixes vivos, pequenas lousas nas paredes em volta e em baixo (entre elas, caixas com giz e apagadores) sobre as quais são alinhados quadros (de crianças, cenas familiares e campestres, animais domésticos). Com uma casa à sua medida, a criança pode *escolher* a posição que lhe agrada (em vez de se *sentar no seu lugar*), com algum movimento menos gracioso das cadeiras e mesas experienciará a sua incapacidade e virá a *saber mover-se* com graça e discernimento, o que não aconteceria através da imobilidade e do silêncio (1932, t.1, p.29).

A classe vem a ser um "meio ambiente preparado" no qual tem lugar o estudo positivo. As suas atividades devem levar sempre à realização do potencial da criança. Quando fracassamos em aprender, chega o castigo natural que Montessori define, em *A descoberta da criança*, como a perda da "consciência do nosso próprio poder e grandeza que constitui a qualidade da humanidade" (apud Bowen, 1992, p.502).

O professor deve procurar compreender as complexidades do crescimento da criança até a idade adulta, instável, mas dinâmica. A impaciente urgência da criança de crescer quer dizer que possui já o empurrão para conhecer, comparar, classificar, julgar, o impulso de uma curiosidade sem fim e a busca da independência.

A tarefa pedagógica é a de estruturar a classe como um meio ambiente preparado no qual ordenar e dar um significado às experiências e às impressões existentes na criança. O plano de estudos deve antecipar sempre os impulsos inatos da criança, deve ser desenvolvido por antecipação como uma série de tarefas evolutivas que capacitam a criança quanto antes para o crescimento necessário.

É pelo fato de o crescimento social ocorrer quando as crianças interagem no meio ambiente preparado na classe que Montessori defende as classes com crianças de diferentes idades para que os mais velhos possam ajudar os mais novos com os materiais. Além dessa organização à semelhança do grupo familiar, se o meio ambiente é estimulante, salienta-se o progresso social e moral, porque os que aprendem solucionam os problemas por si mesmos ou como membros de um grupo cooperativo.

Mestre humilde

O segundo fator da educação é "o carácter negativo do adulto", isto é, um estado de "calma intelectual", que, não se limitando aos impulsos nervosos, vem a ser "um estado [...] de descarga mental que produz limpidez interior. É a 'humildade espiritual' que se avizinha da pureza do intelecto e dá a preparação necessária para compreender a criança e devia constituir a preparação essencial da mestra" (1936, p.195-196).

O *educador* é o construtor da ambiência educativa, e o seu papel consiste em perceber os objetivos visados através das simulações de que a ambiência deve ser portadora: "O adulto precisa de interpretar as necessidades da criança para compreender e auxiliar com cuidados apropriados e preparar-lhe um ambiente adequado. Desta forma iniciaria uma nova era na educação, a de 'auxílio à vida'" (1936, p.112).

O educador não é um "mestre" em sentido estrito, é mais um diretor das experiências de aprendizagem.[13] Ele deve constantemente dirigir o crescimento e o desenvolvimento da criança, proporcionando-lhe os materiais adequados, e deve estar sempre alerta para a iminência da mutação brusca, observando os "períodos sensitivos" quando ocorre um repentino salto ou acesso do desenvolvimento em uma nova direção. "Trata-se do professor passivo, que perante a criança suprime o obstáculo constituído pela sua própria personalidade, que apaga a sua autoridade para que possa desenvolver-se a atividade da criança e se mostra plenamente satisfeito quando a vê trabalhar sozinha e progredir, sem atribuir mérito a si próprio" (1936, p.155).

Montessori opõe-se, assim, ao "professor faz-tudo que [como diria Montaigne] amontoa conhecimentos na cabeça dos seus alunos" e que, para poder ter êxito na sua obra, usa "a disciplina da imobilidade e da atenção forçada dos alunos" e "serve-se largamente das recompensas e das punições, para obrigar a esta atitude aqueles que são condenados a ser seus ouvintes" (1932, t.1, p.10). Com efeito, essa disciplina estimuladora do esforço faz jus a uma concepção do "homem social" como "o homem natural posto sob o jugo da sociedade", vem a ser "instrumento de escravidão do espírito", não assenta na "força triunfante" da criança e, por isso, não influencia o seu "desenvolvimento natural", porquanto "o verdadeiro castigo do homem normal está na perda da consciência da sua própria força e da grandeza do seu ser interior" (1932, t.1, p.11).

Na pedagogia montessoriana invertem-se, pois, os papéis entre o adulto e a criança na sociedade e na escola tradicional, a ponto de ser acusada de utópica ou no mínimo de exagerada quando pretende "o mestre sem cátedra, sem autoridade e quase sem ensino e a criança transformada em centro de atividade, aprendendo sozinha, escolhendo livremente as suas ocupações e os seus movimentos" (1936, p.156). Na verdade, o papel do professor não é "abafar a atividade das crianças". O seu papel, aparentemente *passivo*, assemelha-se ao do astrônomo face aos astros que rodopiam no universo: as coisas vão por si mesmas e, para estudá-las, investigar os seus segredos ou dirigi-las, é preciso observá-las e conhecê-las sem intervir. Ele tem de compreender que "a desordem do primeiro momento é necessária", que deve apenas "olhar" (1932, t.1, p.31) e deixar à criança a educação de si mesma (1932, t.1, p.33), permitir que ela passe dos primeiros movimentos desordenados aos movimentos ordenados espontâneos e faça uma espécie de seleção das suas próprias tendências que antes estavam confusas na desordem inconsciente dos seus movimentos. É assim que "a criança, consciente e livre, *se revela a si mesma*" (1932, t.1, p.34).

Porém, a ação do professor não deve limitar-se à *observação*. Ele deve proceder também à *experiência*. E "a *lição* corresponde a uma *experiência*" (1932, t.1, p.40). A lição, nos primeiros tempos individual,[14] será breve, simples e objetiva, sem lesar o princípio da liberdade: "Se provocasse algum *esforço*, a professora não saberia mais qual é a atividade *espontânea* da criança" e, por isso, ela deve deixar que "a vida interior livre se expanda" (1932, t.1, p.41 e 43). Se a lição não é compreendida pela criança por meio da explicação do objeto pela professora, esta se preocupará em "1º *não insistir* repetindo a lição e 2º *não fazer compreender* à criança *que ela se enganou*, ou que não entendeu, porque *forçá-la-ia* a compreender e alteraria o estado natural que deve servir à professora para as suas observações psicológicas" (1932, t.1, p.41).

O primeiro papel do educador é, portanto, "estimular a vida, deixando-a totalmente livre de se desenvolver", é "ajudar a alma que nasce para a vida e que viverá das suas próprias forças" (1932, t.1, p.43). Montessori distingue, assim, entre dois fatores – o guia e o exercício individual –, residindo a *arte pessoal* do educador na oportunidade e nas modalidades da sua intervenção no que respeita a "*guiar* a educação espontânea da criança e inculcar-lhe as noções necessárias" – até porque "convém associar bem cedo a linguagem às percepções"[15] –, ao mesmo tempo que deixa à criança a sua auto-educação (1932, t.1, p.80 e 81).

Material científico

O terceiro fator da educação é "o material científico, adequado e atraente, aperfeiçoado para a educação sensorial", capaz de concentrar a atenção (1936, p.196).

O *material* é, com efeito, o componente essencial da ambiência e do plano de estudos, enquanto "*estimulante sensorial*" que "*provoca a auto-educação*" (1932, t.1, p.76) e inclui uma grande quantidade de objetos que a criança deve usar como parte das sequências de aprendizagem pelo *exercício dos sentidos*: "O nosso material didático, tornando possível a *auto-educação*, permite uma educação metódica dos sentidos;[16] esta educação não reside na habilidade da professora, mas no sistema didático que prepara os objetos, os quais: '1º retêm a atenção espontânea da criança; 2º contêm uma racional gradação dos estimulantes'" (1932, t.1, p.79). Na verdade, Montessori defende que "deve usar-se *um número restrito* de estimulantes *em contraste* e *muitos* estimulantes *em diferenciação gradual*, cada vez mais delicada e imperceptível" (1932, t.1, p.82).

A classe deve ter sempre objetos, brinquedos e livros estimulantes para que capacitem no interior da criança impulsos irresistíveis de ser ativa, de aprender e de se familiarizar com o mundo do adulto. Embora possam proporcionar distração no seu manejo e ser usados como jogos recreativos, os materiais devem ter sempre como razão de ser um potencial para ajudar o estudo.

Pode distinguir-se, do ponto de vista do desenvolvimento fisiológico e psíquico da criança, três partes na técnica do método Montessori: o desenvolvimento da função motora ou o exercício do sistema muscular; a educação dos órgãos dos sentidos e o desenvolvimento da linguagem. O desenvolvimento do sistema muscular não pede aparelhos nem instrumentos especiais além do mobiliário criado para a *Casa dei Bambini*: a educação desse sistema pode operar-se nos atos da vida cotidiana (andar, levantar-se, sentar-se, manejar objetos), por ocasião da sua *toilette* (vestir/despir, abotoar/desabotoar, enlaçar, lavar as mãos), nos trabalhos domésticos (pôr/levantar a mesa, trazer água, limpar o pó), nos trabalhos manuais propriamente ditos (jardinagem, modelagem, olaria e cerâmica) e pelos vários exercícios de ginástica destinados a favorecer os movimentos fisiológicos (a marcha, a respiração, a linguagem).

Já à educação sensorial e ao desenvolvimento da linguagem correspondem materiais específicos.[17] Assim, no que diz respeito à educação dos órgãos dos sentidos, o método Montessori integra um conjunto de materiais que desenvolvam a percepção das diferentes dimensões (cilindros para encaixar, cubos, prismas, tabuletas), o sentido térmico e o sentido táctil (pranchas com superfícies rugosas e lisas, telas de diferentes composições), o sentido bárico (pranchas de diferentes classes de madeira), a percepção diferencial das cores (tabuinhas de cores diferentes), a percepção das formas (várias figuras geométricas: círculos, retângulos, triângulos, polígonos regulares), distinção dos sons (jogo de seis cilindros de cartão que têm sons característicos, "lição do silêncio", série dupla de timbres). A utilização dos materiais permite ainda o desenvolvimento da linguagem, a precisão cada vez maior de idéias e maior vocabulário para expressá-las.

O manuseio e o manejo dos objetos, o desenvolvimento dos sentidos, a preparação da inteligência para a atenção, a observação, a comparação e a classificação fazem nascer na criança um hábito intelectual que a impulsiona a observar atentamente o mundo exterior e suscita-lhe a aprendizagem da leitura, da escrita e do cálculo. O método Montessori inclui, assim, exercícios preparatórios para o manejo do material da escrita, que serão continuados com o ensino do traçado das letras do alfabeto (letras móveis, em cartão, para contornar).[18] O material permite realizar dois objetivos pedagógicos:

- A *auto-educação* da criança: sozinha com o material, a criança reage às suas estimulações pelas manipulações formadoras da sua pessoa e reveladoras, a seus olhos, das suas próprias potencialidades. Nesse senti-

do, com Hubert Hannoun, podemos dizer que "a educação montessoriana não é uma educação não diretiva, mas uma educação diretiva pelo material interposto" (1995, p.308) e, nesse aspecto, escreve Giovanni Caló, os seus processos favorecedores de uma atividade intensa, mas metodicamente organizada, "não se encontram de acordo com as formas de livre iniciativa e de expressão espontânea dos movimentos interiores e imaginativos que caracterizam outras pedagogias *ativas*" (p.355).
- A inutilidade do esforço: a criança apreende o mundo não pela sua reflexão como o adulto, mas pela sua sensibilidade. Ela adquire conhecimentos sobre como respira, pelo seu contato com um material apropriado. O esforço que dela seria exigido não pode, pois, justificar-se senão pela ignorância, por parte do mestre, das vias pelas quais o conhecimento penetraria na criança sem obrigação. O fim da educação é não "consumir", mas "*desenvolver as energias*" (1932, t.1, p.76).

Devemos, no entanto, assinalar que, independentemente do valor das técnicas que se costuma reunir sob o termo o "método Montessori", mais que um método pedagógico, é "um método de observações, de pesquisa e de reflexão, graças ao qual essas técnicas puderam ser inventadas, sem de resto que a sua promotora tenha pretendido fazer um sistema fechado a toda a evolução e a todo o novo contributo" (Berge, 1972, p.9).

PRINCÍPIOS DA PEDAGOGIA MONTESSORIANA

Montessori desenvolve um método que pressupõe um ambiente favorecedor da expressão do potencial da criança. O adulto fará também parte desse ambiente, competindo-lhe, como indispensável educador, preparar esse "ambiente adequado ao momento vital". Mas é a criança que se *auto-educa*. Ela escolhe livremente as suas ocupações e os seus movimentos, buscando na multiplicidade das situações ambientais aquelas que são favoráveis ao seu desenvolvimento e à organização da sua personalidade, não se interessando de momento pelas restantes. A criança surge, assim, no dizer de Rui Grácio (p.175), como centro de uma pedagogia que concebe "o processo educativo mais como irrefreado desenvolvimento da personalidade do que como disciplina de integração social".

A pedagogia montessoriana assenta-se em alguns princípios relacionados com a liberdade, a atividade e a escolha livre; com a disciplina ativa, o silêncio e o movimento, a independência e a dignidade; com a preparação espiritual do mestre e a transformação da escola.

Liberdade, atividade e livre escolha

O princípio de que é a criança que se auto-educa fundamenta-se, em primeiro lugar, na *liberdade* (1932, t.1, p.8):

> É necessário que a escola "permita as manifestações livres e naturais da criança",[19] para fazer nascer a pedagogia científica [...]. A antiga pedagogia tinha entrevisto e concebido este princípio: estudar o escolar antes de empreender a sua educação e deixá-lo livre nas suas manifestações espontâneas. Esta intuição, antes imprecisa e apenas indicada, não podia tornar-se prática, possível, e por conseguinte realizável, senão após a contribuição das ciências experimentais do último século.

Assim, "a *liberdade dos alunos* deve ser o *pivô* fundamental da pedagogia científica e permitir o desenvolvimento das manifestações espontâneas individuais da criança. Se uma pedagogia deve nascer do *estudo individual do aluno*, sê-lo-á do estudo compreendido desta maneira, isto é, saída da observação das crianças livres" (1932, t.1, p.12). Com efeito, "o método da observação é estabelecido sobre uma base fundamental: *a liberdade dos alunos nas suas manifestações espontâneas*" (1932, t.1, p.12 e 27). Essa liberdade deve entender-se no sentido de "não dirigida pelos adultos" (Sanchez, 1936, p.2154), porquanto a ação deste é "indireta", ou seja, ela é exercida através da construção de um ambiente que permite que a criança possa ser ativa (1996, p.79).

É a liberdade que está na base da *atividade*: "O método pedagógico da *observação* tem por base a *liberdade* da criança; ora *liberdade* é *atividade*" (1932, t.1, p.29). O seu labor é feito de atividade, ela cresce com exercício e movimento: "A criança exercita-se e move-se fazendo experiências e, assim como coordena os seus movimentos e vai registando, vindas do mundo exterior, as emoções que plasmam a sua inteligência, vai conquistando a linguagem com fadiga, com milagres de atenção e esforços iniciais, que só lhe são possíveis a ela, e com irresistíveis tentativas se vai apoiando sobre os pés, correndo e procurando" (1936, p.272). A atividade, em Montessori, vem a ser "não tanto e não só a disposição para fazer [...], mas, sobretudo, aquela disposição da mente que vem a ser capaz de distinguir, de abstrair da realidade para chegar a colher diferença e semelhança, enfim para classificar" (Avanzini, 2004, p.143).

Liberdade e atividade concretizam-se através da *escolha livre* dos materiais por parte da criança. Ela "tem grandes capacidades, uma viva sensibilidade interior; ela está muito predisposta quer a observar quer a ser ativa"; ela "é um ser animado de paixões intensas" e "tem uma grande paixão para aprender". Escreve Montessori em *A educação e a paz*: "A criança possui tendências naturais – que se podem chamar instintos, pulsões vitais ou, então, dinâmicas interiores – que lhe permitem uma grande faculdade de observação e uma paixão por certas coisas e não por outras. Ela pode desenvolver uma tal energia para aquilo que lhe interessa que não há outra explicação que uma espécie de instinto" (1996, p.77).

A atividade da criança caracteriza-se pela concentração, o que a torna quase insensível ao mundo exterior e a faz repetir o exercício sem qualquer finalidade exterior. Dessa concentração, a criança sai como uma pessoa repousada, cheia de vida, com aparência de quem sentiu uma imensa alegria. De fato, ela não se fatiga com o trabalho: "trabalhando, [ela] cresce, e por isso o trabalho lhe aumenta a energia" (1936, p.276). É um móbil interior que explica "a [sua] atividade concentrada em um trabalho e exercitando-se sobre um objeto exterior com movimentos das mãos guiados pela inteligência" e faz aparecer a criança: "iluminada pela alegria, infatigável, porque a sua atividade é como que um metabolismo psíquico, fonte vital de desenvolvimento" (1936, p.196). A criança expressa essa necessidade interior pedindo: "Ajuda-me a fazê-lo sozinha" (1936, p.276).

Porque a criança mostra desejos e escolhe as suas ocupações, o material deve ficar ao seu alcance para ela o escolher a seu gosto. Porém, diz Montessori, "no ambiente infantil, *tudo tem de ser limitado*, além de ser ordenado, nascendo o interesse e a concentração precisamente da ausência de confusão e supérfluo" (1936, p.170).

Disciplina ativa, silêncio e movimento, independência e dignidade

A escolha livre dos materiais não redunda em indisciplina. A ela associa-se uma *disciplina ativa*, bem diferente da coerção absoluta e indiscutível da imobilidade. A disciplina ativa baseia-se na liberdade individual: "A ordem e a disciplina [estão] intimamente ligadas à espontaneidade" (1936, p.184) e repercute-se no sossego que reina na classe, quando a criança trabalha. O limite da liberdade individual é o interesse coletivo:

> Nós não podemos conhecer as conseqüências de um ato espontâneo abafado quando a criança começa a agir: nós abafamos, talvez, a própria vida. A humanidade que se revela nos seus esplendores intelectuais, desde a idade tenra e fascinante da infância, como o sol aparece na aurora, e como a flor se manifesta à primeira aparição das pétalas, deveria ser respeitada com uma veneração religiosa; e se um ato educativo deve ser eficaz, será aquele que tende a ajudar ao completo desenvolvimento da vida. (1932, t.1, p.30)

E Montessori continua:

> Para chegar a este fim, é necessário evitar rigorosamente a "travagem de todo o movimento espontâneo e a imposição de atos pela vontade de outrem"; a não ser que se trate de ações inúteis e perigosas, porque estas devem ser justamente abafadas e destruídas [...]. A missão da educação consiste em impedir que a criança confunda o bem com a imobilidade e o mal com a atividade [...], porque o nosso fim é disciplinar pela atividade, o trabalho, o bem, e não pela imobilidade, a passividade, a obediência, a obrigação. (1932, t.1, p.31 e 33)

Torna-se, então, necessário saber associar o silêncio e o movimento. A criança não só é sensível ao silêncio, mas também a uma voz doce que, em silêncio, a chame suavemente; ela aproxima-se devagar, às pontas dos pés, cautelosamente, para não chocar com qualquer objeto, e quase nem se distinguem os seus passos: "O exercício de movimento guia a criança para se aperfeiçoar. E, assim, a repetição do exercício pode conduzir a uma educação exterior dos atos, mais perfeita do que seria impossível obter com um ensino exterior" (1936, p.176-177).

Trata-se, com efeito, de garantir a independência da criança face ao adulto: "Não se pode ser livre sem ser independente" (1932, t.1, p.35), isto é, "desatado" dos *laços sociais* que limitam a sua atividade:

> O desenvolvimento da personalidade (ou seja, o que se chama liberdade da criança) não pode ser outra coisa além de independência progressiva do adulto, realizada por intermédio de um ambiente adequado, em que a criança encontre os meios necessários ao desenvolvimento das suas funções. (1936, p.260)
>
> Uma ação pedagógica sobre as crianças pequenas, para ser eficaz, deverá ser, em primeiro lugar, dirigida para este fim: ajudá-las a avançar na via da independência. Ajudá-las a aprender a andar sem ajuda, a correr, a subir e a descer as escadas, a apanhar os objetos tombados, a vestir-se e despir-se, a lavar-se, a falar para exprimir claramente as suas próprias necessidades, a fazer ensaios para chegar a satisfazer os seus desejos, eis a educação da independência. (1932, t.1, p.35)

Servir a criança vem a ser, pois, uma ajuda inútil, uma vez que não lhe permite agir nem aprender a agir. Esse princípio da independência da criança reside no princípio da sua dignidade. A criança tem um profundo sentimento de dignidade pessoal e "a sua alma pode receber profundas feridas de que o adulto nunca chega a suspeitar" (1936, p.180). Por isso, Montessori pronuncia-se pela inutilidade das recompensas e punições que devem ser eliminadas – "Nem instrução, nem ameaças, nem prêmios, nem castigos são permitidos" (1971, p.306) – sem, contudo, desconsiderar a ordem e a disciplina na escola (1949, p.34). Dessa forma, as suas observações mostram-lhe que a criança adere à ordem e à disciplina como "necessidades e manifestações vitais" e, pelo móbil interior que a faz agir, "recusa as recompensas, as guloseimas e os brinquedos" (1936, p.196), como que a dizer que considera supérfluo ser recompensada em um plano que não o do espírito (Standing, 1995, p.180). A sua única recompensa é a segurança do poder e da liberdade do homem na sua vida interior e, por isso, como que a fazer-se eco da "educação negativa" do *Emílio*, de Rousseau, declara Montessori que a obrigação deve dar lugar à lição objetiva (1932, t.1, p.37).[20]

A preparação espiritual do mestre e a transformação da escola

Em *A mente da criança (mente absorvente)*, Montessori afirma que o "princípio pedagógico essencial" consiste não em ensinar, mas em ajudar a mente da criança no trabalho do seu desenvolvimento (1971, p.39). Essa ação "indireta" do educador faz com que a educação montessoriana apresente-se como "altamente exigente" (Sánchez, 1936, p.2156) com os educadores que a promovem: "A professora deve manter-se silenciosa e quieta, em uma expectativa paciente, quase se retraindo para anular a própria personalidade, para que o espírito da criança possa ter campo onde se expandir livremente" (1971, p.306). A sua função "é mostrar o caminho da perfeição, provendo os meios e removendo os obstáculos, a começar pelo que ela mesma pode opor: porque a professora pode ser um grandíssimo obstáculo" (1971, p.307).

Essa exigência começa por um apelo à preparação espiritual do mestre, enquanto "servo do espírito" que deve "ajudar [a criança] a agir, querer e pensar por si" (1971, p.329). O papel, aparentemente passivo, do educador assemelha-se, como já referimos, ao do astrônomo face aos astros que rodopiam no universo: as coisas vão por si mesmas e, para estudá-la, investigar os seus segredos ou dirigi-las, é preciso observá-las e conhecê-las sem intervir, não impedindo à criança a educação de si mesma (1932, t.1, p.31 e 33). Porém, a descoberta da criança requer que o mestre seja *iniciado*, através de uma instrução que lhe indique o estado de alma mais conveniente para a sua missão, um auto-exame que conduza à renúncia da tirania – a cólera e o orgulho que o faz dominar a criança –, uma preparação interior que o faça compreender a criança (1936, p.210-215).[21] Essa preparação interior que leva o adulto a "fazer-se humilde e aprender da criança a ser grande" (1971, p.341) estará facilitada com o cumprimento de um requisito prévio à admissão nas escolas Montessori:

> As professoras que vêm para as nossas escolas devem ter uma espécie de fé quanto a que *a criança se revelará* através do trabalho. [...] A professora deve ter fé em que a criança que está diante de si mostrará a sua verdadeira natureza quando se lhe deparar um trabalho que a atraia. (1971, p.322)

A exigência da preparação do mestre requer igualmente a transformação da escola: "*A preparação dos professores deve caminhar a par com a transformação da escola*; se nós preparamos professores observadores e habituados à experiência, convém que na escola eles possam observar e experimentar" (1932, t.1, p.12). Na transformação da escola, inclui-se também o ambiente físico: o mobiliário, os utensílios, os objetos de observação e os meios de trabalho devem corresponder às dimensões físicas da criança e ser adequados ao objetivo desejado de forma que a criança possa facilmente atingi-los, movimentar-se entre eles, utilizá-los (Caló, p.343).

O MUNDO DO ADULTO E O MUNDO DA CRIANÇA

Ao assinalar à educação a finalidade de desenvolver as potencialidades da criança, Montessori tem o sonho de formar uma "criança nova", isto é, o homem de amanhã que habitaria em um "mundo novo", uma sociedade de paz: "Um mundo novo para um homem novo é a nossa necessidade mais urgente" (1996, p.44). Trata-se de um "sonho" comum ao movimento da Educação Nova, que se associa à crença seja na perfectibilidade indefinida do homem, seja no progresso infindo (Houssaye, 1996, p.59-62). A sua proposta pedagógica inscreve-se em uma corrente cientifizante da pedagogia, como pretende a sua Pedagogia científica, mas reflete também um "halo de religiosidade humanista e cósmica" (Hameline, 2000, p.52) que consagra a criança como um ser espiritual – um "embrião espiritual" (1936, p.217; 1971, p.77) – e de natureza divina.

Alessandra Avanzini (2004, p.141) afirma mesmo que em Montessori convergem, por um lado, um positivismo/empirismo, que faz da observação a única possibilidade para a ciência, e, por outro, uma derivação neoplatônica/agostiniana, que afirma a preexistência do espírito (a teoria) e a determinação da ação sobre o real (a práxis), derivando dessa convergência uma espécie de "experimentalismo espiritual", no qual a atenção pelo real se reflete em uma sólida e preexistente dimensão espiritual centrada, em primeiro lugar, na imagem de um princípio cósmico unitário. Ao idealismo espiritualista de Montessori não é indiferente a sua formação católica, inscrevendo todo o seu pensamento educacional na corrente humanista cristã (Böhm, 1994, p.155-157; Standing, 1995, p.48), esmaltando os seus escritos de citações bíblicas (Grácio, p.175) e matizando o seu "vocabulário de um biologista" (Standing, 1995, p.76) com um "vocabulário evangélico" (Avanzini, 2004, p.141).

Realçamos a concepção montessoriana da criança como pai e mestre da humanidade. Essa pedagoga enfatiza a idéia de "criança nova" como construtora de uma "nova" sociedade ou de um "novo" mundo, já que ela leva dentro de si as potencialidades do homem que virá a ser um dia. Enfatiza-se também a condição de inocência da criança que se torna Messias redentor e as suas ressonâncias míticas, porque para a pedagoga italiana a sociedade deve ser reconstruída, e a criança possui a potencialidade que, combinada com um ambiente estimulante, ajudará a formar um "homem novo" para um "mundo novo" (Montessori, 1931, 1996, 2000).

A criança, progenitora e mestre da humanidade

Na criança, aparece com clareza a natureza humana. Ela está próxima do espírito criador, das leis da criação, e desenvolve a sua energia potencial. Por isso, "a criança é o progenitor do homem", já que "todo o poder do adulto procede da possibilidade que o 'menino-progenitor' teve de realizar plenamente a missão secreta de que se achava investido". O seu labor é "produzir o homem", uma grande, importante e difícil tarefa: "Se do inerte recém-nascido, mudo, inconsciente e incapaz de se mover, se forma um adulto perfeito, com inteligência enriquecida pelas conquistas da vida psíquica e resplandecente pela luminosidade que o espírito lhe confere, tudo isso é obra da criança" (1936, p.271).

Está na criança o futuro do homem novo. Ela anuncia um "futuro luminoso" e um "mundo novo", devendo haver uma "educação para a vida", porque o que está em causa é a construção, e não a reconstrução, da mente da criança: "construção entendida como desenvolvimento de todas as imensas potencialidades de que a criança, filha do homem, é dotada" (1971, p.26).

Assim, "o nosso primeiro mestre será a própria criança" (1949). O adulto deve inspirar-se nela, pois é "mestre de vida", construtora e guia da humanidade:

> Devemos considerar a criança como o farol da nossa vida futura. Quem queira obter algum benefício para a sociedade tem, necessariamente, de se apoiar na criança, não só para a salvar dos desvios, mas também para reconhecer o segredo prático da nossa própria vida. Sob este ponto de vista, a figura da criança apre-

> senta-se potente e misteriosa, devendo-se meditar sobre ela porque a criança, que contém o segredo da nossa natureza, se converte em nosso mestre. (1936, p.290-291)

A criança não deve ser vista apenas como um ser frágil e impotente que precisa ser protegida e ajudada. Ela é "embrião espiritual" (1971, p.77), possui uma vida psíquica ativa desde o dia do seu nascimento e é "guiada pelos instintos sutis que lhe permitem construir ativamente a sua personalidade humana" (1996, p.61). E é porque ela se tornará adulta que "devemos considerá-la como a verdadeira construtora da humanidade e reconhecê-la como nosso pai" (1996, p.61). Na verdade, "a criança é construtora do homem e não existe homem que não haja sido formado pela criança que uma vez foi" (1971, p.24).

Desde que nasce, a criança é "fonte de amor" (1971, p.336) e portadora de um "plano de estruturação inato da sua alma", podendo alcançar o seu pleno desenvolvimento graças aos "instintos que guiam interiormente os seres vivos". Esses "instintos-guias" diferem dos "instintos impulsivos referentes às reações imediatas do ser em frente ao meio e visam à conservação do indivíduo e à conservação da espécie: eles "possuem uma ciência e uma sabedoria que conduzem os seres ao longo da sua viagem pelo tempo (indivíduos) e pela eternidade (espécie)" e "são particularmente maravilhosos quando se destinam a guiar e a proteger a vida infantil inicial, quando o ser está ainda quase inexistente e imaturo, porém encaminhado para alcançar o seu pleno desenvolvimento" (1936, p.279 e 280).

O "plano psíquico" de que a criança é portadora, por ser um plano de desenvolvimento imanente de acordo com um programa biológico hereditário, carece de um ambiente adequado à sua realização. Porém, acusa Montessori, o adulto não lhe prepara esse ambiente adequado, abandona-a[22] ao "ambiente supernatural", "o ambiente civilizado onde decorre a vida dos homens" (1936, p.36), abandona-o ao "instinto de tirania que existe no fundo de todo o coração de adulto" (1936, p.13). Enfim, "ninguém vê, na criança que acaba de nascer, o homem doente, a primeira imagem do Cristo puro e incompreendido" (1936, p.38).

A criança que chega "traz a este Mundo novas energias" que deveriam ser "sopro regenerador" (1936, p.13), ela "reflecte em si o Cristo moribundo, Cristo redentor" (1936, p.36), mas o adulto, que a devia acolher e proteger, não a sabe receber: "Não sentimos o recém-nascido: para nós, não é um homem. Quando chega a este Mundo, não sabemos recebê-lo, embora o mundo que criámos lhe esteja destinado para que o continue e o faça caminhar para um progresso superior ao nosso" (1936, p.46). Assim, o desenvolvimento natural da criança vê-se, paradoxalmente, travado, desde o início, por todos aqueles que deveriam auxiliá-la. Em uma palavra, a situação de "abandono" da criança faz lembrar, segundo Montessori, as palavras de João Evangelista: "Ele veio ao mundo e o mundo foi criado para Ele; mas o Mundo não o reconheceu. Veio à sua própria casa, e os seus não o receberam" (Jo 1, 10-11, apud Montessori, 1936, p.46).

O adulto não ajuda a criança porque ignora que ela, desde que nasce, luta pela sua existência psíquica. Ele desconhece o "*milagre que se está realizando*: o milagre da criação a partir do nada, efetuado aparentemente num ser sem vida psíquica" (1936, p.74). Para a trilogia pais-sociedade-escola, a criança, "pequeno operário a quem a Natureza confiou a missão de construir a Humanidade", não passa ainda de ser extra-social, um ser que não pertence ainda à Sociedade humana e, assim, priva-se do seu "mestre", daquele que não só contém o "segredo da nossa natureza", como é igualmente o "farol da nossa vida futura" (1936, p.290), fazendo sentir ao homem a necessidade, não já de conquista, mas de purificação e de inocência e, por isso, fazendo-o aspirar à simplicidade e à paz. Em suma, "é a voz divina, que nada pode desviar, que chama em altos gritos os homens para os reter em torno da criança" (1936, p.287).

Ora, a criança, como "embrião espiritual" cujo objetivo é encarnar a personalidade humana (1996, p.135-148), carece para essa "encarnação" de uma ambiência que "possa responder às suas necessidades vitais e facilitar a sua libertação espiritual" (1996, p.62) a fim de que o seu instinto de trabalho – o "desejo" de trabalhar –, com os seus ritmos, características vitais e poderes que lhe são próprios, a redimam e a transformem em uma "criança superior": "Quando os preconceitos forem dominados pelo conhecimento, aparecerá então no mundo a 'criança superior', com seus poderes maravilhosos que hoje permanecem escondidos; aparecerá então a criança que está destinada a formar uma humanidade capaz de compreender e de controlar a presente civilização" (1949, p.68).

O resultado natural que decorre da "personalidade criadora e superior" no domínio da educação é a figura da criança nova, que surge como uma autêntica revelação ou "descoberta psicológica que guia a educação nova" (1931, p.105). As qualidades que essa criança apresenta, tal como Montessori as salienta em *L'enfant nouveau*, são a disciplina, a ordem, o silêncio, a obediência e a sensibilidade moral (1931, p.105). Por sua vez, essas qualidades podem e devem ser completadas, entre outras, com as de "vivacidade, autoconfiança, coragem, solidariedade, em resumo as forças morais que são também de ordem moral" (1931, p.106).

Montessori insiste em afirmar que a esperança do homem em se regenerar e criar uma "nova civilização" reside nas potencialidades infinitas que provêm do espírito da criança, pois a necessidade mais urgente, segundo ela, repousa na construção de um "mundo novo para um homem novo" (1996, p.44). Mundo novo revelado pelo espírito da criança nova, dado esta, por um lado, ter merecido graça aos olhos da Divindade e, por outro, encontrar-se próxima do "estado paradisíaco" (1931, p.102-110): "O *espírito da criança* é que poderá trazer o que será talvez o progresso real do homem e – quem sabe? – o início de uma nova civilização" (1936, p.18). Em síntese, é a criança, encarada do ponto de vista psíquico, a única a poder contribuir para que o homem receba um "impulso ao [seu] melhoramento", pois é ela que constrói o homem: "Se do recém-nascido, mudo, inconsciente e incapaz de se mover, se forma um adulto perfeito, com inteligência enriquecida pelas conquistas da vida psíquica e resplandecente pela luminosidade que o espírito lhe confere, tudo isso é obra da criança" (1936, p.271).

O adulto, o mestre, em contato com a criança nova vê-se, também ele, impelido a seguir uma nova orientação: a "vida nova". O poder do adulto esbate-se, a sua atividade de controle apaga-se para deixar o caminho livre à criança de modo a ela afirmar livremente a própria atividade e conduzir o adulto: "É a criança nova que está sozinha, nos pode conduzir e mostrar-nos o nosso caminho" (1931, p.110).

O problema da criança vem a ser um *problema social* (1936, p.11-16) que convida o homem a conhecer-se a si próprio – *nosce te ipsum* – pelo conhecimento do *segredo da criança*, as leis ocultas que guiam o desenvolvimento psíquico do homem, e a "normalizar" a sociedade do adulto pelo mundo da criança.[23] A reforma social deve associar a educação e a organização social do homem e dela fazer sair, lenta e constantemente, "um mundo novo do mundo velho: o mundo da criança e do adolescente. Deste mundo, deviam sair lentamente as revelações, as diretrizes naturais necessárias à vida normal da Sociedade" (1936, p.289). E, nesta linha de idéias, "o aperfeiçoamento da educação só pode ter uma única base: a normalização da criança" (1936, p.290).

Montessori lança, por isso, um apelo aos pais, na qualidade, não de construtores, mas de "custódios supernaturais" da criança: "Os pais são custódios supernaturais, como aqueles anjos protetores que a religião concebeu, dependentes única e diretamente do Céu, mais poderosos que qualquer autoridade humana e unidos à criança por laços invisíveis porém indissolúveis" (1936, p.292). A "missão dos pais" passa a ser a de "empreender e abraçar a questão social que hoje se impõe: a luta para estabelecer no mundo os direitos [sociais] da criança", tão importantes, no início do século XX, como os direitos dos trabalhadores, porquanto "se o operário produz aquilo que o homem consome e cria no mundo externo, a criança produz a própria Humanidade e, por isso, os seus direitos são ainda mais exigentes em reclamar transformações sociais" (1936, p.292 e 293).

O futuro da humanidade depende, pois, da criança e, por isso, compreende-se o alcance da profecia de Hellen Key quando afirmou que o século XX seria o *século da criança*. Com efeito, o século anterior pode ser considerado o século da escola, isto é, o século em que a sociedade procurou concretizar o ideal iluminista da educação universal através da universalização da escola de massas, ideal ainda hoje não cumprido em muitos países. Porém, como denuncia Montessori, mesmo esse ideal iluminista acaba por ser traído na sua concretização quando a sociedade, a família e a escola parece que se unem seja para deixar morrer as crianças por falta de cuidados, seja para "explorá-las" como mão-de-obra trabalhadora capaz de acrescentar algum rendimento ao orçamento familiar, seja para "castigá-las" pela pretensa incapacidade e falta de interesse pelo estudo. E se, na primeira metade do século XX, emerge um novo ramo da medicina, a higiene escolar, preocupada com os cuidados físicos e psíquicos da criança, a sua "redenção social" requer, segundo Montessori, "o reconhecimento dos direitos da criança", a quem "Cristo chamou [...] para indicar aos adultos o reino dos Céus" (1936, p.298) e adverti-los: "Se não te convertes e não chegas a ser como esta criança, não poderás entrar no reino dos Céus" (Mt 18, 3 apud Montessori, 1936, p.298).

Apesar de a "missão dos pais" ser, então, o empreendimento dos direitos sociais da criança e, portanto, estar "nas suas mãos [...] o futuro da Humanidade" (1936, p.302), e de esta missão que a Natureza lhes confiou os colocar acima da Sociedade, os pais procedem como Pilatos e lavam daí as suas mãos, fazendo a criança passar pela Paixão de Cristo (1936, p.303), isto é, fazendo-a passar por uma escola onde tudo é proporcionado para o adulto: "No limiar da porta, a família deixava-a só, abandonada; e aquela porta era a defesa: constituía a separação dos dois campos e das duas responsabilidades" (1936, p.304). Este é, de fato, "o drama social da criança: a Sociedade, insensível e quase sem qualquer responsabilidade, abandona a criança aos cuidados da família e esta, por sua vez, entrega-a à Sociedade, que a fecha em uma escola" (1936, p.303).

Desse modo, a escola passa a ser associada ao Inferno de Dante – a "cidade da dor infinita, habitada por gente perdida, abandonada pela Graça" – onde são convidados a entrar os "seres maus que é necessário castigar" – "Ai de vós, almas malditas!". Depois de a criança entrar na escola, "uma professora *fecha a porta*" e, porque "a família e a Sociedade entregaram as crianças à sua autoridade", torna-se "dona e senhora, mandando naquele grupo de almas, sem testemunhas nem fiscalização" (1936, p.304-305). Enfim, a escola "tem sido lugar de profundo desgosto", um Inferno onde a criança, tal como Cristo no Gólgota, passa "horas de agonia":

> Olhares severos obrigam os pés e as mãozinhas a fincarem-se nos bancos com a mesma rigidez com que os cravos prenderam Cristo à cruz. E quando naquela mente, sedenta de saber e de verdade, se tiverem imposto as idéias do professor, que as introduz à força ou como melhor lhe parece, a pequena cabeça, humilhada pela sujeição, parecerá sangrar debaixo de uma coroa de espinhos. (1936, p.305)

Essa analogia com a crucifixação e paixão de Cristo poderia fazer pensar em uma perspectiva pessimista da família, da escola e da sociedade. Como humanista cristã, Montessori é, no entanto, otimista, porque, para além desse "sepulcro para a alma [da criança] que não pode viver com todos estes artifícios", ela vê a própria criança: "A criança ressuscita sempre e volve, fresca e risonha, a viver entre os homens". Qual Messias, ela volta para entre os homens para os conduzir para o reino dos céus (1936, p.305). Nela reside, segundo Montessori, a esperança de redenção da humanidade que existe em cada ser humano, de surgimento do homem novo, que, "graças à sua clareza de visão, poderá tornar-se capaz de dirigir e plasmar o futuro da sociedade humana" (1971, p.16).

Criança redentora e mitologia poética

Alberto Filipe Araújo (2004a, p.139-140) estuda a natureza ideometafórica do discurso educativo montessoriano e assinala nele a presença da imagem arquetípica da criança e dos mitos da Idade de Ouro, da Androginia Humana, de Hermes, de Prometeu e de Dionísio, mostrando que a criança nova montessoriana deixa-se configurar por mitos altamente pregnantes no plano ideomítico e simbólico:

a) No mito da Idade de Ouro, a criança aspira à paz inocente, às maravilhas terrenas e espirituais, à renovação da vida: "Sim, existem lugares onde o homem já não sente a necessidade de conquista, mas de purificação e de inocência e, por isso, aspira à simplicidade e à paz. Nesta paz inocente, o homem busca uma renovação da vida, quase uma ressurreição no mundo opressor" (1936, p.287).

b) No mito da Androginia Humana, a criança aparece-nos como uma espécie de ser transfigurado, a ponto de ser a criadora e o pai do homem: "A criança não deve ser mais considerada como o filho do homem, mas como a criadora e o pai do homem, um pai capaz de criar uma humanidade melhor" (1996, p.120).
c) O mito de Hermes indica-nos que só a criança pode guiar-nos nos labirintos da vida e conduzir-nos à luz: "Só a criança nos pode guiar e ela só o pode fazer se nós estamos prontos, intimamente, a segui-la. Ela conduzir-nos-á do nada ao começo, depois do começo ao desenvolvimento que lhe segue" (1996, p.136-137).
d) Sob a influência do mito de Prometeu, a criança nova está predestinada a "abandonar-se à conquista do infinito", porque imbuída de qualidades superiores, e a edificar-se para possuir e dirigir-se: "O homem deve construir por si mesmo o grande instrumento através do qual a alma deverá revelar-se e agir. É o que caracteriza a superioridade do homem: é-lhe preciso animar o aparelho complicado dos seus movimentos para deles se servir segundo a sua própria individualidade. O homem edifica-se por si mesmo para se possuir e dirigir-se" (1931, p.109).
e) A força inovadora da criança advém-lhe de Dionísio, o deus da vida, dado que ela ressuscita sempre e volta, fresca e risonha, a viver entre os homens: "Ah! Aquele coração cheio de amor será trespassado pela incompreensão do Mundo, como por uma espada, e parecer-lhe-á amargo o que a cultura lhe oferece para apagar a sua sede. Está arranjado o sepulcro para a sua alma, que não pode viver com todos estes artifícios; e quando tiver sucumbido numerosos guardas vigiarão para que não ressuscite. Mas a criança ressuscita sempre e volve, fresca e risonha, a viver entre os homens" (1936, p.305).

Araújo ainda tenta compreender como essa pedagoga da primeira metade do século XX reativa a mitologia cristã da criança redentora ou, então, do pequeno salvador, no pressuposto de que os seus estudos estão imbuídos de uma mitologia poética da infância como uma espécie de "idade sagrada e mítica" (2004, p.140). Ele começa por assinalar a profunda devoção que Montessori nutre pela figura do Cristo menino (o menino Jesus quando criança), comparando a aventura do recém-nascido ao mistério da Encarnação na figura de Jesus Menino:

> Poder-se-ia comparar a vida do homem às três etapas da vida de Cristo: inicialmente o menino, miraculoso e sublime, é a época da "sensibilidade criadora", da construção mental, tão intensa em atividades que é necessário nela depositar todas as sementes de cultura. Em seguida vem a época da adolescência: época das revelações interiores, das sensibilidades sociais. É a época onde Cristo, adolescente, discutiu com os Doutores, esquecido da sua própria família [...]. Enfim,

> vem o Homem que se prepara para a sua missão no mundo. E que faz ele para se preparar? Ele afronta o diabo e o vence (1992, p.165-166).

Montessori confere, assim, à criança divina um sentido humano, ao mesmo tempo em que dá um sentido divino à criança humana. Desse modo, não fazendo, é certo, da teologia cristã o seu ponto de partida para estudar o "segredo da infância", a sua pedagogia é marcada pela visão cristã da infância, nomeadamente o mitologema da criança redentora, correspondente aos pares junguianos "deus-criança" e "criança-herói". Gaston Bachelard explica: "Compreende-se facilmente que, para uma alma religiosa, a criança possa aparecer como a inocência encarnada. A adoração da criança divina faz viver a alma que reza em uma atmosfera de inocência primigênia" (1968, p.113).

Montessori vê na criança um modelo e fonte de amor, à semelhança do Messias, que o adulto não só não compreende, como, muitas vezes, também exclui. Essa recusa aparece no seu discurso pedagógico sob o signo da criança exposta e abandonada, o que não prenuncia nada de positivo, quer ao nível familiar, quer ao nível sociopolítico. Daí Montessori insistir, em *Educação e paz*, que as crianças são simultaneamente "mestres da vida" e "mestres da paz", sendo, assim, chamadas a desempenhar um papel crucial para evitar que a humanidade caminhe para a sua destruição. Daí que se esforce também por alertar para o fato de a criança ser ela mesmo o Messias, ter todas as qualidades de um guia (1996, p.136-137), ser uma espécie de Hermes, o "condutor de almas", capaz de conduzir os homens maculados para o reino dos céus.

A criança nova montessoriana deixa-se, portanto, apreender pelas figuras de Hermes/Mercúrio e de Cristo, pertencentes às tradições greco-romana e cristã. Ela subsume todas as qualidades do mito de Hermes, sobretudo as de *puer aeternus*, de "mediador" (leia-se: mensageiro) entre o passado e o futuro, o alto e o baixo, de "guia" e de "iniciador" (Durand, 1979, p.280; Araújo, 2004b, p.141). Escreve Montessori: "Tocar na criança equivale a tocar no ponto mais sensível de um todo que tem raízes no mais remoto passado e se dirige para o infinito do futuro. Tocar a criança é tocar no ponto mais delicado e vital, onde tudo se pode decidir e renovar, onde tudo está pletórico de vida, em que se encontram encerrados os segredos da alma, porque aí se elabora a criação do homem" (1936, p.15-16).

Assinala Araújo (2004b, p.142) que é, no entanto, a qualidade que faz da criança o guia do adulto que merece destaque, tanto assim que essa qualidade é uma constante, ora explícita ora implícita, nos textos de Montessori. A criança emerge como guia do homem, devendo a sociedade seguir os seus ensinamentos, dos quais depende a sua regeneração e redenção: "Só a criança nos pode guiar e ela só o pode fazer se nós estivermos prontos, intimamente, a segui-la" (1996, p.136).

Como "guia do homem" e "mensageiro", a criança nova montessoriana filia-se diretamente na "biografia" de Hermes (tal como na do Menino Jesus), ao mesmo tempo em que se acolhe sob a proteção de Prometeu, porquanto vem a ser heróica, invencível, divina, protetora, cósmica, futurível, residindo nela as potencialidades e capacidades do homem de se formar a si próprio e de afirmar perante as calamidades da vida, como é o caso das guerras (Araújo, 2004b, p.143). Desse modo, o pensamento educacional de Montessori reflete as qualidades míticas de guia, mensageira, heróica, redentora e futurível. Não é, pois, de estranhar que, em *Educação e paz*, a autora escreva que é o triunfo da justiça e do amor entre os homens que nos dão conta da construção de um mundo melhor, onde reina a harmonia. E, se nele reside "a verdadeira perspectiva da paz" (1996, p.28), o "tesouro mais precioso" é a criança, "uma esperança e uma promessa" para a humanidade (1996, p.56), porque só dela pode vir ajuda e salvação na exata medida em que "a criança é o construtor do homem" (1971, p.10). Por isso, a "pedra angular da paz" é a educação (1996, p.54), sobre ela se há de fazer a "reconstrução do mundo" e, porque "a grandeza da personalidade humana começa com o nascimento do homem" (1971, p.9), a educação "deve começar ao nascer" e ser reconstruída com base, não em "preconceitos que prejudicam o homem", mas nas "leis da natureza", para que possa aparecer no mundo a "criança superior" destinada a "formar uma humanidade capaz de compreender e de controlar a presente civilização" (1949, p.66-68).

O pessoal e o social

Pondo em confronto o mundo do adulto e o mundo da criança, Maria Montessori coloca em realce a desumanidade daquele e afirma a humanidade que a criança comporta e cujo segredo importa revelar. A sociedade vem a ser "anormal" porque a infância dos adultos não pôde desenvolver-se segundo as diretrizes da natureza e, por isso, carece de "normalização". A normalização da criança pela via de uma educação que favorece a expressão do seu potencial contribui para a normalização da sociedade, porque a criança, através da atividade livremente escolhida, revela a face verdadeira da sua alma. Dependendo a normalização da criança e da sociedade essencialmente do conhecimento das leis ocultas que guiam o desenvolvimento psíquico do ser humano, a criança torna-se "pai do homem" e verdadeiro "mestre" da humanidade.

A filosofia montessoriana de uma "redenção coletiva radicada na conversão da psicopedagogia escolar" (Grácio, p.178) contém uma tensão entre o indivíduo e a sociedade em que se insere. Na proposta da pedagoga italiana, essa tensão pende para a liberdade da criança individualmente considerada, sem desconsiderar o social, porquanto é da criança e da educação que, segundo ela, pode-se esperar a normalização da sociedade adulta. Na verdade, Montessori preocupa-se em "conduzir a criança a usar da sua liberdade sem prejudicar a dos demais", como sintetiza Paew (1935, p.41) para sublinhar o "interesse comum" como limite dessa liberdade e a sua tradução em boas maneiras e ações corretas.

Ao acentuar o lado do indivíduo, Montessori procura sustentação na prática pedagógica, nos estudos psicanalíticos, nos valores da ideologia liberal dominante e nos dados da biologia. Porém, recorda Rui Grácio, não é possível conceber-se um desenvolvimento pleno da personalidade independentemente de qualquer inserção social e da interação humana, o que condiciona a liberdade da criança, que, na pedagogia Montessori, seria já condicionada pelo material disponibilizado: "O trabalho coletivo, a vida grupal, a cooperação disciplinada numa faina comum, 'limitam' a liberdade da criança com muito mais proveito intelectual e moral do que o 'material Montessori' graduado segundo a lei de Weber" (p.180).

Estas eram, com efeito, preocupações dos pedagogos coevos de Montessori, também eles figuras proeminentes e influentes no movimento pedagógico do século XX. Na verdade, a pedagoga italiana não perde de vista o ser social: "O domínio específico da moral é a relação entre as pessoas; é a base mesma da vida social. [...] Os homens devem aprender como participar conscientemente na disciplina social que comanda todas a suas funções na sociedade e a manutenção do equilibro entre essas diversas funções" (1996, p.22). Além disso, em sua opinião, "o maior aperfeiçoamento das crianças dá-se através das experiências sociais" e, por isso, prefere o "agrupamento vertical" das crianças, que é próprio da família, ao agrupamento por idades, como sucede na generalidade das escolas (1971, p.263). Mas, em um tempo atravessado por guerras, essa pedagoga pretende realçar "o coração da questão da paz e da guerra", acentuando o "dinamismo moral do homem" e afirmando que "a primeira verdadeira linha de defesa contra a guerra é o próprio homem, porque onde o homem é desvalorizado e onde reina a desordem social, o inimigo universal está prestes a aproveitar a brecha que se encontra assim criada" (1996, p.22).

Na verdade, em um tempo de crítica à civilização e de neo-romantismo, em vez de pôr o acento no "pólo objetivo" e iniciar as crianças nos valores e no patrimônio da civilização e da sociedade, a pedagogia Montessori privilegia o "pólo subjetivo" da educação (Böhm, 1994, p.165). Segundo Montessori, ela torna possível a liberdade e a autonomia do indivíduo, fazendo da educação não "um intermédio na vida coletiva real, a saber a guerra" (1996, p.42), mas, como escreve Winfried Böhm (1994, p.157), um "programa de desarmamento pedagógico" do adulto feito (até aí) "mestre ditatorial do outro". Colocando o homem em primeiro lugar, a educação proposta por Maria Montessori produz o homem novo: "A criança, ser humano livre, pode ensinar-nos, a nós e à sociedade, a ordem, a calma, a disciplina e a harmonia. Quando nós a ajudamos, o amor floresce, um amor de que nós temos a maior necessidade para unir todos os homens e criar uma vida feliz", enfim, "transformar este mundo em um Reino dos Céus" (1996, p.141-150).

Essa concepção da educação como "a melhor arma para a paz" (1996, p.53), que faz de Maria Montessori o "discípulo" da criança (ela sim!) "mestre" e "Messias" que habita entre os homens para os conduzir ao "Reino dos Céus" (1996, p.154), baseia-se em uma idéia de fraternidade universal cristã (1996, p.50) e no pressuposto de que a educação deve integrar os progressos da ciência e atingir o mesmo nível de excelência (1996, p.53). Retenha-se, assim, de Montessori a sua preocupação em conciliar, por um lado, as exigências naturalistas e positivistas da "pedagogia científica" e, por outro, a sua fé religiosa, quando, ela o sabe, a ciência rejeita as opiniões pré-concebidas e atém-se aos resultados da experiência. Nesse sentido, a pedagogia experimental renuncia aos artigos de fé e procede metodicamente à procura da verdade (1932, t.1, p.12). Essa tentativa de conciliação, embora esteja na base de alguma incongruência ou de algum mal-logrado ajustamento no pensamento da autora, é sem dúvida mola impulsionadora de "uma ação desenvolvida no domínio da pedagogia escolar da infância, [que] acaso mais que nenhuma outra no seu tempo, veio a criar raízes e a frutificar em todos os continentes" (Grácio, p.180).

É, porém, a irradiação do método Montessori que terá contribuído para o formalismo sistemático e a rigidez na utilização processual de um material didático inspirado em uma psicologia abstrata,[24] quando os seus aspectos mais fecundos vêm não tanto dos pressupostos psicológicos em que se baseia a sua pedagogia científica, mas principalmente "das suas intuições e da sua imaginação de pedagoga e do seu amor da infância, cujos direitos não tiveram defensora mais inflamada e persuasiva" (Grácio, p.181). E, nessa medida, Montessori é "eterna" como "eterno" é o segredo da criança que o adulto tem dentro de si e que pode descobrir, conhecendo-se e conhecendo a criança, como pretende a pedagoga. Na verdade, nunca é de mais sublinhar, como realça André Berge, que "o génio de Maria Montessori veio a forçar as portas do universo secreto da infância, quando, até ela, a maioria dos adultos se ficavam por uma concepção 'adulto-morfista' da criança" (1972, p.9). Escreve ainda Giovanni Caló que "muitas das suas intuições, a sua capacidade de penetrar na alma da criança, a delicadeza, o requinte, a franqueza do seu ataque contra o falso, o arbitrário, o pernicioso de uma tão pronunciada parte da atitude do adulto em relação à criança, detém o cunho de uma educadora de gênio" (1956, p.361).

NOTAS

1. Nascida em Chiaravalle, na Itália, a 31/08/1870 e falecida em Noordwijk, na Holanda, a 06/05/1952.
2. Admiradora dos médicos franceses Jean Ytard (trabalha com surdos-mudos e é autor de um trabalho sobre o "selvagem de Aveyron") e seu discípulo Édouard Séguin (fundador de uma escola para deficientes, cujos brilhantes resultados trazem-lhe a recompensa da Academia), Montessori traduz os escritos de ambos para italiano. Em "A idiotia e o seu tratamento por métodos fisiológicos", insiste Séguin que a análise dos fenômenos fisiológicos e psicológicos podem servir de base a um método fisiológico, fundado no estudo do indivíduo, e aplicar-se às crianças normais, o que pode abrir a via a uma total regeneração do ser humano.
3. Em sua opinião, se é possível uma comparação entre os "atrasados" e os normais, ela reside "no período da primeira infância, em que *a criança não teve a força de se desenvolver* e *aquele que não é ainda desenvolvido*: as pequenas crianças não têm ainda adquirido uma coordenação segura dos seus movimentos musculares, daí a deambulação imperfeita, a incapacidade em executar alguns atos usuais da vida, como enfiar as roupas, as meias; enlaçar, abotoar, afivelar, etc. Os órgãos dos sentidos, por exemplo o poder de acomodação do olho, não estão ainda completamente desenvolvidos. A linguagem é primitiva e comporta defeitos bem conhecidos da linguagem infantil; enfim, a dificuldade de fixar a atenção, a instabilidade, etc., são outros tantos traços que lhes são comuns" (1932, t.1, p.20).
4. As origens do desenvolvimento são *interiores*, diz Montessori: a criança "cresce porque a vida potencial se desenvolve nela, fazendo-se ativa; porque o germe profundo donde lhe vem a vida se desenvolve segundo o destino biológico fixado pela hereditariedade"

(1932, t.1, p.38). Por isso, o fator *ambiência* vem a ser secundário nos fenômenos da vida: pode modificar, ajudar ou destruir, mas jamais a *cria*.

5. Esta obra é de 1907. Seguem-se outros escritos: *Antropologia pedagogica* (talvez 1910, mas já publicada em 1903), *L'autoeducazione nelle scuele elementari* (1910), *Manuale di Pedagogia scientifica* (1921), *Das kind in der familie*, (1923 – edição italiana *Il bambino in famiglia*, 1936), *I bambini viventi nella Chiesa* (1924), *Il segreto dell'infanzia* (1938), *Education for a new world* (1946 – edição italiana *Educazione per un mondo nuovo*, 1970), *De l'enfant à l'adolescent* (1947 – edição italiana *Dall'infanzia all'adolescenza*, 1949), *To educate the human potential* (1947 – edição italiana *Come educare il potenziale umano*, 1970), *The aborbent mind* (1949 – edição italiana *La mente del bambino. Mente assorbente*, 1952), *Formazione dell'uomo* (1949), *Educazione e pace* (1949), *La Santa Messa spiegata ai bambini* (1949). Para uma listagem mais exaustiva dos escritos de Montessori, ver <www.montessori.it/mariamontessori/opere.htm>
6. Em *A criança*, Montessori retoma a metáfora da borboleta quando se refere aos primeiros passos da criança: "Logo que a criança sai da sua *crisálida*, no seu corpo inerte, e consegue animar os seus maravilhosos instrumentos de atividade, que são os seus órgãos de movimento voluntário, goza a sua vitória..." (1936, p.109, itálico nosso).
7. A consideração dessas etapas de desenvolvimento não significa que a transição de uma para a outra corresponda a uma idade rigidamente estabelecida. A aprendizagem produz-se de maneiras qualitativamente diferentes e, por isso, a idade de transição depende de cada pessoa, embora cada etapa derive da anterior e apóie-se nela. Para uma explanação mais detalhada desses três estádios, durante os quais o ser humano cresce e metamorfoseia-se até atingir o estado normal da espécie, ver Standing (1995, p.75-83).
8. O processo através do qual a criança cresce e se forma é designado por Montessori como um processo de *encarnação* (1936, p.217). O espírito da criança é absorvente, tem o poder de atrair para si os elementos de que necessita, deles se apropriar, de formar a sua carne, a sua substância vital (Caló, 1956, p.348).
9. Montessori adota esse termo do genetista holandês Hugo de Vries (1848-1935), que, entre outras contribuições à biologia, desenvolveu o conceito de mutação genética. Quando, em 1917, encontraram-se em Amsterdã, de Vries sugeriu a Montessori que a sua abordagem da criança tinha analogias com a sua teoria do desenvolvimento das plantas. Montessori fala habitualmente da criança como um organismo que evolui, seguindo leis naturais inatas de processos de transformação contínua e intensa, enquanto a criança luta para levar a cabo a sua latente idade adulta.
10. "O adulto faz parte do ambiente; o adulto tem de se adaptar às necessidades da criança e torná-la independente, para que não constitua um obstáculo e a não substitua nas diferentes atividades que a criança tem de desenvolver até chegar à maturidade" (1936, p.155).
11. Os bancos escolares e o seu aperfeiçoamento são um exemplo acabado da má aplicação da ciência à escola: "a antropologia, pelas medidas do corpo e o diagnóstico da idade; a fisiologia, pelo estudo dos movimentos musculares; a psicologia pelo estudo da precocidade e da perversão dos instintos e, sobretudo, a higiene, pelo desejo de impedir que se desenvolvesse a escoliose adquirida". As ciências são mobilizadas, no entanto, para o serviço de uma pedagogia da "escravidão" que visa "fixar" a criança, evitar todo o seu movimento na sala e forçar-lhe a atenção para os conhecimentos com que o professor pretende "encher" a sua cabeça. Este, por seu lado, "serve-se largamente de recompensas e punições, para obrigar a esta atitude os que são condenados a ser seus ouvintes" (1932, t.1, p.9 e 10).
12. "As mesas, as cadeiras, as pequenas poltronas leves e transportáveis, permitem à criança *escolher* a posição que lhe será a mais agradável; ela poderá pôr-se como lhe agrade,

mais que *sentar-se no seu lugar*; o que será um sinal exterior de liberdade e um meio de educação" (1932, t.1, p.29).

13. Montessori usa freqüentemente nos seus trabalhos o termo *direttrice* (diretora). Nessa expressão, pode ver-se uma concepção da educação principalmente como ocupação de mulher, por cuja emancipação lutava. Como observa Giovanni Caló, a pedagoga italiana pretende realçar o papel de "velar e auxiliar meramente e não o de ensinar ou impor o que quer que seja" (1956, p.347).
14. As lições coletivas, cuja importância é secundária, nos primeiros tempos serão "muito raras, porque as crianças, sendo livres, não são forçadas a ficar no seu lugar, tranqüilas e prontas a escutar a professora ou a ver o que ela faz" (1932, t.1, p.40). Na verdade, as lições coletivas "não constituem nem o único nem o principal ensino, mas, antes, uma iniciação reservada para argumentação e atividades especiais" (1936, p.197, nota)
15. A lição compõe-se, de acordo com Édouard Séguin, de três tempos: 1º) associação da percepção sensorial com o nome; 2º) reconhecimento do objeto que corresponde ao nome; 3º) lembrança do nome que corresponde ao objeto (1932, t.1, p.81). Mas, lembra Montessori, "existe [...] um tempo *precedente* aos três tempos de Séguin, que contém a verdadeira *educação sensorial*, isto é, a aquisição da fineza na perfeição sensorial, obtida *somente* por auto-educação" (1932, t.1, p.81).
16. Montessori alerta para a necessidade de "não confundir, por outro lado, a *educação* dos sentidos com as *noções* concretas que se podem obter da ambiência por meio dos sentidos, nem com a linguagem que dá a nomenclatura correspondente a essas idéias concretas" (1932, t.1, p.79).
17. Para a descrição do método Montessori e do material didático para a educação dos sentidos, a educação intelectual, a leitura e a escrita, a numeração e a aritmética, ver as idéias que Paew (1935, p.53-127) revisita.
18. No método Montessori, os exercícios com o alfabeto móvel visam, através da sua movimentação e da construção de palavras pela criança, movimentar-lhe a linguagem e provocar-lhe a atividade intelectual, sem precisar recorrer à escrita: "O exercício de compor a palavra é somente uma preparação para escrever, mas nesse exercício são unidos potencialmente as duas coisas: o escrever, porque dos exercícios resultam objetivamente a palavra escrita e o ler, porque quando se olha aquelas palavras escritas se lê" (1949, p.82).
19. Comenta Giovanni Caló (1956, p.343) que "no fundo para Mme Montessori os termos *natureza* e *liberdade* são coincidentes e torna-se evidente neste ponto a inspiração de Rousseau", mas realça que essa natureza deve ser entendida como "um impulso inato, interior no sentido de se agir e acreditar para agir melhor física e espiritualmente, uma energia que tende a tirar do exterior elementos úteis ao seu próprio desenvolvimento e evolução".
20. Montessori refere como pena aplicada à criança que perturba os outros, sem escutar as exortações do educador, a sua colocação em uma pequena mesa colocada no canto da sala de frente para os seus colegas, com todos os objetos que deseje, para se acalmar. Nessa situação de "isolamento", argumenta Montessori, a criança "via o conjunto dos seus camaradas e a sua maneira de agir era, para ele, uma lição objetiva sobre a atitude, bem mais eficaz que as palavras da professora. Pouco a pouco, ela apercebia-se das vantagens de estar em companhia e desejava fazer como os outros" (1932, t.1, p.37).
21. Montessori ressalva, no entanto, que o fato de o mestre ter de expulsar do seu coração a cólera e o orgulho, de saber humilhar-se e revestir-se de caridade como "ponto de partida" e "meta" da educação da criança "não significa [...] que deva aprovar todos os atos da criança, nem que se abstenha de a julgar ou que nada tenha a fazer para desenvolver a sua inteligência e os seus sentimentos: pelo contrário, não pode esquecer que a sua

missão é educar, ser, positivamente, o mestre da criança" (1936, p.215). O que pretende a pedagoga italiana é que, da parte do educador, haja uma "ato de humildade" que suprima "não [...] o auxílio dado pela educação, mas o nosso estado interior, a nossa atitude de adulto, que nos impede de compreender a criança" (1936, p.215).

22. "Ao considerar a criança, o adulto fá-lo com a mesma lógica que aplica à sua vida: vê nela um ser diferente e inútil, que afasta da sua presença, ou, com aquilo que se chama educação, faz um esforço por atraí-la, prematuramente, para a sua espécie de vida; e procede como procederia uma mariposa (se tal fosse possível) que rasgasse o casulo da sua ninfa para convidá-la a voar ou como uma rã que tirasse da água os seus girinos para os obrigar a respirar com os pulmões e a mudar para verde a cor negra que tanto os desfeia" (1936, p.285-286).
23. A "criança nova" vem a ser a criança "normalizada" quando liberta os tesouros latentes que possui em si. São características da criança "normalizada": amor à ordem, amor ao trabalho, profunda concentração espontânea, apego à realidade, amor ao silêncio e ao trabalho solitário, sublimação do instinto de posse, vontade dócil e espírito de iniciativa e independência, autodisciplina espontânea, alegria. Sendo a "normalização", na pedagogia montessoriana, o "primeiro passo para a educação" e a criança "normalizada", enquanto *bon enfant*, "uma grande esperança para o futuro da humanidade", o segredo da "produção" de tais frutos estará no "método" apropriado, o método Montessori (Standing, 1995, p.134-141).
24. Veja-se a crítica de J. Dewey, em *Democracy and education* (1916), ao temor ao material bruto e o conseqüente exagero do controle externo que se manifesta no material que o educador proporciona à criança: "Exigem-se materiais que já foram submetidos ao labor aperfeiçoador do espírito [...]. É certo que tal material controlará as operações do aluno para prevenir erros. Mas é errada a idéia de que, ao operar com tal material, o aluno absorverá de algum modo a inteligência que se pôs originalmente na sua confecção. Só começando com um material bruto e submetendo-o a um tratamento intencionado, se obterá a inteligência encarnada no material aperfeiçoado. Na prática, a acentuação do material já formado leva a uma exageração das qualidades matemáticas, porquanto o intelecto encontra proveito nas coisas físicas relativas ao tamanho, forma e proporção e às relações que se desprendem delas. Mas estas só se *conhecem* quando a sua percepção é fruto de atuar com propósitos que requerem que se lhes preste atenção. Quanto mais humano for o propósito ou quanto mais se aproximar aos fins que afetam a experiência cotidiana, mais real é o conhecimento. Quando o propósito da atividade se limita a perceber aquelas qualidades, o conhecimento resultante é apenas técnico" (1995, p.172)

REFERÊNCIAS

ARAÚJO, A.F. A criança nova no imaginário educacional de Maria Montessori: um estudo mitanalítico. In: Araújo, A.F.; Araújo, J.M. *História, educação e imaginário*. Atas do VII Colóquio de História, Educação e Imaginário (Universidade do Minho, 8 de Março de 2004). Braga: Universidade do Minho/Instituto de Educação e Psicologia/ Centro de Investigação em Educação, 2004a. p. 115-139.

______. *Educação e imaginário:* da criança mítica às imagens da infância. Maia: Publismai, 2004b.

AVANZINI, A. Educazione nuova, scienze 'esatte' e pedagogia scientifica: una rilettura del caso Montessori. In: Araújo, A.F.; Araújo, J.M. *História, educação e imaginário*. Atas do VII Colóquio de História, Educação e Imaginário (Universidade do Minho, 8 de Março de 2004).

Braga: Universidade do Minho/Instituto de Educação e Psicologia/ Centro de Investigação em Educação, 2004. p. 141-155.

BACHELARD, G. *La poétique de la rêverie*. 4e. et. Paris: PUF, 1968.

BERGE, A. Préface. In: STANDING, E.M. *Marie Montessori:* sa vie, son oeuvre. Paris: Desclée de Brouwer, 1972. p. 7-10.

BÖHM, W. Maria Montessori. In: HOUSSAYE, J. (sous la dir.). *Quinze pédagogues:* leur influende aujourd'hui. Paris: Armand Colin, 1994. p. 149-166.

BOWEN, J. La aparición de la nueva era: María Montessori y el movimiento progresista en Europa. In: *Historia de la educación occidental.* 2. ed. Barcelona: Herder, 1992. p. 497-511. Tomo: El Occidente moderno. Europa y el nuevo mundo. Siglos XVII-XX.

CALÓ, G. Maria Montessori. In: CHATEAU, J. (Dir.). *Os grandes pedagogos*. Lisboa: Livros do Brasil, 1956. p. 338-363.

DEWEY, J. *Democracia y educación:* una introducción a la filosofía de la educación. Madrid: Ediciones Morata, 1995.

DUBUC, B. Maria Montessori: l'enfant et son éducation. In: TARDIF, M. *La pédagogie:* théories et pratiques de l'Antiquité à nos jours (sous la dir. De Clermont Gauthier et Maurice Tardif). Montreal: Gaëtan Morin, 1996.

DURAND, G. *Figures mythiques et visages de l'œuvre*. Paris: Berg, 1979.

GRÁCIO, R. Maria Montessori. In: *Educação e educadores*. 3. ed. Lisboa: Livros Horizonte.

HAMELINE, D. *Courants et contre-courants dans la pédagogie contemporaine*. Issy-les-Moulineaux: ESF, 2000.

HANNOUN, H. Montessori. In: *Anthologie des penseurs de l'éducation*. Paris: PUF, 1995. p. 306-310.

HOUSSAYE, J. Pédagogie et politique. Evolution des rapports. In: MAGALHÃES, J. (Org.). *Fazer e ensinar história da educação.* Atas do 2º Encontro de História da Educação/Sociedade portuguesa de Ciencias da Educação/Secção de História da Educação – Braga, 8/9 Novembro de 1996. Braga: UM/IEP/CEEP, 1996.

MONTESSORI, M. *A criança*. Lisboa: Portugália, 1936.

______. *A mente da criança (mente absorvente)*. Lisboa: Portugália, 1971.

______. *De l'enfant à l'adolescent*. Paris: Desclée de Brower, 1992.

______. *Educazione per um mondo nuovo*. [Milano]: Garzanti, 2000.

______. *Formação do homem.* 3. ed. Lisboa: Portugália, 1949.

______. *L'éducation et la paix*. Paris: Desclée de Brower, 1996.

______. L'enfant nouveau. *La Nouvelle Éducation*, n. 96, p.102-110, 1931.

______. *Pédagogie scientifique. 1 – La maison des enfants; 2 – Éducation élémentaire*. Paris: Librairie Larousse, 1932.

PAEW, M. de. *El Método Montessori tal como se aplica en las "Casas de los Niños", expuesto y comentado para el magisterio y para las madres*. Madrid: Espasa-Calpe, 1935.

SANCHEZ SARTO, L. (bajo la dir.). Montessori (Maria). In: *Diccionario de Pedagogia.* Barcelona: Labor, 1936. Tomo Segundo I-Z, cols. 2154-2159.

STANDING, E.M. *Marie Montessori:* sa vie, son oeuvre. Paris: Desclée de Brouwer, 1995.

YAGLIS, D. Síntese da obra *Montessori 1870-1952:* la educación natural y el medio. Disponível em: http://www.cnep.org.mx/Informacion/teorica/educadores/montessori.htm. Acesso em 23 jun. 2003.

6

Freinet e a pedagogia – uma velha idéia muito atual

Marisa Del Cioppo Elias
Emília Cipriano Sanches

> Se você não voltar a ser como uma criança (...) não entrará no reino encantado da pedagogia (...). Ao invés de procurar esquecer a infância, acostume-se a revivê-la; reviva-a com os alunos, procurando compreender as possíveis diferenças originadas pelas diversidades e meios e pelo trágico dos acontecimentos que influenciam tão cruelmente a infância contemporânea. Compreenda que essas crianças são mais ou menos o que você era a uma geração. Você não era melhor do que elas e elas não são piores do que você; portanto, se o meio escolar e social lhes fosse mais favorável, poderiam fazer melhor do que você, o que seria um êxito pedagógico e uma garantia de progresso. Para isso, nenhuma técnica conseguirá prepará-lo melhor do que aquela que incita as crianças a se exprimirem pela palavra, pela escrita, pelo desenho e pela gravura. O jornal escolar contribuirá para a harmonização do meio, que permanece um fator decisivo da educação. O trabalho desejado, a que nos entregamos totalmente e que proporciona as alegrias mais exultantes, fará o resto.
> E o sol brilhará... (Freinet, 1985, p.23-24)

O HOMEM E A PEDAGOGIA DO SEU TEMPO: O EDUCADOR FREINET

Para entender o Movimento da Escola Moderna Francesa, criado por Célestin Freinet no início do século XX, como um movimento bastante atual, que a cada dia se fortalece e conta com adeptos em todo o mundo, necessitamos, antes de tudo, falar um pouco de sua pessoa, do contexto político, cultural e social da época, de sua formação, de seu engajamento político e da sua vivência socioprofissional. Na sua dimensão "pedagógica", Freinet domina a história, ao menos a história das idéias, e reage contra uma política educacional altamente centralizadora.

Conhecer a sua pedagogia, para além das técnicas, assim como a história e política francesas é fundamental para entender a escola e a trajetória de um educador – ao mesmo tempo professor primário, francês, socialista – e de uma pedagogia nascida no ambiente da resistência francesa, durante a Segunda Grande Guerra Mundial, conseqüência da política da época.

De personalidade múltipla e em permanente ebulição, com idéias progressistas, em uma época profundamente marcada por duas grandes guerras mundiais e grave crise econômica, Freinet explorou ao máximo o espaço e o tempo em que viveu. A vida, para ele, não é uma palavra vaga, etérea, mas simboliza a ação do homem que transforma o mundo, um tempo de esperança, pois, mesmo enquanto produzia sua teoria, nunca deixou de ser o *professor primário* que apontava caminhos, inventando técnicas e novos instrumentos de trabalho para uma escola popular de qualidade.

Filho de pequenos agricultores, Freinet nasce em Gars, região de Provence, um pequeno e atrasado lugarejo, ao sudoeste da França, em 15/10/1896, em uma sociedade pré-capitalista. Sua visão de mundo é fortemente influenciada pela sua origem familiar e pelo contexto onde viveu e cresceu. Nunca conheceu a brincadeira livre, uma vez que, desde cedo, ajudava os pais na lavoura e no pastoreio de cabras, um trabalho relativamente autônomo do qual, possivelmente, origina-se a dimensão de liberdade de sua filosofia. O fato de exercer um trabalho socialmente útil, desde muito pequeno, fez com que ele se sentisse como alguém que contribuía com a coletividade, com o social, mas também como alguém que encontrara, no trabalho, uma forma de ludicidade. Como afirma Oliveira (1995, p.94) "esta experiência, a vivência de uma infância popular, exerceu um papel fundamental na concepção que Freinet sempre teve da atividade infantil".

Seus escritos retratam o isolamento e a privação cultural a que esteve exposto durante a infância. Quando toma consciência do papel do ensino da época, direcionado para o reforço e a dominação da classe popular, Freinet passa a lutar em favor de uma escola do povo, voltada para a transformação social. Como isso acontece concomitantemente com o seu engajamento político, podemos entender por que Freinet se refere com freqüência ao lado destrutivo do capitalismo, ao uso da técnica pela técnica, sem um projeto que traga visíveis melhorias para a qualidade de vida dos homens em geral e aprendizagem significativa para os escolares. Em seu livro de notas, que veio a substituir o Diário de Guerra, relata Elias (1997, p.23): "Freinet anotava todos os dias tudo o que ouvia dos alunos, os termos repletos de poesia, as observações e os gestos originais e espontâneos, tudo, enfim, que o ajudasse a conhecer melhor a personalidade de cada criança, seus sucessos e insucessos".

Buscando um constante aprofundamento teórico nos filósofos e pedagogos do passado, Freinet mostra que seu campo é o social e seu princípio fundamental baseia-se na reflexão sobre a prática, que tão bem soube teorizar, sem se escravizar a nenhuma teoria ou educador em especial. Estuda muito e analisa de forma crítica, incorporando ou transformando as idéias teóricas dos que o precederam, sem perder de vista o eixo central de seu projeto político-pedagógico: a escola do povo.

Com a influência do capitalismo começa a urbanização, embora de maneira lenta, o que vai refletir na burocratização do Estado. Freinet, proveniente que era da zona rural, nunca deixa de lado sua origem, transmitindo por uma linguagem rica de metáforas agrícolas todo o seu saber. Plenamente inserido na história, no tempo e no espaço em que viveu, coloca seu pensamento no nível da atualidade perseverante no eterno (interminável), o que marca sua transitoriedade e contextualidade. Sua enorme produção escrita mostra um amadurecimento ao longo de quase 50 anos dedicados à educação, a qual acompanha a evolução que se processa na sociedade como um todo, nas fronteiras com o seu tempo de viver. Fortemente influenciado pelo meio social onde nasceu e viveu, soube explorá-lo, trazendo para a sua pedagogia o resgate da história sociocultural do meio, processo de que nenhum de seus biógrafos ainda conseguiu dar conta. Ele percebeu que o tempo é uma criação permanente, que qualquer homem cria o seu tempo e que essa criação é que determina todos os homens.

FORMAÇÃO E A HISTÓRIA FRANCESA DA ÉPOCA

Para compreender a importância da pedagogia de Freinet, é necessário fazer um recorte histórico, político e social do contexto da França da época, uma vez que, com as descobertas científicas e a conseqüente mecanização dos processos de produção e extração ocorridos durante o século XIX, começa a ocorrer forte concentração de capital, iniciando-se o processo de descentralização do território francês. Até então, o modo de produção capitalista já se havia generalizado na Europa, mas a sociedade francesa ainda tinha como principal base econômica as pequenas unidades produtivas. Em 1780, mais da metade do solo francês estava nas mãos de: pequenos e médios proprietários rurais, burgueses, comerciantes, artesãos, profissionais liberais e funcionários públicos.

É importante frisar que a vitória do regime absoluto só pudera realizar-se em detrimento da aristocracia e pela abolição de um certo número de privilégios feudais, o que levou, automaticamente, ao fortalecimento de uma classe que, mesmo sendo resultado da orgânica feudal, conseguiria sobrepor-se a ela e seria um dos principais coadjuvantes da sua dissolução: a classe burguesa. O capitalismo enriquecia-se desproporcionalmente, permanecendo centrado nas mãos do Estado, seguindo o sistema educacional a mesma política de centralização e hierarquização administrativas. As diretrizes, até os mínimos detalhes, provinham do centro econômico, ou seja, da capital Paris. Ao proletariado, representado pelo povo, cabia a condição de vendedor de sua força de trabalho, e o regime republicano ainda não era aceito pela aristocracia pobre, muito mais numerosa, que, apesar de decaída, nada perdera do seu orgulho.

Embora a burguesia ainda não gozasse de influência social decisiva, devido a uma política acidental em ascensão, apenas limitada aos burgueses nobilitados (os chamados a intervir na administração real), a sua influência econômica já podia ser considerada preponderante. Essa aristocracia, em franca oposição às tentativas de reforma fiscal, veio a se alinhar ao lado do povo, aumentando a multidão inumerável dos descontentes. A Igreja movimentou os camponeses e a pequena burguesia; recorrendo à técnica empregada pela revolução, criou um partido (antirevolucionário, naturalmente), mas esperava do Estado o que a monarquia burguesa não lhe poderia dar.

A República toma as providências a fim de formar o mais depressa possível todos os instrutores e professores necessários. E são as Escolas Normais que se encarregam dessa formação, em uma época em que se valoriza muito o saber. O capitalismo traz um aumento considerável da população urbana[1] que, embora de forma lenta, vai repercutir na burocratização do Estado e das grandes empresas, as quais, na época, estavam sob a influência do taylorismo e, conseqüentemente, da competitividade, nova modalidade de relação de poder no trabalho.

A revolução, não obstante a fisionomia social de que se revestiu, foi o protótipo da revolução política, dado que interferiu na condição do indivíduo e na estrutura política, apenas muito superficialmente modificando a estrutura social. Contudo, essa divisão é separada pela classe burguesa, que subitamente se viu diante de uma força democrática à qual não poderia opor nada equivalente. A Igreja movimentou a massa dos proletários e a pequena burguesia, de onde surgem os chamados movimentos anarco-socialistas.

Foram, no entanto, os intelectuais que estabeleceram as condições propícias para a revolução, ao se unirem ao povo das cidades (que não adquirira ainda a consciência política), principalmente Paris. O desenvolvimento da economia liberal, definitivamente instalada na França, produziria os seus frutos e deles seria também a burguesia a principal beneficiária, contra os privilégios da nobreza e do clero. Isso perdurou por toda a primeira metade do século XIX, culminando com a consolidação do capitalismo e a instauração do regime republicano em 1879.

Na época, a sociedade política francesa estava dividida entre a direita – posição típica do liberalismo intelectual e econômico predominante da alta burguesia, com feições autócrato-conservadoras, muito ao gosto do próprio rei, que queria conservar o que conquistara – e a esquerda – representada pelos socialistas, dos quais se separam em 1920 os comunistas, indo constituir a extrema esquerda do movimento operário. Mais ágeis e inclinados para um nacionalismo popular futuro estavam os republicanos, que, ocupando o centro, tentavam fortalecer a opinião pública. Enquanto a alta burguesia valoriza a manutenção da ordem social, os socialistas e comunistas advogam a mudança das relações sociais e lutam por uma nova sociedade.

É importante entendermos os fundamentos dessas duas correntes: a republicana e a socialista. Os republicanos, sem uma teoria política definida, são influenciados pelo positivismo de Augusto Comte e pela moral de Immanuel Kant. O que a revolução transformou foi, portanto, a condição humana do homem (o que já é muito importante), não a sua condição social. O acesso a qualquer posição ou a integração em qualquer classe tornou-se possível a qualquer homem. Porém, a esperança de um novo mundo, que a revolução fizera nascer entre os homens, permanecia irrealizada.

Do positivismo, eles adotaram a visão dos três estados sucessivos da sociedade: o teológico, o metafísico e o científico. Queriam levar a sociedade francesa a ingressar no estado científico (ou positivo) e a libertar-se de toda e qualquer influência religiosa. Desejavam ainda romper com a antiga ordem social, abolindo o poder econômico e ideológico da Igreja e passando-o para o Estado (laico). Positivista, também, é a visão que os franceses tinham dessa mesma sociedade: um corpo vivo e hierarquizado, em que cada membro tem uma função a desempenhar, mais tarde amenizada pelos ideais republicanos de liberdade, igualdade e fraternidade, segundo os quais todos têm o mesmo valor diante da sociedade, qualquer que seja sua ocupação, seu credo ou sua riqueza, e todos devem beneficiar-se dos mesmos direitos.

A influência do kantismo é menos evidente. Ela vem dos primeiros intelectuais calvinistas que participaram do governo republicano, principalmente na área da educação, os quais adotavam a idéia de uma moral natural, presente em todos os homens, e da liberdade de consciência, considerada pelos republicanos como independente de toda e qualquer influência religiosa. Amplamente difundida nas Escolas Normais, essa visão vai formar a base da "moral laica" ou do nacionalismo. Assim, os princípios que permearam a república francesa foram o nacionalismo, a nação como comunidade de cidadãos e o laicismo, ou seja, uma visão própria do mundo secular, ateísta, em oposição ao eclesiástico. Os franceses acreditavam na necessidade do rompimento com a antiga ordem social (representada pelo poder espiritual da Igreja) e, conseqüentemente, com a religião. Questionavam não só os fundamentos da sociedade, mas, antes, queriam estabelecer uma ordem social mais justa e igualitária. Nesse sentido, Freinet foi um dos professores que aderiu ao laicismo e aos ideais republicanos.

Por influência de Augusto Comte, Freinet entendia que o progresso depende da capacidade intelectual do indivíduo e é produto de sua ação. O conhecimento é melhorado por meio da observação das leis de hereditariedade, da influência do ambiente ou do processo de aquisição do conhecimento, e nisso via na escola, sem dúvida, uma grande participação. A quantidade de conhecimento útil pode ser aumentada pela educação, pois, do ponto de vista social, é a disseminação o grande corpo de conhecimentos valiosos.

Essa é a grande função social da educação, da qual depende a inteligência geral e o progresso e felicidade social. Mas, como o controle e a direção social são políticos, a educação só servirá como base de um progresso social racional se for política. Nessa França de Freinet, a sociedade dependia, pois, de um governo centralizador e da Igreja, com seus meios indiretos de dirigir, pelas crenças, as idéias dos indivíduos. Ele lutou pelo esclarecimento racional das pessoas, propondo que a escola trabalhasse o interesse do educando, preparando-o diretamente para as atividades válidas do ponto de vista social.

Assim, via que os motivos morais (herdados de Kant) deveriam ser acentuados, porém, com algumas diferenças. A educação do Estado deveria preparar a criança para o bem-estar da sociedade, o qual inclui o do indivíduo e de todo o grupo social, por um trabalho sistemático no nível das idéias e comunhão da cultura. Acentuou a importância do estudo da tradição, ou seja, a transmissão, de uma geração para a mais próxima, da substância do saber e da cultura do passado. São meios indiretos de crescimento do poder intelectual, isto é, a transformação do ambiente, que acreditava que têm sido trabalhados através das gerações. Dessa forma, a educação é vista por ele como o esforço para conservar a continuidade e assegurar o crescimento da tradição comum, advinda da experiência dos indivíduos.

Em 1905, acontece a chamada Batalha Laica,[2] travada entre os republicanos (que contavam com as forças de esquerda) e os católicos (que disputavam o controle da escola), cujos protagonistas eram os religiosos, de um lado, e os professores primários, de outro. O Estado (centralizador) queria controlar a sociedade por meio das consciências, uma vez que a escola era o local onde se processava essa formação e a atividade educativa, que se distinguia da atividade evangelizadora. Acreditavam que, controlando as consciências, conseguiriam dominar a sociedade. De acordo com Oliveira (1995, p.30), "(...) o embate fundamental desta luta não foi o controle da escola e sim o próprio controle da sociedade, mas não restam dúvidas de que, no campo de superestrutura, a escola foi o ponto central da disputa, o lócus onde esta se tornou evidente aos olhos de todos".

O regime republicano leva o Estado a assumir totalmente a educação e, aos poucos, o ensino organiza-se sob uma administração bastante centralizadora, separando-se da Igreja. Para Oliveira (1995, p.27),

> (...) uma parcela significativa dos professores primários seguiu um itinerário semelhante, desde uma vaga religiosidade até um ateísmo de fato. Freinet, por exemplo, embora nunca tivesse demonstrado intolerância neste sentido, assentou toda a sua obra em uma perspectiva filosófica onde inexistia a figura de um ser supremo ou divindade.

No entanto, quando a direita volta ao poder, em 1906, não consegue fazer a sociedade abandonar um nacionalismo já bastante entranhado na mentalidade coletiva. Um número significativo de professores primários, bastante ativos, lutavam pelos direitos sociais, pela educação e pela organização do proletariado. Naquele momento, coube à imprensa um papel preponderante: ajudar a formar a consciência política da população. É difícil hoje imaginar a grande influência dos jornais, das revistas, dos boletins da época na organização e na difusão dos movimentos operários.

A direita persegue os pacifistas que defendiam o internacionalismo,[3] proibindo também os sindicatos dos professores primários. Profundamente nacionalistas, os franceses valorizavam a justiça, o direito universal dos homens e a paz da sociedade. Os sindicatos tinham como principal bandeira de luta a irreversibilidade da laicização da sociedade e do ensino.

A centralização do Estado também vai influenciar o currículo das Escolas Normais, época em que Freinet inicia a sua formação docente, com apenas 16 anos, ao ser aprovado no concurso de ingresso para a Escola de Formação de Professores (Escola Normal) de Nice,[4] cujo ideal era a instrução do povo e a exaltação da educação como meio de progresso social. Ele via a escola, ideologicamente, como o veículo que distribuiria a todos o saber científico e moral da sociedade.

Ser normalista, além de considerado ponto decisivo para a melhoria da qualidade do ensino, pelo fato de se constituir em um curso profissionalizante por excelência na França da época, era condição de promoção social. Sendo um curso com uma clientela homogênea, de pessoas oriundas das camadas populares e em regime fechado, com duração de três anos, ajudou a consolidação de um espírito de corporativismo, o que mais tarde (início do século XX) daria origem ao sindicato dos professores primários, comprometidos com a profissão e com as transformações sociais e do qual Freinet foi membro ativo até sua cisão, no início dos anos de 1920, quando adere à Federação do Ensino, aliada do Partido Comunista, e entusiasma-se com os métodos da Escola Nova e suas inovações pedagógicas.

Embora se saísse bem nos estudos, estes foram interrompidos, pois, em 1914, quando se inicia a Primeira Guerra Mundial, Freinet é convocado para o serviço militar. Em um dos combates, sofre a ação dos gases tóxicos, o que comprometerá sua saúde (lesão pulmonar). Sem experiência docente e com pouco conhecimento teórico, começa sua história na educação. Em 1920, com 24 anos, assume seu primeiro posto como professor de escola pública rural, em Bar-sur-Loup,[5] uma classe multisseriada, de 35 alunos, na maioria, filhos de camponeses pobres do lugar. As condições são muito adversas: janelas estreitas, muito altas, sem vão exterior; sala abafada, cheia de fumaça da estufa; carteiras pesadas, irremovíveis; crianças nervosas, agitadas, indisciplinadas, barulhentas; carga de seis horas diárias.

Como estava impregnado de uma visão racionalista e otimista da evolução social, Freinet firma alguns princípios pregados pelo Estado, como a instrução é direito de todos e é dever do Estado oferecê-la gratuitamente e, aos pais, escolarizarem seus filhos. Para Freinet, o ensino era militância e engajamento. Tinha a obstinação de honrar a profissão que escolhera e de buscar, entre seus pares, caminhos para melhorar a qualidade do ensino. Conforme relata Elias (1997, p.22):

> (...) observando, experimentando, comparando. Freinet erigiu as bases de um movimento hoje conhecido internacionalmente (...), ligado a FIMEM,[6] desenvolvendo a cooperação internacional e a troca da prática pedagógica em todos os continentes. Como associação facilita os contatos e auxilia a pesquisa e a divulgação de experimentos e inovações.

Outra corrente nesse período, que vai influenciar a pedagogia de Freinet e o sindicalismo francês é o socialismo, movimento marcado pelas influências de Proudhon (1809-1865)[7] e Marx (1818-1883),[8] os quais reforçam as bases teóricas das lutas travadas e consolidam os partidos de esquerda na França. Ao contrário dos anarco-sindicalistas, não queriam a supressão do Estado, e sim sua conquista pela classe operária.

A mesma influência ocorre na classe dos docentes (da qual Freinet fazia parte), uma vez que suas concepções educativas, em vez de partirem do ideal abstrato do homem, do homem em si, fora do espaço e do tempo, do homem entidade e ficção, pregam o homem concreto, tal como existe na sociedade do tempo, assente na grande indústria.[9]

A OCUPAÇÃO ALEMÃ E A FORMAÇÃO DOCENTE ANTES E DEPOIS DA SEGUNDA GUERRA MUNDIAL

Durante a Segunda Guerra Mundial, o socialismo ganha mais adeptos, que, espelhados na Revolução Russa, provocam motins e levantes, os quais são duramente reprimidos pelo governo. Viagens de informação são feitas pelos líderes socialistas à União Soviética, graças ao auxílio de simpatizantes de diversos países, reforçando, na França, a Internacional Comunista e a revolução do proletariado. Como escreve Élise (Elias, 1997, p.25), o pensamento marxista leva Freinet a entender o porquê da revolta de 1917, vivida nas trincheiras e ligada à Revolução Russa.

Na década de 1920, entra em contato com os principais teóricos da Escola Nova, que confirmam seus ideais e sua proposta. No Congresso da Liga Internacional para a Educação Nova, em 1924, defendia-se que o sucesso de uma proposta está nos recursos e estrutura escolares. Sua esposa Élise (1978, p.26) conta:

> Freinet percebe, então, que há uma educação relativamente fácil de ser implantada nas escolas que possuem material educativo e instalações escolares capazes de possibilitar a atividade da criança e a individualização do ensino. Mas, na escola de Bar-sur-Loup, o problema é bem diferente.
>
> A lembrança de sua salinha de aula, uma e outra poirenta, vem-lhe à memória e aperta-lhe o coração...

Ele toma ainda mais consciência da dependência estreita entre a escola e o meio. Não há pedagogia sem experimentação e pesquisa. Não há *educação ideal, só há educação de classes* (Freinet, Élise, 1978, p.26). Para Freinet, a Escola Nova é classista, está a serviço da burguesia (pedagogia capitalista), que vê a criança abstratamente e apresenta conteúdos estanques e fragmentários – a "taylorização" do ensino.

O contato entre classes sociais de jovens burgueses, camponeses e operários possibilita o conhecimento dos problemas sociais e econômicos, assim como a partilha das preocupações quanto ao futuro do país. As repercussões desses contatos serão importantes no pós-guerra, um período de modernização capitalista, quando começa o reordenamento do país, com o crescimento das indústrias e o declínio das formas tradicionais de produção. Essa ascensão, no entanto, é bruscamente interrompida com a grande depressão econômica que se abate sobre o mundo capitalista a partir de 1929.

Em fins de 1924, Freinet introduz a imprensa na escola, a qual traz uma mudança de comportamento de professores e alunos, sendo considerada um novo instrumento pedagógico, de grande rendimento humano e escolar, despertando o interesse de eminentes pedagogos da época. Apoiado na quase total liberdade de imprensa, antecipava, assim, o futuro dos meios de comunicação como poderosos recursos de afirmação social. Rompia-se, então, o círculo do individualismo em que vivia o professor, o que lhe gerava insegurança; lançam-se as bases de um movimento pedagógico fortalecido, integrado e espontâneo, no qual todos participam de alguma maneira, contribuindo para a produção de um conhecimento gerado a partir da experiência.

Não querendo guardar para si a descoberta, que já considera importante para modificar o sentido e o alcance de uma pedagogia nascente e, mais ainda, preocupado com as mudanças no plano social, político e cultural, Freinet organiza e participa de alguns congressos (1925 a 1927), que consagram a Pedagogia Freinet como um movimento internacional de material impresso na escola, movimento que seria assunto de circulares, resenhas, relatórios, ao longo dos anos seguintes.

Na sua concepção, a imprensa escolar não era mais uma técnica ou um recurso didático para a aprendizagem da leitura e da escrita. Sua intenção era mostrar as possibilidades da imprensa na educação da criança do proletariado, mas sabemos que contribuiu para uma consciência autenticamente crítica. A realidade sentida abre-lhe, como afirma Élise (1979, p.128), "o caminho de uma psicopedagogia material: a chama de viver se desenrola por efeito da sensibilidade", propriedade fundamental da vida, mobilizada ao máximo em um trabalho de finalidade.

Em 1925, o Sindicato Pan-Russo dos Trabalhadores de Ensino faz um convite aos professores da Europa Ocidental. Freinet viaja com o objetivo de colher informações para preparar, em regime capitalista, o advento da escola do povo. Visita escolas consideradas de vanguarda da pedagogia mundial: de Petersen, em Iena; de Altona, em Hamburgo; escolas soviéticas vanguardistas e politécnicas; as escolas de Decroly e de Montessori, na França e na Itália, e a Casa dos Pequeninos, criada por Claparède, em Genebra. Não é sua intenção mudar a sociedade pela pedagogia, mas acredita que existe somente uma educação funcional, conforme as necessidades das crianças e da vida social. Sem um conhecimento profundo, aprova as práticas educativas russas (que viria a condenar depois, sabendo-as fruto de uma pedagogia mais dogmática e repressora que a francesa), o que contribui para a sua adesão ao Partido Comunista e sua militância na Internacional do Ensino.

A escola russa, diferentemente dos primeiros anos pós-revolução, tinha como proposta:

- o aluno como parte do grande esforço coletivo;
- o retorno aos "planos de trabalho" para a construção da nova sociedade;
- os centros de interesse como uma nova maneira de organizar os planos de trabalho possibilitando às crianças refletir sobre a "realidade atual" (sociedades de classes/socialismo/comunismo);
- as oficinas escolares para que a criança sinta-se parte do processo produtivo e possa entendê-lo;
- o desenvolvimento sentido social.

Suas investigações têm como objetivo melhorar as condições de trabalho na escola, manter o centro das contradições de qualquer sistema, inclusive o prodigioso processo da vida. Havia em Freinet a necessidade biológica e moral de conviver com uma classe social (dos docentes, principalmente), refletir com eles sobre os elementos do meio de que ele mesmo fazia parte para propor uma escola democrática, capaz de formar seres livres para decidir o seu destino coletivo e pessoal. Encontrando uma sociedade na pobreza, Freinet ajudou a construir o seu presente com os alunos pobres de Bar-sur-Loup. A livre expressão, sobre a qual construiu toda a sua obra, foi por ele investigada desde o seu nascedouro na vida infantil.

Crescia na França, principalmente no sul, onde vivia Freinet, um movimento cooperativo com objetivo da justa repartição da riqueza nacional. Esse princípio cooperativo torna-se uma das linhas-mestras do pensamento de Freinet que ajuda, na região onde trabalhou e viveu, sua organização em termos de produção e consumo. Em 1926, funda a Cooperativa do Ensino Laico (CEL), primeira cooperativa organizada para amparar publicações e difusão de novos instrumentos pedagógicos e experiências, com vistas a fortalecer e encorajar a troca pedagógica entre docentes.

Nos anos de 1930, para reagir contra o fascismo e a ameaça nazista, e devido às duras perseguições, os docentes socialistas fazem uma aliança com a Federação do Ensino (FE) e o Sindicato Nacional dos Professores Primários (SNI),[10] o qual trabalha em prol da Frente Popular. Com a ocupação alemã (1940) e a conseqüente perseguição aos judeus, os professores recebem a ordem de denunciar colegas e alunos judeus. Freinet permanece ao lado daqueles que se negam a colaborar, sendo preso e enviado a um campo de concentração.

Tudo isso, acrescido do descrédito do povo em relação aos governos de centro, contribuiu para o fortalecimento do governo de esquerda, a Frente Popular, o que vai permitir a aproximação entre os intelectuais e o povo.

Essas relações produzem um impacto decisivo sobre as mentalidades, nascendo, no pós-guerra, vários movimentos sociais que abalarão as estruturas socioeconômicas do país e os rumos da sociedade, antes homogênea e consensual. Esses movimentos surgem com notória e aguçada preocupação com o pacifismo e os valores de justiça e solidariedade. O pacifismo, no dizer de Oliveira (1995, p.53), ao "tornar-se um valor de extrema importância, que perpassa todas as correntes da sociedade, terá conseqüências gravíssimas no momento da ascensão de Hitler".

Os franceses não perceberam que a busca da paz a qualquer preço, alimentada principalmente pelas associações de ex-combatentes e de docentes, representava a renúncia a qualquer tipo de resistência ao ditador alemão. A vida torna-se muito difícil quando da ocupação alemã, o que vai fortalecer os grupos de resistência, tendo Freinet sido convocado a participar de um grupo de guerrilha rural.

A escola situada em um ambiente rural não escapa aos determinantes sociais maiores. Há uma neutralidade relativa: a dos pedagogos que escondem suas escolas novas nos bosques ou nas montanhas, longe das aldeias, sobretudo, das cidades. Aí, eles tentam fazer dos seus alunos os "homens puros e fortes" que constituirão, futuramente, "(...) o fermento de vida e moralidade a ser introduzido em um mundo efervescente (...) Prefiro, de longe, outra educação: aquela, mais difícil, porém mais fecunda, de uma escola inteiramente mesclada à vida e ao mundo do trabalho" (Freinet, apud Oliveira, 1995, p.104).

A luta pela Escola Única, iniciada na Primeira Guerra Mundial, é retomada, sendo concretizada ao término da guerra com o Plano Langevin-Wallon (publicado em 1947), primeiro grande plano educacional do pós-guerra, cujo objetivo é a formação do cidadão francês, homem de seu tempo, para atender às necessidades da sociedade. Os resultados dos trabalhos da comissão encarregada de elaborá-lo, segundo Oliveira (1995, p.85) são:

> (...) uma síntese genuinamente francesa do ideário republicano (igualdade e justiça social) com a tradição socialista de luta pela instauração de uma sociedade sem classes. Se parte de seu quadro teórico de referências absorve categorias marxistas de analise, não é, contudo, um plano marxista. O plano Langevin-Wallon, que nunca chegou a ser posto em prática, situa-se, também, na confluência de duas grandes correntes do pensamento educacional francês e internacional da época: a da Escola Única e a da Escola Nova.

Freinet adere ao grupo francês de Educação Nova (GFEN), de tendência progressista, e com poucos outros professores busca desenvolver uma prática renovada para acompanhar as mudanças sociais e científicas da segunda metade do século XX. Como Marx e Engels,[11] Freinet faz uma crítica às escolas da época e serve-se dessas idéias para propor o trabalho na escola, a cooperação em sala de aula, a assembléia e, portanto, nelas está o germe da escola do povo. O sistema de educação que propõe resulta, assim, da evolução histórica que faz germinar uma educação para o futuro, daí sua constante atualidade.

Freinet crítica a escola tradicional, *inimiga do tatear experimental*, fechada, contrária à criatividade, à descoberta, ao interesse e ao prazer infantil. Denuncia as práticas, os manuais e os prédios escolares como produtores de *doenças* escolares graves: dislexias, anorexia, etc. Critica as propostas e os métodos da Escola Nova, em particular, Decroly e Montessori, por necessitarem de materiais, local e condições especiais para a realização do trabalho pedagógico.

Denuncia a cidade como *artificial* e as escolas como quartéis por não possibilitarem às crianças o contato com a natureza. A pedagogia Freinet adaptou-se à realidade urbana, mas a escola ideal situa-se no campo, o que se concretiza, a partir de 1930, na escola de Vence.[12] A visão de Freinet amplia-se e o seu engajamento político intensifica-se, tomando consciência de que o ensino público reforça a dominação. Passa a lutar pela *escola do povo*, por uma mudança radical das estruturas sociais.

A experiência de ir para a escola não é prazerosa. Os métodos são austeros, enquanto os ensinamentos ignoram a experiência de vida dos alunos. A escola não valoriza a visão de mundo das crianças do povo para chegar à visão científica. Inculca-lhes a visão de mundo que os republicanos julgam apropriada à sua condição subalterna na sociedade.

Para Freinet (Oliveira, 1995, p.105), não existe neutralidade em nenhum ramo do saber. A escola sempre assume uma postura a favor ou contra as classes que educa:

> Se, para isso for preciso erguer-se contra todo o aparelho social, só alguns super-homens poderão tentar valer-se desta liberdade... O mal está na base da instituição. Existem os exames, existe toda uma formação defeituosa, existem diabos, toda a mentalidade capitalista... enquanto houver oposição entre a sociedade e a escola que desejamos, nossos métodos nunca atingirão seu pleno efeito.

Imbuído de valores como nacionalismo, republicanismo, pacifismo, Freinet prega a igualdade entre os homens como o fundamento da cidadania. Considera que o progresso do país advém, século após século, dos homens, nunca de guerras ou acontecimentos violentos, como bem demonstra em seu livro *Educação do trabalho*. Extremamente moralista e legalista, contrapõe-se à moral religiosa católica e trabalha por uma educação laica sadia, o que lhe acarretou, muitas vezes, pressões por parte dos notáveis locais (padres e comerciantes/patrões), como a que sofreu em Saint Paul de Vence e que culminou em sua demissão do ensino público. É preciso acreditar e ter muito bem enraizado a sua dedicação ao Estado e aos ideais republicanos, conforme escreve Oliveira (1995, p.41):

> Da fé no progresso e da fé laica decorrem as linhas de conduta do professor: ele deve ser, perante a comunidade, o modelo de homem republicano e deve transformar sua escola no espaço onde se concretiza a utopia republicana de justiça e de igualdade social, no lócus onde ela se torna visível aos olhos de todos: crianças, pais, cidadãos em geral.

A idéia de que a escola deve preparar para o trabalho – não no sentido de formação profissional, mas de preparar o futuro trabalhador para o papel que lhe é destinado na sociedade – também é endossada por Freinet. Em seus escritos, deixa clara a importância do trabalho, da aprendizagem da cidadania, do amor à ciência e ao saber, não sem antes questionar a própria sociedade conforme estava organizada. Freqüentando congressos, começa a divulgar sua pedagogia, considerada pelo Conselho Departamental de Educação como um método heterodoxo, por utilizar estratégias pouco comuns, como o cinema na escola.

Nessa concepção, as atividades manuais são consideradas tão importantes quanto as intelectuais. A disciplina e a autoridade são vistas como fruto do trabalho organizado. Esta é uma proposta de educação dinâmica, humana e popular, pois, direciona-se às crianças do povo para levá-las a não se sentirem discriminadas devido à classe social.

Para Freinet, a escola não é um microcosmo da sociedade científica e moralmente superior sonhada pelos positivistas.

> Guardamos infelizmente na mente a hipócrita ilusão de uma escola que conciliaria, graças a sua neutralidade, todas as teorias pedagógicas e sociais, de uma educação a serviço das crianças, ao passo que ela serve exclusivamente, como todas as escolas, à classe que cria e administra. (Collectif Icem, 1979, p.9)

Freinet via a escola inserida na sociedade e no tempo, fruto dos determinantes sociais que a condicionavam. Para ele, a escola deve ser um espaço aberto e centrado nos interesses da criança, cuja educação ligue a vida dos alunos ao meio onde vivem. Ela é um agrupamento em constante evolução, situado na sociedade, que deve trazer sua contribuição para sua transformação.

Freinet não acredita que, a partir da escola, ocorrerá o advento da sociedade justa e igualitária. Os educadores não devem cruzar os braços, pois, ao mesmo tempo em que é reprodutora das relações, a escola é espaço de contradições, onde se manifesta, também, a luta de classes. Ela suscita, por sua própria existência, enormes esperanças no proletariado.

A escola, para Freinet, é o lugar onde a criança deve aprender os fatos importantes para a vida em sociedade, os elementos essenciais da verdade, da justiça, da personalidade livre, da responsabilidade, da iniciativa, das relações causais, não só estudando-as, mas praticando-as. Situa-se em uma temporalidade que segue as tensões, os conteúdos e os propósitos da sociedade de que faz parte, devendo dar conta dessa realidade e do seu futuro. De acordo com a idéia fundamental da unidade, é uma instituição onde a criança descobre a sua própria identidade, realizando sua personalidade e desenvolvendo o seu poder com iniciativa e criatividade. Deve realizar isso em cooperação com outras crianças, empenhadas nos mesmos esforços, em um trabalho sério, que valorize a relação escola-vida, a expressão livre, a consciência de que as atividades escolares devem receber o mesmo tratamento responsável que é dado ao trabalho. Deve ser ativa, de acordo com os interesses da criança, observando sua vida, motivando-a pela ação, envolvendo-se afetivamente com ela.

A escola faz parte da sociedade, introduz o aluno na lógica do trabalho, devendo torná-lo crítico e questionador, capaz de superar suas desvantagens de classe. Conhecer é muito mais que memorizar, é construir dialeticamente o conhecimento, por uma relação dialógica, cooperativa, multidisciplinar, enfrentando as limitações materiais.

Nesse ambiente, o professor também é um pesquisador, o profissional que estimula a descoberta e a realização pessoal do indivíduo, no seio do grupo cooperativo de cujo interesse todos participam e cujas recomendações abrangem a todos. O auxílio cooperativo deve ser um motivo constante. Freinet considera que o docente deve ser um mediador, aquele que conhece, respeita e orienta o processo educativo, em uma parceria dialética permeada de afeto e respeito.

A observação que fazia dos alunos e da natureza leva-o a propor uma aprendizagem real, que tem como fonte a pesquisa. Considera que, assim como na vida a aprendizagem ocorre de maneira natural, sem regras prévias, o mesmo deveria acontecer na escola. A partir da observação de modelos do meio e das necessidades do dia-a-dia, a criança vai construindo ou se corrigindo, naturalmente, sem a necessidade de métodos preestabelecidos. À escola cabe levar o educando ao reencontro do homem com sua condição espiritual, em harmonia com a mãe natureza, facilitando suas tendências e encorajando-o a querer ultrapassar sempre os próprios limites.

Após 1945, trava-se, na França, a luta dos socialistas e liberais pelo governo provisório, cuja hegemonia, de início, fica nas mãos dos socialistas e comunistas.

Surge, nessa época, com imensas dificuldades, a luta por uma série de medidas trabalhistas, com o apoio dos sindicatos restaurados, com vistas a resgatar a democracia no país que, apesar do seu caráter eminentemente social (trabalho em detrimento do capital), não consegue alterar as marcas do capitalismo liberal, de tendência nacionalista. Só mais tarde despertaria a burguesia para a importância da questão social.

A ORGANIZAÇÃO DA ESCOLA E A PERCEPÇÃO DOS ESPAÇOS: NOVO MODELO DE GESTÃO DE ESPAÇO E TEMPO

Freinet legou-nos uma nova organização de escola e um novo modelo de gestão de espaço e tempo, fruto da influência do pensamento anarquista alemão, com abolição de um programa anual, da seriação, dos horários e da divisão dos conteúdos das disciplinas. Sentia que era necessário nascer a revolução da escola para atender às aspirações de um proletariado que a cada dia adquiria maior consciência do seu papel histórico e humano, uma escola capaz de formar essa consciência de seu papel na sociedade.

A pedagogia Freinet é uma proposta de ensino-aprendizagem voltada para a cooperação, que Rousseau defendeu e que ele amplia, atribuindo grande importância a uma prática escolar que parta da análise crítica da realidade na qual os alunos estão inseridos. Sua vanguarda está em visualizar um processo ensino-aprendizagem que considere os envolvidos como verdadeiros cidadãos, sujeitos críticos que analisam a realidade e interferem nela.

Em sua proposta de escola, o aluno sabe que não é o único, mas que é o personagem central, participante ativo no planejamento, no desenvolvimento e na avaliação do trabalho escolar. A organização da classe nasce da dinâmica do grupo de alunos, e o trabalho transcorre a partir dos interesses do grupo-classe. Sem cair na liberdade absoluta das escolas alemãs, a organização multidisciplinar que propõe, sem uma rígida separação entre as disciplinas, atende às diretrizes dos Programas Oficiais de Ensino da época, mantendo, porém, uma separação entre as áreas do conhecimento. Afirma Oliveira (1995, p.119):

> (...) assim que o seu desenvolvimento intelectual o permita, as crianças são associadas a elaboração do planejamento das atividades escolares. Tomam conhecimento dos programas correspondentes à sua série para, com o auxílio do professor, estabelecer a forma como serão trabalhados a partir dos interesses da classe. Isso se faz ao longo do ano, mediante a instituição do conselho semanal de classe.

Propõe classes cooperativas e multisseriadas, uma vez que essa organização dá a possibilidade de a criança acompanhar, ao longo do ano, agrupamentos compatíveis com seu nível em cada uma das áreas do conhecimento. A criança tem liberdade de percorrer e de se comunicar com diferentes grupos, ensinando e aprendendo com os colegas, em uma ajuda mútua que reforça o conhecimento e a autoestima. Quando essa organização não é possível, Freinet propõe o intercâmbio entre crianças de uma mesma escola ou até de escolas diferentes.

Em Freinet encontramos os princípios de uma prática construtivista ideal, para além do desenvolvimento social e emocional nos moldes propostos por Piaget (corrente cognitivo-desenvolvimentista). Ele considera que o professor pode e deve, visando a estimular o raciocínio adequado do educando, intervir na sua aprendizagem, cuja transmissão cultural reflete um conhecimento resultante da informação que vem de fora para dentro, o que requer a mediação didática do adulto. Afirma que a criança aprende a falar, falando, a escrever, escrevendo, etc., e propõe o *método natural* de aprendizagem. Dá ênfase especial ao interesse, considerando que, quando interessada, a criança identifica-se com o que está fazendo e, conseqüentemente, aprende.

Quando propõe partir do conhecimento da criança, avança em relação às idéias de Dewey e Piaget ao afirmar que o professor deve utilizar o conteúdo do interesse da criança para que a atividade contribua para o seu desenvolvimento e aprendizagem. Por essa razão, propõe a organização da sala em cantos ou oficinas (oficinas de leitura, música, criação, expressão e comunicação gráfica e/ou artística, experimentação etc.),[13] deixando o centro livre para a circulação das crianças e do professor. Nessa organização, levam-se em consideração os programas, os horários, os hábitos e as exigências da escola, dos pais e da comunidade escolar.

Entretanto, da Escola Nova, aproveita o trabalho em equipe, tornando-o autogestionado; os "centros de interesses", transformando-os em complexos de interesses"; a cooperativa escolar, adaptando-a para cooperativa de trabalho; a escola ativa, transformando-a em "a escola em ação", pela qual as crianças podem libertar-se de sua secular submissão e passividade. E, o mais importante, a criança passa a ser o centro do processo educativo, em oposição à escola conservadora, centrada no professor.

Diferentemente dos Centros de Interesse de Decroly, no entanto, no seu Complexo de Interesses os temas são organizados em função de sua importância social, e não apenas dos interesses dos alunos, e devem permitir a reflexão sobre a complexidade e as interligações (programas, horários, hábitos e exigência da escola dos pais e da comunidade escolar) com o real, unindo trabalho e ensino, interesses e valores. Por associar o trabalho freqüentemente a uma atividade séria, Freinet não separa trabalho manual e intelectual. O trabalho na escola (Oliveira, 1995, p.131) "tem duas faces: a realização, propriamente dita, de um trabalho socialmente útil e o estudo do trabalho. As crianças precisam sentir que fazem parte de um processo produtivo, mas têm também de ter a oportunidade de entender e dominar esse processo".

Além das oficinas na sala de aula freinetiana, prevê-se um espaço para a exposição das produções infantis e para a reunião das crianças em momentos coletivos:

- momento de planejamento – no qual se constrói, em conjunto, a proposta de atividade do dia;

- momento de conversa – no qual os sentimentos, os desejos, o mundo imaginário infantil é revelado, trazendo a vida da criança para ser partilhada com o grupo-classe. A "pedagogia da escuta" é exercida pelo professor intencionalmente;
- momento de atividades coletivas diversas – no qual as crianças exploram diferentes formas de uso da comunicação e da expressão;
- momento da comunicação dos trabalhos realizados nas oficinas – no qual é realizada a socialização das produções vivenciadas nas oficinas para o coletivo;
- momento da avaliação – no qual se faz uma reflexão conjunta dos momentos mais significativos do dia.

A oficina escolar leva o aluno a entender sua lógica do trabalho, sendo o ponto de partida de uma teia cujos fios levam à complexidade do processo produtivo. O trabalho é algo sério, que se distingue do jogo, cuja instrução é dirigida pelo professor em termos acadêmicos, como leitura, escrita e cálculo. Em sua opinião, quando algo lhe interessa, a criança desenvolve um trabalho. Freinet refere-se a *trabalho* em sentido amplo, denominando-o *trabalho-jogo*. Diferencia-o de brincadeira, afirmando que, por envolver o prazer de criar, construir, dominar a natureza, ele é natural, respondendo diretamente à necessidade humana de criar, diferentemente do *jogo*, simulação da ação de trabalhar.

Enquanto o jogo tem valor acidental de substituto do prazer, do relaxamento, a função do trabalho é iluminar a vida, dando-lhe harmonia e equilíbrio, suscitando nova concepção de relações sociais, uma filosofia e uma moral que não serão subtraídas da condição humana, mas que surgirão como sutil emanação de uma nova ordem baseada na dignidade e no esplendor do trabalho. E conclui (Freinet, 1998, p.221): "o trabalho nem sempre é jogo e, se é nefasto trabalhar sempre, não é bom jogar sempre".

Considera que a criança não brinca gratuitamente e o que aparenta ser uma atividade puramente lúdica é, na realidade, um trabalho – e dos mais sérios. Se o trabalho, para Freinet, é uma necessidade natural do ser humano, o *trabalho-jogo* visa a resgatar essa necessidade que a vida contemporânea impediu, mostrando (1998, p.204) que ela é os dois ao mesmo tempo, uma vez que "atende às múltiplas exigências que nos fazem comumente suportar um e procurar o outro. Certamente não é uma atividade impossível, já que se realiza espontaneamente em certos meios, em certas circunstâncias. Compete a nós generalizá-la e estender seus benefícios a nosso trabalho escolar".

O jogo, para ele, é o verdadeiro trabalho da criança, colaborando com o seu desenvolvimento social. Sua preocupação não está na definição dos termos, mas no papel que tanto o jogo quanto o trabalho ocupam na educação da criança, pois ele justifica e valoriza o jogo como atividade educativa. Sendo uma atividade espontânea, o trabalho-jogo torna-se a base do processo educativo nos primeiros anos. Resultando mais diretamente dos interesses inatos da criança, o trabalho-jogo fornece o melhor tronco natural em que se enxertaram hábitos de ação, sentimentos e pensamentos. Como motivo, representa a mesma espontaneidade que o brinquedo; como atividade, representa o processo construtivo e concreto de tornar real uma idéia, ponto de partida e finalidade do processo educativo.

É por meio dele que a criança adquire a primeira representação do mundo e desenvolve o seu poder, pois cada atividade séria que executa é, para ela, a expressão de alguma idéia ou propósito. A grande importância do trabalho-jogo, porém, encontra-se no princípio de que a educação é apenas o desenvolvimento do poder de manifestar e expressar o próprio "eu". Conseqüentemente, é por meio dele que o educador pode dar à criança a interpretação da vida que ele procura comunicar. Podendo introduzi-la melhor no mundo das verdadeiras relações sociais, dar-lhe o senso de autonomia e de auxílio cooperativo, provê-la com iniciativa e motivação e desenvolvê-la como indivíduo, construindo uma unidade no todo social.

Como afirma Elias (1997, p.49), "em sua proposta, a pedagogia e a psicologia se interpenetram, dando origem à Pedagogia do Bom Senso". Entendemos, então, por que Freinet é a favor dos métodos naturais, da livre expressão e da pesquisa experimental. Eles são o prolongamento da própria experiência pessoal, respondem a todas as exigências do indivíduo e, por conseguinte, favorecem a aprendizagem. Os métodos naturais são, para Freinet (1971, p.28), "a própria manifestação da vida", complemento da tentativa experimental, pois considera que as crianças aprendem a falar naturalmente, sem nenhum esforço particular.

Sua preocupação era com o respeito aos impulsos da vida infantil, em que o aprender a ler e a escrever serão tão simples como aprender a andar, a falar, a desenhar, a pintar ou dançar, a cantar, a raciocinar, a ouvir, a exprimir-se, a criar: aprender a viver. A aquisição da linguagem é fruto de uma larga série de tentativas e aproximações, provocadas pela necessidade funcional que a criança tem de descobrir-se no mundo e apropriar-se dele, descobrir os outros e entrar em comunicação com as pessoas que a rodeiam e, ao mesmo tempo, desenvolver a curiosidade natural e adquirir o gosto pelo trabalho.

Aprender a descobrir e decifrar o meio, estimular a curiosidade infantil, a partilha, a ligação natural entre a linguagem falada e a escrita é o papel do educador que, ao intervir e estimular, de forma natural, estará colaborando para o desenvolvimento de toda a vida afetiva da criança, sua necessidade de expressão (gesto, palavra, desenho, escrita) e de comunicação, através do diálogo verbal (que será precioso na escola de educação infantil, se o/a professor/a souber escutar a criança) e a escrita dos acontecimentos infantis, suas descobertas, seus sentimentos, suas alegrias e suas surpresas.

A constante observação e o profundo respeito que devota às crianças levam Freinet questionar a eficiência das normas rígidas: filas, horários e programas. A sala de aula é um lugar que convida ao trabalho e Freinet distingue para a educação infantil três etapas educativas:

1. *Período de pré-ensino*: do nascimento até por volta dos 2 anos. Em seu livro *Conselho aos pais*, insiste na importância primordial e determinante desses primeiros anos para a formação; deles depende – e muito – o êxito

pedagógico, individual, social e humano ao longo das etapas ulteriores da educação. É o período da prospecção por tentativa, quando a criança procura familiarizar-se com o mundo. Para esse período, prevê atividades em parques, jardins públicos e espaços livres, nos quais as crianças possam ter contato direto com a natureza através de experiências tateantes.

2. *Período correspondente aos jardins-de-infância*: dos 2 aos 4 anos. É o período da adaptação ou arrumação, no qual a criança não se contenta em conhecer por simples curiosidade. Nesse período que precede a educação sistemática, o educador deve deixar a criança entregue a múltiplas experiências, as quais servirão de ensaios preparatórios para que atinja por si a eficiência social, antes de atingir a etapa seguinte.
3. *A escola maternal e infantil*: dos 4 aos 7 anos. É o período em que a criança inicia a ordenação de sua personalidade. Aos 4 anos, tenta dominar o meio; é o período da "arrumação", quando, não satisfeita em conhecer, passa a organizar a vida e suas experiências tateantes, embora em um plano ainda puramente experimental.

As etapas educativas posteriores não serão objetos de análise do presente estudo.

Sem experiência e sem teorias pedagógicas, mas com profundo compromisso com as crianças, Freinet descobre caminhos que mais tarde serão explorados por educadores e psicólogos. Sem querer visar explicitamente ao objetivo de uma educação de inteligência e de uma aquisição dos conhecimentos gerais da ação, Freinet atingiu, portanto, esses objetivos constantes da escola viva ao pensar principalmente no desenvolvimento dos interesses e na formação social da criança.

Freinet estabelece e preconiza um ensino com base na pesquisa: o *método natural*. A criança aprende sem métodos preestabelecidos, a partir de observação dos modelos à sua volta. Para aprender a ler, a resolver problemas matemáticos, a construir conhecimentos nas diversas áreas, basta encorajá-la. O professor é aquele que apresenta perspectivas para novas buscas.

Para Freinet, sem retorno à natureza, no ser e no viver, não há aprendizagem autêntica. Daí a necessidade de situar a escola no campo, rodeá-la, pelo menos, de alguns elementos *naturais*: água, terra, plantas, animais. No entanto, não se pode concluir que, tal como Rousseau, preconize a rejeição da sociedade. A dimensão social do campo não pode estar separada da sociedade maior em que a criança está inserida.

Sua concepção de educação é a do exercício da cidadania, ou seja, criar condições de liberdade de oportunidade para enfrentar a rude concepção imposta pelo capitalismo. Com essa premissa, só podia prevalecer um conceito utilitário de educação, uma educação do trabalho e de construção da cidadania. É uma idéia que visa à felicidade, ao bem-estar individual e social dos quais dependem as relações sociais.

Freinet insurge-se contra a *teoria* (ou discurso retórico vazio, desvinculado da prática). Seu texto inclui várias situações concretas por ele vividas como educador. Considera que o *tatear experimental* transforma as experiências bem-sucedidas em *regras de vida*. A personalidade é construída no confronto dialético com o mundo e com os outros homens. A relação direta do homem com o mundo físico e social é feita pelo trabalho – sua atividade coletiva. Liberdade não é cada um fazer o que quer, mas o que se decidiu em conjunto.

Ansioso por mudanças sociais, Freinet dedica a sua vida e os seus esforços à causa da educação. Não seria ele um incorrigível *otimista* quanto ao poder transformador da educação? Conforme destaca Elias (1997, p.40) para Freinet:

> Educar é construir junto. Por isso, sua pedagogia está fundamentada em quatros eixos:
>
> – a cooperação – como forma de construção social do conhecimento;
> – a documentação – registro da história que se constrói diariamente;
> – a comunicação – como forma de integrar o conhecimento;
> – a afetividade – elo de ligação entre as pessoas e o objeto do conhecimento.

A criança é vista, por ele, como um ser histórico-social, um ser afetivo, um ser inteligente e criador de cultura como o adulto, artífice de seu próprio desenvolvimento e saber. Não adota a imagem de uma criança idealizada, mas concreta. Não uma criança que aprende por abstração, mas que adquire os conhecimentos como alguém que está *imerso* na realidade e que participa intensamente do cotidiano.

Na década de 1950, formulou suas invariantes pedagógicas ou código de educação. Inova profunda e corajosamente ao afirmar: "A criança e o adulto têm a mesma natureza. Ela é como uma árvore que ainda não terminou seu crescimento, mas que se alimenta, cresce e se defende exatamente como a árvore adulta". Quatro décadas antes da promulgação do Estatuto da Criança e do Adolescente, já havia reconhecido os direitos da criança como semelhantes aos do adulto.

Em sua proposta pedagógica, a criança é descrita como um ser totalmente provido de humanidade: um ser curioso, que pensa, que fala, que sente, que cria, que constrói, que se defende e que interage na sociedade em que vive.

Em seu *Código de educação*, define como princípios:

Sobre a natureza da criança

- A criança e o adulto têm a mesma natureza.
- Ser maior não significa necessariamente estar acima dos outros.
- O comportamento escolar da criança depende de seu estado fisiológico e orgânico, de toda a sua constituição.

Sobre as reações das crianças

- A criança e o adulto não gostam de imposições nem de disciplina rígida, quando significa obedecer passivamente a uma ordem externa.
- Ninguém gosta de fazer determinados trabalhos por coerção, mesmo que, em si, eles não desagradem. Toda atitude coerciva é paralisante.
- Todos gostam de escolher seu próprio trabalho, mesmo que a escolha não seja a mais vantajosa.

- Ninguém gosta de trabalhar sem objetivo, atuar como máquina, sujeitando-se a rotinas das quais não participa.
- A motivação é fundamental para o trabalho.
- É preciso abolir a escolástica.
- Todos querem ser bem-sucedidos. O fracasso inibe, destrói o ânimo e o entusiasmo.

Sobre técnicas educativas

- O jogo não é natural à criança, mas, sim, o trabalho.[14]
- Não são a observação, a explicação e a demonstração – processos essenciais da escola – as únicas vias normais de aquisição de conhecimento, mas a experiência tateante, que é uma conduta natural e universal.
- A memória, tão preconizada pela escola, só é válida e aceitável quando integrada no tateamento experimental, onde é posta a serviço da vida.
- As aquisições não ocorrem pelo estudo de regras e leis, como, às vezes, se crê, mas sim pela experiência. Estudar primeiro regras e leis é colocar o carro à frente dos bois.
- A inteligência não é uma faculdade específica, que funciona como um círculo fechado, independentemente dos demais elementos vitais do indivíduo, como ensina a escolástica.
- A escola cultiva apenas uma forma abstrata de inteligência, que atua fora da realidade viva, fixada na memória por meio de palavras e idéias.
- A criança não gosta de receber lições *ex cathedra*.
- A criança não gosta de se sujeitar a um trabalho em rebanho. Ela prefere o trabalho individual ou de equipe em uma comunidade cooperativa.
- A ordem e a disciplina são necessárias à aula.
- Os castigos são sempre um erro. São humilhantes, não conduzem ao fim desejado e não passam de paliativo.
- A nova vida da escola supõe a cooperação escolar, isto é, a gestão da vida e do trabalho escolar pelos envolvidos, incluindo o educador.
- A sobrecarga das classes constitui sempre um erro pedagógico.
- A concepção atual dos sistemas escolares conduz professores e alunos ao anonimato, o que é sempre um erro e cria sérias barreiras.
- A democracia de amanhã prepara-se pela democracia na escola. Um regime autoritário na escola não é capaz de formar cidadãos democratas.
- Uma das primeiras condições para renovação da escola é o respeito à criança e, por sua vez, a criança ter respeito aos seus professores; só assim é possível educar dentro da dignidade.
- Temos que contar com a reação pedagógica que manifesta uma posição social e política.
- É preciso ter esperança otimista na vida.

O professor que dá apoio a seus alunos, desempenhando o papel de catalisador e de confidente, ajuda-os a vencer obstáculos, ter iniciativa e conservar o entusiasmo, proporcionando-lhes maiores oportunidades de triunfo na vida. A infância vivida por Freinet influenciou sensivelmente sua concepção da atividade infantil, contrapondo-se à visão liberal de criança como um ser à espera do futuro. Para ele, a criança, como tal, tem seu lugar e papel no trabalho humano. O ser humano desenvolve-se pelo trabalho criador, de utilidade social e produtor de valor real. A escola não é preparação, mas, desde já, vivência de uma inserção social concreta.

EDUCAÇÃO COMO CONSTRUÇÃO DA CIDADANIA

Freinet via na educação uma nova missão, a de esclarecer os princípios básicos da felicidade pela cooperação, dando mais relevo à formação do que à instrução, a quem cabe explicar as complexas relações da sociedade, seu fim ético e moral. Essa proposta exige uma reconstrução do trabalho escolar, de modo multidisciplinar, cujo objetivo maior está na formação do caráter, nos hábitos sociais e cooperativos, nos motivos patrióticos. A educação torna-se, assim, embora indiretamente, a força modificadora das instituições sociais. Ele sempre encarou o progresso como característica da vida futura e a habilidade de inserir-se, rápida e adequadamente, às novas condições sociais como responsabilidade da educação.

O intuito de Freinet era elaborar técnicas pedagógicas que contribuíssem para a transformação do processo educativo. O ideal era possibilitar a todas as crianças, independentemente da classe social, o acesso a uma educação que lhes promovesse o desenvolvimento e a cidadania. Que todas elas, como ele mesmo afirma, tivessem atividades não só escolares, mas também sociais e humanas.

Freinet, a partir de sua intuição e da observação dos interesses de seus alunos, elaborou técnicas que pudessem enriquecer suas experiências diárias. Seu objetivo, vale a pena ressaltar, sempre foi o de dinamizar as atividades escolares, por meios que levassem as crianças a se comunicarem e a expressarem os seus pensamentos, construindo pontos de vista próprios em relação ao mundo vivido e superando a visão de que o conhecimento não está apenas nos manuais escolares. Entre essas técnicas, podemos citar:

- *o texto impresso*: pouco a pouco, ele vai mudar o clima e o trabalho da classe, instaurar a via por meio da qual a tradição mantém seus direitos, operar uma inversão decisiva de toda a prática escolar, abrir novos caminhos para o comportamento da criança real e sensível;
- *a correspondência escolar*: alarga o universo infantil, motiva as atividades humanas, responde à afetividade expansiva das crianças, traz unidade de trabalho e de comportamento em classe;
- *o texto livre*: libera o pensamento da criança, facilita sua expressão, está na origem de uma literatura autêntica, da qual histórias de crianças reais ou imaginárias são uma demonstração positiva;
- *a livre expressão*: facilita a criatividade da criança no desenho, na música, no teatro, nas extensões naturais da atividade infantil, progressivamente responsável pelos comportamentos afetivos, intelectuais e culturais;

- *a aula-passeio*: se o interesse das crianças estava no que ocorria fora da sala de aula, no vôo dos pássaros e das abelhas zumbindo e batendo nos vidros das janelas empoeiradas, Freinet sairá da sala de aula, organizando as aulas – passeio. Nessa atividade, descobriu que um dos meios mais poderosos de aprendizagem é o envolvimento afetivo que liga os conteúdos aos interesses concretos dos alunos. Os alunos descrevem o que observam sem constrangimentos, procurando redigir um texto que seja compreendido por todos;
- *o livro da vida*: nele ficam registrados os momentos mais significativos da vida da classe. Essas anotações representam o caminho percorrido pelo grupo-classe, materializado em diferentes linguagens: desenhos, colagem, modelagem, música, poemas, etc., tornando-se, assim, um registro do vivido.

As "técnicas" ou "meios", propostos por Freinet, representam uma denúncia ao caráter artificial da pedagogia tradicional. São instrumentos de comunicação que ajudam no desenvolvimento da aprendizagem dos alunos. Foram vivenciadas na prática, por meio de um processo dialético de reflexão *na* e *pela* ação, e formam um conjunto dinâmico, sempre aberto a mudanças ou acréscimos.

Essas estratégias auxiliam na investigação das necessidades e dos interesses das crianças, bases funcionais da comunicação. Onde encontrar melhor terreno para o uso das técnicas Freinet do que em escolas de educação infantis abertas para a vida das crianças, que respondem primeiro à sua necessidade de essencial de segurança, cujos *métodos naturais* estão todos centrados no desenvolvimento das crianças de 0 a 6 anos e nos períodos *sensíveis* desse desenvolvimento?

Compreender como as crianças entendem, descobrir como elas olham e vêem o mundo, relacionar esses aspectos da realidade com as diferentes linguagens que usam e interpretá-los é uma forma de ajudá-las a construir o próprio conhecimento. A experiência individual (atual, recordada ou reproduzida) transforma-se em algo comum a todos e sobre isso se faz a reflexão. Desse modo, aprendizagem e desenvolvimento complementam-se.

A grande preocupação de Freinet era criar um ambiente educativo que conduzisse as crianças a um processo consciente de emancipação, no qual pudessem trilhar os próprios caminhos, fazer as próprias opções. Havia grande preocupação com a sociedade em que viviam, fato que o levou a atribuir à educação papel de destaque para a transformação.

Essas técnicas só fazem sentido em um contexto de atividades significativas, que possibilitem às crianças sentirem-se sujeitos do processo pessoal de aquisição de conhecimentos. Freinet entendia que o dinamismo a ação é que estimulam as crianças a construírem o conhecimento.

CONSIDERAÇÕES FINAIS

O exercício da reflexão da pedagogia Freinet na infância representou uma desconstrução crítica sobre o papel da escola, a concepção de criança e o papel profissional/pessoal do educador.

Ressignificar o sentido dessa visão, seu valor e seu compromisso é o que buscamos nesse processo, lançando um olhar mais profundo, que desvelasse não só as contradições, limitações, mas também as formas de superação e transformação que a sua prática educativa possibilita na educação infantil.

Como vimos, o ambiente, pano de fundo de toda ação, pauta-se em uma perspectiva de afetividade, focando a formação dos seres humanos, com seus históricos, suas culturas, seus atores sociais de um tempo e de um espaço. A visão de totalidade dessa pedagogia implica em um olhar para o mundo em diversas dimensões, interrogando sobre tudo o que está no contexto, desenvolvendo a razão, a imaginação e a sensibilidade.

A pedagogia Freinet é uma proposta educativa coerente e de profundo compromisso com a criança e com a sua efetiva participação na escola, na família e na comunidade. Para compreendermos sua contribuição com uma pedagogia da infância é preciso analisá-la em uma perspectiva dialética: de construção e reconstrução constantes. A pedagogia Freinet caracteriza-se por sua dimensão social, que defende uma escola centrada na criança, vista não como indivíduo isolado, e sim como parte de uma comunidade "a que ela serve e que a serve", que tem direitos e deveres, entre os quais o direito ao erro. Essa proposta tem como pressupostos:

- a aprendizagem é uma atividade construtiva da criança;
- o trabalho criativo é o motor da ação educativa.

Esses princípios continuam fundamentando os educadores a mais de oito décadas, sendo bastante valorizados pelos educadores da infância. Eles contribuem para que cada aula represente um turbilhão de possibilidades, sem comparação possível com a organização de uma sala de aula tradicional.

Segundo Elias (1996, p.29), os princípios da pedagogia Freinet que sustentam esse novo fazer pedagógico são:

Participação	↔	Cooperação
Individualização	↔	Socialização
Criatividade	↔	Atividade
Crítica	↔	Valorização
Autonomia	↔	Responsabilidade
Unidade	↔	Integração e Interdisciplinaridade

Há uma relação profunda entre essa pedagogia, o exercício da vida e as técnicas que materializam a ação infantil. Assim, a pedagogia Freinet parece bastante adequada para a formação dos educadores da infância, por sua proposta de:

1. valorização e aproveitamento da experiência dos educadores que trabalham com crianças;

2. visão interdisciplinar de todas as atividades e áreas, que não se opõem, mas que se completam mutuamente;
3. priorização do trabalho coletivo, em que se exercita a comunicação, as diferentes linguagens, a interação afetiva, em uma perspectiva de construção da autonomia.
4. projeto pedagógico que visa à promoção das classes populares, pela educação como contribuição para a transformação da sociedade.

À primeira vista, poderíamos afirmar que Freinet nada tem a ver com a educação infantil, que sua preocupação maior está voltada para a renovação do ensino primário público. Entretanto, à medida que lemos suas obras, constatamos que suas preocupações podem ser direcionadas à educação das crianças pequenas.

Freinet foi considerado um educador revolucionário, que cultivou o aspecto social da educação. Partia do princípio de que as atividades naturais das crianças desenvolviam-se em grupo, cooperativamente, o que lhes permitia atribuir significados diversos às experiências vividas, ao contrário do que propunha a escola tradicional – o conhecimento desvinculado da realidade social. Para Freinet (1998, p.26):

> As pessoas escolasticamente instruídas, que leram muito e em que o pensamento impresso e os ensinamentos formais dos mestres substituíram mais ou menos completamente a reflexão pessoal, acreditam de tal modo na superioridade da sua cultura que subestimam sempre, à sua volta, as grandes virtudes da permanência humana. Isso faz parte da aberração pretensiosa que a ciência moderna inculcou nos homens.

Ao se vincular às propostas dos grandes pedagogos de todos os tempos, inspira os procedimentos educativos:

- pesquisa permanente dos objetivos e dos meios;
- atenção profunda à criança, às suas necessidades, aos seus interesses, às leis que regem seu desenvolvimento, aos seus procedimentos de investigação e de criação;
- presença mediadora, vigilante e lúcida do/a educador/educadora, que deve criar o clima afetivo de confiança recíproca, no qual se dará com muita naturalidade o diálogo entre o meio e as crianças, o/a educador/educadora e as crianças e entre as próprias crianças.

A pedagogia Freinet é uma pedagogia "em construção", uma proposta que envolve o coletivo de atores da escola: professores, alunos e familiares. Imerso na sua identidade sociocultural, é um movimento constante de busca e mudanças da prática, acolhendo e respeitando as diferenças culturais e valorizando o diálogo, as experiências de vida e as diversidades de inteligência.

Esta é a nossa utopia. Este é o nosso sonho. Sonho que cultivamos ao longo de nossa trajetória, como educadoras, procurando realizar uma prática cotidiana que impulsiona a criança a querer se expressar, a tomar decisões, a investigar, a descobrir, a interagir, a reelaborar, a construir o seu saber como cidadã autônoma, consciente e responsável, capaz de cooperar com os seus semelhantes.

NOTAS

1. Até 1914, a sociedade francesa era constituída por 9,2 milhões de cidadãos e 27,3 milhões de homens do campo.
2. Batalha travada entre 1882 e 1886 devido à proposição, pelo Estado, das Leis Fundamentais da Instrução Pública, cujos princípios para o ensino era: seu caráter público, sua obrigatoriedade para todas as crianças dos 7 aos 13 anos e a laicidade.
3. Internacionalismo é o nome dado a várias associações cosmopolitas que surgiram com a finalidade de emancipar os trabalhadores mediante a organização da luta de classe, sem distinção de nacionalidade, e desejo de paz da sociedade. Em Paris, surgiu a II Internacional, também chamada Internacional Socialista, em 29/07/1914, cujo programa se opunha ao da Internacional fundada por Marx e Engels, pelos métodos e fins legalistas em base democrática e sindicalista.
4. A Escola Normal era um curso profissionalizante que formava o professor do antigo primário.
5. Aldeia de pouco mais de 1.500 habitantes, próxima de Grasse (capital do perfume), situada nos Alpes Marítimos, sul da França.
6. Federação Internacional de Movimentos Nacionais e Regionais, presente em todo o mundo, inspirada na pedagogia popular e na cooperativa iniciada por Célestin Freinet, também reconhecida como organização não-governamental pela Unesco.
7. Pierre-Joseph Proudhon, um dos fundadores do movimento anarquista, entregou-se a uma análise estreita, a uma crítica impiedosa dos abusos e das idéias da época, como um moralista. Pregava a ação revolucionária e a abolição da autoridade do Estado.
8. Karl Heinrich Marx, contando com a colaboração de Friedrich Engels (1820-1895), ambos influenciados pela filosofia alemã, ultrapassam o socialismo utópico, chegando ao comunismo realista ou crítico de forma científica.
9. As tendências educativas que Marx e Engels formulam não são mais que o reflexo das forças criadoras materiais, em vez de serem o reflexo das idéias criadoras que se quer tornar realidade na criança. Engels escreve que as escolas de fábricas inglesas "não satisfazem, nem de longe, as necessidades da nação". Marx, em *O trabalho assalariado* e *O capital*, enuncia três importantes princípios:
   - o regime da fábrica torna inúteis as leis escolares;
   - a instrução depende, em geral, das condições de vida;
   - a classe burguesa "não tem os recursos que são precisos [para assegurá-la] e [...], se os tivesse, ela não os empregaria em oferecer ao povo uma verdadeira instrução" (Dommanget, 1970, p.342-343).
10. Syndicat National des Instituteurs.
11. Marx e Engels nunca nos disseram qual a forma escolar que pensavam em termos de educação popular. Limitaram-se a afirmar que, como o proletariado, eles modificariam o caráter da educação, arrancando a influência da burguesia e do seu estado de classe.
12. Primeira escola proletária particular, iniciada em 1935, na qual Freinet aprofunda e cria novas técnicas, amadurecendo sua concepção de educação do trabalho.

13. Na escola de Freinet, com instalações e organização adequadas, funcionam:
    - quatro oficinas para o trabalho manual básico:
        - trabalho no campo e criação de animais;
        - ferraria e carpintaria;
        - fiação, tecelagem, costura, cozinha e serviço doméstico;
        - construção, mecânica e comércio.
    - quatro oficinas de atividades sociais e intelectuais:
        - pesquisa, conhecimento e documentação;
        - experimentação;
        - criação, expressão e comunicação gráficas;
        - criação, expressão e comunicação artísticas.
14. Freinet refere-se a *trabalho* em sentido amplo.

REFERÊNCIAS

COLLECTIF, I.C.E.M. *Perspectives d'éducation populaire.* Paris: Maspéro, 1979.

DOMMANGET, M. *Os grandes socialistas e a educação.* Paris: Armand Colin, 1970.

ELIAS, M.C. *Célestin Freinet:* uma pedagogia de atividade e cooperação. Petrópolis: Vozes, 1997.

_______. *De Emílio a Emília:* a trajetória da alfabetização. São Paulo: Scipione, 2000.

_______. *Illiteracy and learning of reading and writing. Multilettre: Bulletin de la FIMEM*, n.5, p. 7-11, 1990.

_______. (Org.). *Pedagogia Freinet:* teoria e prática. Campinas: Papirus, 1996.

FREINET, C. *A educação do trabalho.* São Paulo: Martins Fontes, 1998.

_______. *Pedagogia do bom senso.* São Paulo: Martins Fontes, 1985.

_______. *O método natural.* Estampa, 1971. 3 vols. (a,b,c).

_______. *As técnicas Freinet da escola moderna.* 4. ed. Lisboa: Estampa, 1975.

_______. *Ensaios de pedagogia sensível.* São Paulo: Martins Fontes, 1998.

_______. *Para uma escola do povo:* guia prático para organização material, técnica e pedagógica da escola popular. 2. ed. São Paulo: Martins Fontes, 2001.

_______. *Uma escola para o povo.* São Paulo: Martins Fontes, 1997.

FREINET, É. *Nascimento de uma pedagogia popular.* Lisboa: Estampa, 1978.

_______. *O itinerário de Célestin Freinet:* a livre expressão na pedagogia freinet. Rio de Janeiro: Francisco Alves, 1979.

OLIVEIRA, A.M.M. *Célestin Freinet:* raízes sociais e políticas de uma proposta pedagógica. Rio de Janeiro: Papéis e cópias de Botafogo e Escola de Professores, 1995.

SANCHES, E.C. O curso de metodologia do 1º grau: assumindo nossa dimensão de autoria. In: MORAIS, M.F. (Org.). *Freinet e a escola do futuro.* Recife: Bagaço, 1997. p.189-200.

7

Célestin Freinet: trabalho, cooperação e aprendizagem

Joaquim Machado de Araújo
Alberto Filipe Araújo

Célestin Freinet[1] é assumidamente um professor que pensa a prática docente, procurando compreendê-la, cotejá-la com as idéias pedagógicas que se desenvolvem em torno do que veio a designar-se de educação "nova", e propõe a "modernização" da escola através da mudança das técnicas de trabalho.

Ao colocar no início da sua reflexão a prática docente, Freinet inova mais a partir da realidade das condições de trabalho do que de princípios. A sua proposta pedagógica inclui uma organização do trabalho da aula e instrumentos e técnicas que garantem a possibilidade da sua concretização, apesar das limitações e oposições que a escola pública e a pedagogia burocrática comportam. A escola "moderna" que concretiza e propõe desenvolve-se a partir de uma filosofia do trabalho que faz dos alunos, não destinatários da "lição" do mestre, mas "artesãos" da sua aprendizagem, que cumprem, assim, o seu destino e elevam-se à dignidade e ao poder do homem.

Essa escola do trabalho, que, "pela vida, prepara para a vida", vem a ser "escola do povo" e, nessa medida, tem de ser uma "escola democrática" e participativa. Os novos utensílios de trabalho e os *invariantes pedagógicos* em que se inspira a organização social do trabalho escolar garantem a "continuidade artesanal" do trabalho, previnem a "alienação" que ele comporta em uma sociedade capitalista e, pela democracia na escola, preparam a democraticidade da sociedade dos adultos.

Freinet coloca-se, assim, na gênese de um "movimento" de renovação pedagógica que valoriza as suas técnicas, elas mesmas corporizando uma "pedagogia" que convida à experimentação de novos instrumentos e de novas técnicas que enriqueçam e facilitem o trabalho pedagógico. Por isso, durante muito tempo, a revista *L'Éducateur* exibe um espaço à fórmula de Freinet: "Quando nos perguntam qual é a linha de nosso movimento, deveríamos sem dúvida responder: somos o movimento que desloca as linhas"..

O TRABALHO ESCOLAR COMO PRÁXIS DOCENTE

A pedagogia Freinet assenta-se no pressuposto de que a "lição" permanente, a "explicação exaustiva", cujo instrumento mais importante é a voz do professor, é "o inimigo número 1 da regeneração da nossa escola" (1973a, p.30-31). A lição dá a primazia, não à expressão, mas à explicação, às lições de gramática e de vocabulário, em um "processo escolástico *contranatural*", porque "contra todo o bom senso", que impõe à criança que dá os primeiros passos toda uma série de regras e de proibições prévias. A lição utilizada como técnica de ensino torna-se inoperante para um grande número de alunos, porque descura uma infinita variedade de outras formas de inteligência e de aptidões.

À "lição" do professor contrapõe Freinet o *método natural*, um método que dá continuidade natural à vida de família, da aldeia, do meio, que atribui à criança um papel *ativo* na classe e a torna o elemento ativo na aquisição das técnicas escolares (1973a, p.50). Esse método baseia-se na expressão livre e no tateamento experimental, modificando, assim, as técnicas de trabalho e, com elas, *as* condições de vida escolar e para-escolar, criando um novo clima que melhora as relações entre as crianças e o meio, entre as crianças e os professores. Com esse método, Freinet assegura que a disciplina escolar e a autoridade do professor não advêm de regras preestabelecidas, de uma série de proibições e sanções, mas resultam da "boa organização do trabalho cooperativo e do clima moral da aula" (1973a, p.47).

Compreende-se, assim, que a sua obra tenha suscitado, durante muito tempo, reservas e dúvidas por parte da comunidade acadêmica. Essa atitude resulta, segundo Élise Freinet (1983, p.7), do fato de Freinet ter desenvolvido um percurso profissional de professor primário, e não "uma carreira clássica universitária" e, por outro lado, da pedagogia Freinet sempre se assumir como "uma pedagogia coletiva e militante" apostada na criação de uma "escola para o povo".

Na verdade, apesar de ausente até há pouco tempo dos tratados de pedagogia e das aulas universitárias ou de formação de professores de muitos países – e, portanto, afastado o seu pensamento dos alicerces teóricos da educação –, a contribuição de Freinet associa-se a uma idéia de renovação da escola, não a partir de cima ou de fora, mas a partir dos próprios professores no seu trabalho diário com as crianças. Com efeito, Freinet emerge como um dos poucos mestres-escola que, trabalhando *sobre* e *para* a prática educativa, veio a ser pedagogo e deu origem a um movimento pedagógico internacional, o *Movimento da Escola Moderna*. Como, em uma perspectiva marxista, refere Pierre Clanché (1977, p.25):

> Freinet não começou por dizer: "É necessário que a criança se possa exprimir livremente por escrito, do mesmo modo que oralmente se exprime livremente com os colegas; portanto, institua-se uma prática, o texto livre, que lhe vai permitir desenvolver-se, conferindo-lhe ao mesmo tempo um domínio progressivo da língua escrita, etc." O texto livre nasceu de uma práxis, para resolver as contradições desta práxis.

Sublinha Francisco Imbernón (2001, p.250) que a preocupação pela prática não significa que Freinet e o *Movimento da Escola Moderna* não tenham uma sedimentação teórica, que, aliás, parte de uma base comum aos princípios da *Escola Nova* e até supera em diversos aspectos. Ao trabalhar *sobre* e *para* a prática, Freinet estimula uma *prática teórica* no ensino primário. É desde a prática que se legitima ou questiona o conhecimento mais válido para essa mesma prática, desenvolvida em ambientes difíceis: "Tivemos sempre escolas oficiais difíceis, com todas as limitações e as oposições que a sua natureza de escolas públicas comporta. Tivemos durante muito tempo contra nós os regulamentos e a administração, por vezes mesmo os pais, dominados pelo pavor dos exames. Foi neste complexo delicado que prudentemente inovamos, não com base em princípios mas com base na realidade das nossas condições de trabalho" (1973a, p.46). Trata-se, assim, de uma prática que busca o conhecimento teórico que a legitime como válida.

Freinet explica esse seu percurso indagativo recorrendo à oposição entre a falsa filosofia dos sinais, das palavras e dos sistemas com que o citadino teria substituído a vida complexa e poderosa e a escola dos sábios da sua aldeia, qual nostalgia da simplicidade abandonada, em cujo seio é possível reaprender a perscrutar a natureza e beber nas claras fontes de água fresca: intimidado pela torrente inofensiva da ribeira (com seus calhaus, seus cipós, seus peixes, suas serpentes), o citadino sobe penosamente a corrente à procura de uma ponte enquanto o campesino sagaz tira os sapatos, arregaça as calças enlameadas e, rindo e esparrinhando, atinge triunfalmente a outra margem (1974b, p.11). Com uma intuição vigorosa da realidade, Mathieu (alterego de Freinet) é o sábio de aldeia[2] – é o homem de bom senso – cujo saber é desdenhado pelas "pessoas escolasticamente instruídas". Para Freinet, professor primário, "a pedagogia é a ciência do comportamento de uma classe em face de uma instrução e de uma educação ótimas das crianças que a compõem" (1973a, p.15).

Trata-se, assim, de uma "definição de bom senso", dada "em função da (...) própria experiência" de professor primário, que, em face do problema da escola e da sua inadequação aos "tempos modernos", o assume como do âmbito da sua ação e responsabilidade enquanto "trabalhador" da escola. Este é um dado novo em uma época em que sobressaem Montessori, Decroly e Dewey, os quais, embora sentindo a urgência de novas opções, podiam, segundo Freinet, espalhar ao vento a boa semente, mas, não sendo "quem trabalhava a terra onde ia germinar a semente, nem quem estava incumbido de levar a terra à planta e de regar as jovens plantas tenras, acompanhando-as com solicitude até darem fruto", viam-se obrigados a deixar tal tarefa "ao cuidado dos técnicos de base que, na falta de organização, de instrumentos e de técnicas, não conseguiam converter os seus sonhos em realidade" (1973a, p.16-17).

Para Freinet, a pedagogia tem, pois, uma dimensão de "sabedoria prática" – à semelhança da ciência médica, agrícola ou alimentar (1974b, p.32-42) –, que a faz olhar para o solo que alimenta a seiva da árvore, atender aos temas profundos das numerosas distrações dos alunos, "cavar mais fundo" e procurar o dinamismo que dá a eles a seiva de que estão privados para que eles não estejam desenraizados (1974b, p.84-85). Na verdade, a essência da educação está em "redescobrir" as "incríveis virtualidades de vida, de adaptação e de ação" que toda a criança traz em si e "deixá-las germinar" para sobre elas assentar as intervenções educativas (1974b, p.141).

O mérito de Freinet reside em ter depositado confiança na criança, na sua aptidão para pensar e para se exprimir: "Lancei a semente à terra. Ajudei-a a dar fruto para demonstrar que a necessidade de criação e de expressão é uma das idéias-força com base nas quais se pode fundamentar uma renovação pedagógica incomparável" (1973a, p.28). Com efeito, "as teorias, mesmo as mais generosas, são mortais para os indivíduos e para os povos se não forem mais que perigosas construções do espírito, sem bases suficientemente sólidas assentes nas realidades" (1974b, p.148).

Não se trata de um movimento de exaltação da prática e dos práticos. Tratase, sim, de um movimento de afirmação quer da prática como objeto e objetivo de estudo – o educador como investigador (1974b, p.151) – e de transformação, quer dos práticos como sujeitos desse estudo e dessa transformação. A ação do professor assemelha-se, assim, à do jardineiro e do florista, uma ação mais preventiva e facilitadora do que corretiva (1974b, p.164-165), que prefere enriquecer a seiva mais que apressar a frutificação e a digestão dos alimentos. Trata-se, igualmente, de um movimento de exaltação do trabalho como processo pedagógico.

E NO PRINCÍPIO ERA A EXPRESSÃO LIVRE!

Freinet é, no dizer de Pierre Clanché (1977, p.23), um "produto da Primeira Grande Guerra num duplo sentido fundamental", o físico e o ideológico. É um "produto físico", na medida em que ficou gravemente ferido em um pulmão na Batalha de Verdún (1916), e é essa diminuição física que acaba por "desempenhar o papel detonador para fazer surgir as contradições da pedagogia" da escola tradicional (1977, p.24). Essa limitação física apura-lhe a sensibilidade para o asfixiamento físico da sala de aula: é incapaz de elevar suficientemente a voz para obter silêncio. Ele mesmo o afirma: "Se tivesse, como muitos dos meus colegas, a respiração suficientemente boa para dominar com a voz e o gesto a passividade dos meus alunos, convencer-me-ia de que a minha técnica permanecia, apesar de tudo, aceitável. Continuaria a usar a saliva, instrumento nº 1 do que denominamos a escola tradicional, e, por consequência, teria muito cedo abandonado as minhas experiências" (1973a, p.20).

É igualmente um "produto coletivo, ideológico, arquétipo da geração sacrificada com a mistura de horror, nojo, mas também de optimismo utópico que o caracteriza" (Clanché, 1977, p.23-24). De fato, razões ideológicas – "aderir a uma classe social e, mais ainda, à corporação dos docentes, reflectindo maciçamente os elementos de um meio de que eu fazia parte"[3] (1973a, p.20) – são também êmulo impulsionador da "modernização" em educação, de forma a acompanhar a transição do arado para as ceifeiras-debulhadoras e os *bulddozers* através da substituição das "maquinetas anacrónicas da escola tradicional" (os manuais escolares e a caneta metálica e os métodos que acompanham esses utensílios: "a rotina dos manuais, dos trabalhos de casa e das lições, impostos autoritariamente pelos adultos") pelos novos utensílios de trabalho que o texto livre, a observação e a experiência e o desenho, a pintura e a música livres pressupõem: "Conseguimos esta motivação superior através do jornal escolar, base da correspondência interescolar, da imprensa, da poligrafia, do desenho, do disco, da rádio, da fotografia e do cinema fixo, do gravador, da troca de correspondência e de encomendas e, por fim, da troca de alunos" (1974a, p.13-14).

Não se trata, então, de fornecer aos alunos material pré-fabricado que, embora facilitasse um avanço mais rápido da obra, estaria na origem de um edifício mais frágil e fácil de derrubar e careceria de "ser refeito desde o princípio por quem quisesse aceder à cultura". Trata-se, antes, de partir da base, estabelecer "caboucos que tardam por vezes a sair da terra, mas que são indestrutíveis e definitivos" (1974a, p.14). Não se trata de o aluno receber "deveres" do professor, que estaria "persuadido de que a criança não sabe pensar pela sua cabeça nem é capaz de criar e que precisa de se alimentar das riquezas do professor". Trata-se, antes, de estimular as "obras" do aluno susceptíveis de serem o testemunho da sua personalidade (1974a, p.21). Não se trata ainda de proporcionar a produção apenas espontânea dos indivíduos. Trata-se, antes, de "uma realização social", na medida em que o texto livre existe "em função da vida da classe, dos pedidos dos correspondentes, da preocupação que devemos ter em fazer um jornal que interesse os leitores, infantis ou adultos" (1974a, p.40).

Trata-se, assim, da socialização da expressão livre infantil através do jornal escolar e da correspondência interescolar: a criança não escreve já apenas o que lhe interessa, mas "escreve aquilo que, nos seus pensamentos, nas suas observações, nos seus sentimentos e nos seus atos, é suscetível de interessar os seus camaradas e de vir a interessar os seus correspondentes" (1974a, p.21). Ao mesmo tempo, o jornal escolar "coloca [a criança] à escuta do mundo" e torna-se "uma janela ampla, aberta sobre o trabalho e a vida", fazendo ultrapassar o meio escolar para o mergulhar no meio social e, assim, "fertilizar" o ensino, porquanto essa relação da vida escolar com o trabalho altera o próprio trabalho realizado na escola: "Uma escola que edita um jornal escolar só não pode continuar a trabalhar segundo as normas habituais. Pela força das coisas, está na via da modernização e do progresso" (1974a, p.83).

A *pedagogia Freinet* concebe, assim, a criança como produtora que não se aliena do processo de produção e de distribuição da sua "obra": ela cria o texto livre,[4] ela trata da sua composição, ela "sente-o nascer enquanto trabalha", através da imprensa ela dá-lhe uma nova vida e reapropria-se dele, dispensando qualquer "intermediário no processo que vai do pensamento balbuciado e depois expresso ao jornal que será mandado pelo correio para os correspondentes". A criança "controla todas as etapas" desse processo: "escrita, aperfeiçoamento coletivo, composição tipográfica, ilustração, disposição sob a prensa, tintagem, tiragem, agrupamento, agrafagem" (1974a, p.31).

O essencial do alcance pedagógico da imprensa na escola está precisamente nessa "continuidade artesanal" que abrange o "trabalho" que a atividade comporta, a embriaguez da conquista, a exaltação do esforço pessoal, o heroísmo do autodomínio. Por isso, esse autodesabrochamento da criança requer a correspondência e o intercâmbio a que se seguirão "os ecos que virão reforçar a exaltação do trabalho criador". É essa compensação proporcionada pelo "fascínio da imprensa" (1974a, p.31) e tais ecos que fazem com que uma classe não se canse do texto livre.

Desse modo, o jornal escolar "abre uma nova via de conhecimento da criança e de prática pedagógica" (1974a, p.37). A introdução em 1924 da imprensa na aula de Freinet faz desse instrumento pedagógico "a verdadeira chave da transformação do seu ensino", em que "ocupa uma posição de dispositivo nodal", porquanto permite aliar, por um lado, a satisfação das exigências essenciais da educação nova e da escola do trabalho e, por outro, a prática canônica da escola primária francesa, ou seja, o trabalho nos livros (Peyronie, 1999, p.32).

AS TÉCNICAS FREINET COMO MATERIALISMO PEDAGÓGICO

Ao procurar novos métodos para a aprendizagem da leitura e da escrita, Freinet depara-se com a necessidade de novos instrumentos de trabalho que respondam aos requisitos e às exigências que colocara para melhorar as condições da escola. Começa com as experiências de aula, com os passeios que criam um clima de diálogo, de expressão escrita e oral livre (apesar da crítica e de uma certa incompreensão dos pais na época).[5] Isso o leva a procurar material adequado para reproduzir mediante a escrita e o texto livre a expressão do passeio, das vivências cotidianas da criança e despertar-lhe, assim, o interesse pela leitura e pela escrita.

As *técnicas Freinet* são a sua principal contribuição à prática.[6] As mais importantes são: a imprensa escolar e as técnicas de impressão; o texto, o desenho livre e os livros da vida (a metodologia *natural*); os fichários escolares, a biblioteca de trabalho e os fichários de autocorreção; a correspondência interescolar; o plano de trabalho; a assembléia cooperativa semanal; as conferências; o jornal mural. No seu "materialismo pedagógico" (Peyronie, 1999, p.95), ele prefere a designação de "técnicas" a método, porquanto se trata de procedimentos e atividades "de pedagogia popular" que impregnam toda a vida da escola e que foram construídas, experimentadas e evolucionadas nas salas de aulas.

É a utilização por Freinet da imprensa na escola que vem a ser a sua contribuição original e decisiva à prática pedagógica. É certo que Cousinet preconiza o uso da imprensa na escola e que a escola Decroly (Bélgica) imprime o jornal escolar, mas a imprensa escolar permite-lhe mudar os textos tradicionais da aula por textos vividos e livres dos alunos. A utilização da imprensa escola permite-lhe lutar contra "a técnica dos manuais, dos deveres e das lições" (1974a, p.11) e criar condições de possibilidade para uma nova pedagogia: Para Clanché (1977, p.28 e 33):

> A imprensa não é um prolongamento ou um estímulo *a posteriori* do texto livre ("escreve para ser impresso") é, bem pelo contrário, a condição de possibilidade. O agarrar, pelas crianças, do utensílio de socialização da palavra, condiciona o agarrar da própria palavra. Na perspectiva de Freinet, o texto livre sem imprensa não tem qualquer significado.

Na verdade, o jornal escolar do tipo Freinet distingue-se de outros jornais escolares, sejam eles repositório de ressentimentos dos alunos contra a escola (jornais antiescolares quanto ao conteúdo), sejam jornais de escola realizados por colaboração de professores e pais (e, eventualmente, por algumas crianças) para defesa de reivindicações do domínio do ensino. Como alerta o pedagogo, "não é com redações clássicas, mesmo perfeitas, que um professor poderá manter vivo um jornal escolar" (1974a, p.18 e 21).

O jornal escolar do tipo Freinet também não pretende ser um órgão de ligação com a aldeia e os pais. Nesse caso, seria desejável que ele tivesse uma outra estruturação, ensaiada então por muitas escolas: "certa ordem nos textos e nos estudos, classificados em rubricas ou por centros de interesse, com sumário e editorial, documentários, contos, vida local, jogos, etc." (1974a, p.39). Esses jornais, meritórios sem dúvida e por vezes mesmo um bom meio de obtenção de financiamento suplementar, são subestimados como utensílios escolares e pedagógicos. Isso não significa que a fórmula jornalística não possa evoluir e que, a partir de idades mais avançadas (12-13 anos), a técnica Freinet não possa coexistir com um plano editorial, uma ordem de publicação, e assuma uma fórmula semelhante à dos jornais e revistas comuns.

O jornal escolar do tipo Freinet valoriza, mais que "a informação, que é muito mais rica e exata nos livros e nas revistas, [...] a vida da criança, as suas reações perante o mundo, as suas hesitações, os seus temores e os seus triunfos" (1974a, p.57). Ele se faz eco do fluxo de crescimento das crianças e, por isso, reproduz o *texto livre*, o texto que a criança produz porque tem necessidade de exprimir, de exteriorizar, de comunicar, e que, sendo escolhido pela classe "por votos de mão levantada"[7] e antes de ser levado à impressão e de ser transformado em "página de vida",[8] "é aperfeiçoado coletivamente, quer no que diz respeito à verdade do conteúdo, quer na sua forma sintática, gramatical e ortográfica" (1974a, p.21).

Os textos dos alunos comportam, portanto, a correção coletiva. São escritos no quadro, lidos, copiados depois da correção coletiva. Isso comporta exercícios de vocabulário, de construção de frases, de gramática e de leitura silenciosa, sem alterar o pensamento ou a idéia do texto. Não se trata, é evidente, de manter o texto sem qualquer influência do professor ou dos companheiros,[9] ou de reduzi-la à simples correção da ortografia, mas sim de conseguir um texto que "guarda do pensamento infantil tudo o que ele tem de único, de original e de profundamente humano" e que, ao mesmo tempo, apresente-se "sob uma forma, com uma plenitude de expressão, que ajude as crianças a elevarem-se, pelo tatear experimental, ao conhecimento e ao domínio da língua" (1973c, p.49). A correção não se limita, pois, à correção ortográfica, porém conduz à melhor ordenação das idéias, à procura do verbo que melhor expressa o pensamento, ao acréscimo de um adjetivo que o torne mais preciso, à eliminação do que não traz nada de novo ao texto, com vistas a "elevá-lo a uma perfeição maior", sem lhe "violentar a paternidade" (1973c, p.52). O texto, sendo de autor, pode ser "enriquecido coletivamente na aula": ele "é pertença dos alunos que, depois de terem redigido o texto de uma só tirada, o retomam e analisam para fazerem correcções, modificações, supressões, acrescentos, complementos" e tornam-se "conscienciosos artesãos da escrita, preocupados em fazer uma bela obra" (1973c, p.63-64). Por meio desse método de correção, pretende-se levar a que os alunos "aprendam a redigir convenientemente e a relatar exata e corretamente o que observam, o que sentem, o que pensam ou o que imaginam" (1973c, p.70).

Assim, o texto e o desenho livre vêm a ser o *método natural* para a aprendizagem da leitura e da escrita, permitem experienciar a natureza social da linguagem e os procedimentos democráticos que comporta o ato de julgar e selecionar textos livres que serão impressos e públicos. E todos os textos – impressos ou não, mas "páginas de vida" – passam a fazer parte dos *livros da vida* ou do *diário escolar*, dando origem a uma biblioteca na aula sobre os textos e desenhos das crianças.

Essas "páginas de vida" são o "reflexo da aula" e estimulam ao "trabalho bem-feito", não pela boa nota a obter nem pela sanção a evitar, mas porque a perfeição é da própria essência da obra, e é pela sua perfeição que os correspondentes a julgarão favoravelmente. Essa "disciplina de trabalho" ditada pelo texto livre e pelo jornal escolar mostra-nos crianças "calmas, abertas, extrovertidas" e envolvidas na pesquisa, na experiência e no trabalho (1974a, p.103).

É igualmente o texto livre que desperta um complexo de interesse[10] das crianças, cuja satisfação acaba por fazer do jornal um instrumento apropriado tanto de preparação prática para a cooperação social das crianças quanto de cumprimento dos programas e das aquisições escolares. O texto livre "motivado" pela imprensa, o copiógrafo, o jornal escolar e a correspondência interescolar torna-se "um elemento ativo da nova prática escolar", vem a ser o eixo, "o ponto de partida e o centro" e não uma atividade marginal do trabalho escolar (1973c, p.23), em um processo de "exploração pedagógica" cujo desenvolvimento levará à superação do estádio do texto livre, como "técnica natural de trabalho" que permite "uma aprendizagem natural da leitura e da escrita", pelas restantes técnicas da "escola moderna" (1973c, p.94-96). E a correspondência interescolar[11] torna-se "poderosa motivação" estimuladora da expressão livre das crianças, da pesquisa sobre o meio local e abertura a outros contextos.

Como dispositivo pedagógico, o intercâmbio epistolar vem acrescentar "uma pedagogia da dedicatória" (Jean Vial, apud Peyronie, 1999, p.35) à "pedagogia do trabalho" implementada pela imprensa escolar, porquanto nele a coleta de informações, o trabalho de escrita e a ilustração do texto, eventualmente a sua impressão, tudo isso é dedicado a um correspondente amigo:

> Todos os meses preparamos uma encomenda para os nossos correspondentes: cada aluno traz um pequeno embrulho para o seu correspondente particular, com o nome e a direcção. Eis o que ele envia: jornais, postais, brinquedos, fotografias, um canivete e às vezes até prendas de valor. Além destas ofertas particulares, o nosso envio deve comportar uma parte comunitária: castanhas, nozes, berlindes, amêndoas, laranjas, maçãs, que cabem a toda a gente. (1974a, p.123)

Assim, em vez de se fechar no seu meio local e na sua identidade cultural, a pedagogia Freinet abre-se aos outros contextos geográficos e especificidades culturais, provoca o desejo de conhecê-los, promove visitas.

Freinet introduz ainda na classe os fichários escolares[12] como suplemento ou mesmo alternativa ao manual escolar. Na biblioteca da aula, vai-se acumulando documentação que se utiliza para o estudo e a indagação: textos, guias elaborados pelos professores, desenhos, publicações, artigos, fichas, revistas, dados e tudo o que seja útil para aprender algo. Esses fichários documentais sobre temas escolares são úteis para o trabalho escolar, para as conferências, para ilustrar textos, para fomentar a curiosidade, o interesse e o desejo de conhecer. A eles juntam-se ainda fichários autocorretivos de cálculo, de ortografia, de geometria, de geografia, de história, de ciências, que permitem aos alunos avançar a seu próprio ritmo com diversos tipos de fichas. Os fichários escolares abrangem fichas de informação geral, fichas de exploração (questionários, trabalhos manuais, etc.), fichas de procura de palavras; fichas guias para o trabalho de geografia, história e ciências.

Outro elemento da documentação de aula, como material de estudo e consulta, é a "biblioteca do trabalho", constituída por pequenos livrinhos monográficos, diferenciados por idades e áreas do conhecimento, sobre temas elaborados pelos alunos, os quais a Cooperativa de Ensino Laico foi publicando ao longo dos anos:

> Existe em todas as aulas ou em todas as escolas uma biblioteca de leitura, constituída nomeadamente por romances, álbuns e livros de histórias para crianças. Aconselhamos aos nossos leitores que organizem, além desta, na sua classe, uma biblioteca de trabalho que contenha todos os livros que julguem capazes de ajudar os alunos no seu trabalho: manuais escolares, livros documentais de diversas colecções e, sobretudo, a nossa colecção *Biblioteca de Trabalho* que, com os seus suplementos, conta atualmente mais de 750 brochuras ilustradas, do maior interesse (1973a, p.57, nota).

Outra técnica da pedagogia Freinet é o *plano semanal de trabalho* (1973b, p.101), documento elaborado semanalmente por cada criança[13] no âmbito do plano geral anual e do plano geral mensal estabelecidos pelo professor. Esse dispositivo pedagógico reflete o compromisso do trabalho a realizar – fichas, leituras, trabalhos, iniciativas pessoais, etc. –, com base no qual a criança se auto-avalia constantemente, bem como se avalia com o grupo e com o professor. Essa técnica permite-lhe organizar as tarefas, trabalhar em seu ritmo, desenvolver as tarefas escolares conforme a ordem que mais lhe convenha e controlar os seus progressos. O plano de trabalho orienta o trabalho semanal e, ao longo desse período, vai sendo marcado com cores diversas (segundo os temas ou as matérias) o trabalho realizado nos murais existentes nas paredes da sala.

Para além desse dispositivo de controle individual e social do trabalho escolar, existe ainda na classe um *jornal mural* – o *diário da classe* – no qual as crianças podem manifestar o que lhes agrada e o que não lhes agrada, bem como o que propõem e o que consideram mais relevante, desde que assinem os textos. No último dia da semana, realiza-se uma *assembléia de classe* na qual se revisita o jornal mural e se debate sobre o que nele foi exposto, analisando-se, assim, a vida da classe, os problemas e as concretizações realizadas. É nessa assembléia – com um presidente, um secretário e um tesoureiro escolhidos pelas crianças – que se revêem igualmente as contas da cooperativa escolar, com as respectivas receitas e despesas. A assembléia semanal vem a ser, então, um dispositivo importante, motivo pelo que se tornou um modelo sociocêntrico de organização cooperada (Niza, 1998; Santana, 1999), em que o material pedagógico organiza-se em áreas de trabalho e os alunos são envolvidos no seu percurso de aprendizagem organizado em torno do plano semanal de trabalho e sistematicamente avaliado pelo próprio aluno, pelo grupo e pelo professor. Sendo a assembléia o principal órgão de tomada de decisão da classe, por ela passam as questões afetivas, sociais e cognitivas. Nela Freinet faz assentar a aprendizagem dos temas morais e a responsabilidade na tomada de decisão individual ou coletiva (Imbernón, 2001, p.263).

A PEDAGOGIA FREINET

Como virá a realçar em 1964, Freinet não quer falar de método porque pretende fugir de uma construção teórica ideal, de um estaticismo, do estereótipo rígido e ortodoxo da aplicação das suas técnicas (embora na realidade ele e parte do seu movimento fossem bastante ortodoxos na aplicação e no reconhecimento de outras pessoas e movimentos) e sublinhar as técnicas como algo dinâmico. Porém, as técnicas não bastam para "fazer viver uma prática alternativa da educação, da socialização e das aprendizagens", pois elas carecem de princípios que lhes dêem sentido (Peyronie, 1999, p.95).

As técnicas têm como pano de fundo um novo tipo de escola, de educação e de sociedade, argumentando Freinet que elas não deviam ser utilizadas como instrumentos que só servem para prender por alguns instantes a atenção e o interesse das crianças, mas como verdadeira aparelhagem de uma nova escola e de uma nova cidadania. Como lembra Imbernón, "para o movimento Freinet, importam os princípios em que se baseiam as técnicas, não a técnica em si. As técnicas devem desenvolver a capacidade criadora e a atividade das crianças que, por meio delas, opinam, discutem, manipulam, trabalham, investigam, criticam a realidade desde uma perspectiva de transformação social" (2001, p.258). Por trás das suas técnicas, estão as chaves da sua pedagogia: o método natural e o tateamento experimental, a educação pelo e para o trabalho, a cooperação, a importância do ambiente escolar e social e a necessidade de criar material para potenciar essas idéias na prática educativa.

Freinet apresenta 30 princípios que considera *invariantes pedagógicos* (1973b, p.163 e ss), nos quais fundamenta a sua "técnica" e explicita as indicações metodológicas que eles comportam, proporcionando aos professores um "código pedagógico" que lhes permita ver em que medida as suas aplicações são corretas e dão garantias de êxito (luz verde), são desajustadas e devem ser eliminadas (luz vermelha) ou "podem ser benéficas, mas [...] correm o risco de ser perniciosas, e pelas quais só se poderá progredir com prudência na esperança de rapidamente as superar" (1973b, p.164).

Os invariantes pedagógicos contemplam:

1. a natureza da criança e as leis do comportamento e da aprendizagem;
2. a ordem e a disciplina escolares e o clima de liberdade e de cooperação;

3. os métodos ativos e os ritmos individuais e a pedagogia do trabalho e do êxito;
4. as finalidades da escola e o alcance social da "modernização" pedagógica.

Princípios relativos à natureza da criança e às leis do comportamento e da aprendizagem:

- A criança é da mesma natureza que o adulto.
- Ser maior não significa necessariamente estar acima dos outros.
- O comportamento escolar da criança depende do seu estado fisiológico, orgânico e constitucional.
- As aquisições não são obtidas, como por vezes se crê, pelo estudo de regras e leis, mas sim pela experiência. Estudar primeiramente essas regras e essas leis, na linguagem, na arte, nas matemáticas, em ciências, é colocar o carro à frente dos bois.
- A inteligência não é uma faculdade específica que funciona como um circuito fechado, como ensina a escolástica, independentemente dos restantes elementos vitais do indivíduo.
- A escola cultiva apenas uma forma abstrata de inteligência que atua fora da realidade viva, por meio de palavras e idéias fixas na memória.
- Só se pode educar dentro da dignidade. Respeitar as crianças, devendo estas respeitar os seus professores, é uma das primeiras condições da renovação da escola.

Princípios relativos à ordem e à disciplina escolares e ao clima de liberdade e de cooperação:

- A criança, mais do que o adulto, não gosta de ser mandada autoritariamente.
- Ninguém gosta de imposições, porque isso significa obedecer passivamente a uma ordem externa.
- Ninguém gosta de se ver constrangido a fazer determinado trabalho, mesmo no caso de esse trabalho não lhe desagradar particularmente, pois esse constrangimento é paralisante.
- Cada um gosta de escolher o seu trabalho, mesmo que essa escolha não seja a mais vantajosa.
- Ninguém gosta de trabalhar sem objetivo, atuar como um robô, ou seja, sujeitar-se a pensamentos inscritos em rotinas nas quais não participa.
- Ninguém, criança ou adulto, gosta de ser controlado e sancionado, o que é considerado sempre uma ofensa à sua dignidade, sobretudo se publicamente se exerce.
- As notas e as classificações constituem sempre um erro.
- A ordem e a disciplina são necessárias na aula.
- Os castigos são sempre um erro. São humilhantes para todos e não conduzem nunca ao fim desejado. Além disso, não passam de um paliativo.

Princípios relativos à atividade, aos ritmos individuais e à pedagogia do trabalho e do êxito:

- É preciso que motivemos o trabalho.
- Basta de escolástica.
- Todo indivíduo quer ser bem-sucedido. O fracasso é inibidor, destruidor do ânimo e do entusiasmo.
- Não é o jogo que é natural, mas sim o trabalho.
- A via normal de aquisição não é unicamente a observação, a explicação e a demonstração, processos essenciais da escola, mas a experiência tateante, conduta natural e universal.[14]
- A memória, pela qual a escola tanto se interessa, não é válida nem preciosa senão quando está integrada no tateamento experimental, ou seja, quando está verdadeiramente a serviço da vida.
- A criança não gosta de receber lições *ex cathedra*.
- A criança não se fadiga fazendo um trabalho que esteja na linha de rumo da sua vida, que lhe seja por assim dizer funcional.
- Deve-se falar o menos possível.
- A criança não gosta do trabalho em rebanho a que o indivíduo tem de sujeitar-se.[15] Gosta do trabalho individual ou do trabalho de equipe no seio de uma comunidade cooperativa.
- A nova vida da escola supõe a cooperação escolar, ou seja, a gestão da vida e do trabalho escolar pelos usuários, incluindo o educador.

Princípios relativos à função da escola e ao alcance social da renovação pedagógica:

- A sobrecarga das aulas constitui sempre um erro pedagógico.[16]
- A concepção atual dos grandes conjuntos escolares conduz ao anonimato dos professores e alunos, constituindo sempre um erro e uma barreira.[17]
- A democracia de amanhã prepara-se pela democracia na escola. Um regime autoritário na escola não é capaz de formar cidadãos democratas.
- A oposição da reação pedagógica, elemento da reação social e política, é também um invariante com o qual teremos infelizmente que contar, sem que esteja em nós a possibilidade de evitá-lo ou modificá-lo.

Freinet encerra os invariantes pedagógicos com um princípio base da pedagogia quando afirma que "É a esperança otimista na vida" e explicita que a esperança na vida é "o misterioso fio de Ariana que nos conduzirá em direcção a nossa finalidade comum: *a formação na criança do homem de amanhã*" (1973b, p.206). Este é, de fato, "um invariante que justifica todas as nossas tentativas e autentifica a nossa ação" (1973b, p.205). Com efeito, o mérito desse pedagogo reside em ter depositado confiança na criança, na sua aptidão para pensar e para se exprimir: "Lancei a semente à terra. Ajudei-a a dar fruto para demonstrar que a necessidade de criação e de expressão é uma das idéias-força com base nas quais se pode fundamentar uma renovação pedagógica incomparável" (1973a, p.28). E essa renovação baseia-se, como já dissemos, na exaltação do trabalho – individualizado e simultaneamente socializado (1974a, p.59) – como processo pedagógico.

Consciente de que "a massa dos homens" não pensa segundo as mesmas normas, nem nos mesmos ritmos, nem no mesmo nível, Freinet preocupa-se com uma escola para o povo trabalhador, que vive e pensa como trabalhador: "A criança, menos ainda que o adulto, não poderia ser considerada na origem como um ser pensante e filosofante. A sua função, a sua razão de ser, é antes de mais viver; e onde poderá ela viver senão no presente, ao sabor das contingências nascidas da vida e do trabalho dos pais e da organização social? Essas contingências são determinantes: quer queiram quer não, é a partir delas que é preciso construir" (1974b, p.149-150).

A pedagogia Freinet insere-se, assim, em uma concepção de sociedade e de vida que faz da escola instrumento privilegiado de "formação profunda dos indivíduos", com vistas ao melhor cumprimento da sua "função de homens e cidadãos", isto é, de "educação que, *pela vida, prepara para a vida*" (1974b, p.78). O espírito dessa pedagogia materializa-se no jornal escolar, uma "produção" que faz da escola uma *escola do trabalho*, que "já não trabalha segundo normas intelectualizadas, mas sim com base em uma atividade social" (1974a, p.86). O trabalho torna-se "a base e o motor" da "procura prática de uma concepção de educação popular interessante, eficiente, humana" (1974b, p.152).

A escola Freinet constitui-se a uma *escola-oficina* em que as crianças são os principais artesãos e, tal como a oficina do artesão, tem criações para valorizar, obras-primas a executar, "produções" que legitimam os métodos empregados e os esforços comuns para se obter êxito:

> O nosso jornal escolar falará por nós. Certamente será a expressão das crianças que terão sido os seus principais artesãos. Mas o valor dos seus textos, o cuidado e a arte postas na apresentação, a humanidade e a espiritualidade que dele se libertam, são justamente os produtos da escola, os frutos da nossa pedagogia (1974, p.88).

A *escola-oficina* de que fala Freinet não pretende ser, pois, uma "escola de aprendizagem" ou mesmo de "pré-aprendizagem", que mecanizaria, que domesticaria o esforço, que entorpeceria e prejudicaria a concepção formativa do trabalho. Em *Para uma escola do povo*, Freinet especifica que nessa *escola do trabalho* não se utilizará "o trabalho manual como ilustração do trabalho intelectual escolar" ou que o trabalho "se oriente para um trabalho produtivo prematuro ou ainda que a pré-aprendizagem destrone o esforço intelectual e artístico", mas que "o trabalho será o grande princípio, o motor e a filosofia da pedagogia popular, a atividade de onde advirão todas as aquisições" (1973b, p.27).[18]

A *educação pelo trabalho* preconizada por Freinet apresenta-se com um duplo papel: exaltar e desenvolver o que, no indivíduo, é especificamente humano, substrato essencial do seu devir e, no quadro dessa dignidade, preparar tecnicamente o indivíduo para as tarefas imediatas. Esse segundo papel requer o primeiro, consciencioso fundação da construção, raiz da árvore, embora não se possa conceber a planta sem caule vivo que a continua e leva uma razão de ser às suas funções obstinadas (1974b, p.176-177). Daí que Freinet (1973b, p.24-25) defina assim:

> o verdadeiro objeto da educação: "a criança deverá desenvolver ao máximo a sua personalidade no seio de uma comunidade racional que ela serve e que a serve". Cumprirá o seu destino, elevando-se à dignidade e ao poder do homem, que se prepara deste modo para trabalhar eficazmente, quando for adulto, longe das mentiras interessadas, para a realização de uma sociedade harmoniosa e equilibrada.

Freinet concebe o trabalho como uma necessidade natural do homem (1974b, p.191), sublinha o *prazer* que ele comporta (1974b, p.178 e 179) e faz da satisfação que dele se retira e da sua útil dignidade a base da sua pedagogia. É dessa "necessidade orgânica de usar o potencial de vida em uma atividade ao mesmo tempo individual e social" que deriva o imperativo pedagógico de oferecer à criança atividades que a interessem profundamente, que a empolguem e a mobilizem, de modo que ela não precise procurar no jogo, como simulacro da atividade do adulto, o trabalho que não pode concretizar no quadro social (1974b, p.191).

A pedagogia Freinet requer, portanto, que não se separe o trabalho e a vida, que se coloque em um lado o trabalho e, no outro, o prazer pelo pensamento e pelo gozo: "o pensamento nasce do trabalho, modela-se esculpe-se ao seu ritmo, vivifica-se com os seus ensinamentos" (1974b, p.195). Por isso, ele faz da expressão livre o centro da sua obra pedagógica e da organização cooperativa da classe a essência da sua proposta pedagógica (Paiva, 1997, p.14 e 15).

CONTEXTUALIZAÇÃO E PERSPECTIVAÇÃO SIMBÓLICA

Os *invariantes pedagógicos* da pedagogia Freinet são apresentados conjuntamente com *A escola moderna francesa* em um livro que pretende ser um "guia prático para a organização material, técnica e pedagógica da escola popular", como Freinet coloca no subtítulo de *Para uma escola do povo*. No prefácio dessa obra, Élise Freinet, sua esposa, explica a necessidade da "reciclagem permanente dos professores segundo uma mesma orientação: a renovação da escola do povo", que não se compadece já com a injeção de algumas transformações formais, mas, segundo afirma Freinet em *A educação pelo trabalho*, requer que a formação das novas gerações ponha fim à "escolástica", por vezes reinante e em "agonia", e a substitua por "uma formação que finalmente assente no povo, nas suas necessidades, nos seus modos de ser, nos seus hábitos de agir, de trabalhar e de pensar, as raízes vivas que garantirão a pujança da sua seiva" (1974b, p.168). A educação pelo trabalho concebe que "não há na criança necessidade natural do jogo; mas apenas necessidade de trabalho,[19] quer dizer, a necessidade orgânica de usar o potencial de vida em uma atividade ao mesmo tempo individual e social" e requer que sejam oferecidas à criança atividades que a interessem profundamente (1974b, p.191).

A reflexão de Freinet sobre a escola e o seu pensamento sobre uma educação alternativa recorre a várias fontes de inspiração. Henri Peyronie (1999, p.20-28) assinala três: a corrente política libertária, a "pedagogia socialista" que se segue à Revolução Russa de 1917 e as correntes pedagógicas da "educação nova".

1. A corrente política libertária, em que se insere Francisco Ferrer i Guardia, que em 1901 inaugura em Barcelona a primeira Escola Moderna. Essa corrente concebe a transformação da sociedade pela educação como necessária ao cumprimento da revolução e é o nome daquele pedagogo catalão, fuzilado em 1909, que o movimento Freinet escolherá em 1947 para designar o Instituto Cooperativo da Escola Moderna. Constituem realizações da tradição política anarquista as experiências de educação ativa e integral e de co-educação iniciadas por Paul Robin no orfanato de Cempius,[20] sob inspiração de Proudhon, e a escola do trabalho de Sébastien Faure, a escola de La Ruche (entre 1904 e 1917), que aposta no método cooperativista. Freinet conhece ainda a escola popular de Altona, perto de Hamburgo, que visita durante o verão de 1922[21] e cujo Diretor, Henrich Siemss, era também membro de *L'Internationale de l'enseignement*.
2. A Revolução Russa de 1917 e a sua contribuição em matéria de invenção de práticas educativas e de reflexão no campo das políticas educativas e das políticas de instituições. Freinet, agora membro do partido comunista, faz parte da delegação da federação de professores franceses que em 1925 viaja até a Rússia,[22] cuja "pedagogia socialista" virá a ser associada a Makarenko, autor do *Poema pedagógico*, e aí alicerça a idéia de possibilidade de construção de uma escola do trabalho.
3. As correntes pedagógicas da "educação nova". A forma de pensar a criança e a educação desse abrangente movimento em ruptura com a "educação tradicional" fundamenta-se em dois pilares axiológicos: primeiro, o mundo da infância tem especificidades que o distinguem do mundo dos adultos, sendo preciso conhecê-lo e fixar-lhe as leis do desenvolvimento para melhor chegar a ele; segundo, ao ensino "livresco", fechado no interior dos "muros da escola", regido por uma cascata de regulamentos atrofiadores e assombrado por castigos físicos, deve contrapor-se uma educação "natural" (Candeias, 1995, p.17). Freinet lê os pedagogos desse movimento, fazendo resenhas dos seus escritos pedagógicos ou evocando realizações inspiradas pelos seus princípios na revista *L'École émancipée* (de 1922 a 1925). Em 1923, participa do Congresso da Liga Internacional para a Educação Nova (criada em agosto de 1921, logo após o fim da guerra) em Montreux, onde encontra Adolphe Ferrière, Olive Decroly, Édouard Claparède, Pierre Bovet e Roger Cousinet. Embora retenha princípios da "educação nova", Freinet está convencido de que o desafio está precisamente na necessidade de tudo inventar e realizar no que diz respeito à sua aplicação a uma "escola do povo", subli-

nhando freqüentemente as suas diferenças relativamente a esta e a especificidade do movimento da "escola moderna" como "uma fórmula pedagógica de futuro, com práticas coerentes, um espírito harmonizador entusiasmante, fundamentos psicológicos, filosóficos e sociais que atingem, para as renovar, as próprias bases da Escola do Povo, com equipes de investigadores, finalmente, e de experimentadores cujo dinamismo constitui garantia de sucesso" (1973a, p.14-15).

Esse movimento de "modernização" da escola insere-se, ademais, em um contexto favorável a inovações pedagógicas no interior da escola francesa. Sendo Léon Bérard ministro da Instrução Pública (1921-1924), as instruções oficiais publicadas em 1923 para o ensino primário, influenciadas pelas idéias da educação nova, autorizam os "passeios escolares". No mesmo período, o inspector Roger Cousinet defende um "método de trabalho livre por grupos", que experimenta no início dos anos de 1920, ao mesmo tempo em que cria uma associação *La Nouvelle Éducation* a que adere Freinet em 1925. A revista *L'Oiseau bleu* é uma revista mensal redigida por crianças para crianças. Em 1924, consoante a uma lógica de "educação mútua na escola", aparecem as primeiras cooperativas escolares por iniciativa do inspector Barthélemy Profit. Trata-se, portanto, de uma "ambiência" favorável às inovações pedagógicas na prática da classe, determinada pelo reforço do papel do estado na área da educação no quadro do desenvolvimento da escola de massas, como elemento central do processo de homogeneização cultural e de invenção de uma cidadania nacional, e pelos esforços de afirmação da pedagogia como ciência, à qual se alia a afirmação coletiva dos professores em termos de estatuto profissional, de formação profissional e de associativismo docente (Nóvoa, 1995, p.26).

À guisa de síntese, António Nunes (2002, p.131-132) aponta um conjunto de instrumentos já existentes no tempo de Freinet, dos quais ele soube retirar aquilo que considerou determinante na estruturação da sua Escola do Povo:

- contextualiza, a partir dos "centros de interesse" de Decroly, os "*complexos de interesse*", também influenciado pelo método de projectos de Dewey;
- inspira-se nos trabalhos de grupo a partir de Decroly e de Calaparède, organizando o "*trabalho em equipe*";
- pratica o "*tateamento experimental*", inspirando-se na psicopedagogia de Claparède e também em algumas idéias do comportamentalismo;
- organiza os "*planos de trabalho*" a partir dos contratos de trabalho realizados por Parkhurst;
- pratica o "*método natural de leitura*", centrado nas investigações de Decroly;
- exerce a "*pedagogia do trabalho*", entusiasmado com a obra de Kerschensteiner e de Makarenko;
- organiza a "*cooperativa escolar*" a partir dos resultados obtidos pelo inspector Profit;
- utiliza os "*ficheiros de autocorrecção*", inspirado nos trabalhos desenvolvidos pelos pedagogos da pedagogia experimental, fundamentalmente por Washburne, nas escolas públicas de Winnetka (Estados Unidos);
- emprega a "*imprensa escolar*" induzido pelas realizações havidas na Suíça e na Bélgica, mas já utilizadas por alguns pedagogos libertários.

A pedagogia Freinet vem a ser, porém, acima de tudo uma pedagogia de "comprometimento" político com uma visão da sociedade e da escola. Antoni Colom surpreende-se com "a rapidez com que Freinet encontra seguidores que aplicam o seu método" e explica-a pela conjugação de duas razões:

1. a sua filiação partidária no partido comunista francês e a influência que exerceu entre os seus companheiros professores;
2. a difusão das suas idéias através da publicação de artigos e livros sempre escritos a partir de um ponto de vista eminentemente prático e, portanto, "longe [...] de áridos intelectualismos e teoricismos que nada trazem àqueles que trabalham diariamente na aula" (2000, p.20).

Henri Peyronie, por sua vez, prefere realçar, por um lado, o contexto geográfico e histórico em que se elabora a pedagogia Freinet – "durante os anos de 1920 e 1930, em uma França massivamente rural e num momento em que a escola elementar constituía o único horizonte escolar da maioria das crianças" (1999, p.4) – e, por outro, as três originalidades da pedagogia da Escola Moderna:

1. ser obra do que hoje denominaríamos atores de terreno;
2. ser protagonizada e impulsionada desde os primeiros anos por uma rede cooperativa de educadores e essa rede ser renovada ao longo de gerações;
3. ser constituída por um conjunto de idéias e de técnicas aberto e suscetível de renovação.

A convergência dessas três singularidades explica a vitalidade de uma pedagogia que se enraíza nas idéias pedagógicas dos anos *loucos* da educação, uma vez que "elas criaram as condições necessárias à existência das evoluções e das rupturas inevitáveis, assegurando, ao mesmo tempo, a continuidade dos princípios essenciais deste movimento coletivo de idéias e de práticas" (1999, p.5), que, desde 1947, se congrega em torno do Movimento da Escola Moderna,[23] sem dúvida "uma das manifestações ou fenômenos pedagógicos e sociopedagógicos mais importantes do século XX" (Colom, 2000, p.43).

Na verdade, embora partindo dos princípios da "educação nova", as idéias de Freinet vão ganhando maior clareza à medida que vai incorporando idéias rousseaunianas, as contribuições da Escola Ativa do Instituto Jean-Jacques Rousseau de Genebra (Claparède, Bovet), da pedagogia soviética e da pedagogia libertária, e vai afirmando o que lhes é comum e o que as distingue.[24] Por outro lado, insere-se nas preocupações da época que dão vida às lógicas da *estatização* da educação, da *profissionalização* dos professores e da *cientificação* da pedagogia, no contexto de uma crença total nas potencialidades regeneradoras da escola, trazendo métodos e formas de trabalho inovadores (Nóvoa, 1995, p.30).

É nessa "ambiência" que se desenvolvem as vivências de Freinet como criança originária de meio rural e a sua experiência de professor de crianças em escola rural – "a minha escola de aldeia" (1973a, p.22) –, embora em um contexto de mecanização da agricultura e de industrialização. Elas constituem terreno fértil para a incorporação das idéias discutidas e experienciadas na época, das suas contribuições didáticas, para uma elaboração teórica próxima do pensamento prático dos professores e do seu trabalho diário em classe. "A 'Pedagogia Freinet' da Escola Moderna tem a pretensão de contribuir não só com as respostas indispensáveis, além das respostas teóricas cada vez mais fáceis, mas também, sobretudo, com a prova de que as teorias generosas dos grandes pedagogos podem atualmente tornar-se realidade (são já realidade em determinados meios escolares, onde têm evidenciado os seus benefícios); por isso, vislumbra-se agora uma luz verde nas vias ainda caóticas do futuro" (1973a, p.15).

Assim, embora seja possível identificar uma teoria didática na pedagogia Freinet, com Francisco Imbernón podemos dizer que a grande contribuição desse pedagogo "está na sua proposta de metodologia das escolas e das aulas, e do compromisso do professor no contexto social" (2001, p.254). Essa proposta e esse compromisso sustentam-se no "ensaio experimental" e no intercâmbio pedagógico. Segundo Antoni Colom, deve referir-se à capacidade de comunicação escrita de Freinet e de "apalavramento" dos professores, sublinhando nos seus escritos "a rara habilidade de escrever o que os professores queriam ler e de orientar a prática educativa de forma absolutamente convincente, evidenciando que com o seu método era possível não só mudar a escola, mas também assumir sucessos educativos em consonância com os seus critérios socialistas e progressistas" (2000, p.20). A sua justificação discursiva mobiliza não só muitas leituras, mas igualmente uma "paisagem mental" em que o campo molda as grelhas de leitura do mundo, onde se torna recorrente o uso de metáforas, seja de metáforas ligadas à luz e à claridade, seja de metáforas hortícolas (Charbonnel, 1994, p.59-70; Hameline, 1986, p.156-163; Araújo, 2003, 2004).

O *schème* da luz, mobilizado pelo discurso progressista da educação durante o século XIX em prol da instrução pública, estava associado à idéia de que o progresso resultaria da feliz conjunção da instrução e das forças motrizes, cujo elemento comum é "produzir a energia de onde a luz pode brotar, nas fábricas e nos espíritos, nos lares e nos corações" (Hameline, 1986, p.160). Assim, a criança aparece aos olhos de Freinet como uma "pilha generosamente carregada [de onde] a luz brotará soberana" (1994, t.2, p.153) para que, à semelhança do criador no Gênesis, o educador possa dizer *Fiat lux*: "O educador não é um fabricante de correntes, mas um semeador de alimentos e de claridade" (1994, t.2, p.201). A corrente gerada pelo circuito de fios complexos "penetra até aos recantos mais secretos do organismo para lhe dar vitalidade e harmonia" (1994, t.2, p.153), qualidades indispensáveis à vida da infância anunciadora de um "mundo novo". Miticamente, o símbolo primário da luz ou, se se preferir, a imagem arquetípica da luz (Chevalier e Gheerbrant, 1997, p.584-589) aparece como um atributo seja de Zeus (que provém da raiz que significa brilhar), o deus do céu luminoso e brilhante, portador do relâmpago e do raio, seja de Apolo, deus do sol e, conseqüentemente, da luz, que simboliza a suprema espiritualidade, o equilíbrio e a harmonia, além da ascensão humana em direção ao céu luminoso (Araújo, 2004, p.91).

Já entre as metáforas hortícolas, podemos destacar a ação do professor associada à do jardineiro e do florista com suas plantas e flores – ela não é corretiva, mas sim preventiva e facilitadora (Freinet, 1974b, p.164-165) – e à do apicultor com suas abelhas – uma atitude calma ("nada de gestos bruscos que despertem as reações de defesa") que transmite "confiança, bondade, ajuda e decisão" de que a criança precisa. A pedagogia do "bom senso" e do "trabalho que ilumina" (1994, t.2, p.105 e 125), visa, assim, a formar a criança como "árvore que ainda não acabou o seu crescimento, mas que se alimenta, cresce e se defende exatamente como a árvore adulta" (1994, t.2, p.387). A ação do educador, tal como a do jardineiro, começa já "na semente ou na planta nascente", que ele cuida, preparando "o fruto que nascerá", em que se tornará depois de ser "flor esplêndida, [ela mesma] uma promessa segura do fruto generoso que amanhã amadurecerá" (1994, t.2, p.108). Essa formação do homem novo de amanhã só pode dar-se em uma "escola da vida e do trabalho" que vise a uma "sociedade nova e popular" a serviço da criança do "povo real" em um "mundo novo que está em vias de nascer" (1994, t.2, p.21).

Trata-se de advogar uma "filosofia" da lenta frutificação da ação docente que está ausente das práticas diárias dos professores, preocupados como estão em, a cada instante, verificar o resultado do seu esforço, tal como o operário pode medir, minuto a minuto, o andamento do seu trabalho ou o pedreiro constata que o seu muro não pára de subir pedra a pedra (1974b, p.165). E, na verdade, essa busca apressada de resultados pode levar à antecipação da frutificação, à digestão apressada dos alimentos e ao não conseqüente enriquecimento da seiva, a um trabalho de superfície, "útil, mas perigoso porque a natureza terá que quebrar essa crosta que incomodará e desviará o seu desabrochamento, e ficará finalmente reduzida a procurar, mau grado vosso, as linhas normais e salutares do seu crescimento" (1974a, p.167). Por isso, Freinet (1974b, p.68) denuncia as estruturas administrativas, os *mass media*, os pais, os diretores que estimulam esse trabalho superficial, sem deixar de fazer sobressair uma perspectiva otimista em relação ao sistema educativo:

> Continuo persuadido de que, se vocês conseguirem elaborar um sistema educativo melhor assente na vida, melhor adaptado às descobertas científicas e às condições económicas; se tornarem a vossa escola mais eficiente não só no plano intelectual, mas também no vasto e complexo domínio do trabalho, terão mais adesões e apoios do que pensam. Só que, compreendem-no agora, já não bastam algumas transformações formais; é uma renovação profunda e eficiente da formação das jovens gerações que é necessário realizar.

É o uso massivo da metáfora agrícola por parte de Freinet que leva Georges Piaton a dizer que a sua filosofia está impregnada de naturalismo e de naturismo (1974, p.201-205), uma vez que concebe a natureza como "criadora e reparadora", tendo a função de servir de modelo para o crescimento e a formação das crianças. Podemos perguntar se o papel desempenhado pela metáfora agrícola no discurso educativo limita-se tão-somente a, por um lado, "dar a ver" e, por outro, "comparar para fazer agir" ou se, pelo contrário, ela remete para o mundo do simbolismo vegetal com as implicações míticas que dele decorrem (Araújo, 2003, p.95-102). É o destaque do símbolo na metáfora que permite considerar a sua simbólica, que se encontra "largamente atestada no nosso património cultural, mesmo no fundo antropológico comum de todas as culturas" (Le Guern, 1986, p.131), ao mesmo tempo que convém singularmente à situação apresentada, tal como o autor nos conduz a imaginá-la. Esse poder simbólico que a metáfora transporta e que lhe empresta "uma nova pertinência semântica" (Ricoeur, 1975, p.10) conduz a hermenêutica empreendida por Alberto Filipe Araújo (2003) para a consideração da riqueza luxuriante do simbolismo vegetal e da "pregnância simbólica" – quer da árvore, quer do trigo – como imagens às quais Freinet associa a criança.

A árvore é o símbolo da vida em permanente evolução e de ascensão para o céu. Ela representa a vida do cosmos que se regenera ininterruptamente e evoca o simbolismo da verticalidade. Serve também para simbolizar o caráter cíclico da evolução cósmica – morte-regeneração – e estabelece a comunicação entre os três níveis cósmicos – o subterrâneo (ctônico), o terrestre e o celestial. A árvore possui uma relação estreita com o homem (Cirlot, 1981, p.77-81; Chevalier e Gheerbrant, 1997, p.62-68). Por seu lado, o trigo representa o ciclo místico da morte e da ressurreição por analogia com o ciclo da colheita (adormecido durante o inverno para renascer quando da primavera). Esses dois símbolos sugerem Dionísio, o "deus da árvore" e "deus da vida", e fazem da relação homem-planta-árvore a manifestação da "imagem do andrógino inicial" (Chevalier e Gheerbrant, 1997, p.66), o "antepassado mítico" ou, muito simplesmente, o homem na sua condição de mortal-imortal sob o charme dionisíaco, ao mesmo tempo em que fazem com que o universo educativo-naturalista de Freinet adquira um sentido vital e cósmico à luz da trilogia árvore-homem-Dionísio. Daí que se possa concluir que, ao nível antropológico, o modelo de homem e, por extensão, a criança gerada por Freinet seja, tal como para os demais pedagogos da "educação nova", inseparável do tema do "homem novo" ou "regenerado" e que, ao nível educativo, a sua *Bildung* esteja sob o signo de Dionísio e, por conseguinte, também dos seus atributos (Araújo, 2003, p.102).

NOTAS

1. Nascido em Gars, a 15/10/1896, e falecido em Vence, a 8/10/1966.
2. Através da figura de Mathieu, o camponês-poeta-filósofo, Freinet exprime uma sageza, uma "pedagogia do bom senso" que seria forçosamente pedagogia popular (Debarbieux, 1994, p.41).
3. Freinet explicita esta sua opção de solidariedade corporativa: "Quando descobri a imprensa escolar, teria podido, como se procede muito naturalmente hoje, tirar patente da minha inovação, registar devidamente, em seguida, como a senhora Montessori, um material que teria estado na base do novo método. Mas, fazendo-o, ter-me-ia afastado, desde o princípio, da massa dos educadores de que só excepcionalmente poderia

constituir expressão. Tomei imediatamente outra decisão: em vez de guardar segredo sobre esta descoberta, lancei-a deliberadamente no crisol da cooperação. A classe dos professores contava apenas com alguns pioneiros, entre os quais A. Ferrière, quando eu constituía já uma cooperativa com circulares, boletim, revista de textos infantis: La Gerbe, intercâmbio de documentos, organização de correspondências interescolares, primeiros encontros por ocasião do congresso da valorosa Federação do ensino. Tínhamos já rompido o círculo do individualismo estéril. Havíamos lançado as bases do nosso movimento pedagógico cooperativo" (1973a, p.21).

4. O texto e o desenho *livre* são atividades que a criança realiza livremente, isto é, "quando tem desejo de o fazer, em conformidade com o tema que a inspira" (1973a, p.60). Realizam-se na escola ou fora dela, sempre que a criança tenha algo para explicar e comunicar. O texto parte do aluno, nunca é imposto pelo adulto: "Os nossos alunos escrevem textos quando têm vontade de escrever, quando estão inspirados, quando um acontecimento ou um fato os impressionou, quando sentem a necessidade espontânea de desabafar" (1973c, p.56). Distingue-se, portanto, da *redação* (imposta) *com tema livre*, técnica de trabalho que, significando embora "um progresso em relação à prática tradicional da redação imposta, só muito excepcionalmente trará as grandes vantagens que reconhecemos ao texto livre: espontaneidade, criação, vida, ligação íntima e permanente com o meio, expressão profunda da criança" (1973c, p.21).
5. Em *O Jornal Escolar*, Freinet refere as resistências dos professores, arraigados aos seus hábitos tenazes "com receio de modificações que afetem o seu modo de vida" e a oposição dos fabricantes de material tradicional, que, vendo em causa os seus interesses comerciais, "atrasam o mais que podem as transformações que o progresso tornará, cedo ou tarde, inevitáveis" (1974a, p.14).
6. Na esteira de Pierre Clanché, António Nunes (2002, p.81-105) agrupa as técnicas Freinet em quatro grupos de instrumentos: os instrumentos físicos da comunicação, os instrumentos sociais da comunicação, os instrumentos de gestão das aprendizagens e os instrumentos de gestão do grupo.
7. Sobre os procedimentos de escolha dos textos, ver também Freinet (1973c, p.44-48).
8. Sobre o modo como se deve realizar o jornal escolar, as regras da sua apresentação e as vantagens pedagógicas, psicológicas e sociais da imprensa escolar e das técnicas de impressão ver Freinet (1974a, especialmente as páginas 27-30 e 77-103).
9. Não se trata de abandonar a criança ao seu estádio de aprendizagem e de optar por uma "não diretividade" que a penalizaria, se afastaria dos objetivos normais da escola, frustraria os desejos dos pais, traria a inquietação dos diretores e redundaria em fracasso nos exames (Freinet, 1973c, p.36). Aliás, com os alunos "principiantes", cujos textos livres tornem-se de leitura difícil, porque de difícil decifração e por isso com tendência a serem menos escolhidos para a impressão, o professor cuidará de, "durante a hora de trabalho livre da tarde, ou de manhã no início da aula, examinar em particular o texto desta ou daquela criança" renunciando, no entanto, à "posição de professor" que se traduz em "sublinhar erros, riscar frases e escrever à margem: *ilegível*" e procurando ajudar a criança a enriquecer a sua idéia e o seu pensamento já em esboço e a exprimi-lo "retomando e completando as frases escritas, ordenando-as melhor, embelezando-as se possível" (1973c, p.38).
10. O complexo de interesse parte das necessidades das crianças. Embora sugerindo o centro de interesse decrolyano, o complexo de interesse não se confunde com ele: é mais curto no tempo e vinculado à livre expressão e espontaneidade das crianças, seja mediante o texto livre, seja nos acontecimentos individuais e sociais. Além disso, é

menos diretivo, já que o seu ponto de arranque surge da própria criança através do texto livre. Como no centro de interesse, no desenvolvimento do tema trabalham-se as diversas áreas escolares que se concretizam no plano de trabalho individual da criança e tornam-se *vida*, configurando uma proposta global a que Freinet chama o *método natural*.

11. Sobre a organização da troca de correspondência interescolar, ver Freinet (1974a, p.123).
12. Foi importante o material produzido pela Cooperativa de Ensino Laico (CEL) fundada por Freinet, que permitia "engrossar" a biblioteca de aula.
13. Os *planos gerais anuais*, sob uma nova forma, estão mais ou menos de acordo com as experiências dos programas do curso. Para cada curso, são estabelecidos ainda planos gerais mensais (1973b, p.101).
14. O método de experiência tateada na base da formação científica escolar defendido por Freinet supõe: "a) a riqueza máxima do meio onde se move, onde vive a criança, para que esta possa entregar-se à sua indispensável experiência tateada: primeiro a Natureza, em toda a sua complexidade, meio social em seguida, com as suas reações humanas – e também todo o processo do progresso material e técnico, com a condição de não romper, ao abordá-lo, a nossa própria cadeia de conhecimento; b) neste meio, a Educação ajudante que permita acelerar a experiência tateada, percorrer a uma velocidade crescente os diversos elos da cadeia, unir aos elos essenciais outros elos secundários, sólida e logicamente ligados" (1978, p.92).
15. Em 1928, Freinet publica *Basta de manuais escolares* e advoga que o livro de texto único é um erro para a aprendizagem na escola. Segundo ele, mais do que os manuais escolares, são as experiências vitais das crianças e a sua visão das coisas a ferramenta básica da aprendizagem: "Em todas as matérias de ensino incluídas num programa sobre o qual o menos que se pode dizer é que não está integrado na vida, em todas as disciplinas, aritmética, ciências, história, geografia, moral, é a lição do manual, retomada e comentada pelo professor, que substitui a experiência da criança, a sua visão das coisas. Dada a lição, surgem automaticamente os exercícios que devem confirmar as regras explicadas, quando teria sido fácil pôr à disposição dos alunos o material e a documentação que lhes permitisse chegar por si mesmos ao conhecimento sem qualquer 'conversa fiada'" (1973a, p.32). Nos manuais escolares, vê ainda o defeito de conter uma "ciência fria", impessoal e anônima que determina o que as crianças devem aprender em todas as regiões. Explica que a sua condenação não visa aos livros, "cujas virtudes jamais seremos capazes de enaltecer suficientemente", mas apenas "os livros que se usam como 'manuais escolares' para o estudo e o trabalho na escola, 'súmulas' sem horizonte, especialmente escritas tendo em conta os programas e os exames". Reconhece, contudo, que "há atualmente manuais bem apresentados, de leitura agradável e cujo conteúdo é apresentado sob uma forma por vezes atraente" e que esses manuais podem ser material precioso a incluir na documentação da biblioteca de trabalho. O seu apelo vai no sentido de se associar o manual a toda a documentação posta à disposição da criança, dando-lhe "um papel humano e pedagógico", em vez de o tornar obrigatório e propor a cada aluno "apenas esta matéria única contida nas mesmas páginas, dada da mesma forma, enquanto as capacidades pessoais, a inteligência, a compreensão das crianças são muito diversas e matizadas" (1973a, p.54-55).
16. Com as virtudes das técnicas audiovisuais, seria possível garantir a aquisição de conhecimentos por parte de um elevado número de crianças. Porém, argumenta Freinet, a aquisição de conhecimentos é uma função menor da escola. Mais importante é "a for-

mação na criança do homem que será amanhã, o homem moral e social, o trabalhador consciente dos seus direitos e dos seus deveres e suficientemente corajoso para lhes fazer face, a criança e o homem inteligente, investigador, criador, escritor, matemático, músico, artista" (1973b, p.200). Freinet aponta, assim, para 20 a 25 alunos por turma.

17. Ver Freinet, 1973b, p.201-202.
18. O princípio da "escola nova" de que o ensino deve ser baseado na *atividade* do aluno diz que a criança não deve instruir-se *passivamente*, registando só a palavra do mestre, mas que deve desenvolver-se pelo seu *trabalho*. Porém, as diferentes concepções de trabalho na escola comportam concepções diferentes de "escola do trabalho". Freinet distancia-se da escola do trabalho alemão (a "escola da ilustração", que faz do trabalho apenas um meio para facilitar a aquisição dos conhecimentos, em uma concepção "capitalista" da cultura) e da concepção do trabalho na escola desenvolvida por Kerschensteiner. A "escola do trabalho proletário" retoma a atividade ou o "trabalho manual" que a "escola nova" preconiza e, lançando um olhar sobre a "coletividade infantil" russa (Makarenko), faz do trabalho "um fator de moralidade e sociabilidade": rejeita o "trabalho escolar mecânico" e visa a um "trabalho produtivo, não se confina ao território do conhecimento e estende-se à "atividade social", considera o indivíduo e a sua "autonomia moral", mas igualmente a organização social em que o indivíduo se insere e se desenvolve moralmente (ver Maury, 1988, p.83-114).
19. Sobre a associação e a dissociação entre trabalho e jogo ver Freinet, 1978, 2, p.130-131 e 1974b, p.181 e 187-188.
20. Em um artigo de 1927, Freinet resume para a revista sindical *L'Internationale de l'enseignement* as grandes linhas da experiência de Cempius, classificando-a como "uma educação [...] não só neutra, mas resolutamente pacifista, internacionalista, proletária".
21. Em *L'école émancipée*, de outubro e novembro de 1922, Freinet diz-se admirado pela ausência de qualquer "alinhamento" ou "marcha" de tipo militar na organização dessa escola prussiana e refere os "desenhos livres", os "passeios escolares" e o material escolar abundante e especializado.
22. No ano letivo de 1925-1926, com outros companheiros de viagem, Freinet deixa registadas na revista *L'École émancipée* "Mes impressions de pédagogue en Russie soviétique".
23. Em 1946, Freinet rompe com o Grupo Francês da Educação Nova (GFEN) e, em 1947, é criado o Instituto Cooperativo da Escola Moderna (ICEM). Em 1957, é criada a Federação Internacional dos Movimentos da Escola Moderna (FIMEM). Sobre a evolução do movimento e Freinet renascido após a Segunda Guerra Mundial, ver Peyronie (1999, p.60-65), e Nunes (2002, p.107-116). Sobre o percurso evolutivo do Movimento da Escola Moderna em Portugal, ver síntese histórica de González (2002, p.38-41) e, especialmente, o sólido testemunho de Sérgio Niza (2002) sobre a herança freinetiana da cultura pedagógica desse movimento, mas igualmente sobre o posicionamento epistemológico que, interpretando-a no seu "espírito" de "deslocamento das linhas", avança para a descoberta do pensamento de Vygotsky e seus colaboradores e, formando uma idéia mais nítida da *construção social das aprendizagens*, afasta-se do pedagogo francês, tornado autor de referência, mas de quem se torna "impossível" ser hoje interlocutor real.
24. Liliane Maury (1988) coloca em confronto textos pedagógicos de Freinet com outros da época, conhecidos ou não por ele, que ele aprova ou recusa, ressaltando a autora a especificidade da obra desse pedagogo francês.

REFERÊNCIAS

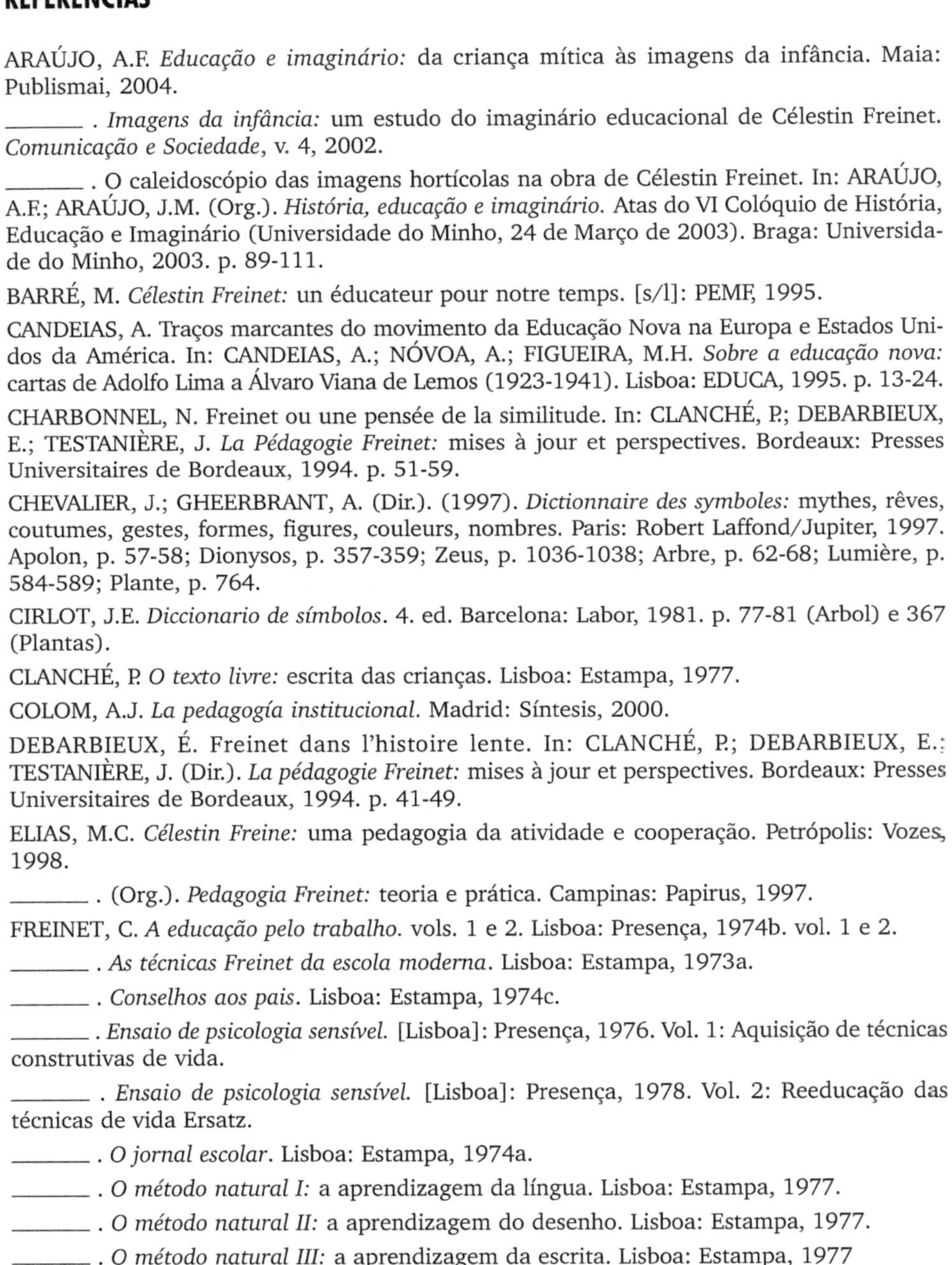

ARAÚJO, A.F. *Educação e imaginário:* da criança mítica às imagens da infância. Maia: Publismai, 2004.

______. *Imagens da infância:* um estudo do imaginário educacional de Célestin Freinet. *Comunicação e Sociedade*, v. 4, 2002.

______. O caleidoscópio das imagens hortícolas na obra de Célestin Freinet. In: ARAÚJO, A.F.; ARAÚJO, J.M. (Org.). *História, educação e imaginário.* Atas do VI Colóquio de História, Educação e Imaginário (Universidade do Minho, 24 de Março de 2003). Braga: Universidade do Minho, 2003. p. 89-111.

BARRÉ, M. *Célestin Freinet:* un éducateur pour notre temps. [s/l]: PEMF, 1995.

CANDEIAS, A. Traços marcantes do movimento da Educação Nova na Europa e Estados Unidos da América. In: CANDEIAS, A.; NÓVOA, A.; FIGUEIRA, M.H. *Sobre a educação nova:* cartas de Adolfo Lima a Álvaro Viana de Lemos (1923-1941). Lisboa: EDUCA, 1995. p. 13-24.

CHARBONNEL, N. Freinet ou une pensée de la similitude. In: CLANCHÉ, P.; DEBARBIEUX, E.; TESTANIÈRE, J. *La Pédagogie Freinet:* mises à jour et perspectives. Bordeaux: Presses Universitaires de Bordeaux, 1994. p. 51-59.

CHEVALIER, J.; GHEERBRANT, A. (Dir.). (1997). *Dictionnaire des symboles:* mythes, rêves, coutumes, gestes, formes, figures, couleurs, nombres. Paris: Robert Laffond/Jupiter, 1997. Apolon, p. 57-58; Dionysos, p. 357-359; Zeus, p. 1036-1038; Arbre, p. 62-68; Lumière, p. 584-589; Plante, p. 764.

CIRLOT, J.E. *Diccionario de símbolos.* 4. ed. Barcelona: Labor, 1981. p. 77-81 (Arbol) e 367 (Plantas).

CLANCHÉ, P. *O texto livre:* escrita das crianças. Lisboa: Estampa, 1977.

COLOM, A.J. *La pedagogía institucional.* Madrid: Síntesis, 2000.

DEBARBIEUX, É. Freinet dans l'histoire lente. In: CLANCHÉ, P.; DEBARBIEUX, E.; TESTANIÈRE, J. (Dir.). *La pédagogie Freinet:* mises à jour et perspectives. Bordeaux: Presses Universitaires de Bordeaux, 1994. p. 41-49.

ELIAS, M.C. *Célestin Freine:* uma pedagogia da atividade e cooperação. Petrópolis: Vozes, 1998.

______. (Org.). *Pedagogia Freinet:* teoria e prática. Campinas: Papirus, 1997.

FREINET, C. *A educação pelo trabalho.* vols. 1 e 2. Lisboa: Presença, 1974b. vol. 1 e 2.

______. *As técnicas Freinet da escola moderna.* Lisboa: Estampa, 1973a.

______. *Conselhos aos pais.* Lisboa: Estampa, 1974c.

______. *Ensaio de psicologia sensível.* [Lisboa]: Presença, 1976. Vol. 1: Aquisição de técnicas construtivas de vida.

______. *Ensaio de psicologia sensível.* [Lisboa]: Presença, 1978. Vol. 2: Reeducação das técnicas de vida Ersatz.

______. *O jornal escolar.* Lisboa: Estampa, 1974a.

______. *O método natural I:* a aprendizagem da língua. Lisboa: Estampa, 1977.

______. *O método natural II:* a aprendizagem do desenho. Lisboa: Estampa, 1977.

______. *O método natural III:* a aprendizagem da escrita. Lisboa: Estampa, 1977

______. *O texto livre.* Lisboa: Dinalivro, 1973c.

______. *Oeuvres pédagogiques*. Paris: Du Seuil, 1994. Tomos 1 e 2.

______. *Para uma escola do povo:* guia prático para a organização material, técnica e pedagógica da escola popular. Lisboa: Presença, 1973b.

______. *Pedagogia do bom senso:* les dits de mathieu. Lisboa: Moraes, 1973d.

FREINET, C.; BALESSE, L. *A leitura pela imprensa na escola*. Lisboa: Dinalivro, 1977.

FREINET, É. *Nascimento de uma pedagogia popular:* métodos Freinet. [Lisboa]: Estampa, 1978.

______. *O itinerário de Célestin Freinet:* a expressão livre na Pedagogia Freinet. Lisboa: Livros Horizonte, 1983.

GONZÁLEZ, P.F. *O movimento da escola moderna:* um percurso cooperativo na construção da profissão docente e no desenvolvimento da pedagogia escolar. Porto: Porto Editora, 2002.

HAMELINE, D. *L'Éducation, ses images et son propos*. Paris: ESF, 1986.

HANNOUN, H. Freinet. In: *Anthologie des penseurs de l'éducation*. Paris: PUF, 1995. p. 344-349.

IMBERNÓN MUÑOZ, F. Célestin Freinet y la cooperación educativa. In: TRILLA, J. (Coord.). *El legado pedagógico del siglo XX para la escuela del siglo XXI*. Barcelona: Graó, 2001. p. 249-270.

LEGRAND, L. Célestin Freinet (1896-1966). In: *Penseurs de l'éducation*. Paris: Unesco, 1994. p. 407-423. Vol. 1: Perspectives, vol. 23, n. 1-2, 1993 (85-86).

MALANDAIN, C. Freinet et l'éducation novelle. In: CLANCHÉ, P.; DEBARBIEUX, E.; TESTANIÈRE, J. *La Pédagogie Freinet:* mises à jour et perspectives. Bordeaux: Presses Universitaires de Bordeaux, 1994. p. 335-341.

MAURY, L. *Freinet et la Pédagogie*. Paris: PUF, 1988.

LE GUERN, M. *Sémantique de la métaphore et de la métonyme*. Paris: Larousse, 1973.

NIZA, S. A organização social do trabalho de aprendizagem no 1° ciclo do ensino básico. *Inovação*, v. 11, n. 1, p.77-98, 1998.

______. Posfácio. In: NUNES, A. *Freinet:* atualidade pedagógica de uma obra. Porto: ASA, 2002. p. 153-159.

NÓVOA, A. Uma educação que se diz nova. In: CANDEIAS, A.; NÓVOA, A.; FIGUEIRA, M.H. *Sobre a educação nova:* cartas de Adolfo Lima a Álvaro Viana de Lemos (1923-1941). Lisboa: EDUCA, 1995. p. 25-41.

NUNES, A. *Freinet:* atualidade pedagógica de uma obra. Porto: Edições ASA, 2002.

OLIVEIRA, A.M.M. *Célestin Freinet:* raízes sociais e políticas de uma proposta pedagógica. Rio de Janeiro: Papéis e Cópias de Professores, 1996.

PAIVA, Y.M.S. Pedagogia Freinet: seus princípios e práticas. In: ELIAS, M.C. (Org.). *Pedagogia Freinet:* teoria e prática. Campinas: Papirus, 1997. p. 9-20.

PEYRONIE, H. Célestin Freinet. In: HOUSSAYE, J. *Quinze pédagogues: leur influence aujourd'hui*. Paris: Armand Colin, 1994. p. 212-226.

______. *Célestin Freinet:* pédagogie et émancipation. Paris: Hachette, 1999.

PIATON, G. *La pensée pédagogique de Célestin Freinet*. [Toulose]: Privat, 1974.

RICOEUR, P. *La métaphore vive*. Paris: Du Seuil, 1975.

SANTANA, I. A influência da Escola Moderna em percursos de formação. *Inovação*, n. 6, p. 29-46, 1999.

VUILLET, J. *La coopération à l'école:* avant et après Freinet. Paris: PUF, 1968.

8

As contribuições da teoria de Piaget para a pedagogia da infância*

Fátima Vieira
Dalila Lino

JEAN PIAGET (1896-1980): NOTAS SOBRE A VIDA E A OBRA DO AUTOR

Jean Piaget nasceu em agosto de 1896, em Neuchâtel, na Suíça. Durante a sua infância, revelou-se uma criança particularmente interessada pelo mundo natural, observando a vida animal, colecionando conchas e fósseis e descrevendo a vida de pássaros. Com apenas 10 anos, fez a sua primeira publicação em um jornal científico de Neuchâtel. A sua fascinação pela zoologia e pela biologia continua pela adolescência e leva-o a dedicar muito do seu tempo livre à classificação de material em uma das seções do museu de história natural da sua cidade natal. É nesse período que inicia uma pesquisa em torno de moluscos de água doce, procurando entender os seus mecanismos de adaptação quando transferidos de um meio ambiente para outro. O interesse em torno dos mecanismos de adaptação terá um papel de grande relevo no pensamento piagetiano. Em 1915, então com 18 anos, Piaget recebe o seu diploma de bacharel em ciências naturais pela Universidade de Neuchâtel. Três anos mais tarde, obtém o doutoramento em biologia pela Universidade de Lausanne. Aos 21 anos, tem já um vasto trabalho científico sobre moluscos, disseminado em várias publicações.

O seu trabalho intensivo na biologia leva-o a concluir que o desenvolvimento biológico é um processo de *adaptação* do indivíduo ao meio ambiente em que vive, um processo que depende não só da maturação (e da hereditariedade), mas também de variáveis desse meio. Essas primeiras convicções acerca do desenvolvimento biológico refletir-se-ão na sua visão sobre o desenvolvimento humano e, em particular, sobre o desenvolvimento cognitivo, como salientam alguns dos seus comentadores (Flavell, 1991; Bronckart, 2000; Mogdil e Mogdil e Brown, 1983;

* As autoras agradecem as contribuições de Júlia Oliveira-Formosinho para a elaboração deste capítulo.

Lourenço, 1994, 1997). A finalização do doutoramento marca um ponto de virada no trabalho de Piaget, que se descentra da biologia para passar a interessar-se pela psicologia, em especial pela origem e pelo desenvolvimento do conhecimento humano, isto é, pela epistemologia.

Em 1919, desenvolve trabalho na Bleuler's Clinic, em Zurique, onde estuda as teorias psicanalíticas de Freud e Yung e submete-se a algumas experiências nessa área. No mesmo ano, ingressa na Sorbonne, em Paris, e lá permanece dois anos estudando psicopatologia, epistemologia, matemática e história da ciência. Aceita a oportunidade de trabalhar no laboratório Alfred Binet, no desenvolvimento de testes de inteligência. As respostas incorretas das crianças às questões dos testes suscitam em Piaget um interesse particular. Tendo identificado similaridades nesse tipo de respostas em crianças da mesma idade, passa a orientar-se para a pesquisa das razões cognitivas que estão na sua base. O interesse pelo erro é uma constante em seu trabalho. De fato, vem a sublinhar a importância do erro na construção do conhecimento (Piaget, 1970, 1973; Piaget e Inhelder, 1997).

Em 1921, Piaget passa a dirigir o Instituto Jean-Jacques Rousseau, em Genebra, por convite de Edóuard Claparède, propondo-se a estudar mais atentamente a gênese das estruturas de pensamento do sujeito. Essa pesquisa resultará em uma concepção geral da epistemologia científica, na qual Piaget projeta uma reconciliação entre os processos de influência social e os mecanismos de auto-regulação inerentes à vida para explicar a gênese e a evolução do conhecimento humano. A partir dos anos de 1920, Piaget passa a considerar o desenvolvimento humano e, em particular, o desenvolvimento cognitivo como o seu verdadeiro campo de investigação.

Com menos de 30 anos, Piaget leciona nas Universidades de Neuchâtel e de Genebra diversas disciplinas ligadas à epistemologia e à psicologia infantil. É também um investigador amplamente reconhecido no campo da psicologia, publicando inúmeros livros e artigos em revistas científicas. Continua sendo um leitor assíduo da produção científica do seu tempo não só no campo psicologia, mas também em outras disciplinas científicas.

Em 1925, nasce a sua primeira filha, acontecimento que inicia uma importante série de estudos sobre a evolução da inteligência na criança. Opta por observar crianças em contextos naturais (escolas e parques) e realiza uma parte significativa da pesquisa empírica junto de seus três filhos. É nesse momento que desenvolve a entrevista clínica, um importante contributo para o interesse atual da pedagogia e da sociologia da infância de ouvir a "voz" das crianças para desenvolver a investigação. Piaget desenvolve um método de coleta de dados sobre as mudanças cognitivas – o *método clínico* piagetiano – absolutamente inovador, que passou a ser utilizado em uma enorme quantidade de pesquisas empíricas no domínio da psicologia do desenvolvimento cognitivo, moral, interpessoal, etc. De fato, ninguém contesta o caráter heurístico de tal método, no que diz respeito à coleta e à descoberta de dados de cariz desenvolvimentalista (Lourenço, 1997).

Especialmente orientada para descrever e identificar os modos ou as formas de conhecer e pensar que emergem ao longo da ontogênese humana, a teoria de Piaget dirige-se também para aspectos do desenvolvimento moral, lingüístico e afetivo,[1] concebendo-os sempre em estreita ligação com o desenvolvimento cognitivo. Piaget não dedica grande atenção teórica nem extensa pesquisa empírica a estes domínios, contrariamente ao manifesto interesse em torno da cognição humana.

Alguns críticos (Donaldson, 1978; Boden, 1979; Brown e Desforges, 1979 citados em Modgil e Modgil e Brown, 1983, p.4) comentam que a centração de Piaget na cognição desviou-o de uma compreensão mais integrada do psiquismo humano. Embora esta seja uma crítica compreensível, não se pode esquecer que a sua obra inicia-se e desenvolve-se durante a revolução behaviorista dos anos de 1930-1940, isto é, em um tempo de forte implementação de teses nessa perspectiva, cuja confrontação exigiu muito trabalho teórico e empírico. Ao perspectivar a atividade (motora e mental) do sujeito como fator responsável pela gênese e ocorrência do desenvolvimento, Piaget recusa claramente a tese de que a evolução do pensamento e do comportamento humanos é determinada por um conjunto de influências externas (ambiente, sociedade e cultura) e propõe uma conceitualização do indivíduo como "mente ativa" que, em processos progressivamente mais adaptativos, constrói significado sobre a realidade, transformando-a (Flavell, 1991).

De fato, a obra de Piaget revela-se fortemente inovadora no seu tempo, ultrapassando algumas das tendências da sua época, nomeadamente algumas visões sobre a natureza do desenvolvimento humano. Ao contrário da corrente maturacionista, que defende a determinação genética das mudanças desenvolvimentais e da sua seqüência, Piaget defende que o processo de desenvolvimento humano depende não só da maturação biológica do sujeito, mas também da interação que se estabelece entre este e o meio físico e social em que vive. O sujeito tem necessariamente um papel ativo, quer na exploração do que o rodeia, quer na construção do significado sobre a sua experiência, uma construção que resulta em formas progressivamente mais complexas de pensar a realidade física e social (Piaget, 1973). Essas idéias constituem a essência da sua visão construtivista acerca do desenvolvimento (Lourenço, 1994, 1997; Flavell, 1991).

No início da década de 1940, Piaget orienta o seu trabalho para o estudo de vários domínios científicos relacionados com o desenvolvimento cognitivo. Entre eles, os domínios lógico, matemático, físico, geométrico e causal (Lourenço, 1997). Os estudos centrados na aquisição e na compreensão da criança de conceitos integrados nesses domínios dominarão o percurso de Piaget até ao final da sua vida. A partir de meados da década de 1950, Piaget prossegue os seus estudos no Centro Internacional de Epistemologia Genética, em Genebra, criado com a ajuda da Fundação Rockefeller. Entendendo que a epistemologia é uma disciplina necessariamente interdisciplinar, Piaget desenvolve um extenso trabalho de pesquisa colaborativa com cientistas de disciplinas tão diversas como a matemática, a física, a neurologia, a cibernética, a biologia, a filosofia, a epistemologia, etc. Essa ampla colaboração é de algum modo percebida em uma das publicações mais importantes de Piaget, uma obra em três volumes sobre problemas de epistemologia genética,[2] que apresenta uma abordagem interdisciplinar ao problema do desenvolvimento humano, cruzando contribuições da psicologia, filosofia, lógica, matemática, biologia e física (Flavell, 1991).

Como investigador, recebe de universidades européias e americanas vários graus honorários, entre outros, Harvard (1936), Sorbonne (1946), Universidade de Bruxelas (1949), Universidade do Rio de Janeiro (1949), Universidade de Columbia (1970). Em 1969, é o primeiro europeu a ser citado pela American Psychological Association, uma distinção atribuída pela contribuição dada à psicologia. Durante quase 60 anos, Jean Piaget produz uma extensa e complexa obra que marca de forma decisiva a psicologia do desenvolvimento no século XX. Por todo o mundo, o seu legado cientifico continua a gerar interesse e a suscitar questões de pesquisa em diversos campos da ciência e, em especial, na psicologia e na educação. Pode-se afirmar que sua contribuição para a compreensão do desenvolvimento humano, em geral, da cognição, em particular, e de outros domínios a este associados foi, no seu tempo, de uma grande riqueza inovadora e continua sendo de inegável valor heurístico (Lourenço, 1994, 1997; Bronckart, 2000).

A TEORIA DE PIAGET SOBRE O DESENVOLVIMENTO MORAL: DA HETERONOMIA À AUTONOMIA MORAL

A investigação de Jean Piaget sobre o desenvolvimento moral (1932)[3] constitui ainda hoje uma das referências teóricas mais relevantes no estudo dessa temática. Como um dos primeiros representantes do construtivismo na psicologia, Piaget adota em relação ao desenvolvimento moral essa posição que destaca tanto o papel ativo da criança na construção de formas mais complexas de pensamento e de conduta moral quanto a importância da interação social nessa construção.

Para Piaget (1984)[4] "toda a moral consiste em um sistema de regras e a essência de qualquer moralidade está no respeito que o indivíduo adquire face a estas regras" (p.9). Na sua perspectiva, é possível estabelecer a natureza psicológica das realidades morais através da compreensão das relações entre a *prática da regra*, ou a *ação moral* e a *consciência da regra*, ou o *juízo moral*. Especialmente interessado no estudo do raciocínio ou juízo moral, Piaget começa por analisar as regras de um jogo social entre crianças (*le jeu des billes*) e, em particular, dois tipos de fenômenos: a *prática das regras* de jogo, ou seja, o modo como crianças de diferentes idades as aplicam, e a *consciência da obrigação* de cumpri-las, ou seja, o modo como representam o caráter prescritivo, a heteronomia ou a autonomia própria das regras de jogo.

O estudo desses fenômenos resultou na formulação de duas seqüências evolutivas que supõem a mudança de uma orientação externa e egocêntrica frente às regras para uma concepção das mesmas como resultado do acordo mútuo entre as pessoas. Nesse contexto, surgem os conceitos de moralidade heterônoma e de moralidade autônoma para caracterizar duas fases de desenvolvimento moral. Como Piaget (1984) esclarece, não se tratam de estádios morais, mas, de "fases que definem um processo que se repete para cada novo conjunto de regras ou cada novo plano de consciência ou reflexão sobre as mesmas" (p.71).

A heteronomia moral

Segundo Piaget (1984), a fase da heteronomia moral revela uma forma particular de juízo e ação moral evidenciada por crianças dos 3 aos 9 anos. Uma das dimensões que melhor caracteriza a moralidade nessa fase é a concepção acerca de regras e normas. Como já foi referido, Piaget começou por analisar o jogo de regras entre crianças. No que diz respeito à *prática de regras*, constatou que crianças com 3 anos, tendiam a manipular o material de jogo conforme os seus desejos e hábitos motores. O jogo era uma atividade puramente individual, seguindo esquemas motores mais ou menos ritualizados. Era a fase da *regra motora.*

Entre os 4 e os 6 anos, as crianças evidenciavam um comportamento diferente em relação às regras de jogo. Jogavam por imitação, procurando repetir as regras que lhes eram transmitidas pelos mais velhos. Imitando os exemplos que observavam, não se preocupavam, no entanto, com a codificação das regras, nem com os seus companheiros de jogo; jogavam para si, de modo egocêntrico. Piaget definiu essa etapa como a *fase do egocentrismo.* Crianças mais velhas, geralmente entre os 7 e os 9 anos, mostravam-se já interessadas em cumprir as regras e em dominar os seus companheiros de jogo; porém quando surgiam problemas, tendiam a avançar interpretações pouco ou nada consistentes acerca das regras. Essas crianças estavam na fase da *cooperação nascente.*

Quanto à *consciência das regras,* Piaget distinguiu duas concepções na criança de moral heterônoma. Em uma primeira concepção, coincidente com o início da fase egocêntrica, as regras eram percebidas como meros rituais motores, sem qualquer sentido de obrigatoriedade associado. Em uma segunda concepção, correspondente à fase *da regra coercitiva,* as crianças entendiam as regras como realidades externas e sagradas, com origem na vontade e no poder do adulto. Concebidas desse modo, as regras deviam ser sempre cumpridas, não deviam ser alteradas e qualquer modificação proposta era percebida como uma transgressão.

Portanto, a criança na fase de heteronomia moral concebe as regras sociais como entidades externas às pessoas e aos contextos, com caráter imutável e absoluto. Como já foi referido, durante o jogo com companheiros, a criança pequena, apesar do seu comportamento egocêntrico, considera que as regras do jogo são sagradas, mas nega-se a mudá-las sob o argumento de que toda alteração constitui uma falta. A esse propósito, Piaget (1984, p.50) afirma: “No que diz respeito às regras morais, a criança submete-se, pelo menos em intenção, às regras prescritas, mas estas, ao serem de certo modo alheias à consciência do sujeito, não transformam verdadeiramente a sua conduta. É assim que a criança considera a regra como sagrada, apesar de não a praticar”.

Essa concepção das regras é uma manifestação concreta do *egocentrismo* que caracteriza o pensamento da criança pequena ou, em outras palavras, da sua incapacidade para diferenciar perspectivas. A incapacidade para sair do seu ponto de vista e adotar o ponto de vista do outro leva a criança a supor que todos seguem as mesmas regras, ou que a única perspectiva a ter em conta é a da autoridade. Trata-se, pois, de uma moralidade baseada no constrangimento e na obediência que se caracteriza pela adesão estrita a regras e deveres.

A obrigação de cumprir a regra, que implica um elemento de *respeito unilateral*, de autoridade, freqüentemente associado ao adulto, alia-se ao egocentrismo infantil. Mas é precisamente porque a criança não pode estabelecer um contato realmente mútuo com o adulto, que permanece fechada em si própria. Para Piaget, apenas a cooperação entre iguais pode operar uma transformação da conduta e do raciocínio da criança. Ao respeito unilateral pelo adulto, a uma concepção de regras como entidades absolutas ou fixas e à incapacidade de diferenciar perspectivas, associa-se uma quarta manifestação de heteronomia moral: a avaliação das transgressões segundo critérios de "responsabilidade objetiva e de realismo moral" (Lourenço, 1992, p.71).

O *realismo moral* é a dimensão que melhor caracteriza a moral heterônoma, uma vez que revela a combinação de três aspectos do raciocínio da criança pequena em torno de questões morais: uma concepção de bem ou do dever orientada para a obediência (as boas ações são aquelas que cumprem as regras emanadas pela autoridade); uma concepção absolutista da regra (as regras devem ser obedecidas à risca) e uma concepção objetiva de responsabilidade (são mais graves as transgressões que testemunham uma ausência de conformidade material com o que está estabelecido) (Piaget, 1984; Lourenço, 1992).

Para a criança pequena, o que está "bem" deverá resultar do cumprimento de regras e instruções determinadas e fixadas externamente. Então, é errado qualquer ato que transgrida ou viole as regras estabelecidas, uma vez que a criança as interpreta de forma literal e não compreende a sua essência. Por essa razão, também a gravidade dos atos de transgressão é definida em função das suas conseqüências físicas e materiais. Por exemplo, quando se pedia a crianças de 4 ou 5 anos para julgarem dois tipos de ações – quebrar 15 xícaras inadvertidamente ou partir uma única xícara intencionalmente – era freqüente afirmarem que o primeiro ato era mais grave do que o segundo. O juízo moral sobre esses atos centra-se em suas conseqüências objetivas; e as intenções ou os motivos de quem os protagoniza, porque não são diretamente observáveis, não são levados em conta. É que a consideração desses aspectos implica a capacidade de descentração cognitiva – ou seja, a capacidade para considerar em simultâneo mais do que uma dimensão da situação de transgressão (as intenções e as consequências do ato) – e a capacidade de descentração social ou de tomada de perspectiva do outro (Selman, 1980). Ora, a criança tipicamente heterônoma não evidencia tais capacidades.

Piaget referiu-se ainda às fontes do *realismo moral*, que tão bem caracterizam a moral heterônoma e que, do seu ponto de vista, são de natureza cognitiva e experiencial. Os principais fatores cognitivos são, por um lado, o egocentrismo que se reflete na crença da criança de que os outros partilham a sua perspectiva sobre os acontecimentos e, por outro, o realismo do pensamento, ou seja, a tendência a ignorar fenômenos psicológicos, como pensamentos, motivos, desejos ou sonhos ou, então, a considerá-los como entidades físicas. Quanto aos fatores experienciais, Piaget sugere que a base do realismo moral reside no controle e na coerção do adulto, ou seja, na inerente desigualdade de posições que caracterizam as relações entre o adulto e a criança. O progresso da criança em direção à autonomia moral deve-se não só ao aumento da maturidade cognitiva, mas também às relações de cooperação e de reciprocidade entre pares.

Os estudos de Piaget sobre o desenvolvimento moral incidiram também sobre noções de justiça. Nesse domínio, constatou noções características da fase de heteronomia moral. Por exemplo, crianças com 5 ou 6 anos freqüentemente confundiam a justiça com a autoridade dos seus pais ou dos mais velhos. Do seu ponto de vista, era justo que uma mãe desse mais bolo à filha de quem gostava mais, uma vez que só ela sabia o que devia fazer. Nessa fase, parecia não existir qualquer sentido de justiça. Do mesmo modo, quando confrontada com determinado tipo de atos de transgressão, como, por exemplo, copiar de um companheiro ou mentir, as crianças nessa fase defendiam sempre a aplicação de um castigo para o transgressor, chegando a acreditar em uma justiça imanente (se um menino que copiou do seu companheiro escorrega ao sair da sala e machuca-se, isso terá acontecido porque o menino copiou, e não simplesmente porque escorregou). Essa concepção de justiça retributiva leva a criança a considerar que os castigos ou *sanções expiatórias* são as mais justas em caso de transgressão. O castigo retaliatório e arbitrário é, pois, aquele que se revela mais eficaz para o transgressor.

Entretanto, no que diz respeito ao sentido de justiça, é possível observar alguns progressos ainda na fase de heteronomia. Por volta dos 8 e até os 11 anos, a criança já é capaz de avançar com argumentos de igualdade para definir o que é uma justa distribuição de bens. Porém, trata-se ainda de uma igualdade estrita e factual. Assim, e voltando ao exemplo anterior, "a mãe devia repartir o bolo igualmente pelas filhas, independentemente de gostar mais de uma delas." Do mesmo modo, quando lhe perguntam "por que não se deve copiar", o primado da igualdade sobrepõem-se à autoridade (Piaget, 1984). Agora, copiar é considerado um ato errado porque "os companheiros ficam em desigualdade". Como se verá mais adiante, o sentido de justiça da criança tornar-se-á ainda mais refinado quando o seu pensamento moral revelar claros elementos de autonomia.

Quanto à justiça retributiva, a criança que avança em direção à autonomia moral passa a optar cada vez mais por *sanções por reciprocidade,* ou seja, sanções que tenham alguma relação com o tipo de transgressão cometida, por considerar que estas são mais legítimas e justas. Este e outros avanços estão presentes em uma nova e mais complexa configuração do pensamento moral que será abordada a seguir.

A autonomia moral

A criança mais velha (a partir dos 10 anos) revela habitualmente um outro conjunto de capacidades em termos morais que caracteriza a fase de autonomia moral. Quanto à *prática de regras,* Piaget refere-se a uma nova fase no comportamento de jogo de crianças mais velhas (entre 11 e 12 anos), a *fase da codificação da regra*. A criança procura conhecer e acordar de forma clara as regras de jogo e preocupa-se em cumprir minuciosamente esse código.

Em relação à *consciência das regras*, constatam-se também progressos. A criança vai sendo mais capaz de pensar sobre as regras criticamente e de aplicá-las seletivamente na base do respeito mútuo e da cooperação. Ela passa a conceber as regras como formulações das pessoas, que resultam do *acordo mútuo* e não como entidades abstratas ou "naturalmente dadas". Nesse sentido, as regras podem ser alteradas e utilizadas como instrumentos a serviço de objetivos e ideais de justiça. Ao modificar as regras, a criança converte-se, assim, em um "legislador" e adquire consciência da razão de ser das mesmas. A *regra coerciva* converte-se agora em *regra racional,* ou seja, no produto do compromisso mútuo (Piaget, 1984).

Na fase da autonomia moral, a criança torna-se progressivamente mais capaz de tomar decisões morais independentes de visões da autoridade, pressões sociais e expectativas normativas. Isso significa que o estatuto atribuído às regras deixa de assegurar o seu respeito incondicional e que a criança passa a distinguir as regras morais – regras superiores porque construídas na base de imperativos de justiça – das regras de natureza pragmática, técnica ou convencional que, em oposição às primeiras, são estabelecidas através dos costumes ou da tradição ou mesmo da eficácia social (Piaget, 1932/1965, citado em Pool, Shweder e Much, 1983, p.197).

Do mesmo modo, as crianças parecem estar interessados na imparcialidade e na reciprocidade para aceitar a legitimidade das sanções em face dos atos de transgressão de regras sociais. Utilizam agora a responsabilidade subjetiva, centrando-se nos motivos e nas intenções que subjazem às condutas de transgressão, sendo capazes de distinguir as sanções que são apropriadas, porque associadas à natureza da transgressão cometida, daquelas que são arbitrárias porque a excedem. Essa nova "consciência moral" deve-se ao incremento da capacidade de considerar o ponto de vista do outro e de coordená-lo com o seu na reflexão sobre questões interpessoais (Selman,1980) e sociomorais. A criança mostra-se progressivamente mais capaz de considerar outras perspectivas para além da sua e de coordená-las na compreensão de uma situação. A coordenação da própria perspectiva com a do outro significa que o que está "bem" deverá resultar em soluções que respondem às exigências de respeito mútuo, de reciprocidade e de justiça.

Outra característica associada à autonomia moral é a capacidade da criança para cooperar. No entanto, a cooperação verdadeira pressupõe que a criança e o outro (par ou adulto) distingam as partes que correspondem à sua individualidade e à realidade comum. Dito de outro modo, para cooperar, é necessário ter consciência do seu próprio eu e situá-lo relativamente à perspectiva dos outros. Por sua vez, a consciência de si só se constrói mediante o distanciamento do pensamento e da vontade do adulto, sendo incompatível com o respeito unilateral. Em princípio, quanto mais a criança cresce, menos se submete à vontade do adulto, mais discute como igual, tem mais oportunidades de confrontar os seus pontos de vista com os dos outros. São essas oportunidades que permitem à criança submeter-se a normas recíprocas e à discussão objetiva para fazer-se respeitar. Daí que os elementos indispensáveis à cooperação sejam a igualdade intelectual, a reciprocidade e o respeito mútuo (Piaget, 1984). Essas condições são construídas especialmente no contexto das relações entre pares.

De fato, as situações de interação entre "iguais" constituem oportunidades únicas de troca de papéis, de "assunção do papel" do outro (condição que dificilmente está presente na relação da criança com os adultos) e de construção de relações recíprocas e de cooperação. Muitas vezes, o grupo de iguais constitui um contexto interativo no qual as crianças vivem variadas situações e problemas que favorecem o desempenho de diferentes papéis, sendo crucial que nesse processo ela experimente a igualdade e a reciprocidade (Kamii, 1971; Diaz-Aguado, 1992).

Na linha da leitura de Piaget sobre o desenvolvimento moral, e em particular sobre o papel dos pares nessa evolução, DeVries e Zan (1994) lembram que a interação entre companheiros é muito importante na construção de sentimentos morais, sociais e de valores, sobretudo por duas razões. Uma primeira razão tem a ver com a igualdade que caracteriza as relações entre pares e que dificilmente é alcançada entre os adultos e as crianças. É nessa condição de igualdade que está implícita a reciprocidade, uma base psicológica importante para a criança aprender a descentrar-se da sua perspectiva para passar a considerar a dos outros.

A segunda razão é que as relações das crianças entre si favorecem o reconhecimento das semelhanças e diferenças mútuas. Isso pode motivá-las a se envolverem em mais experiências de interação com os companheiros e, na variedade dessas experiências, terem a possibilidade de aprender a cooperar, de tomar consciência de si e do outro, de levar em conta não só as intenções e os desejos próprios, mas também os dos outros ou de aprender formas de resposta social mais adequadas a determinadas situações (DeVries e Zan, 1994; Kamii, 1971; Lourenço, 1992).

Ainda no plano da cognição social, a interação entre iguais constitui uma atividade estruturante do pensamento moral, na qual operam um conjunto de mecanismos. Um desses mecanismos é o conflito sociocognitivo, um conflito de comunicação que se produz através da confrontação de pontos de vista opostos ou dos esquemas de resposta antagônicos entre dois ou mais sujeitos em uma situação de interação social. Como refere Diaz-Aguado (1992), lembrando a teorização de Mugny, Doise e Perret-Clermont (1976,1978), este é um processo complexo, que integra uma seqüência de quatro passos:

1. a ativação emocional do sujeito, que resulta na motivação para procurar de forma ativa uma solução para resolver o confronto;
2. a tomada de consciência de outros pontos de vista ou outras formas de resposta;
3. novos argumentos proporcionados pelo outro;
4. a integração dos elementos ou argumentos anteriores, como resultado da participação ativa do sujeito na reestruturação do problema.

Contudo, nem todas as situações de interação social provocam o conflito sociocognitivo e, em conseqüência, não criam as condições de "desequilíbrio especialmente eficazes". Na linguagem de Piaget, não induzem o "desajuste ótimo"

(Piaget, 1984), "um movimento" que se produz quando a criança responde a problemas, a argumentos que compreende e que realmente questionam a sua perspectiva acerca de questões de natureza física, social e moral. Por exemplo, as experiências de *role taking* ou de "assunção de papel", situações em que a criança é desafiada a tomar consciência de um problema em torno de questões sociais e morais, em que é estimulada a expor os seus pontos de vista a compreender os argumentos e as perspectiva do outro e a apreciar as limitações dos seus próprios juízos são oportunidades essenciais para assegurar o progresso no plano sociocognitivo (Kohlberg, 1992).

Depois de publicada, a teoria de Piaget sobre o desenvolvimento moral passa a ser o ponto de partida de distintas linhas de pesquisa na perspectiva construtivista. Alguns autores (Kohlberg, 1969; Lickona, 1976; Damon, 1977; Turiel, 1984, citados em Turiel, 1998, p.866) retomam em suas pesquisas e teorias muitos dos aspectos da "moralidade piagetiana", ampliando-os e reconceitualizando-os. Destaca-se aqui o nome de Lawrence Kolhberg pela relevância incondicional da sua pesquisa empírica, da sua teoria e das suas propostas de intervenção no domínio do desenvolvimento moral.

Kohlberg revê a teoria de Piaget e tece-lhe um conjunto de críticas (Emler, 1998; Turiel, 1998). Pode dizer-se que esse trabalho estimula-o a propor uma abordagem alternativa ao estudo do desenvolvimento moral e será um importante contribuição para a formulação de uma teoria de grandes estádios de desenvolvimento moral, correspondentes a estruturas globais de raciocínio sobre problemas morais, que se sucedem em uma seqüência invariante, integrativa e de complexidade crescente.

OS ESTÁDIOS DE DESENVOLVIMENTO COGNITIVO

À medida que as estruturas cognitivas se transformam, o sujeito apresenta mudanças substanciais no seu comportamento ao interagir com o meio físico e social. Esse conceito levou Piaget (1970, 1973, 2000) ao desenvolvimento da teoria dos estádios que descrevem as características desenvolvimentais desde o nascimento até o final da adolescência.

Segundo Piaget (1973), a criança progride através de uma seqüência invariante e universal de estádios de desenvolvimento, sendo cada estádio marcado por uma forma característica de organizar pensamentos e atividades. Cada uma dessas etapas caracteriza-se por uma estrutura cognitiva particular que determina o tipo de aproximação intelectual que o sujeito realiza com o meio que o rodeia.[5]

Cada estádio é caracterizado pelo aparecimento de estruturas originais, cuja construção o distingue dos estádios anteriores. As diferentes estruturas de conjunto que, sucessivamente, vão aparecendo ao longo do desenvolvimento e que formam o conteúdo dos diferentes estádios não são inatas nem surgem acabadas em dado momento do desenvolvimento. Elas são construídas progressivamente e resultam de uma equilibração e de uma atividade assimiladora e acomodadora (Piaget, 1970).

O aspecto essencial dessas construções sucessivas subsiste no decorrer dos estádios ulteriores, como subestruturas sobre as quais vêm edificar-se os novos caracteres. Segundo Piaget (2000, p.15):

> A cada estádio correspondem também caracteres momentâneos e secundários, que são modificados pelo desenvolvimento ulterior, em função das necessidades de uma melhor organização. Cada estádio constitui assim, pelas estruturas que o definem, uma forma de equilíbrio particular, e a evolução mental efetua-se no sentido de uma equilibração cada vez maior.

Disso decorre que os estádios de desenvolvimento cognitivo têm uma seqüência própria, isto é, aparecem em uma ordem fixa de sucessão, uma vez que as estruturas de cada um são necessárias para a formação das estruturas do estádio seguinte (Piaget, 1970). Segundo as características das estruturas mentais nas várias idades, Piaget (1973, 2000), definiu quatro grandes estádios de desenvolvimento: o estádio *sensório-motor* (0-2 anos), o estádio *intuitivo ou pré-operatório* (2-7 anos); o estádio das *operações concretas* (7-12 anos) e o estádio das *operações formais* (12-16 anos). Cada um deles está dividido em subcategorias e apresenta vários níveis.[6]

O *estádio sensório-motor* (de 0 a 2 anos) caracteriza-se por uma atividade cognitiva que se baseia essencialmente na experiência imediata através dos sentidos. Há uma centração no próprio corpo do sujeito seguida de uma objetivação dos esquemas de inteligência prática (Piaget, 1970). Isso significa que a criança conhece o mundo que a rodeia através das ações que exerce sobre esse meio, pois "à falta de linguagem e de função simbólica, tais construções efetuam-se exclusivamente apoiadas em percepções e movimentos, ou seja, através de uma coordenação sensório-motora das ações, sem que intervenha a representação ou o pensamento" (Piaget e Inhelder, 1997, p.10). A criança está, portanto, muito ligada à experiência imediata (Piaget, 2000).

Os esquemas reflexos com que ela nasce vão-se diversificando e ampliando para dar lugar a esquemas de ação. As ações práticas que a criança realiza operam-se através dos sentidos e permitem-lhe relacionar-se com o mundo que a rodeia e, assim, construir um conhecimento do mundo e de si própria. Ao aplicar os esquemas de ação sobre os objetos, e em função das acomodações que estes exigem, os esquemas vão-se combinando e diferenciando para dar lugar às reações circulares e aos hábitos e, mais tarde, à resolução de problemas (Piaget, 1973, p.2000).

Do ponto de vista educacional, a qualidade das experiências que a criança realiza nesse estádio são muito importantes, uma vez que são fundamentais para a passagem ao estádio seguinte. Por isso, deseja-se que os programas para a primeira infância proporcionem às crianças experiências sensoriais ricas e responsivas que lhes permitam construir novas estruturas fundamentais à aquisição de conhecimentos que constituirão a base para as aquisições do estádio seguinte.

No *estádio intuitivo ou pré-operatório* (dos 2 aos 7 anos), o pensamento sofre uma transformação qualitativa em função das modificações gerais da ação (Piaget, 1973). É o estádio da inteligência intuitiva, do surgimento da linguagem, do desenvolvimento da função semiótica (ou função simbólica), dos sentimentos interindividuais espontâneos e das relações sociais de submissão ao adulto (Piaget, 2000).

O modo de aprendizagem dominante nesse estádio é o pensamento intuitivo: a criança está sempre a afirmar e nunca demonstra. Essa carência de prova decorre dos caracteres sociais da conduta dessa idade, do egocentrismo concebido como indiferenciação entre o ponto de vista próprio e o dos outros (Piaget, 2000). As estruturas mentais no estádio pré-operatório são amplamente intuitivas, livres e altamente imaginativas.

É nesse estádio que a criança começa a usar a linguagem para designar objetos e ações. Piaget divide a linguagem em dois grandes grupos, "que se podem chamar *egocêntrico* e *socializado*" (Piaget e Inhelder, 1997, p.30). A linguagem egocêntrica está dividida em três categorias: a *repetição*; o *monólogo* e o *monólogo a dois ou coletivo*. A repetição incide sobre sílabas ou palavras que a criança repete pelo prazer de falar, sem ter a preocupação de se dirigir a alguém ou de pronunciar palavras que tenham sentido. No monólogo, ela fala para si própria, como se pensasse em voz alta. No monólogo coletivo, parece usar a linguagem falando às outras crianças e não com as outras crianças (Piaget, 1977).

Quanto à linguagem socializada, Piaget (1977) distingue cinco categorias: a *informação adaptada*, a *crítica*, as *ordens, as súplicas e as ameaças* as *perguntas* e as *respostas*. A criança começa a usar a linguagem para comunicar, isto é, como objeto de troca de informação com o outro. Quanto mais rico for o meio verbal durante esse período, mais provável será que a linguagem se desenvolva e evolua de uma linguagem com características egocêntricas para uma linguagem com características socializadas. Outra característica importante desse estádio é o desenvolvimento da função simbólica, que permite à criança simbolizar, construir imagens mentais e decodificar símbolos e signos. Para Piaget (2000, p.121):

> (...) o jogo simbólico aparece mais ou menos ao mesmo tempo que a linguagem, mas independentemente dela, e tem um papel considerável no pensamento das crianças, como fonte de representações individuais (ao mesmo tempo cognitivas e afetivas) e de esquematização representativa, igualmente individual.

A capacidade de representação crescente a que se assiste nesse estádio consiste, fundamentalmente, em uma progressiva interiorização das ações, até aí executadas de forma puramente material ou sensório-motora (Piaget, 2000).

O jogo simbólico implica uma capacidade de representação da realidade que se encontra fora do campo perceptual presente (Piaget, 1970), e os símbolos usados são individuais e específicos de cada criança. É um jogo de imitação e imaginação cuja função consiste em satisfazer o eu por uma transformação do real em função dos desejos próprios. Piaget observa (2000, p.38):

> A criança que brinca às bonecas refaz a sua própria vida, mas corrigindo-a de acordo com a sua idéia, revive todos os prazeres e conflitos, mas resolvendo-os, e, sobretudo, compensa e completa a realidade graças à ficção. Em suma, o jogo

simbólico não é um esforço de submissão do sujeito ao real, mas, pelo contrário, uma assimilação deformante do real ao eu.

Existe uma grande variedade de tipos de jogo simbólico: brincar de bonecas, de médicos, de príncipes e princesas, etc. A criança representa e recria a realidade do seu cotidiano, usando uma variedade de símbolos individuais, isto é, um objeto, por exemplo a vassoura, pode ser usado por uma criança para representar um cavalo e por outra para representar uma espada.

Outra característica desse estádio, segundo Piaget, é a ausência de reversibilidade (Piaget, 1973). As ações interiorizadas não atingem ainda o nível das operações reversíveis, pois o pensamento da criança é basicamente egocêntrico e não-reversível. Ela ainda não é capaz de pensar de um ponto de vista diferente do seu, ou de considerar mais de uma perspectiva simultaneamente (egocentrismo), assim como não consegue considerar os efeitos de duas transformações ocorridas ao mesmo tempo (reversibilidade).

O estádio das *operações concretas* (dos 7 aos 11 anos) caracteriza-se por uma capacidade lógica de compreender o mundo, por novas formas de organização e pelo surgimento de novas estruturas "em cada um dos aspectos tão complexos da vida psíquica, quer se trate da inteligência ou da vida afetiva, de relações sociais ou de atividade propriamente individual" (Piaget, 2000, p.59).

Assiste-se a um desenvolvimento da linguagem. A linguagem egocêntrica desaparece quase por completo, e a criança começa a usar a linguagem socializada de maneira mais elaborada, seja na construção gramatical das frases, seja na conexão entre as idéias e na lógica utilizada no seu discurso oral (Piaget, 1977, 2000).

Nesse estádio, o raciocínio da criança está ligado a situações concretas, e o seu pensamento caracteriza-se por uma reversibilidade simples. Ela apresenta uma compreensão concreta e literal do conceito de regra. As regras são leis acabadas que não podem ser modificadas.

O estádio das *operações formais* (dos 11 aos 16 anos) marca a entrada na adolescência. São significativas as mudanças que se operam no pensamento da criança na passagem do estádio das operações concretas para o estádio das operações formais. Nesse estádio, o sujeito é capaz de utilizar um pensamento hipotético-dedutivo que lhe permite raciocinar sobre conceitos que implicam um elevado grau de abstração.

Em síntese, é importante salientar alguns aspectos da noção de estádio. Convém referir que cada estádio é um sistema de pensamento qualitativamente diferente do precedente e constitui uma transformação dos processos de pensamento, representando um importante avanço no conhecimento. Segundo, os estádios de desenvolvimento cognitivo constituem uma seqüência invariante e universal, e cada criança necessita de experiência suficiente em cada estádio e tempo para interiorizar essa experiência antes de prosseguir para o estádio seguinte. Terceiro, embora cada um desses estádios tenha uma essência fundamental que o caracteriza, nunca existem no estado puro e, com freqüência, estão presentes elementos do estádio precedente e do seguinte.

Do ponto de vista educacional, é desejável que as práticas de educação de infância proporcionem experiências educativas específicas, baseadas nas características do desenvolvimento das crianças. Desse modo, as intervenções educacionais podem criar as condições para a construção de novas estruturas cognitivas que permitam à criança consolidar os conhecimentos do seu estádio de desenvolvimento e avançar mais facilmente para o estádio de desenvolvimento seguinte.

Podemos, assim, concluir que a teoria de Piaget apresenta alguns conceitos fundamentais para a pedagogia da infância. Desses conceitos salientam-se a noção da construção do conhecimento e o papel ativo da acriança nessa mesma construção. Para Piaget (1970, 2000), o desenvolvimento da inteligência é um processo de equilibração contínua e progressiva, e os estádios de desenvolvimento constituem patamares sucessivos de equilibração. Portanto, o desenvolvimento da inteligência e a formação de conhecimentos são dois processos indissociáveis.

AS CRÍTICAS À TEORIA DE PIAGET

A teoria de Piaget tem sido objeto de estudo para vários autores tanto no âmbito da psicologia quanto no âmbito da educação. A partir desses estudos e pesquisas surgiram várias críticas apresentadas à sua teoria e aos resultados de algumas das suas investigações.

Orlando Lourenço, na sua obra intitulada *Além de Piaget? Sim, mas devagar!...* (1994), elenca um conjunto de críticas à teoria de Piaget apresentadas por vários autores que procuraram, com as suas próprias pesquisas, confirmar ou infirmar os dados obtidos por Piaget em suas investigações e apresentados em sua vasta obra.[7] Assim, segundo Lourenço (1994), as principais críticas feitas à teoria de Piaget são: subestimar a competência da criança; estabelecer normas de idade desmentidas pelos fatos; caracterizar negativamente o desenvolvimento; ser uma teoria de pura competência; minimizar os fatores sociais; prever sincronia desmentida pelos fatos; descrever, mas não explicar; fazer parar o desenvolvimento na adolescência; apelar para modelos lógicos inapropriados.

A subestimação da competência da criança pequena, particularmente a criança sensório-motora e pré-operatória, é uma das principais críticas apresentadas à teoria de Piaget (Gelman e Baillargeron, 1983, citados por Lourenço, 1994; Flavell, 1985). Flavell alerta para o fato de parecer haver na teoria de Piaget um subestimação das capacidades cognitivas dos bebês no que se refere ao "processamento de informação, especialmente na sua capacidade para perceber, categorizar e reter na memória pautas complexas e abstratas dos estímulos ambientais (1985, p.76).

Conforme Lourenço (1994), muitos dos críticos de Piaget centraram as suas pesquisas sobre a competência da criança entre os 3 e os 6 anos. Essas investigações revelam que a criança pré-operatória já é capaz de realizar várias operações concretas. A desvalorização da competência da criança atribuída à teoria de Piaget leva alguns dos críticos a afirmar que ele estava errado quanto aos limites de idade em termos de cronologia de aquisição de determinadas competências.

A assunção, pelos críticos de Piaget, de que muitas competências emergem mais cedo do que se poderia esperar da sua teoria levam à formulação da crítica de que ele estabelece normas de idade desmentidas pelos fatos. Isso significa, por exemplo, que as crianças de idade correspondente ao estádio pré-operatório podem evidenciar competências do estádio das operações concretas ou até das operações formais. Lourenço adverte, no entanto, "que a idade é em Piaget um indicador, não um critério de desenvolvimento (...) e que ele estava mais interessado em saber exatamente o que se desenvolve com a idade (não por causa da idade) do que em identificar a verdadeira idade da emergência de determinadas competências" (1994, p.58).

Outra crítica apresentada à teoria de Piaget é o fato de o autor caracterizar negativamente o desenvolvimento. Alguns críticos afirmam que a sua teoria "era negativa na medida em que acentuava as deficiências cognitivas das crianças, que eram mais competentes do que Piaget imaginava, e na medida em que as crianças pré-escolaraes eram apresentadas como ilógicas e incompetentes" (Donaldson, 1987; Donalson et al., 1983, citados por Lourenço, 1994, p.62).

Realmente, em algumas das suas obras iniciais, Piaget (1923, 1924) caracteriza o pensamento da criança antes dos 7 e 8 anos como pré-lógico e egocêntrico, o que significa que ela só era capaz de ter pré-conceitos e pré-relações. Em seus trabalhos da década de 1940, com a evolução de sua pesquisa, Piaget substitui essa terminologia e passa a usar o conceito de pensamento pré-operatório para caracterizar o pensamento da criança entre os 2 e os 7 anos (Lourenço, 1994). Essa evolução do pensamento de Piaget é significativa em seus trabalhos das décadas de 1960 e 1970.[8]

A teoria de Piaget é considerada, por alguns dos seus críticos, como uma teoria de pura competência. Essa crítica é partilhada por autores de várias tradições que sustentam que as provas piagetianas são orientadas para avaliar a competência em detrimento dos fatores de desempenho da criança. Os críticos argumentam que ele se centrou "no significado psicológico de estruturas lógicas e abstratas, tendo ignorado o efeito do conteúdo e do contexto" (Lourenço, 1994, p.70).

Lourenço (1994) adverte que, embora a teoria de Piaget seja uma teoria de competência, não é uma teoria de competência puramente formal. A prova disso é a introdução da lógica das significações[9] que apela para uma interdependência entre forma e conteúdo. Dessa crítica decorre uma outra freqüentemente apontada à teoria de Piaget, a minimização dos fatores sociais. Quando os críticos afirmam que se trata de uma teoria de pura competência, que valoriza as estruturas cognitivas em detrimento dos fatores do desempenho, procuram demonstrar que ele desvalorizou o papel da cultura e da educação na construção das competências operatórias (Lourenço, 1994).

A universalidade dos estádios de desenvolvimento cognitivo é, para alguns críticos, um indicador da desvalorização dos fatores sociais. No entanto, Piaget afirma que os estádios de desenvolvimento cognitivo são universais, mas as idades correspondentes a cada estádio podem variar, dependendo dos fatores do contexto onde o sujeito interage. Outra crítica apresentada à teoria de Piaget é que o autor prevê sincronia desmentida pelos fatos. Vários estudiosos e críticos, ao procurarem verificar uma idéia muito difundida, que o conceito de estádio implica sincronia e homogeneidade no desenvolvimento, encontraram, contudo, assincronia e heterogeneidade. Segundo Lourenço (1994), essa crítica fundamenta-se em uma interpretação funcionalista da teoria de Piaget.

Os críticos argumentam que a teoria de Piaget descreve mas não explica. De fato, são vários os autores[10] que afirmam que os estádios piagetianos descrevem detalhadamente as mudanças associadas à idade, porém não explicam por que razão elas acontecem. No entanto, Lourenço (1994) lembra que, tal como acontecia com a crítica anterior (prever sincronia desmentida pelos fatos), essa crítica baseia-se em uma interpretação funcionalista de Piaget e "tende a esquecer que ele considerou os seus estádios instrumentos de análise e descrição, não de explicação" (p.174).

A crítica de que Piaget é paradoxal na avaliação do pensamento pela linguagem é, segundo Lourenço (1994), uma das mais pertinentes feitas à sua teoria porque, ao contrário das outras críticas que são formuladas a partir do exterior, esta é formulada a partir de dentro, da própria teoria de Piaget. De fato, ele usou a linguagem em muitas de suas provas para avaliar as competências cognitivas das crianças. Isso fez vários críticos argumentarem que as provas piagetianas exigem da criança competências lógicas e competências verbais e que o uso inadequado do vocabulário por parte da criança pode conduzir a uma avaliação equivocada de suas competências cognitivas (Lourenço, 1994).

Uma das mais difundidas críticas apresentada à teoria de Piaget é que ele fez parar o desenvolvimento na adolescência. Realmente, Piaget formulou que o último estádio de desenvolvimento cognitivo, o *estádio das operações formais*, corresponde à adolescência. Isso parece indicar que ignora que o desenvolvimento prossegue a partir da fase inicial da adolescência, quando tudo leva a crer que o pensamento continua a desenvolver-se na idade adulta. Essa crítica é partilhada por autores de várias abordagens e chegou a levar alguns pesquisadores a apresentar um estádio pós-formal (Alexander, Druker e Langer, 1990; Arlin, 1975; Baltes, 1987; Basseches, 1980; Blackburn e Papalia, 1992; Berg e Sternberg, 1985, citados por Lourenço, 1994).

A última crítica analisada por Lourenço (1994) refere-se aos modelos usados por Piaget no âmbito de suas pesquisas. Ele usou a lógica para caracterizar as formas de pensamento e de inteligência, ou seja, as atividades cognitivas do sujeito. Alguns críticos afirmam que esses modelos lógicos são inapropriados.

A EPISTEMOLOGIA GENÉTICA E OS PROCESSOS DE CONSTRUÇÃO DO CONHECIMENTO

Convém esclarecer que Piaget nunca foi – nem pretendeu ser – pedagogo. Foi um psicólogo e principalmente um epistemólogo que, como a sua vasta obra demonstra, procurou investigar e explicar como se constrói o conhecimento e a inteligência humana. Escreveu algumas obras relacionadas com a educação[11] mas as suas contribuições mais importantes para essa área científica estão relacionados com todo o trabalho que desenvolveu em torno do desenvolvimento da inteligência. Sendo biólogo de formação inicial, desde muito cedo, Piaget começou a interessar-se pela forma como o ser humano constrói o conhecimento e pelas características desenvolvimentais que apresenta desde o nascimento até a idade adulta (Flavell, 1985).

De fato, a epistemologia genética, a natureza do conhecimento e o seu processo de desenvolvimento são o principal objetivo da vasta obra de Piaget (Flavell, 1991) e têm implicações fundamentais para a organização das práticas educacionais, nomeadamente para a pedagogia da infância. É muito importante compreender a forma como a criança pensa em situações de aprendizagem para, assim, proporcionar experiências que lhe permitam realizar aprendizagens significativas. A epistemologia genética de Piaget tem, claramente, por objeto mostrar e descrever as diversas variedades de conhecimento, desde as suas formas mais elementares até as superiores, incluindo o pensamento científico. Segundo o autor (1973, p.8-9):

> O que se propõe a epistemologia genética é, pois, pôr a descoberto as raízes das diversas variedades de conhecimento, desde as suas formas mais elementares e seguir sua evolução até aos níveis seguintes, inclusive o pensamento científico (...). O problema específico da epistemologia, expresso sob a sua forma mais geral é, com efeito, o do aumento dos conhecimentos, isto é, da passagem de um conhecimento inferior ou mais pobre a um saber mais rico (em compreensão e extensão).

Como epistemólogo, as principais questões que coloca, entre outras, são: "O que é o conhecimento?", "Como se desenvolve?", "Como conhecemos o que conhecemos?", "Como se distingue o conhecimento científico de outros tipos de conhecimento?". Uma das vias de resposta é a da epistemologia genética. Piaget dedicou-se, particularmente, ao estudo da ontogênese, isto é, procurou investigar o desenvolvimento cognitivo desde o nascimento até a idade adulta. Usando as suas próprias expressões, podemos dizer que se preocupou em investigar como o sujeito passa de estados de menor conhecimento a estados de maior conhecimento (Piaget, 1973). Para responder a estas e a muitas outras questões, Piaget utilizou um método de investigação baseado na observação direta, cuidadosa e sistemática de crianças (incluindo os seus próprios filhos), em contextos naturais, e apoiou-se em entrevistas realizadas com crianças de várias idades que eram conduzidas por ele e pelos seus colaboradores.

A teoria de Piaget (1970, 1973) sustenta que, em sua origem, o conhecimento não resulta do "sujeito consciente de si mesmo nem de objetos já constituídos (do ponto de vista do sujeito) que a ele se incorporariam" (Piaget, 1973, p.14), mas das interações (inicialmente inextricáveis) que se estabelecem entre o sujeito e os objetos. Segundo o autor (1973, p.14):

> O conhecimento resultaria de interações que se produzem a meio caminho entre os dois, dependendo, portanto, dos dois ao mesmo tempo, mas em decorrência de uma indiferenciação completa e não de intercâmbio entre formas distintas (...) se não há, no início, nem sujeito, no sentido epistmológico do termo, nem objetos concebidos como tais, nem sobretudo, instrumentos invariantes de troca, o problema inicial do conhecimento será pois o de elaborar tais mediadores.

Piaget (1970, 1973) afirma que o instrumento inicial de troca entre o sujeito e o objeto é a ação, e não a percepção, "como os racionalistas demasiado facilmente admitiram do empirismo" (Piaget, 1973, p.14). As percepções desempenham um papel importante mas, no seu conjunto, dependem em parte da ação, e mesmo certos mecanismos perceptivos que se poderiam considerar inatos ou muito primitivos só se constituem a um certo nível da construção dos objetos (Piaget, 1973). Assim, "O problema do conhecimento, o chamado problema epistmológico, não pode ser considerado separadamente do problema do desenvolvimento da inteligência (Piaget, 1970, p.704).

Isso conduz a uma segunda idéia central na teoria de Piaget, a idéia de *construção*, a qual é uma conseqüência natural das interações que se estabelecem entre o sujeito e os objetos (Piaget, 1970). Piaget concebia o conhecimento humano como uma forma específica de adaptação biológica de um organismo complexo a um meio complexo (Flavell, 1985). O sujeito atua sobre o ambiente modificando-o e simultaneamente é modificado pela informação que provém do ambiente. Tal fato pressupõe um sistema cognitivo ativo, pois o sujeito seleciona e interpreta ativamente a informação procedente do meio para construir o seu próprio conhecimento. Nessa concepção, a mente não copia a realidade, aceitando-a passivamente como algo previamente dado, porém interpreta-a e transforma-a de acordo com o seu quadro mental em um dado momento (Piaget, 1970). O construtivismo pressupõe que o conhecimento e a aprendizagem não constituem uma cópia da realidade, mas uma construção ativa do sujeito em interação com o ambiente físico e social que o rodeia.

Essa construção do conhecimento opera-se, segundo Piaget (1973, p.2000), através de um processo de *assimilação* e *acomodação* que leva o organismo a procurar o *equilíbrio*. O conhecimento, como qualquer outra forma de adaptação biológica, apresenta sempre dois aspectos simultâneos e complementares que Piaget denomina de assimilação e acomodação (Flavell, 1985).

Do ponto de vista biológico, a assimilação é a integração dos elementos externos em estruturas evolutivas e complexas do organismo (Piaget, 1970). A assimilação refere-se, fundamentalmente, à capacidade de interpretar e construir o mundo exterior, objetos e ações, em função de um quadro mental disponível em dado momento. O sujeito "lê" a realidade de acordo com as estruturas de que dispõe. "É o fato de um estímulo vindo do meio externo, um excitante qualquer, só poder agir e modificar um comportamento na medida em que for integrado em estruturas anteriores" (Bringuer, 1978, p.83). Quando uma criança pega em uma concha, coloca-a em uma tina com água e faz de conta que é um barco, ela está assimilando-a, está incorporando o objeto dentro da estrutura geral dos seus conhecimentos acerca dos barcos.

A acomodação corresponde à modificação de um esquema ou estrutura assimilatória através do elemento que assimila (Piaget, 1970, 1973). A acomodação implica a alteração do estádio de processamento cognitivo do sujeito em dado momento, de modo a incorporar as novas experiências (Sprinthall e Sprinthall, 1993). Assim, enquanto a assimilação representa uma continuidade com as percepções passadas, a acomodação corresponde a novas percepções, à reformulação de conhecimentos passados, o que implica uma mudança no desenvolvimento. Piaget (1970) afirma que não existe assimilação sem acomodação. Se elas se mantêm separadas, não ocorre um verdadeiro desenvolvimento cognitivo. Quando existe uma interação entre assimilação e acomodação, tem lugar uma importante atividade de aprendizagem, o processo de equilibração.[12]

A equilibração é o processo de balanceamento da assimilação e da acomodação. A teoria da equilibração, desenvolvida por Piaget (1970, 2000),[13] procura explicar como o sujeito passa de um esquema ou estrutura a outro de ordem superior. Sempre que ocorre um desajuste entre as estruturas do sujeito e o objeto ao qual se aplicam essas estruturas, o sujeito experimenta uma perturbação cognitiva que ativa mecanismos reguladores e compensadores que tendem a restabelecer o equilíbrio: "O equilíbrio das estruturas cognitivas deve ser, então, concebido como uma compensação das perturbações exteriores por meio das atividades do sujeito que constituem respostas a essas perturbações" (Piaget, 2000, p.152).

Através desse processo de equilibração, o sujeito organiza as suas estruturas anteriores e constrói novas estruturas cognitivas que lhe permitem passar para níveis superiores de conhecimento e, assim, progredir em seu processo de desenvolvimento.

A construção do conhecimento, que Piaget explica através da teoria da equilibração é, portanto, de natureza ativa e implica uma constante interação entre sujeito e objetos. Piaget afasta-se, assim, dos maturacionistas, que consideravam que a aprendizagem era intrínseca e provinha apenas da própria criança, e dos positivistas, que defendiam que a aprendizagem era extrínseca e resultava da influência do ambiente externo.

NOTAS

1. As idéias de Piaget sobre o desenvolvimento nos domínios moral, lingüístico e afetivo podem ser encontradas nas obras *Le jugement moral chez l'enfant* (1932), *La language et la pensée chez l'enfant* (1923), *Les relations entre affectivité et l'intelligenge dans le développment mental de l'enfant* (1954) e, ainda, na obra conjunta de Piaget e Inhelder, *La psychologie de l'enfant* (1966).
2. Piaget, J. (1950a). *Introduction à l'épistémologie génétique*: la pensée mathématique. Paris: Presses Universitaires de France. Piaget, J. (1950b). *Introduction à l'épistémologie génétique*: la pensée physique. Paris: Presses Universitaires de France. Piaget, J. (1950c).

Introduction à l'épistémologie génétique: la pensée biologique, la pensée psychologique, et la pensée sociologique. Paris: Presses Universitaires de France.

3. Em 1932, Jean Piaget publica pela primeira a sua pesquisa e teoria sobre o desenvolvimento moral na obra *Le jugement moral chez l'enfant*. Paris: Presses Universitaires de France.
4. Neste texto, optamos por citar uma versão em língua espanhola da obra original de Piaget, intitulada *Le jugement moral chez l'enfant*.
5. No âmbito deste capítulo, consideramos que não é relevante uma análise detalhada de cada um dos estádios de desenvolvimento apresentados por Piaget. A noção de estádio, com características diferenciadas, parece-nos ser a contribuição que não se pode ignorar no terreno da pedagogia da infância, dada a sua utilização em determinado momento histórico (a partir da década de 1960 quando Piaget foi muito divulgado nos Estados Unidos) e à qual também não se pode deixar de fazer críticas.
6. Apresenta-se uma breve caracterização de cada um dos grandes estádios de desenvolvimento, salientando o que nos parece mais relevante para a construção de práticas educativas no âmbito da pedagogia da infância. Uma vez que este capítulo situa-se nesse âmbito, optou-se por fazer uma análise mais detalhada do estádio pré-operatório.
7. Lourenço elenca as principais críticas que a investigação apresenta à teoria de Piaget e discute-as no âmbito da sua conceitualização e interpretação da teoria de Piaget. Este capítulo apresenta brevemente as críticas feitas, por vários autores, à teoria de Piaget, mas não se elabora uma análise da discussão estabelecida por Lourenço relativamente às diversas críticas.
8. Para mais informação ver, entre outros, Piaget, J. (1964). *Six études de psychologie.* Paris: Gonthier; Piaget, J. (1968). *Epistmologie et psychologie de la fonction.* Paris: P.U.F.; Piaget, J. (1972). *Problèmes de psychologie génétique.* Paris: Gonthier; Piaget, J. (1970). Piaget's theory. In Mussen (Ed.), *Handbook of child psychology,* Vol. 1 (p.703-732). New York: Wiley.
9. A introdução de uma lógica das significações é apresentada por Piaget e Garcia em 1987 na obra intitulada *Vers une logique des significations.*
10. Para mais informações, ver Brainerd (1978), Boden (1979), Byrnes e Beilin (1991), Campbell e Bickard (1986), Cohen (1983), Ferreira da Silva (1982), Flanagan (1992), Halford (1989), Lipsitt (1978) e Pinard (1981) citados em Lourenço (1994).
11. Como é o exemplo de *Para onde vai a educação?*
12. Em sua teoria, Piaget (1970) apresenta quatro fatores de desenvolvimento: a maturação, a experiência, o ambiente social e a equilibração.
13. Piaget, J. (2000). *Seis estudos de psicologia*, 11. ed. Lisboa: Publicações Dom Quixote, é a tradução da obra original de Piaget *Six études de psycologie,* publicada em 1973.

REFERÊNCIAS

BRINGUER, J.-C. *Conversas com Jean Piaget.* Amadora: Livraria Bertrand, 1978.

BRONCKART, J.P. et al. Piaget y Vigotski ante el siglo XXI: referentes de la actualidad. Barcelona: Horsori, 2000.

DIAZ-AGUADO, M.J. Intervención psicopeducativa para desarrollar la tolerancia, la diversidad y la igualdad de oportunidades. In: CAMPOS, B.P. *Formação pessoal e social.* Porto: Sociedade Portuguesa de Ciências da Educação, 1992. p.53-76.

DEVRIES, R.; ZAN, B. *Moral classrooms, moral children:* creating a construtivist atmosphere in early childhood education. New York: Teachers College, 1994.

EMLER, N. Approaches to moral development: Piagetian influences. In: MODGIL, S.; MODGIL, C.; BROWN, C. (Ed.). *Jean Piaget:* an interdisciplinary critique. London: Routledge & Kegan Paul, 1983. p.139-153.

______. Sociomoral understanding. In: CAMPBELL, A.; MUNCER, S. *The social child.* Hove: Psychology Press, 1998. Cap. 12.

FLAVELL, J. *El desarrollo cognitivo.* Madrid: Aprendizaje Visor, 1985.

______. *La psicologia evolutiva de Jean Piaget.* Barcelona: Paidós, 1991.

HOHMANN, M.; WEIKART, D. *Educar a criança.* Lisboa: Fundação Calouste Gulbenkian, 1997.

HOHMANN, M.; BANET, B.; WEIKART, D. *A criança em ação.* Lisboa: Fundação Calouste Gulbenkian, 1979.

KAMII, C. *A teoria de Piaget e a educação pré-escolar.* Lisboa: Instituto Piaget, 1971.

KAMII, C.; DEVRIES, R. *El conocimiento físico en la educación preescolar:* implicaciones de la teoria de piaget. Madrid: Siglo XXI, 1987.

KOHLBERG, L. *Psicologia del desarrollo moral.* Bilbau: Desclée de Brouwer, 1992.

LOURENÇO, O. *Além de Piaget? Sim, mas devagar!....* Coimbra: Livraria Almedina, 1994.

______. Psicología de desenvolvimento cognitivo. Teoria, dados e implicações. Coimbra: Livraria Almedina, 1997.

______. *Psicologia do desenvolvimento moral:* teoria, dados e implicações. Coimbra: Livraria Almedina, 1992.

MODGIL, S.; MODGIL, C. *Toward a theory of psychological development.* Horsham: NFER, 1980.

MODGIL, S.; MODGIL, C.; BROWN, G. *Jean Piaget:* an interdisciplinary critique. London: Routledge & Kegan Paul, 1983.

OLIVEIRA-FORMOSINHO, J. A construção social da moralidade. In: ______. (Org.). *Educação pré-escolar:* a construção social da moralidade. Lisboa: Texto Editora, 1996. p.51-75.

______. A construção social da moralidade pela criança pequena: o contributo do Projecto Infância na contextualização do modelo High/Scope. In: ______. (Coord.). *Educação pré-escolar*: a construção da moralidade. Lisboa: Texto Editora, 1996a. p.51-74.

______. A contextualização do modelo curricular High/Scope no âmbito do Projecto Infância. In: ______. (Coord.). *Modelos curriculares*. Porto: Porto Editora, 1996b.

PIAGET, J. *A epistemologia genética.* Petrópolis: Vozes, 1973.

______. *A linguagem e o pensamento da criança.* São Paulo: Moraes, 1977.

______. *El criterio moral en el niño.* Barcelona: Martínez Roca, 1984.

______. *Le Jugement et le raisonnement chez lénfant.* Neuchâtel: Delachaux et Niestlé, 1924.

______. *Le langage et la pensée chez l'enfant.* Neuchâtel: Delachaux et Niestlé, 1923.

______. *Para onde vai a educação?* Lisboa: Livros Horizonte, 1990.

______. Piaget's theory. In: MUSSEN, P. (Ed.). *Carmichals manual of child psicology.* (New York: Wiley, 1970. Vol. 1, p.732.

______. *Seis estudos de psicologia.* Lisboa: D. Quixote, 2000.

PIAGET, J.; INHELDER, B. *A psicologia da criança.* Lisboa: Asa, 1997.

POOL, D.; SHWEDER, R.; MUCH, R. Culture as a cognitive system: differentiaded rule understanding in children. In: HIGGIN, E; RUBLE, D.; HARTUP, W. (Eds). *Social cognition and social development*: a sociocultural perspective. Cambridge: Cambridge Unversity, 1983. p.193-213.

SELMAN, R. *The grow of interpersonal understanding*. New York: Academic Press, 1980.

SPRINTHALL, N.; SPRINTHALL, R. *Psicologia educacional*: uma abordagem desenvolvimentalista. Lisboa: McGraw-Hill, 1993.

TURIEL, E. *El desarrollo del conocimiento social:* moralidad y convencion. Madrid: Debate, 1984.

______. The development of morality. In: DAMON, W.; EISENBERG, N. (Ed.). *Handbook of child psychology:* social, emotional and personality development. New York: Jonh Wiley & Sons, 1998. v. 3, cap.13.

WADSWORD, B.J. *Piaget´s theory of cognitive and affective development*. New York: Longman, 1996.

9

Vygotsky: uma abordagem histórico-cultural da educação infantil

Alessandra Pimentel

OS ANOS DE FORMAÇÃO E O INÍCIO DA CONSTITUIÇÃO DA PSICOLOGIA HISTÓRICO-CULTURAL

Lev Semenovich Vygotsky nasceu em 5 de novembro de 1896, em Orsha, uma cidade provinciana da Bielorussa (parte ocidental da ex-União Soviética), e morreu em 11 de junho de 1934, aos 38 anos, de tuberculose, em Moscou. Na infância, o ambiente familiar judeu foi-lhe culturalmente rico: Vygotsky aprendeu com o pai a ler as notícias de jornal ainda muito pequeno. Em 1913, com 16 anos, já era evidente sua paixão por arte, história, filologia, lingüística e literatura.

O forte envolvimento com a arte em geral, e com a literatura, lingüística e estética, em particular, fazem o jovem de 18 anos apresentar uma importante análise sobre *Hamlet*, de Shakespeare, como monografia de conclusão de curso. Nesse trabalho, observa-se que idéias gestadas na juventude trazem as sementes do pensamento vygotskiano: as relações viscerais entre linguagem e pensamento. O interesse por psicologia também se manifesta cedo, quando conhece a literatura internacional de psicólogos como W. James e S. Freud.

Devido à sua religião, os estudos ginasiais em Gomel e as graduações em história e filologia não lhe garantem possibilidades profissionais melhores do que tornar-se professor secundarista em escolas de cidades pequenas. Por isso, Vygotsky opta pelo curso de direito, finalizando a graduação sem ingressar na carreira.

Com 20 anos, já tem publicadas quatro resenhas literárias. Porém, pouco se sabe sobre seus trabalhos entre 1917 e 1924, período marcado pelas primeiras experiências como educador – na Escola Noturna para Trabalhadores Adultos (curso preparatório para trabalhadores que desejavam ingressar na universidade) e no Curso Preparatório para Pedagogos. Entre inúmeras atividades ligadas às áreas de educação e arte, é fundador de uma editora e de uma revista, além de chefiar o teatro do departamento de Educação Popular de Gomel. Anos mais tarde, funda e dirige um centro de pesquisas e atividades psicopedagógicas para surdos.

Nesses anos, torna-se professor de história, filosofia, psicologia e literatura em várias escolas e, em uma delas, monta um laboratório anexo para desenvolver diversas pesquisas em reatologia, uma área da psicologia vinculada à pesquisa experimental sobre o comportamento humano. As paixões por cinema, teatro e literatura ilustram, por outro lado, o acento nos processos de significação, de onde se originará a noção de mediação semiótica. Não é menos emblemático dessas raízes artísticas que *Psicologia da arte* (1925), um livro em que Vygotsky analisa psicologicamente o processo de criação artística, seja sua obra inaugural em psicologia.

Um ano antes, no II Congresso Panrusso de Psiconeurologia (1924), ao expor a comunicação *O método de investigação reflexológica e psicológica*, Vygotsky causa um grande impacto na sociedade científica pela originalidade dos argumentos que utiliza em prol da construção de uma psicologia fora dos parâmetros reflexológicos, usuais na época, isto é, "a verdadeira psicologia dialética", segundo suas palavras. Para Vygotsky, é preciso investigar o processo de construção da consciência, cujas raízes encontram-se na relação do homem com o mundo social, determinada pela mediação de instrumentos técnicos (as ferramentas construídas pelo homem) e simbólicos (os signos lingüísticos). Após sua apresentação, ao destacar-se pela defesa ao estudo da consciência e pelas críticas severas aos trabalhos reflexológicos de Pavlov, Vygotsky é convidado a trabalhar no Instituto de Psicologia de Moscou, dirigido por Kornilov, um dos principais defensores da Reatologia.

No instituto, com a colaboração de Luria e Leontiev, forma-se a *troika*, um grupo de pesquisa dedicado ao que se tornará a síntese de toda a teoria histórico-cultural: a origem social da consciência. No mesmo ano, na conferência A Consciência como Problema da Psicologia do Comportamento é mais evidente sua idéia da gênese social da mente em contraposição à psicologia introspectiva, para a qual a consciência seria um fato dado e não passível de análise. Em acréscimo à análise crítica sobre as duas principais vertentes de pensamento da época, ou seja, a perspectiva comportamental e a idealista – e contrariamente às idéias reinantes nos principais círculos científicos de psicologia na União Soviética e em outros países –, Vygotsky defende a tese de que à psicologia cabe estudar os processos de constituição e desenvolvimento da consciência.

A partir de então, junto aos parceiros da *troika* e a outros colaboradores, Vygotsky desenvolve os princípios da corrente histórico-cultural, construindo uma abordagem do desenvolvimento humano que é sociocultural, histórica, integrativa e semiótica. Sua teoria, inovadora há quase oito décadas, surge hoje como vanguarda tanto para a psicologia quanto para a educação, além de ser referência em estudos de filologia, literatura, arte e filosofia. A obra científica de Vygotsky tem um destino excepcional. Produzida na aurora do século XX, é hoje mundialmente conhecida. Vygotsky é o "Mozart da psicologia", como o filósofo S. Toulmin celebrou-o, comparação justificada pela magnitude da produção, pela brevidade da vida e pelo inacabamento do legado deixado.

Vygotsky é tido, na atualidade, como um dos mais importantes pensadores de vanguarda. "Ele é certamente um visionário avante sobre nosso próprio tempo", afirma Rivière (1984, p.120). Tal fenômeno pode ser explicado por dois fatores:

de um lado, a originalidade e a amplitude da produção científica,[1] postulada em apenas 10 anos, elevam o autor à grandeza de um "gênio"; de outro, o contexto em que ele vive, com o dramático período logo após a Revolução Russa, revela a consagração do ideário marxista para a constituição da ex-União Soviética. No âmago do sistema psicológico de Vygotsky, encontra-se uma teoria do desenvolvimento ontogenético que é, em muitos aspectos centrais, uma teoria histórica e filogenética do desenvolvimento individual. Representa essencialmente uma cosmogonia da humanidade, em que as revoluções sociais e históricas libertam-se do papel coadjuvante na constituição do ser humano para tornarem-se protagonistas da revolução singular em cada homem. Por isso, suas principais idéias são demarcadas pelos sentidos de dialeticidade, dinamismo, metamorfose, historicidade e gênese social.

Desde as primeiras investigações desenvolvidas no instituto, a linguagem é basilar no estudo sobre o desenvolvimento do pensamento e da consciência. O materialismo histórico dialético sustenta todo o seu sistema teórico. A concepção psicológica vygotskyana é erigida a partir do confronto e da inter-relação, cujo movimento contínuo e ascendente desencadeia um vir-a-ser. Em síntese, a dinâmica de relação do homem com o meio social modifica-o e modifica o meio; o desenvolvimento resulta do intercâmbio entre o que já está internalizado – relativo a funções psicológicas consumadas no psiquismo – e o que ainda está em processo de internalização – relativo à transformação e à elaboração de funções mais complexas e melhor sistematizadas; o pensamento e a linguagem são interdependentes, pois sua mútua relação origina o pensamento verbal; a aprendizagem e o desenvolvimento também se formam *na* e *pela* dialeticidade. Portanto, toda a fundamentação teórica vygotskiana constitui-se por forças dialeticamente opostas (tese e antítese) que originam um novo elemento (síntese).

No prodigioso decênio de 1924 a 1934, Vygotsky elabora sua teoria sociocultural e histórica do desenvolvimento das funções mentais superiores e dos fenômenos psicológicos, do que advém a opção por denominar sua teoria como histórico-cultural, como propõem Wertsch, Del Rio e Alvarez (1995), a fim de enfatizar o aporte da cultura e a dimensão social das interações que promovem o desenvolvimento singular de cada pessoa.[2]

O SISTEMA PSICOLÓGICO DE VYGOTSKY SOBRE O DESENVOLVIMENTO HUMANO

A grande veiculação da teoria histórico-cultural no meio educativo explica-se, em parte, pelo destaque ao papel da aprendizagem no desenvolvimento, ou seja, por Vygotsky opor-se à equação largamente difundida segundo a qual a aprendizagem tem um papel fundamental no processo de desenvolvimento. Ao contrário, para esse autor, a aprendizagem não segue o desenvolvimento, mas o impulsiona e o promove.

Direta ou indiretamente, a concepção vygotskiana suscita uma nova série de problemas à ciência psicológica. No âmbito educativo, a repercussão desses questionamentos gera a necessidade de dominar melhor como essa teoria compreende os diferentes momentos do desenvolvimento humano, desde a primeira infância, vistos não como estágios evolutivos, mas como uma elipse de integração de experiências pessoais e não-pessoais, inserção na cultura e organização singular dos processos mentais (ontogênicos). Por exemplo, sabe-se da importância da metacognição para a criança pequena[3] autocontrolar seu comportamento e, em crescente complexidade, ter consciência e autonomia para dirigir sua ação no mundo. Porém, é imprescindível determinar como operam os mecanismos mentais no desenvolvimento da atividade metacognitiva e ter claro como o processo educacional contribui para isso.

No ideal vygotskiano, a educação tem um papel transformador do homem e da humanidade. Na primeira infância, isso significa dimensionar quais bases efetivamente propiciam o desenvolvimento na sua multiplicidade cognitiva, afetiva, social, psicomotora e moral, divisões estas que, na acepção histórico-cultural, não são tratadas separadamente, mas em uma perspectiva holística, integrada. Em sua visão educativa, sublinha dois conceitos nucleares: o de formação social das funções psicológicas superiores e o da via dupla do desenvolvimento – real e potencial.

Vygotsky (1987, 1991) postula que o sistema mental é formado por funções psicológicas elementares e superiores. Ontogeneticamente, as funções elementares têm um papel decisivo no início da vida, devido ao seu caráter inato e involuntário. Porém, desde o nascimento, o indivíduo internaliza o conteúdo cultural de seu grupo social. Desse processo interativo, de atuação com e no meio social, surgem novas necessidades e possibilidades que impulsionam o desenvolvimento das funções superiores – formas mediadas e voluntárias de atenção, percepção e memória; pensamento abstrato, generalizado e descontextualizado; comportamento intencional e autocontrolado (Vygotsky, 1987; Vygotsky e Luria, 1996).

Diferentemente dos processos biológicos de desenvolvimento, inatos e involuntários, que são determinantes das formas mais elementares de atenção, memorização e percepção, as funções psicológicas superiores caracterizam-se pelo controle voluntário da conduta e pelo domínio consciente das operações psicológicas (metacognição). As funções psicológicas superiores instrumentalizam novas modalidades de pensamento, implicando mecanismos capazes de hierarquizar simbolicamente os conceitos, relacionando-os uns aos outros em uma rede de generalizações, e de operar com instrumentos mediadores descontextualizados, isto é, independentes dos contextos concretos em que foram originados.

Durante a evolução sócio-histórica, para adaptar-se ao meio, o homem aprendeu a não depender de capacidades inatas, criando instrumentos para suprir suas necessidades e garantir a sobrevivência. Nesse processo, essencialmente intersubjetivo, inventou as ferramentas e um ambiente social, alterando a si mesmo, o que suscitou a emergência e a consolidação de formas superiores do funcionamento psíquico e de comportamento. "Gradativamente, o ser humano aprende a usar racionalmente suas capacidades naturais (...) O ambiente torna-se interiorizado (internalizado); o comportamento torna-se social e cultural não só em seu conteúdo, mas também em seus mecanismos, em seus meios" (Vygotsky e Luria, 1996, p.179).

As funções psicológicas superiores de comportamento humano são geneticamente socioculturais. Elas se originam da atuação em situações coletivas, sustentadas pela interação com outras pessoas e pela mediação de instrumentos técnicos e sistemas semânticos (criados e compartilhados pelos membros da sociedade na qual o indivíduo está inserido e da qual é participante). Assim, o princípio geral de desenvolvimento dessas funções é definido por Vygotsky (1987, p.21) da seguinte forma:

> Qualquer função psicológica superior foi externa (e) social antes de ser interna... Todas as funções no desenvolvimento cultural da criança[4] aparecem duas vezes ou em dois planos... Aparecem primeiro entre pessoas como uma categoria intermental (interpsicológica), e depois no interior da criança como uma categoria intramental (intrapsicológica). Isso é igualmente verdadeiro para a atenção voluntária, para a memória lógica e para a formação de conceitos.

Essa transformação das funções superiores do interpsicológico para o intrapsicológico não é um processo retilíneo, passivo. Pelo contrário, a pessoa atua sobre o próprio desenvolvimento enquanto é agente de ação com o outro. A internalização não é cópia do plano intersubjetivo no indivíduo; é fruto de negociações, discordâncias, ação partilhada, etc., ao serem formuladas hipóteses para resolver situações concretas que o sujeito experiencia. Na internalização, o desenvolvimento e a aprendizagem funcionam como uma unidade dialética. Embora sejam processos distintos, atuam em conjunto desde o início da vida. O aprendizado está estreitamente relacionado ao desenvolvimento das funções psicológicas superiores, que são determinadas por quatro características (Wertsch, 1988):

1. (re)configuração dinâmica e constante, devido à natureza sociocultural dessas funções;
2. auto-regulação voluntária da conduta, erigida do controle iniciado pelo entorno cultural;
3. domínio consciente dos próprios processos psicológicos (metacognição);
4. uso de signos como mediadores.

De modo análogo ao desenvolvimento das funções superiores, Vygotsky explica que a capacidade de simbolizar (essencial ao desenvolvimento da linguagem), embora virtualmente possibilitada pela evolução biológica das estruturas cerebrais e do aparelho fonador, só entrou em operação a partir do desenvolvimento cultural, historicamente determinado pelas condições materiais de produção do trabalho coletivo nas sociedades humanas. Essa função teria permitido um salto qualitativo no comportamento da espécie, submetendo os fatores biológicos a condições mais sofisticadas de operação. Por exemplo, as emoções brutas teriam cedido lugar aos sentimentos, que são uma maneira aprendida culturalmente de relacionar-se, perceber e interpretar a realidade. Contudo, esse aprendizado não substitui as formas elementares pelas superiores, mas sobrepõe o comportamento histórico-cultural ao natural, atuando na radical modificação da estrutura do último pela existente no primeiro.

O âmbito da educação da criança pequena é o lugar social privilegiado de mudanças bastante significativas no curso de desenvolvimento, distinguindo-se da aprendizagem informal e guardando certas especificidades que diferenciam sua natureza educativa em relação aos demais níveis de ensino:

- Ênfase no contato com regras sociais.
- Estabelecimento de vínculos afetivos distintos dos existentes no contexto familiar.
- Aprendizado caracterizado sobretudo pela investigação experiencial.
- Implicação dos processos imaginários no desenvolvimento.
- Primórdios da linguagem escrita.

A aprendizagem formal[5] é duplamente basilar, porque interfere na constituição das formas superiores de pensamento e na apropriação dos instrumentos mediadores que circulam na sociedade. A consciência reflexiva e o controle deliberado – essenciais às funções psicológicas superiores – correspondem a processos de:

indiferenciação	→	diferenciação
concretude	→	abstração
centramento	→	descentramento

Esses processos, que existem em qualquer situação cotidiana de aprendizagem, são estimulados no ambiente educativo por uma típica sistematização e mediação, cujo cenário é composto por arquitetura, linguagens, regras sociais, interações, recursos materiais e técnicos, procedimentos, etc., destinados especificamente à educação da criança.

Em uma forma original de compreender a relação entre os processos de aprendizagem e desenvolvimento, Vygotsky propõe a noção de zona de desenvolvimento proximal (ZDP) como referência para transcender as posições teóricas que priorizam o nível de desenvolvimento real. Concebida em perspectiva multidirecional, dialógica e não-etnocêntrica, a ZDP resulta das interações mediadas culturalmente, através das quais se instauram áreas de desenvolvimento potencial.

A ZDP transforma-se em um parâmetro para a atuação pedagógica. Funcionando como princípio educativo, implica a relação entre o nível de desenvolvimento real – determinado pela capacidade de solução de problemas de modo independente – e o nível de desenvolvimento potencial – em que se encontram as funções psicológicas em processo de amadurecimento, potencialmente emergentes, mas ainda não suficientemente consolidadas. Por isso, a ZDP determina que a aprendizagem ocorre sempre em função de ações em parceria, pelo auxílio de outra pessoa mais experiente, capaz de propor desafios, questionar, apresentar modelos, fornecer pistas e indicar soluções possíveis (Vygotsky, 1987, 1991).

"A ZDP é o lugar onde, graças aos suportes e à ajuda dos outros, pode desencadear-se o processo de construção, modificação, enriquecimento e diversificação dos esquemas de conhecimento definidos para a aprendizagem escolar" (Baquero, 2001, p.128). Portanto, aprender na e pela ZDP é pôr em ação competências e habilidades potenciais, primeiramente em um cenário interpsicológico, para que possam ser internalizadas, tornando-se intrapsicológicas. Segundo Vygotsky (1994, p.101):

> Um aspecto essencial do aprendizado é o fato de ele criar zonas de desenvolvimento proximal; ou seja, (...) desperta vários processos internos de desenvolvimento, que são capazes de operar somente (na interação entre) pessoas em seu ambiente e quando em cooperação com seus companheiros. Uma vez internalizados, esses processos tornam-se parte das aquisições do desenvolvimento independente.

Pode-se falar em múltiplas zonas de desenvolvimento em relação a um mesmo indivíduo. As pessoas não têm um único nível geral de desenvolvimento potencial, mas diferentes níveis (e diferentes ZDPs), dependendo do âmbito de ação e saberes envolvidos. Uma criança pode mostrar-se, em determinado momento de seu desenvolvimento, altamente comunicativa e não apresentar a mesma facilidade na montagem de um jogo de construção. A ZDP é um espaço dinâmico de desenvolvimento, não é uma propriedade inerente do indivíduo ou de sua atuação específica, nem preexiste à interação com outras pessoas. O potencial de desenvolvimento depende tanto de conhecimentos e competências próprios quanto da maneira como são estabelecidas as interações com o meio social e do nível de complexidade das atividades com as quais a pessoa envolve-se.

Qualquer interpretação mecânica, linear e fixa do que pode resultar da ZDP levaria a desqualificar o significado fundamental desse conceito, pois cria parâmetros para orientar a prática educativa, mas não pode ser substantivada em um procedimento ou recurso de ensino. Há, em síntese, três questões importantes a considerar.

1. Um corpo de procedimentos e recursos que pode ser altamente adequado em determinado momento, em determinada área do conhecimento e para determinada turma pode não o ser em outras ocasiões. O processo educativo não causa efeito linear ou automático; ao contrário, atua sobre indivíduos reais, com divergências de interesses e conhecimentos, diferentes quanto ao que já são capazes e ao que ainda dependem de auxílio, além de uma infinidade de aspectos que traduzem a própria singularidade humana.

2. A interatividade deve ser vista como eixo fundamental em uma situação educativa. Não é suficiente reconhecer que a interação é importante, mas é preciso torná-la efetiva. A interação, muitas vezes, implica alteração do planejamento, dos rumos de uma atividade em curso; requer alternância entre atividades mais e menos estruturadas, além de ajustes que, variando e diversificando os modos de ajuda à criança, garantam criar ZDP e nela avançar.
3. A relação temporal entre ZDP e o tipo de situações de aprendizagem que se escolhe deve ser considerada. É presumível que, no decorrer do aprendizado de determinado assunto ou procedimento, haja um gradativo crescimento da autonomia das crianças em relação ao tipo de mediações necessárias. Observar e avaliar seu envolvimento e sua independência a cada nova experiência possibilita ao educador variar adequadamente a atuação pedagógica, desde o momento em que é prioritário oferecer apoios e modelos de forma mais intensiva até as situações em que seja mais benéfico propor novos desafios.

RELAÇÕES ENTRE JOGO, APRENDIZAGEM E DESENVOLVIMENTO

Na ótica histórico-cultural, o conceito de ZDP explicita claramente uma relação entre a educação e a conduta tipicamente infantil, o comportamento lúdico. Ao propor que através do jogo[6] – motivada pelas necessidades que não podem ser supridas por outros meios – a criança é capaz de agir e pensar de maneira mais complexa do que demonstra em outras atividades, Vygotsky estabelece que ludicidade e aprendizagem formal funcionam como âmbitos de desenvolvimento. O jogo favorece a criação de ZDP, porque nele "a criança sempre se comporta além do comportamento habitual de sua idade, além de seu comportamento diário, (...) é como se ela fosse maior do que é na realidade (Vygotsky, 1994, p.117).

Em outras palavras, tal como ocorre na atividade de aprendizagem, o jogo gera zonas de desenvolvimento proximal porque instiga a criança, cada vez mais, a ser capaz de controlar seu comportamento, experimentar habilidades ainda não consolidadas no seu repertório, criar modos de operar mentalmente e de agir no mundo que desafiam o conhecimento já internalizado, impulsionando o desenvolvimento de funções embrionárias de pensamento. E, ainda, Vygotsky assevera (1991, p.156):

> (...) ainda que se possa comparar a relação brinquedo-desenvolvimento à relação instrução-desenvolvimento, o brinquedo proporciona um campo muito mais amplo para as mudanças quanto a necessidades e consciência. A ação na esfera imaginativa, em uma situação imaginária, a criação de propósitos voluntários e a formação de planos de vida reais e impulsos volitivos aparecem ao longo do brinquedo, fazendo do mesmo o ponto mais elevado do desenvolvimento pré-escolar. A criança avança essencialmente através da atividade lúdica. Somente nesse sen-

tido pode-se considerar o brinquedo como uma atividade condutora que determina a evolução da criança.

Se a criança não pode agir como um adulto, pode fazer de conta que o faz, criando situações imaginárias em que se comporta à semelhança do comportamento adulto. Ela se torna o que ainda não é, age com objetos substitutivos daqueles que ainda lhe são vetados, interage conforme padrões distantes daqueles que demarcam seu lócus social. O exercício da ludicidade vai além do desenvolvimento real porque nela se instaura um campo de aprendizagem propício à formação de imagens, à conduta auto-regulada, à criação de soluções e avanços nos processos de significação.

Na brincadeira são empreendidas ações coordenadas e organizadas, dirigidas a um fim e, por isso, antecipatórias, favorecendo um funcionamento intelectual que leva à consolidação do pensamento abstrato. A força motriz da ludicidade, o que a faz ser tão importante no complexo processo de apropriação de conhecimentos, é a combinação paradoxal de liberdade e controle. Ao mesmo tempo em que os horizontes ampliam-se segundo os rumos da imaginação, o cenário lúdico emoldura-se segundo limites que os próprios jogadores impõem-se, subordinando-se mutuamente às regras que conduzem a atividade lúdica.

A relação entre jogo e aprendizagem tem um estatuto teórico proeminente na proposição histórico-cultural do desenvolvimento. Não porque exista uma produção extensa sobre o assunto, mas porque o jogo tem explícita relação com o desenvolvimento potencial e porque estabelece fortes laços entre processos imaginários e desenvolvimento psicológico, caracterizando a imaginação como sistema integrado das funções psicológicas superiores, proporcionando que a criança torne-se capaz de acessar, interpretar, significar e modificar a realidade e a si própria.

Focalizar as relações entre jogo e aprendizagem não é uma idéia nova na história da educação. Porém, hoje em dia, é mais aceita e divulgada a compreensão de aprendizagem como apropriação, em um processo dinâmico de investigação sobre os objetos de conhecimento que, tornados próprios pelo aprendiz, fazem sentido para a sua vida, para o seu "ser no mundo", à semelhança do que acontece na atividade lúdica. Afinal, em 1926, em seu livro *Psicologia pedagógica*, já denunciava Vygotsky (2001, p.171):

> O maior pecado da velha escola consistia em que nenhum dos seus participantes sabia responder por que se estudam geografia e história, matemática e literatura. Engana-se quem pensa que a velha escola fornecia poucos conhecimentos. Ao contrário, freqüentemente ela comunicava um volume incomum de conhecimentos (...). Mas era sempre e apenas um tesouro no deserto, uma riqueza da qual ninguém conseguia fazer o devido uso porque a diretriz básica dos seus conhecimentos estava à margem da vida (...) esses conhecimentos não estavam em condições de satisfazer às mais simples demandas vitais do aluno mais comum e modesto.

> Cada um se lembra por experiência própria que quase a única aplicação que conseguiu fazer dos conhecimentos adquiridos na escola foi ter dado uma resposta mais ou menos exata nas provas finais, e o conhecimento de geografia ainda não ajudou ninguém a orientar-se no mundo e ampliar o círculo de impressões em uma viagem (...).
> Por tudo isso, a principal reivindicação pedagógica vem a ser de que (...) o educador saiba sempre e com precisão a orientação em que deve agir a reação a ser estabelecida.

De acordo com os teóricos da corrente histórico-cultural, o jogo é a atividade principal da criança pré-escolar, ou seja, é o mediador por excelência das principais transformações que definem seu desenvolvimento. Fundamentar a educação infantil na ludicidade significa um saber-fazer reflexivo para que o jogo seja constituinte de zonas de desenvolvimento proximal. Independentemente de resultados, o interesse pela brincadeira mantém-se pelo processo de brincar, o que não significa inexistência de um objetivo. O jogo tem por objetivo exercitar e desenvolver "todas as forças reais e embrionárias que nele existem" (Vygotsky, 1996, p.79). Quando a criança brinca com cubos de madeira, *a priori*, o alvo não é a estrutura resultante, isto é, o produto, mas a própria coordenação de ações, o agir sobre os blocos para uni-los de diferentes modos e estabelecer o equilíbrio entre as peças. Assim, o brincar é determinado por duas características: a criação de uma situação imaginária e o comportamento regrado. De acordo com Vygotsky, reconhecer a existência de situação imaginária na brincadeira foi comumente associado a determinado tipo de jogo. Em contrapartida, qualificar qualquer jogo ou brincadeira pela atuação dos processos imaginários significa reconhecer o vínculo existente entre motivação lúdica e desenvolvimento do pensamento simbólico.

Em qualquer jogo, há sempre uma situação imaginária por meio da qual a criança, motivada por necessidades que não podem ser supridas por outros meios, propõe-se a enfrentar um desafio – conforme os objetivos e as regras do jogo –, desenvolvendo funções embrionárias e controlando seu comportamento em um nível maior do que o habitual. Por isso, "a criação de uma situação imaginária não é algo fortuito na vida da criança; pelo contrário, é a primeira manifestação da emancipação da criança em relação às restrições situacionais" (Vygotsky, 1994, p.113). A outra característica definidora é que todo jogo envolve um conjunto de regras, explícitas ou implícitas: "A situação imaginária de qualquer forma de brinquedo já contém regras de comportamento, embora possa não ser um jogo com regras formais estabelecidas *a priori*" (p.108).

As diferentes formas que o jogo assume no decurso de seu desenvolvimento são determinadas pelo predomínio de um dos seus dois componentes. No início da vida, é mais comum o jogo constituir-se de situação imaginária explícita com regras implícitas e derivadas das representações simbólicas. Por exemplo, uma boneca representa um bebê e a ação de ninar a boneca corresponde à regra implícita de imitar a mãe. Gradativamente, essa relação inverte-se: as regras passam a ser explícitas e a situação imaginária oculta-se, como acontece nos jogos de tabuleiro e de competição.

Desenvolvimento da imaginação

Atentar à ação das crianças durante a situação lúdica, que é constituída de regras e imaginação, permite observar de que maneira a atribuição de significados transforma a percepção e o comportamento infantil. No decorrer do desenvolvimento do jogo, a motivação separa-se da percepção, ou seja, a criança é livre para agir diferentemente do que os órgãos dos sentidos indicam. Em situação de jogo, a criança vê, pega, ouve, manipula um objeto, fazendo de conta que é outro, existente somente no simbolismo lúdico. Desde as primeiras brincadeiras pré-escolares, os objetos perdem a força determinadora existente no cotidiano.

É fato que a simbolização – e, portanto, o jogo – só passa a existir quando a criança adquire linguagem. Em qualquer situação lúdica, mesmo sem fala, a simbolização (representação) lingüística opera-se na capacidade de inventar a brincadeira. Se, no dia-a-dia, o comportamento infantil é determinado e limitado pela percepção imediata, "é no brinquedo que a criança aprende a agir em uma esfera cognitiva, ao invés de em uma esfera visual externa, dependendo das motivações e tendências internas, e não dos incentivos fornecidos pelos objetos externos" (Vygotsky, 1994, p.110).

Como ressalta Brougère (1993), para a criança muito pequena, os objetos ditam o que ela deve fazer. Suas ações são controladas pela determinação perceptiva das características dos objetos, regendo seu comportamento, em exata oposição ao que ocorre na atividade lúdica. Esse aspecto tem especial importância para compreendermos as origens da consciência na primeira infância. Restrito às condições situacionais, o comportamento da criança em situação de não-jogo é determinado pela fusão entre motivação e percepção. Ela é incapaz de aceitar, ou melhor, de conceber que o leite possa ser azul, pois não consegue separar o campo dos significados do campo das percepções. Contudo, brincando, a percepção separa-se tanto da motivação quanto da atividade motora, tornando viável imaginar um significado inexiste na realidade para as ações e os objetos envolvidos no jogo.

É pelo jogo que surge, pela primeira vez, a separação entre os campos perceptivo e simbólico. Os objetos do jogo transformam-se em *pivô* dessa separação, como mediadores entre a ação e a significação. O jogo antecipa o desenvolvimento posterior, a ação na esfera imaginária é regida pelos significados que a criança deseja atribuir, para além da percepção imediata. No início de desenvolvimento do jogo, é fundamental a presença de objetos aos quais a criança atribui significações. Para imaginar um cavalo, precisa do cabo de vassoura como pivô; a neve, só é reconhecida pelo algodão que têm às mãos. Inicialmente, o jogo é sustentado pela razão objeto/significado. Aos poucos, essa razão inverte-se, quando o significado passa a predominar sobre as características físicas dos objetos, a percepção torna-se mediada pelo que se pretende simbolizar. *De brincadeira*, o leite torna-se azul.

A significação não é totalmente independente das propriedades dos objetos desde as primeiras brincadeiras. Trata-se de um percurso de desenvolvimento. Na ontogênese, atribuir significados surge como uma das propriedades do objeto. Na evolução do jogo, torna-se desnecessário ter objetos-pivô, já que o significado liberta-se da qualificação objetal. Essa é a diferença básica que encontramos entre o início e o término do período pré-escolar. Em torno do segundo e terceiro anos de vida, a criança ainda não reconhece que o significado pode ser descolado dos objetos, isto é, não se trata de um atributo ou propriedade, podendo ser descontextualizado. Portanto, mesmo invertendo a razão objeto/significado (boneco/ninar) para significado/objeto (ninar/qualquer objeto que possa servir como boneco), a criança não tem consciência de que opera mentalmente dessa maneira.

Portanto, no primeiro estágio de desenvolvimento do jogo, o significado ainda se encontra aprisionado às propriedades dos objetos, ou melhor, ele próprio é uma propriedade. O mesmo ocorre com as palavras: elas pertencem aos objetos. Em resumo, o *objeto-pivô* contextualiza e dirige a fala e a significação das ações lúdicas. Um "cachorro" possui rabo, orelhas e pêlos tal como a palavra que o identifica; então, é impossível à criança pequena imaginar um cão utilizando a palavra "avestruz", porque opera com os significados das palavras sem ter consciência de que o faz. Involuntariamente, mediada pelos objetos-pivô, a criança "atinge uma definição funcional de conceitos e objetos, e as palavras passam a se tornar parte de algo concreto" (Vygotsky, 1994, p.113). Somente nos últimos anos pré-escolares surge o interesse por jogos de palavras, como adivinhas e trava-línguas, que promovem a atitude metacognitiva de manipular significados independentes dos objetos, de forma consciente e voluntária.

O desenvolvimento da relação significado/ação é análogo à relação significado/objeto. Primeiro, a estrutura da ação-pivô determina a significação do jogo. A criança age sem ter consciência dos significados atribuídos aos seus atos. Se lhe perguntamos como fazer para imitar o cavalo, ela dificilmente responde por palavras, tendendo mais em bater os pés no chão e saltitar, imaginando o andar a cavalo. Em contrapartida, tornando-se capaz de antecipar o significado que deseja atribuir a suas ações, executa os gestos e movimentos de acordo com os propósitos almejados e inclui a fala organizadora e reguladora da própria ação. Para Vygotsky, a transformação no campo simbólico, comum às situações de jogo, é distinta da vida cotidiana devido à relação fantasiosa construída entre objetos, ações e significados. Por isso, o jogo é tão relevante para o desenvolvimento do pensamento abstrato e da volição consciente, pois subordina as ações aos significados.

No mundo imaginário, a ação submete os objetos do brincar a outra realidade. A criança vê, percebe um objeto, mas age de modo diferente ao que vê, dando origem à separação entre o campo do significado e o campo perceptivo. Nisso reside o que o autor conceitua como *movimento do campo de significado*, tornando o indivíduo capaz de regular seu comportamento e estabelecer novas relações com o meio sociocultural. Um cabo de vassoura torna-se um cavalo, um amontoado de peças é um castelo. Nesse deslocamento de significados, ações e objetos incorporam propositadamente outro valor que não aquele que lhes confere a realidade, convertendo, pela primeira vez no decurso do desenvolvimento, a razão $\frac{\text{ação ou objeto}}{\text{significado}}$ em $\frac{\text{significado}}{\text{ação ou objeto}}$.

No desenvolvimento da simbolização, alterar e criar novas relações dos significados com os objetos e as ações substitui a realidade objetiva por uma realidade ficcional, alicerçada pela descontextualização, ainda que originária de objetos concretos ou ações reais. Brincando, a criança desenvolve a capacidade de fingir ou substituir um objeto ausente por outro que, de modo abstrato, conserva o vínculo com o original: a boneca é um bebê para ninar; o lápis, um soldado que marcha. Fingindo e imaginando, o pensamento abstrato e generalizado é desenvolvido, bem como a volição e a consciência. A situação lúdica é desafiante, instiga a ação simbólica para o real ser recriado, subordinando os objetos e as ações a significados lúdicos, fenômeno a que Vygotsky denominou *movimento do campo do significado*. Assim, a criação de uma situação imaginária coordena mudanças no campo simbólico: o significado não é mais um dos atributos do objeto ou da ação, porque ele dirige a percepção objetal e a cadeia de ações.

Antagonicamente, o jogo respalda-se na realidade, embora esteja à margem da vida comum. Necessária à cena lúdica, a mutação de sentido – de ações e objetos do brincar – conserva os comportamentos idênticos ao que existe na vida cotidiana. "A brincadeira não é um comportamento específico, mas uma situação na qual esse comportamento toma uma significação específica" (Brougère, 1998, p.100). Diferentemente do real, o mundo lúdico está dissociado das conseqüências que teria o mesmo comportamento em situação de não-brincadeira.

Brougère ressalta ainda que "não se trata (...) de fazer ressurgir a criatividade romântica atribuída à infância" (p.126), pois a criatividade da situação lúdica corresponde àquilo que o indivíduo conhece de algum modo no seu contato com a cultura. Trata-se de um espaço essencial para ampliar o potencial de ação de habilidades já existentes e colocar novas em prática, passíveis de serem desenvolvidas.

Desenvolvimento das regras

Em circunstâncias lúdicas, a luta travada entre satisfazer desejos e necessidades imediatas e subordinar-se a regras determina a criação de um espaço de aprendizagem, exercício de habilidades e competências potenciais e avaliação metacognitiva das próprias condutas. Nos casos em que predomina o imaginário, as regras não são previamente formuladas, mas originam-se da própria atuação imaginativa e modificam-se constantemente durante o jogo. O comportamento regrado surge durante a brincadeira.

No início do desenvolvimento do jogo, somente ações ajustáveis às regras de comportamento conhecidas pela criança são aceitas. Uma caneca não pode ser um boneco. Necessariamente os objetos e as ações devem ser similares ao "objeto" representado na brincadeira, ou seja, aos significados atribuídos às ações da brincadeira. "O que na vida real passa desapercebido pela criança torna-se uma regra de comportamento no brinquedo" (Vygotsky, 1994, p.108). O boneco pode ser preterido em decorrência da força exercida pela percepção do objeto "caneca" que passa a orientar a ação, tornando-se matéria-prima para simbolizar outros objetos, por exemplo, um carrinho.

Para Vygotsky (1994, p.118),

> A criação de uma situação imaginária pode ser considerada como um meio para desenvolver o pensamento abstrato. O desenvolvimento correspondente de regras conduz a ações, com base nas quais se torna possível a divisão entre trabalho e brinquedo, divisão esta encontrada na idade escolar como um fato fundamental.

Brincar de irmãs é diferente da verdadeira relação fraternal. A criança procura atuar conforme o que entende ser essa personagem. Preocupada em "imitar" uma irmã, age de acordo com as representações internalizadas que simbolizam esse papel social, apropriando-se e utilizando-se de novas regras de comportamento. Na história de qualquer jogo de regras, nota-se claramente como a situação imaginária foi sendo encoberta pelas regras, sem deixar de existir.

Os jogos regrados são uma fonte de aprendizagem do comportamento moral, resultando da atuação da criança na prática, e não por decorrência de uma "máxima moral abstrata que ela tenha ouvido". Pelo desejo em manter o jogo, as crianças orientam sua conduta e relacionam-se pelo respeito às regras. Assim, a utilidade da brincadeira está exatamente sob sua aparente inutilidade, pois possibilita exercitar, criar, inventar, experienciar uma situação específica, em que o real é reconstruído mediante regras elaboradas pelos próprios envolvidos. O jogo torna-se um laboratório onde a criança, tal qual o cientista, pode inventar experiências para compreender a realidade, formulando hipóteses, testando-as e, assim, aprendendo. Os jogos provocam e aguçam a curiosidade, propiciando que a criança seja protagonista de investigações autônomas acerca de suas próprias potencialidades.

IMPLICAÇÕES DA TEORIA HISTÓRICO-CULTURAL DO JOGO NA INTERAÇÃO EDUCADOR/CRIANÇA

Elkonin, um dos mais importantes teóricos da vertente histórico-cultural, analisou de que maneira o jogo é criador de zonas de desenvolvimento proximal. Os estudos desse autor demonstram que, resultante de uma combinação entre comportamento regrado e situação ficcional (imaginária), a atividade lúdica – além de ser a expressão por excelência do domínio das regras que embasam as relações sociais – cumpre um papel fundamental no desenvolvimento do psiquismo por promover evolução no campo das motivações e necessidades, superação do egocentrismo cognitivo,[7] evolução das ações mentais e evolução da conduta voluntária. A seguir, tomados separadamente, destacaremos cada um desses processos.

Evolução no campo das motivações e necessidades

A obviedade do fato de que *só joga quem quer*, não sendo jogo se imposto, deixa subliminar a complexa relação entre atividade lúdica e motivação. Vygotsky já apontara que a mudança na esfera motivacional (volitiva) sofre influência decisiva do jogo ao longo do desenvolvimento. O ato lúdico difere substancialmente de outras atividades humanas pela presença de emoções generalizadas que o motivam e que não estão conscientes para a criança. Mesmo não impulsionado pelo prazer, o jogo atua sobre emoções derivadas de necessidades que aparecem ao longo do desenvolvimento, cumprindo com a função de satisfazer algumas, e de modificar ou criar outras.

Brincar exige agir contra o impulso imediato, "o maior autocontrole da criança ocorre na situação de brinquedo" (Vygotsky, 1994, p.113). O grau máximo da volição decorre do desejo em se sujeitar às regras. Na mesma diretriz, Elkonin (1998) analisa o percurso de desenvolvimento do jogo que culmina na subordinação às regras. Através do jogo, ocorre a transição entre necessidades e desejos imediatos – cuja emotividade é pré-consciente – para interesses e motivações capazes de postergar a satisfação pessoal, sob a forma de "desígnios sintéticos" que são precursores da consciência sobre o controle das regras.

O jogo só existe por seu caráter funcional, pois é um meio de suprimir necessidades e desejos irrealizáveis. Quando joga, a criança também transcende tendências imediatas, enraizadas em motivações mais biológicas e primitivas, para seguir as regras sociais e atuar espelhando-se na realidade. A importância da atividade lúdica como meio para compreender, acompanhar e auxiliar a criança em seu desenvolvimento deve-se ao fato de que, no jogo, as mudanças nas funções intelectuais podem ser analisadas através da observação das transformações dos planos volitivo e emocional. Segundo Vygotsky (1994, p.105-106):

> Se ignoramos as necessidades da criança e os incentivos que são eficazes para colocá-la em ação, nunca seremos capazes de entender seu avanço de um estágio do desenvolvimento para outro, porque todo avanço está conectado com uma mudança acentuada nas motivações, tendências e incentivos... se não entendemos o caráter especial dessas necessidades, não poderemos entender a singularidade do brinquedo como uma forma de atividade.

Desse modo, o que impulsiona a ação é uma necessidade. E, no caso do jogo, o que o motiva é uma necessidade que só pode ser satisfeita se deslocada da realidade através de uma situação imaginária. Se a criança não pode voar, pode colocar uma capa comprida e fingir ser um super-herói. Sem ter consciência, apela a recursos semelhantes às figuras de linguagem que, somente muito mais tarde, a escola ensinará a ela. Com os pés no chão, age como se estivesse voando; metaforicamente alude ao comportamento do herói. A capa funciona como metonímia, contribuindo para a personificação. O cenário resulta de gestos e movimentos corporais onamatopéicos. A capacidade de imaginar desenvolve-se porque a criança precisa resolver a tensão entre o desejo e a sua possibilidade de realização. Para Vygotsky (1994, p.106):

> A imaginação é um processo psicológico novo para a criança; representa uma forma especificamente humana de atividade consciente, não está presente na

> consciência de crianças muito pequenas (sem linguagem) e está totalmente ausente nos animais. Como todas as funções da consciência, ela surge originalmente da ação. O velho adágio de que o brincar da criança é imaginação em ação deve ser invertido; podemos dizer que a imaginação (...) é o brinquedo sem ação.

No início, a imaginação constitui-se pela imitação de uma ou outra ação isolada, dirigida a um único objeto representativo do meio sociocultural que a circunda (fazer um boneco "dormir", empurrar um carrinho), até formular um conjunto de ações inter-relacionadas que seguem a representação lógica de papéis sociais e que podem prescindir de objetos (o faz-de-conta, com mímicas, sons e verbalizações). Imitar a realidade não significa copiá-la integralmente, mas interpretá-la com uso da imaginação, adicionando, unindo selecionando elementos em uma criação nova e original para a própria criança.

A escolha da atividade lúdica e dos meios mais apropriados para oferecê-la à criança é definida de acordo com os objetivos educativos pretendidos, visando a atender às necessidades socioafetivas e psíquicas da criança. Por isso, é fundamental garantir que as mesmas motivações que ela encontra para jogar fora do espaço educativo estejam presentes nesse ambiente. Entre os aspectos a serem considerados, é válido iniciar por jogos e brincadeiras que sejam, em alguma medida, familiares à criança em vez de lhe propor, em primeira mão, algo completamente novo; instruir inicialmente sobre duas ou três regras simples para, depois de implementada a situação lúdica, fornecer outras mais sofisticadas; garantir a liberdade na condução da atividade e, sobretudo, respeitar os momentos de negação e oposição, buscando conhecer suas origens junto à criança.

Nas ocasiões em que ela se nega a participar das brincadeiras, antes de ser um capricho, isso pode significar insegurança, temor frente ao insucesso (não saber como participar), desconforto com a situação de exposição, enfim, questões com as quais se aprende a lidar no jogo e na vida. O fascínio do jogo, em adição ao ajuste dos auxílios do professor e dos demais colegas, colaboram de maneira decisiva para a criança enfrentar os obstáculos originários de sua própria recusa.

Sem ser imposto, o jogo propicia que as crianças imprimam uma direção diversa daquela planejada pelo educador. Isso não impede que se percam as aprendizagens almejadas; ao contrário, toda alteração realizada pelas crianças aguça seu interesse pelo desafio e demonstra, ao mesmo tempo, habilidades cognitivas que não se constituiriam caso se mantivessem fiéis à proposta inicial. Assim, ao terem liberdade para definir a brincadeira, elas assumem também a função de investigar a atividade lúdica, observando as relações entre as regras, os objetivos, os recursos necessários e os modos de atuar. As modificações deixam de ser aleatórias para gradativamente se fundamentarem em interesses, possibilidades e curiosidades infantis.

Superação do egocentrismo cognitivo

Segundo Elkonin (1998), o jogo cumpre um papel fundamental no desenvolvimento do psiquismo por ser uma atividade que proporciona a superação do egocentrismo cognitivo, refletindo-se na capacidade de descentralizar o pensamento, ou seja, de reconhecer outros pontos de vista e coordená-los em um sistema de operações composto de ações inter-relacionadas. Segundo o autor (p.413):

> O jogo se apresenta como uma atividade em que se opera o "descentramento" cognoscitivo e emocional da criança. Vemos aí a enorme importância que o jogo tem para o desenvolvimento intelectual. E não se trata apenas de que no jogo se formam ou se desenvolvem operações intelectuais soltas, mas de que muda radicalmente a posição da criança em face do mundo circundante e forma-se o mecanismo próprio da possível mudança de posições e coordenação do critério de um com os outros critérios possíveis.

Em seus estudos, Elkonin reporta-se aos experimentos de Nedospásova[8] para investigar como a brincadeira interativa promove a descentração do pensamento. Mediante o jogo protagonizado, com o uso de objeto lúdico – três bonecos representando irmãos – e de perguntas orientadoras propostas pelo investigador, a experiência compõe-se de três fases. Na primeira, cada garoto explora e brinca livremente com seu boneco, atribuindo-lhe nome e características de personalidade. Depois, eles são instigados a identificar a quem pertence cada boneco. De uma fase a outra, altera-se o tipo de intervenção do adulto. Nas primeira e segunda fases, a atenção da criança é dirigida ao próprio boneco para depois referir-se aos bonecos-irmãos dos companheiros de jogo.

Nedospásova conclui que a situação de jogo potencializa a superação do egocentrismo cognitivo ao distanciar a criança de sua própria realidade e envolvê-la na coordenação de suas ações em função dos diferentes papéis, seu e dos companheiros. Enquanto a mediação dos bonecos contribui para a representação cênica de cada papel, as intervenções do investigador orientam a modificação dos significados atribuídos aos objetos lúdicos. Da comparação entre as fases do experimento, evidencia-se uma constatação de suma importância para a educação lúdica: não é suficiente disponibilizar às crianças brinquedos e jogos; é fundamental organizar o cenário ludo-educativo[9] e estabelecer modalidades interativas que extraiam os melhores proveitos da brincadeira para o desenvolvimento cognitivo.

Evolução das ações mentais

Aludindo ao papel da linguagem para as ações lúdicas transitarem do plano concreto ao plano mental, Elkonin ressalta que a função mediadora da fala transforma o ato lúdico em operações internalizadas de pensamento. Baseada na linguagem, a atividade lúdica adquire a capacidade de desenvolver os dois processos inerentes ao sistema simbólico (signos): a descontextualização e a generalização.

O pensamento generalizante é constituído por uma rede ordenada voluntária e conscientemente, em uma hierarquia de relações subordinadas e supra-ordenadas de conhecimento. A generalização é essencial na construção de sínteses. Em uma brincadeira de faz-de-conta, tendo que representar um determinado personagem, a criança orienta-se pela reunião de atributos que o identificam, mesmo quando não tem plena consciência dessa ação mental. Basta nos lembrarmos de qualquer brincadeira de faz-de-conta das crianças para notarmos a função desempenhada pela imitação na capacidade de representar um objeto, uma pessoa, um animal ou simplesmente os sons de eventos do mundo real.

A descontextualização caracteriza-se pela capacidade de discriminar e isolar informações, ou seja, abstrair propriedades, fenômenos, idéias que integram a experiência concreta a fim de utilizá-las de modo instrumental em novos contextos. Rompendo a barreira contextual, o conhecimento pode deslocar-se do geral ao particular e vice-versa, estabelecendo novas relações e combinando-se com outros. Assim, regras aprendidas em um jogo podem ser apropriadas e embasar novos jogos tal como um conceito aprendido em um contexto específico pode ser descontextualizado, isto é, aplicado em novas situações de aprendizagem.

Em uma brincadeira de faz-de-conta, ao representar um determinado personagem, a criança orienta-se pela análise e pela síntese – generalização e descontextualização – dos atributos que o identificam, mesmo quando não tem plena consciência de que é capaz de realizar essas ações mentais. De acordo com Elkonin, esses processos são constituídos ao longo de quatro níveis de desenvolvimento do jogo, determinados sobretudo pela quantidade de oportunidades de vivenciar atividades lúdicas.

As primeiras brincadeiras da criança constituem-se de uma ação rudimentar e isolada. É suficiente ter um objeto às mãos. Nesse nível, um fragmento de ações da realidade é imitado em uma única ação, repetida sucessivamente. Um chocalho oferece diversas oportunidades de exploração de movimento, força, direção, observação, etc. Inicialmente, cada um desses aspectos corresponde a uma ação exclusiva, várias vezes realizada. No segundo nível, o significado do brincar ainda é aprisionado ao objeto, mas o repertório de ações amplia-se, formando uma coleção de atos que, embora ainda não seja uma rede coordenada e hierarquizada logicamente, é o ponto de partida para a constituição do pensamento generalizante.

No terceiro nível, o papel assumido pelo objeto é cedido à representação, e as ações desligam-se da percepção imediata, tornando-se descontextualizadas. A linguagem assume a função dos objetos, que podem deixar de existir concretamente. Os papéis delineiam-se segundo uma cadeia seqüenciada de ações, cuja lógica espelha as regras de conduta da realidade cotidiana vivenciada pela criança. Finalmente, a capacidade de construir temáticas permite ampliar, variar, encadear e definir as ações correspondentes às representações. O jogo torna-se mais complexo. Os papéis e as relações entre os jogadores já estão bem evidentes, o que facilita a subordinação às regras. Por sua vez, o sistema de regras é fundamentalmente simbólico e determinado por generalizações e descontextualizações. A recusa por ações não condizentes com o jogo não decorre da imposição de desejos imediatos, nem "pela simples invocação da realidade existente, mas pela indicação da racionalidade das regras" (Elkonin, 1998, p.299).

Evolução da conduta voluntária

À medida que a situação imaginária é enriquecida pela complexidade de atribuição de sentidos, bem como pela variabilidade e multiplicidade de papéis em cena, a criança tende a preferir a ação regrada. Regras tomadas de empréstimo da realidade são apropriadas pelo jogo, tornam-se voluntárias e arbitrárias, promovendo e mantendo o interesse pela atividade lúdica.

Em circunstâncias lúdicas, subordinar-se a regras contém prazer e esforço, pois a própria regra é transformada em jogo. O simples caminhar pela calçada transforma-se em um desafio que a criança se impõe, tendo de manter os pés sobre uma linha imaginária. À medida que se desenvolve, aumenta seu interesse pelas brincadeiras nas quais predominam as regras explícitas e compartilhadas, exigindo a interação com outras crianças, cujas trocas são oportunizadas pela imitação de um modelo, pela comunicação verbal ou pela construção conjunta.

Todo o processo de subordinação às regras tem nos jogos protagonizados (de papéis) uma fonte de ampliação do universo de regras implícitas que se revelam progressivamente e, em contrapartida, a situação imaginária torna-se latente. As regras, ao tornarem-se patentes, passam a controlar a conduta lúdica. Nesse percurso, o embate entre satisfação de desejos imediatos e subordinação às regras determina três estágios da auto-regulação do comportamento.

No primeiro, a criança não é capaz de cumprir regras simplesmente porque as ignora. Sem reconhecê-las, é inteiramente dirigida por seus desejos impulsivos. "Não há uma clara luta entre as regras e o desejo" (Elkonin, 1998, p.247). No segundo, já se manifesta a consciência de que sua ação no jogo é determinada por algumas condições, resultantes do acordo estabelecido entre os participantes, mas a realização do desejo imediato é oposta ao subordinar-se às regras. É um momento de transição, em que a relação estabelecida com os companheiros do jogo passa a ter forte influência sobre a decisão que venha a tomar. Havendo a mediação de um adulto que seja investido de autoridade, tende a prevalecer o respeito à regra. No terceiro, as regras passam a condicionar a própria manutenção do jogo, independentemente de controle externo. A criança sente prazer por respeitá-las, postergando ou alterando a realização de seus desejos.

A brincadeira mantém-se porque todos estão de acordo, unidos pelo desejo de brincar. A partir das regras de conduta no jogo, constrói-se um mundo demarcado por experimentação e imaginação. Para Brougère (1998, p.192),

> Uma regra de jogo só tem valor se for aceita pelos jogadores... (ela) permite que se crie uma outra situação que libera dos limites do real... Sem riscos, a criança pode inventar, criar, experimentar nesse universo (em que) estão minimizadas as conseqüências de seus próprios atos.

Para a criança, o jogo impõe uma situação-problema que, instigando sua ação, reverte-se em competências para criar, elaborar e reconstruir sentidos sobre as experiências vividas.

Independentemente da idade, o valor do jogo para a aprendizagem está na experimentação, por meio da qual quem joga atribui sentidos, compreendendo e integrando os conhecimentos trazidos aos saberes já conhecidos, internalizados. No jogo, "a profundidade de aprendizagem é muito superior, pois não há aprendizagem somente pelo que é transmitido por outra pessoa, mas pelo que se experiencia" (Elkonin, 1998, p.74).

Essas quatro características estruturais do jogo favorecem a emergência e o desenvolvimento dos processos psicológicos superiores. A criança, atuando na ZDP em situação lúdica, põe em funcionamento mudanças potenciais das relações existentes entre o campo perceptivo e simbólico, altera e controla consciente e voluntariamente sua conduta, expande os limites de sua imaginação – aspectos basilares das formas mais abstratas e generalizadas de representar o mundo.

O jogo, segundo a vertente vygotskiana, tem um grande potencial para o desenvolvimento e a aprendizagem da criança, desde que seja assumido como um mediador do processo educativo. Com a finalidade de explorar mais detalhadamente como o jogo poderia integrar propostas ludo-educativas, os critérios a seguir são formulados segundo o referencial de Vygotsky, embora não tenham sido efetivamente apontados por esse autor. Nos sete primeiros, o jogo medeia as relações entre educador e crianças; nos quatro seguintes, promove e amplia as interações entre as crianças.

1. **Atribuição de significados ao aprendido**: ao brincar, a criança tem clara consciência da diferença entre a fantasia da situação lúdica e a realidade. Mesmo se a brincadeira tem seu rumo alterado ou pareça não ter terminado, sempre faz sentido para a criança. Por isso, refletir sobre os objetivos educacionais é tão imprescindível ao educador quanto observar e analisar as relações de cada atividade com as demais, anteriores e posteriores, formando uma cadeia integrada. Portanto, seria pouco significativo apenas disponibilizar materiais lúdicos. O potencial educativo dos jogos e brinquedos deriva da mediação do adulto. De nada adiantaria confeccionar fantoches se não fossem vinculados à possibilidade de inventar um personagem, uma história, representar, escrever sobre o fantoche ou sobre a representação, etc.
2. **Participação das crianças**: através dela, o educador retira informações para sua intervenção. Nesse ponto, é particularmente notório o papel desempenhado pelos conceitos cotidianos no jogo, com a concretude e a funcionalidade que lhes são peculiares. Integrá-los à educação permite ajustar o nível de dificuldade da atividade, modelar explicações e intervenções, além de enriquecer o conhecimento de caráter abstrato a que as crianças estão sendo expostas. Evidentemente, outros aspectos estão envolvidos para que não se torne uma "coleta" de experiências cotidianas, o que criaria um falso artifício, completamente inócuo. Variar propostas, desde jogos coletivos em pequenos grupos até os de atuação individual; distribuir atividades diferentes e complementares entre os com-

ponentes de um grupo de jogo; criar situações que estimulem a livre escolha; diversificar materiais; solicitar produtos com qualidades distintas durante e após a realização da atividade (protótipo, tabelas ou quadros, redações, apresentação oral) são exemplos de inúmeras alternativas das quais o educador lança mão para proporcionar a todos oportunidade de participar ativamente do que acontece em aula.

3. **Despertar a curiosidade pelo conhecimento:** muito acertadamente se compara o ato de conhecer a situações de forte envolvimento, passionais. A curiosidade pelo saber depende da auto-estima e do autoconceito, melhor desenvolvidos em um clima favorável à afetividade. É preciso acreditar que a cada nova jogada há de se adquirir maior habilidade para transpassar os obstáculos, que a competência atual pode ser aprimorada, que se pode investir em si mesmo para a continuidade do jogo, desejando chegar ao final. Assim, esse terceiro critério refere-se à criação de um clima lúdico de ensino, de modo que a carga afetiva implicada na atividade lúdica contribua para a curiosidade pelo conhecimento. O reconhecimento (autoconceito) e a valorização (auto-estima) das próprias capacidades emolduram-se pela qualidade do jogo em instaurar confiança, segurança e aceitação mútuas, criando e mantendo a curiosidade e o interesse pelo conhecimento. Desse modo, o conhecimento torna-se singularmente objeto de curiosidade. A criança testa, sem medo, todo o seu potencial. Nisso reside a flexibilidade e a frivolidade, apontadas por Brougère (1998, p.102-103) como expressões do jogo:

> Essa situação, frívola diante da parada de obrigações e condições de vida cotidiana, (é) um espaço único de experiências para aquele que brinca. Ele pode tentar, sem medo, a confirmação do real (...); pode, sem riscos, inventar, criar (...). A brincadeira é "um meio de minimizar as conseqüências de seus próprios atos" e, por isso, aprende numa situação que comporta menos riscos.

4. **Organização do cenário de aprendizagem em pequenos grupos ou duplas:** não serve apenas para propiciar interação entre pares (assunto que abordaremos mais adiante), mas é igualmente salutar ao educador. O jogo em pequenos grupos libera, instrumentaliza o educador. Ele pode examinar mais detalhadamente cada criança, e desta com seus pares, enquanto a gestão da aula está sendo controlada pelo jogo, com as crianças atuando envolvidas e razoavelmente autônomas. Dessa observação podem ser extraídos indicadores preciosos para ajustes no planejamento ulterior, comparando expectativas com a situação concreta.
5. **Atitude metacognitiva das crianças:** são particularmente interessantes as situações que desafiam as crianças a explicar o próprio raciocínio, suas hipóteses e idéias. Sobretudo nos jogos coletivos, conscientizar-se do princípio de subordinação a regras implica profundas mudanças do ponto de vista psicológico. As regras postulam certa eqüidade entre os

participantes, tornando viável comparar o próprio comportamento ao dos demais e auto-avaliar-se em termos de destreza, habilidades e progressos. Segundo Leontiev (1988, p.139),

> É a partir dessa comparação que se origina a avaliação consciente e independente que a criança faz de suas habilidades e possibilidades concretas. Esta não é a avaliação que ela obtém daqueles que a cercam; (nos jogos coletivos) pela primeira vez, ela começa a julgar, por si mesma, suas próprias ações.

A ajuda do educador deve ser a menor possível, intervindo sobretudo no sentido de encorajar as crianças a se posicionarem autonomamente diante da tarefa. Seguindo as orientações de Vygotsky, Leontiev[10] afirma que "o desenvolvimento do jogo com regras consiste (...) em uma diferenciação e uma consciência cada vez maiores do objetivo da brincadeira" (1988, p.138). Essa consciência, mais intensa nos jogos coletivos, implica internalizar as regras a fim de dominar e autocontrolar comportamentos e desejos, subordinando-os ao objetivo lúdico.

Leontiev conclui que o jogo é a principal atividade da criança, sobretudo na idade pré-escolar, desencadeando as mais importantes mudanças no psiquismo. Ainda que operações cognitivas necessárias à aprendizagem sejam desenvolvidas, elas "não surgem, de modo algum, diretamente da brincadeira" (1988, p.140), mas da consciência da criança sobre o seu comportamento e as suas habilidades.

6. **Conceitos advindos de experiências não-escolares:** de origens distintas, os conceitos cotidianos e científicos podem e devem ser inter-relacionados no contexto escolar. Ao explicitar constantemente as relações entre ambos, bem como organizar a seqüência curricular segundo essas relações, o professor fomenta um conjunto de elaborações sucessivas, em um crescente grau de complexidade, generalização e descontextualização.
7. **Funcionalidade da comunicação:** a comunicação clara, precisa, acessível requer lidar com a polissemia das palavras, negociando sentidos em busca dos significados que são essenciais para a apropriação do conhecimento histórica e culturalmente construído. Não basta jogar; é preciso falar sobre o jogo, adotando uma atitude auto-avaliativa. Enquanto expressa o que sabe, a criança pensa sobre esse saber e como comunicá-lo, atitudes vitais ao alargamento da ZDP. Segundo Onrubia (1999, p.142),

> A fala ocupa um lugar central na criação e intervenção nas ZDP, porque é o instrumento fundamental por meio do qual os participantes podem comparar e modificar seus esquemas de conhecimento e suas representações sobre aquilo que está sendo ensinado e aprendido.

Os sete critérios descritos referem-se ao papel do educador, afirmando que se trata de uma intervenção sempre construtivamente partilhada com a turma, negociando-as e mobilizando-a a participar. Os quatro critérios a seguir destacam a atuação entre crianças.

1. **Interação criança/criança:** para Vygotsky, "o caminho do objeto até a criança e desta até o objeto passa através de outra pessoa" (1994, p.33). O desenvolvimento ocorre no plano interpsicológico inexoravelmente antes de tornar-se intrapsicológico. Todo percurso de internalização pressupõe parceria. Em contraponto ao papel do educador, a parceria entre crianças possibilita-lhes ir além do que iriam sozinhas, estabelecendo e ampliando a ZDP em que atuam. Como companheiras no jogo, elas se complementam, divergem, adicionam, negam, questionam e interferem mutuamente nos modos de realizar a atividade.

   A parceria caracteriza-se pela proximidade da linguagem e pelas relações de poder, devido ao fato de excluir da relação a imagem fixada de mestre-aprendiz. Há maior potencial de flexibilidade para se trocar de papel. As hipóteses de um podem ser confrontadas com as de outro. É necessário aprimorar o discurso explicativo, citar exemplos, colocar à prova, avaliar resultados. A ZDP não se instaura somente para o menos experiente. Aquele que, sob determinada informação ou procedimento, "sabe mais" que o outro é igualmente beneficiado ao ter de explicitar seu processo de raciocínio até ser compreendido.
2. **Auto-regulação do comportamento:** do ponto de vista intelectual, auto-regular o comportamento, detectar incongruências e lacunas, dirigir conscientemente a fala para ser mais preciso e explícito, encontrar intencionalmente alternativas na formulação de uma mesma idéia e agregar exemplos coerentemente são algumas das ações mentais necessárias para se comunicar com os companheiros.

   Exemplarmente, citemos o caso em que a criança esteja aprendendo a pensar sobre as regras de um jogo. Mesmo familiar e pertencente ao seu repertório, explicá-lo é completamente diferente de jogá-lo. Ela reconhece a seqüência e a coerência entre as regras; porém, ao ter de explicar como se joga, deixa transparecer todo o árduo processo de construção da consciência sobre as regras. Primeiro, focaliza ações isoladas como imagens completas – sem perceber que são insuficientes para toda a explicação – de forma desordenada, com acréscimo de comportamentos inespecíficos ou menos pertinentes para particularizar o jogo. Nesse momento, a intervenção correta em direção à construção de imagens melhor definidas sobre os objetivos e as estratégias do jogo vão paulatinamente auxiliando na organização de um esquema que estabelece redes interconceituais sobre os elementos principais do jogo, sua seqüência lógica e definição das regras básicas, reconstruindo-o mentalmente para ter condições de explicá-lo de modo efetivo. Tal reordenação mental tenderá a propiciar, por conseguinte, melhor desempenho futuro, na medida em que a tomada de consciência sobre como atuar permite corrigir ou aperfeiçoar com maior detalhamento os comportamentos cabíveis ao objetivo primordial.

3. **Desenvolvimento cognitivo:** a importância do jogo no desenvolvimento da abstração e da volição consciente reside no fato de que a atividade lúdica movimenta-se dentro de um campo abstrato, através do qual os significados passam a predominar sobre as ações, ou seja, a ação lúdica subordina-se aos significados – objetivo e regras – do brincar (significado/ação).

   A fim de manter a situação lúdica, a criança aceita as condições impostas pelo jogo, modificando sua percepção e seu comportamento. Dessa forma, as ações e os objetos lúdicos são orientados para o objetivo lúdico, promovendo a superação do pensamento egocêntrico.

   Não é tarefa fácil ter de explicar o próprio ponto de vista, reconhecer o alheio e encontrar uma saída mutuamente satisfatória. Propulsora da descentração, ou seja, da superação do egocentrismo cognitivo, essa capacidade refere-se à relatividade do próprio pensamento, que se reflete em atitudes de aceitação e respeito mútuos.

4. **Afetividade:** a interação entre crianças requer alguns cuidados. Não é suficiente terem algum grau de conhecimento sobre o tema da atividade. A situação mobiliza afetos e exacerba conflitos. Em decorrência do conhecimento acerca do que elas sabem e de como atuam, deve-se adequadamente planejar, escolher os materiais, organizar a atividade para que o exercício da cooperação, do respeito, da autonomia efetivamente se concretize.

Por ser imbuído de regras, implícitas ou explícitas, o jogo normaliza a conduta, facilitando a descentração. Basta compararmos o que ocorre em uma situação escolar não-lúdica com uma lúdica. É mais provável que, na atividade lúdica, cada qual tenderá a aguardar a vez, respeitar o outro, compartilhar conhecimento, etc., posto que as regras do jogo são assumidas como regras de conduta.

Evidentemente, dependendo dos objetivos a serem alcançados, alguns jogos podem ser mais apropriados que outros. Não há como negar que o tipo de jogo influi tanto quanto a maneira que é proposto e instaurado. Em resumo, escolher adequadamente o momento, o tipo e sobretudo o modo como um jogo é integrado à rotina faz toda a diferença entre a produção de um conflito exacerbado, improdutivo, e um clima lúdico e afetivamente favorável à aprendizagem. Trata-se, então, de dirigir a atenção a aspectos metodológicos que confluam para uma prática docente lúdica capaz de atingir os objetivos escolares.

Os 11 critérios descritos constituem-se em parâmetros da análise que estamos realizando sobre questionários respondidos por educadoras de primeira infância da rede municipal paulistana de Centros de Educação Infantil (CEIs) e Escolas

Municipais de Educação Infantil (EMEIs), participantes de um curso de formação continuada que ministramos. Entre maio e julho de 2004, foram realizados sete encontros de 4 horas/aula, totalizando uma carga horária de 28 horas. Dos 27 questionários, recebemos o retorno de 14. Além de fornecer dados de identificação e dados sobre o contexto atual de trabalho, duas situações-problema deveriam ser solucionadas pelas educadoras:

a) De que forma você envolveria sua turma de crianças em uma atividade de uso e/ou de confecção de brinquedos de sucata? Considere a faixa etária com que você trabalha atualmente e não deixe de especificar quais seriam os requisitos para essa atividade, por exemplo: tipo(s) de materiais que seriam utilizados. Importante: no caso de ter realizado esse tipo de experiência, seria muito interessante apresentá-la no lugar de uma fictícia, indicando se teve ou não algum vínculo com o nosso curso.
b) As crianças estão na área externa do prédio, onde fica o *playground*. Que papel você desempenharia? Deixaria que brincassem umas com as outras sem intervir? Combinaria o brincar livre com sua intervenção? Aproveitaria para envolvê-las em uma brincadeira? Escolha uma dessas três possibilidades para descrever a situação e explicar sua opinião. Podem ser descritas cenas reais, já vivenciadas por você, que ajudem na explicação de sua opinião.

A partir da primeira sistematização dos dados, selecionamos as palavras-chave (palavras, expressões e frases curtas) e definimos os seguintes agrupamentos:

1. Significação pelo jogo: relações entre conceitos escolares e não-escolares.
2. Conhecimento: participação das crianças e curiosidade.
3. Organização do cenário de aprendizagem em pequenos grupos ou duplas.
4. Interação criança/criança e auto-regulação do comportamento infantil.
5. Desenvolvimento cognitivo e funcionalidade da comunicação.
6. Afetividade e cognição.

Discutiremos, a seguir, os dados relativos ao agrupamento "interação criança/criança e auto-regulação do comportamento infantil" no conjunto de respostas à primeira pergunta.[11]

São bastante presentes duas tendências, reciprocamente implicadas. Uma delas é considerar a criança capaz de regular o próprio comportamento em função da aprendizagem de normas e limites, em uma associação equivocada entre auto-regulação e obediência às regras sociais. A outra tendência caracteriza-se pelo fato de que, entre 15 educadoras, 11 indicam que essa aprendizagem decorre do processo de amadurecimento, ou seja, surge com o passar dos anos. Sobretudo no grupo de educadoras responsáveis pelo berçário (até 2,6 anos), as respostas às duas questões sugerem a crença na incapacidade de a criança constituir-se como sujeito da ação lúdica. Enquanto ela é espectadora da ação do adulto, este assume o papel de diverti-la.

Embora o jogo seja considerado importante para diferentes aspectos do desenvolvimento, a motricidade é mais freqüentemente mencionada para a criança menor de 2,6 anos, ao passo que habilidades relacionadas ao desenvolvimento social são vinculadas aos dois últimos anos do pré-escolar. Nos demais casos, há um razoável equilíbrio entre áreas de desenvolvimento, isto é, nas respostas de educadoras de crianças de 2 anos e 7 meses até as de 5 anos e 6 meses, pelo menos três, dos seguintes âmbitos, estão presentes: cognitivo, afetivo, emocional, psicomotor, moral (atitudinal) e social. Enfatizar uma ou duas áreas de desenvolvimento demonstra, por um lado, que o desenvolvimento é departamentalizado e, por outro, assinala que qualquer atividade educativa, inclusive a lúdica, é constituída apenas de um ou dois pontos de vista, empobrecendo a observação sobre competências das crianças em outros aspectos, ou comprometendo as mediações do educador que poderiam potencializar o desenvolvimento infantil.

Em relação às respostas para a primeira pergunta, foi bastante evidente a tendência em considerar o direcionamento do adulto inversamente proporcional ao aumento de faixa etária, ou seja, quanto menor a criança, mais o adulto assume a ação lúdica e controla a atividade infantil. Entretanto, foram bastante distintas as formas de descrever esse direcionamento. Exemplarmente, entre as educadoras do grupo A, uma explica que:

> No começo, eu mostro bem o que é para fazer, deixo a criança brincar com o modelinho para confeccionar. Tem que ser uma coisa bem simples, um chocalho de caixas de fósforo. Só depois é que vou pegar na mão pra ajudar. (E1-A)[12]

Em contraste, uma segunda educadora desse grupo indica que:

> Várias coisas servem para estimular os bebês... Passar os dedos em cima de papel liso, papel lixa, camurça e emborrachado pode ser um bom divertimento. Depois, eu colocaria tinta guache nas mãos para eles fazerem carimbos de mão nos papéis. (E2-A)

Em sintonia com a segunda educadora do grupo do berçário, representantes dos grupos B e C (uma educadora de cada grupo) relatam que a própria exploração do material é especialmente lúdica e educativa ao ser combinada com uma ou mais ações estabelecidas a partir da intervenção do adulto.

Somente quatro das cinco educadores do grupo D e uma do C valorizaram a confecção do brinquedo, demonstrando reconhecer as funções lúdica e educativa envolvidas no ato de confeccionar um objeto. Novamente, encontramos distinções relevantes. Dessa vez, acerca dos significados atribuídos ao "construir brinquedo de sucata" e à "interação educadora/crianças".

O exemplar mais detalhado pertence ao grupo D. A educadora propõe a confecção de cobras de rolos de papel higiênico vazios e encapados com papel colorido (tiras grandes de papel de presente e páginas de revistas). Com seu auxílio, as crianças dividem-se em quatro grupos, com número igual de integrantes, alertando para o fato de que "elas é que vão decidir quem fica com quem. Eu ajudaria só na conta para a divisão dos grupos".[13]

A mediação de um modelo pronto seria combinada com explicações e observações da educadora, a fim de estimular a exploração atenta do objeto, tanto em relação aos materiais necessários quanto às maneiras de modificá-los e uni-los uns aos outros. Por outro lado, caberia às crianças tomarem decisões e protagonizarem o brincar. O destaque para o papel interativo das crianças revela-se em expressões como: "fortalecendo a interação entre eles", "um ajudaria o outro" e "eu gostaria de experimentar esse tipo de jogo, para ver como é a organização delas para dar conta da confecção", "será que não viraria bagunça?".

Contudo, essa aprendizagem sobre o potencial do jogo não está livre de contradições. Nos encontros, o desejo de que as brincadeiras sejam úteis para obter das crianças a obediência submissa e tê-las sentadas e quietas foi freqüentemente mencionado pelas professoras, tendo-se em conta que há salas com 35 crianças, um número expressivo para ser cuidado e educado por dois adultos.[14] Invariavelmente, a informação sobre as salas numerosas vem acompanhada da expectativa de que o curso – cujo foco está na relação entre jogo e educação infantil – contribua para concretizar aqueles desejos, como ilustra o trecho abaixo, extraído de um dos questionários: "A maneira mais apropriada para uma brincadeira funcionar é não deixar que 'fique cansativo' e que prenda a atenção das crianças" (E2-B).

Uma brincadeira não poderia ser cansativa, pois brincar significa tanto o envolvimento genuíno com a ação lúdica quanto a liberdade para deixar de brincar, se este for o caso. Vemos, então, que essa abordagem escolarizante da educação da criança pequena é diametralmente oposta ao processo de conquista do comportamento auto-regulado e, mais especificamente, da metacognição. Trata-se de modos de pensar/agir que interferem na qualidade das interações entre educadora/crianças e entre crianças e, conseqüentemente, dificultam o desenvolvimento das funções psicológicas superiores – que são essencialmente voluntárias e conscientes, isto é, constituem-se na dialeticidade com o comportamento metacognitivo, auto-regulado. Nesse sentido, o desafio da pesquisa que realizamos refere-se à transformação do desejo de manter as crianças sob controle externo, especialmente determinado por situações aparentemente lúdicas, mas cujo objetivo é garantir o seu interesse pela proposta a fim de que o divertimento dê respaldo à aceitação de regras impositivas e restritivas.

Portanto, é fundamental que a formação de educadores de primeira infância efetivamente contribua para a contínua, porém lenta, transformação na forma de conceber o próprio papel de educador. Uma transformação não isolada, mas combinada com outras modificações, especialmente as relativas à política educacional, encontrando-se soluções para atender ao contigente de crianças, sem que sejam meramente distribuídas entre as instituições já existentes, sem aumento de vagas e contratação de educadores. Por sua vez, as propostas formativas precisam fomentar o interesse por compreender como o jogo poderia beneficiar a criança a desenvolver, inclusive, sua consciência autônoma, experimentando ludicamente o mundo para interpretá-lo e participar ativamente dele. Essa pequena amostra dos resultados da pesquisa não pretende e nem viabiliza apontar interpretações mais refinadas do que foi exposto. Contudo, sugere novas reflexões, particularmente no que se refere à identificação de elementos e aspectos da prática lúdica de educação que possibilitem orientar futuras ações formativas.

NOTAS

1. Hoje são conhecidos aproximadamente 200 escritos, entre artigos e livros. Desses trabalhos, uma parcela significativa permanece inédita nas versões portuguesas.
2. A obra vygotskiana, originariamente em russo, somente foi redescoberta na metade do século passado, havendo grande repercussão da versão americana de *Pensamento e linguagem*, cujas mutilações e deformações são notoriamente reconhecidas na atualidade. Considera-se a versão espanhola das *Obras completas* a que sofreu menos incorreções. Muitos dos problemas das versões têm raiz no próprio léxico criado pelo autor, suscetível a exprimir a originalidade de seu sistema teórico.
3. Denominação usualmente empregada por Vygotsky para referir-se à criança de aproximadamente 0 a 6 anos. Em consonância com o referencial epistemológico de sua teoria, o autor não especifica faixas etárias; entretanto, é provável que, ao reporta-se à "criança muito pequena", esteja distinguindo crianças de 0 a 3 anos das de 3 a 6 anos, comumente denominadas "criança pequena".
4. Se textualmente Vygotsky reporta-se à criança, é inconteste que, em sua teoria, as funções psicológicas superiores continuam desenvolvendo-se para além do término da infância.
5. Para a finalidade deste texto, utilizaremos aprendizagem formal como aquela ocorrida especificamente em instituições educacionais, como a creche e a pré-escola.
6. Sem nos determos em discutir a terminologia, optamos pelo termo *jogo* como atividade lúdica, referindo-nos a brincadeiras e jogos regrados em geral. A tradução portuguesa do livro de Elkonin emprega o termo *jogo*, enquanto nos textos em português de Vygotsky aparece o termo *brinquedo*. Ambos, porém, referem-se à atividade lúdica e, mais especificamente, àquela que envolve protagonização de papéis, também conhecida como *faz-de-conta* ou *jogo simbólico*.
7. A superação do egocentrismo cognitivo reflete a capacidade de descentralização, reconhecendo outros pontos de vista sobre um objeto/evento e coordenando-os em uma operação composta por um conjunto de ações inter-relacionadas (Elkonin, 1998).
8. O experimento dos "três irmãos" foi criado por Binet e serviu para Piaget elaborar a tese de que o egocentrismo cognitivo reflete a incapacidade da criança operar logicamente, impedindo-a de se colocar no lugar do outro ou de reconhecer pontos de vista alheios.
9. O termo ludo-educação e suas derivações, embora pouco empregado no contexto brasileiro, refere-se à perspectiva de educação lúdica em que jogos, brincadeiras e brinquedos constituem-se um dos elementos primordiais do processo formal de aprendizagem (Wassermann, 1990).
10. A obra de Alexis N. Leontiev é uma fonte valiosa para a compreensão do desenvolvimento do psiquismo, especialmente pela proposição do autor em eleger o conceito de *atividade* humana como unidade de análise.

11. Em função dos propósitos deste texto, e do fato de a investigação estar inconclusa, somente os resultados iniciais serão apresentados. Também não nos deteremos na descrição do método do estudo. Entretanto, cabe assinalar que recorremos à análise de conteúdo para obter um conjunto de palavras representativas das concepções das educadoras em relação ao seu papel no jogo infantil.
12. Optamos por não criar nomes fictícios para as educadoras. Preferimos criar uma sigla em que, de modo arbitrário, identificamos as educadoras de cada grupo por números: E1-A – educadora 1 do grupo A.
13. Segundo a educadora, em uma conversa informal, a idéia retratada na resposta está vinculada ao projeto que realiza com as crianças, sobre a lenda do Rio Iguaçu, que é muito apreciada pela turma e tem uma cobra como protagonista.
14. Este número é bastante variável, dependendo da localização da CEI/EMEI na cidade de São Paulo, do grau de rotatividade de educadores e, sobretudo, da faixa etária atendida. Por exemplo, no caso das educadoras de berçário que fazem parte dessa pesquisa, a proporção é de 6 crianças/adulto. Em contrapartida, grande parte das salas de crianças entre 5 anos e 7 meses a 6 anos e 11 meses é composta por 35 crianças e 2 adultos.

REFERÊNCIAS

BAQUERO, R. *Vygotsky e a aprendizagem escolar.* Porto Alegre: Artmed, 2001.

BROUGÈRE, G. *Jogo e educação.* Porto Alegre: Artmed, 1998.

______. La signification d'un environnement ludique: l'école maternelle à travers son matériel ludique. *Les Actes du Premier Congrès d'Actualité de la Recherche en Éducation et Formation,* v.2, p.314-319, 1993.

ELKONIN, D.B. *Psicologia do jogo.* São Paulo: Martins Fontes, 1998.

LEONTIEV, A.N. Os princípios psicológicos da brincadeira pré-escolar. In: VYGOTSKY, L.S.; LURIA, A.R.; LEONTIEV, A.N. *Linguagem, desenvolvimento e aprendizagem.* São Paulo: Ícone, 1988. p.119-142.

ONRUBIA, J. *Ensinar:* criar zonas de desenvolvimento proximal e nelas intervir. In: COLL, C. et al. *O construtivismo na sala de aula.* São Paulo: Ática, 1999. p.123-151.

PIMENTEL, A. *Jogo e desenvolvimento profissional:* análise de uma proposta de formação continuada de professores. 2004. Tese (Doutoramento em Educação). Faculdade de Educação da USP, São Paulo.

RIVIÈRE, A. *La psicologia de Vygotsky.* Madrid: Visor-Infância e Aprendizaje, 1985.

ROCHA, M.S.P.M.L da. O real e o imaginário no faz-de-conta: questões sobre o brincar no contexto da pré-escola. In: GOÉS, M.C.R. de et al. *A significação nos espaços educacionais.* Campinas: Papirus, 1997. p.63-86.

VALSINER, J.; VAN DER VEER, R. *Vygotsky*: uma síntese. São Paulo: Loyola, 1996.

VYGOTSKY, L.S. *A formação social da mente.* São Paulo: Martins Fontes, 1994.

______. *La imaginación y el arte en la infancia.* Madrid: Akal, 1996.

______. *Obras escogidas.* Madrid: Visor, 1991. . Tomo II (Conferencias sobre psicologia)

______. *Psicologia pedagógica.* São Paulo: Martins Fontes, 2001.

______. Thinking and speech. In: RIEBER, R.W..; CARTON, A.S. (Ed.). *The collected works of L. S. Vygotsky.* New York: Plenum, 1987. p.37-285.

VYGOTSKY, L.S.; LURIA, A.R. A criança e seu comportamento. In: ______ . *Estudos sobre a história do comportamento:* o macaco, o primitivo e a criança. Porto Alegre: Artmed, 1996. p.151-238.

WASSERMANN, S. *Brincadeiras sérias na escola primária.* Lisboa: Horizontes Pedagógicos, 1990.

WERTSCH, J.V. *Vygotsky y la formación social de la mente.* Barcelona: Paidós, 1988.

WERTSCH, J.V.; DEL RIO, P.; ALVAREZ, A. *Sociocultural studies of mind.* Cambridge: Cambridge University, 1995.

10

Brincadeiras e narrativas infantis: contribuições de J. Bruner para a pedagogia da infância

Tizuko Morchida Kishimoto

A pedagogia da infância será analisada no contexto histórico do século XX, período das produções de Jerome Seymour Bruner. Além das obras do autor, quatro fontes auxiliam a contextualização de suas idéias: a magnífica historiografia de Franco Cambi, em *História da pedagogia* (1999); sua detalhada autobiografia publicada em *The history of psychology,* de Lindzey (1980);[1] a introdução às produções de Bruner até os anos de 1970, em *Beyond the information given* (1973), de Jeremy Anglin, doutorando de Bruner e professor da Universidade de Harvard; o prólogo à obra *The social foundations of language and thought* (1980), de David Olson, editor e pesquisador colaborador.

A pedagogia da infância é o olhar que seleciona os artigos da imensa e complexa produção de Bruner, espalhados por revistas especializadas em diversos países e reproduzidos em livros. Obras críticas posicionam o pesquisador e seus estudos na psicologia e pedagogia. Em sua longa carreira, adentrou as ciências da educação com grupos de estudos interdisciplinares. Inúmeras publicações em que participa são fruto de trabalho coletivo,[2] enquanto outras são produzidas em sua homenagem.[3] Neste capítulo, além de traçar as principais concepções do autor, demonstra-se que as brincadeiras e narrativas infantis integram uma proposta para uma pedagogia socioconstrutivista da eqüidade.

O HOMEM, SEU TEMPO E SUAS IDÉIAS

Bruner nasceu em 1º de outubro de 1915, em Nova York, nos Estados Unidos. Filho de próspero fabricante de relógios, viveu uma infância despreocupada. Aos 16 anos, ingressou na Universidade de Duke, com vago projeto de estudar direito para administrar os negócios da família. Encantado com William McDougall, que discute a natureza da psicologia, optou por essa área.

A experiência em Duke é frutífera. Sob a orientação do zoólogo Bert Cunningham, realiza pesquisa sobre o controle hormonal da conduta sexual do rato-fêmea, da qual nasce seu primeiro trabalho publicado no *Journal of Comparative Psychology* em 1939.[4] Trata-se de um artigo de bioquímica, que contribui para consolidar sua vocação de investigador. Participa de um projeto com T.L. MacCulloch, recém-saído de Yale, e Clark Hull, psicólogo que trabalha em laboratório da Universidade de Duke, o que lhe rende mais um artigo.[5]

Obras, como *Principles of gestalt psychology*, de Kurt Koffka, e *Personality*, de Gordon Allport, exercem poderosa influência em Bruner, direcionando-o para o estudo animal. Aprovado em Yale e Harvard, decide-se pela última, por associá-la com William James e Henry James e à pureza intelectual de Peirce e Santayana, Cannon, Lashley e outras figuras de primeira grandeza. Chega a Cambridge, Massachusetts, em 1938, para cursar o doutorado. Nesse período, germinam as sementes – idéias de que a psicologia é uma disciplina unitária e sua dificuldade de, sozinha, explicar o comportamento humano.

Bruner é influenciado pelos sistemas psicológicos vigentes no século XX, entre os quais o estruturalismo de Titchner, Piaget e Lévi-Strauss, que aparece na sua estrutura da mente, e a psicologia de William James e o funcionalismo de Dewey, que estão na base de suas propostas de educação. Convive com a psicologia dinâmica de Woodworth, a *Gestalt* de Wertheimer, Köhler, Koffka e a psicanálise de Freud.

Vários psicólogos inspiram a construção de suas teorias: McDougall e Egon Brunswik, que abordam os processos psicológicos; Edward Tolman e David Krech, que criticam o behaviorismo e insistem em teorias que postulam estruturas e processos conceituais internos; Vygotsky, que orienta os estudos sobre construção conceitual; John Dewey, que desenvolve as idéias sobre experiência e o saber da criança;[6] Heinz Werner, que se dedica aos estudos comparativos do desenvolvimento psicológico; Karl Lashley, que estuda a ordem serial no comportamento e Bartlett e Jean Piaget que se dedicam à percepção, à conceitualização e à solução de problemas.

A produção acadêmica de Bruner tem duas fases. Os primeiros trabalhos limitam-se ao laboratório, distantes do cotidiano, como os de percepção e raciocínio.[7] A segunda fase inclui estudos em situações de observação natural, como ações de agarrar, olhar, sugar, e interações sociais envolvendo jogos com crianças pequenas.[8] Vygotsky influencia profundamente suas produções posteriores que enfocam o homem, na perspectiva de sua filogênese e herança ontogenética, incluindo uma perspectiva histórica ausente nos primeiros trabalhos (Bruner, 1987). Nas duas fases, o trabalho é de grande coerência e interação, com o uso de conhecimentos de diversos campos, além da psicologia, ciência computacional, matemática, economia, lingüística, filosofia, literatura, arte e antropologia. Persiste na produção de Bruner o profundo interesse pela educação da criança, especialmente os bebês.

Bruner não descarta o funcionalismo. Suas hipóteses em matéria de percepção, estratégia de pensamento, atitudes e usos da linguagem alinham-se com as de

James, Dewey, McDougall, Vygotsky e Tolman, assim como seus estudos de psicologia evolutiva expressam os mesmos pressupostos. Endossa posturas culturalistas, como o marxismo vygotskiano e o estruturalismo saussureano, evidenciando a necessidade da compreensão biológica e cultural no desenvolvimento do ser humano. Suas pesquisas, mesmo no campo da psicologia, sempre têm como ponto de partida questões educativas.

A pesquisa em grupo é sua forma de trabalho. Chamado carinhosamente de Jerry[9] pelos colegas, faz muitos amigos dentro e fora do âmbito da psicologia, refletindo em sua autobiografia: "Pense onde começa e termina a glória do homem, minha glória foi ter tais amigos" (Bruner, 1980, p.269). Foi professor titular em universidades como Harvard, Oxford, Nova York e professor convidado em várias outras. Considerava seus mestres Leo Postman, Robert White, George Miller, David Krech, George Klein, Renato Tagiuri, Jacqueline Goodnow, Patrícia Greenfield, David Olson e Norman Mackworth.

Em 1973, Anglin[10] menciona seis áreas temáticas na produção de Bruner: 1) opinião pública; 2) percepção; 3) pensamento; 4) educação; 5) representação e 6) saber-fazer na infância. Tal classificação é adotada neste texto com incorporação das produções posteriores para a análise das brincadeiras e narrativas infantis.

Opinião pública

Durante a Segunda Guerra Mundial, Bruner realiza estudos sobre a política externa da América, opinião pública, propaganda alemã e atitudes frente a problemas de pós-guerra.[11] Depois da guerra, Harvard abandona o enfoque experimental e adota o condutivismo.[12] Inicia-se um período de frutíferas investigações interdisciplinares, apesar da separação da psicologia do campo social e do biológico, um dos desconfortos de Bruner, que percebe a influência da percepção na forma de pensar e de abordar as questões da guerra, iniciando uma nova etapa de pesquisa.

Percepção

Divergindo de concepções da época, Bruner vê a percepção como um processo indissociável da cognição e da personalidade. Publica a maior parte dos estudos sobre percepção, entre 1946 e 1958, fase do *New Look*.[13] Constata a integração da atividade perceptual e conceitual e conclui que a opinião pública é mutável no tocante a certas medidas políticas quando divulgadas como necessárias.

Os estudos sobre o *New Look* originam-se das primeiras discussões sobre erros nos juízos psicofísicos, como nas moedas, em que as de maior tamanho são consideradas de maior valor.

Pensamento

Um dos períodos mais ricos da produção de Bruner é de 1953 a 1954, no Instituto de Estudos Avançados, com pesquisadores de várias áreas, entre os quais o físico Oppenheimer, na discussão de "teorias" e " modelos" sobre a natureza do saber. Consolida-se a tradição bruneriana de pesquisa com equipes interdisciplinares, as quais deixam marcas profundas em suas produções. Nessa ocasião, corresponde-se com Bartlett, que investiga o pensamento. Quando volta a Harvard, após a temporada no instituto, pesquisa a formação de conceitos, publicando *A study of thinking*, em colaboração com George Miller, Jacqueline Goodnow e George Austin (1956). Traduzida em várias línguas, a obra descreve a construção experimental de conceitos, modelos e estratégias envolvidas nesse tipo de atividade conceitual. Bruner entende que o pensamento é a principal característica do ser humano. Insiste na sua dependência da sociedade e da cultura, distanciando-se daqueles que opõem a mente e a sociedade, como fazem "mentalistas" e "sociologistas", conforme aponta Tardif (2002).

A study of thinking, de Bruner, Goodnow e Austin, publicado em 1956, divulga uma concepção relevante para os estudos cognitivos que se iniciam nessa época – a categorização ou conceitualização – como atividade que identifica os atributos daquilo que se quer conceituar. "Categorizar é discriminar diferentes coisas como equivalentes, agrupar objetos, eventos e povos em classes, em termos de membros de classe, mais que sua individualização" (p.1). A categorização reduz a complexidade do ambiente e a necessidade de constante aprendizagem, identifica os objetos do mundo, dirige a atividade instrumental e ordena e relaciona classes de eventos.[14]

O processo de categorização requer motivação e estratégias para sua realização.[15] Ao apreender classes de objetos e eventos de seu mundo – as categorias – o ser humano compreende o mundo e comunica-se com os outros. As formas de agrupá-las são construções ou invenções da sociedade. Bruner (1973) indica que as estratégias de categorização dependem de modelos de aquisição, retenção e uso da informação, que se encontram nos mitos e nas narrativas infantis, objeto de atenção em seus estudos posteriores.

Para Bruner, pensar é categorizar, fazer inferências, resolver problemas. No processo de categorização, a mente humana, divergindo do sistema computacional, utiliza um sistema binário (pertencer ou não à categoria), mas vai além da informação dada, com o uso de fontes sensíveis interpretadas pelo sujeito com dados não diretamente relacionados com suas percepções. Ao ir além do dado físico, a mente humana utiliza inferências, indicações do ambiente e um sistema de codificação (Bruner, 1973), o que justifica a obra *Beyond the information given*[16] ser considerada uma das contribuições mais relevantes na primeira fase de seus trabalhos.

O sistema de codificação, conhecido como estrutura cognitiva, pode ser definido como um conjunto de categorias não-específicas contingentemente relacionadas. É a forma pessoal de agrupar ou relacionar informações sobre o mundo, que está em constante reorganização (Bruner, 1973). O conteúdo do sistema de codificação depende de como foi adquirido, da cultura, da inventividade, da sua construção, instrução e prática. O domínio de um sistema de codificação possibilita a transferência, criando as condições para que se possa ir além da informação dada. A relevância desses estudos é a compreensão da mente humana ou da estrutura cognitiva como algo construído por cada sujeito em seu processo de desenvolvimento no seio de uma cultura.

Representação e saber-fazer

A criação do Centro de Estudos Cognitivos, de Harvard, em 1962, prospera rapidamente com o auxílio da Carnegie Foundation. O seu objetivo consiste em implementar estudos interdisciplinares sobre processos mentais superiores. Preocupado com o desenvolvimento humano, Bruner aprofunda e questiona os conceitos piagetianos de equilíbrio e sucessão de estágios contínuos e universais, com lógica própria, impassíveis diante da experiência diversa de cada criança. Nessa época, em contato com Luria, conhece a zona de desenvolvimento proximal, de Vygotsky, fato que altera definitivamente suas produções.[17] Seu livro *Studies in cognitive growth*, que trata das formas de representação da criança, publicado em 1966, não agradou a Piaget, o que leva ao distanciamento de ambos. Na obra, propõe formas integradas de representação do mundo pela ação (enativa), percepção (icônica) e linguagem (símbólica), assim como a integração de seqüências de ações encadeadas como responsável pela competência da criança.

Após investigar as formas de representação do mundo pela criança, Bruner volta sua atenção para as primeiras ações intencionais do bebê, as quais denomina saber-fazer. Para designar a integração dessas ações, usa o termo competência, indicativo de atos modulares que se organizam em uma ordem serial, em um programa delimitado por um conjunto de regras hierárquicas. As competências adquiridas no primeiro ano de vida podem ser divididas em cinco categorias: 1) alimentação; 2) percepção ou atenção; 3) manipulação do ambiente; 4) locomoção e 5) interação com membros da espécie. Tais categorias cobrem o raio de ação da criança e podem servir como instrumento de observação da criança em instituições infantis.

Segundo Bruner (1983a, p.87), "a organização de um saber-fazer precoce requer intenção, definição de um objetivo final e indicação mínima de meios", o que equivale a dizer que o grau de competência depende principalmente do ato voluntário, intencional, que desencadeia esquemas de ação na busca do objetivo. A sucção mostra como a criança é um ser ativo e tem intencionalidade (Bruner, 1983a). Tais estudos trazem impactos na prática pedagógica, por exemplo os professores percebem que a oferta de um espaço físico com áreas e materiais estimula a criança a tomar iniciativas; que tais ações exigem a supressão de fontes de distração, como excesso de materiais ou de pessoas em um mesmo ambiente, ou inadequações relacionadas ao conforto ambiental (ruído, temperatura, iluminação) que dificultem a busca de objetivos.

No saber-fazer relativo à manipulação de objetos, verifica ações como posse dos objetos, complementaridade no uso de duas mãos, constatação visual dos fatos e preensão. Bruner (1983a, p.112) menciona alguns tipos de saber-fazer manual: 1) controle no agarrar simultaneamente vários objetos; 2) dar a volta para a preensão, quando a criança tenta pegar um objeto colocado atrás de obstáculo; 3) diferenciação de força e de precisão ao prender um objeto menor puxado por objeto mais massudo; 4) uso das duas mãos levando um objeto para segurar o objeto desejado. Tais situações servem de guia para o professor observar a criança e propor desafios na progressão de seu desenvolvimento.

Influenciado por Vygotsky (Bruner, 1987), Bartlett (1958), Bernstein (1967) e Lashley (1951), Bruner observa que o saber-fazer depende da intenção do sujeito, tem natureza serial, de sub-rotinas, em pequenas séries que se integram e que se adaptam. O desenvolvimento do saber-fazer ocorre por meio de interações da criança, especialmente com a mãe, e depende das formas de maternagem. Ao pesquisar o papel da intencionalidade nas primeiras ações do bebê, Bruner alerta para educadores que querem "ensiná-lo" de fora para dentro, contrariando sua natureza.

Na Inglaterra, em Oxford, Bruner dá seqüência às pesquisas sobre as raízes da inferência (saber-fazer) e descobre o potencial da inteligência do bebê que, não sendo ingênuo, processa a informação sobre o mundo para compreendê-lo. *The growth of competence* (1973, p.6) alerta para o saber-fazer que aparece no currículo oculto da casa, que não estimula o da mente interrogativa e exploratória. Critica a sociedade que deixa de cuidar do desenvolvimento individual, de assegurar oportunidade para os menos favorecidos e a educação da criança pequena, que, no caso da sociedade americana, utiliza padrões da classe média como parâmetros para sua avaliação, sem prever a diversidade cultural nas políticas educacionais.[18]

Enquanto se prepara para mudar para Oxford, produz *The nature and uses of immaturity*,[19] fundamental para compreender a evolução da linguagem na perspectiva da filogênese. Nessa nova fase, interessa-se pela comunicação da criança antes da plena consolidação da fala. Começa por buscar uma teoria geral de aquisição de uso da linguagem na criança para satisfazer funções extralingüísticas, como chamar atenção para certos objetos, pedir ou exigir, manter relações sociais, etc. Tais procedimentos comunicativos surgem e tornam-se convencionais em ações que exigem a cooperação do bebê e da mãe, ambos incluídos em uma rede de interações contingentes, nas quais a mãe age a partir de uma teoria sobre a atuação da criança. Os resultados desse trabalho estão relatados em *Child's talk: learning to use language* (Bruner, 1983b).

Em Oxfordshire, Bruner pesquisa a concentração do pré-escolar para auxiliar professores a melhorarem sua prática. A literatura científica assinala três fatores que favorecem a concentração: o jogo interativo com adultos, o manejo de materiais estruturados e o jogo com regras elaboradas. No entanto, dogmas de que o adulto deve deixar a criança livre, facilitar materiais (como areia, água, argila) para expressar e assegurar que a atividade lúdica seja espontânea e sem pressões dificultam mudanças de práticas. A concepção de jogo livre prevalece, sem incorporar outras visões sobre o jogo interativo com adultos e outras crianças, a aprendizagem de regras e estratégias mais complexas para solucionar problemas, o impacto da qualidade do jogo simbólico, quando a criança constrói roteiros mais ricos com novos personagens e situações com a participação dos adultos (Nelson e Seydman, 1989).

Bruner investiga como a criança aprende a linguagem na interação com o outro. A mãe interpreta as intenções da criança e, ao responder, oferece o modelo adotado pela cultura. Mais tarde, por substituição, a sinalização torna-se mais convencional e sua interpretação requer um aporte contextual menor (Bruner, 1983b). Pelo uso da linguagem, a mãe ou o adulto, ao interagir com a criança, garante o suporte para o desenvolvimento da estrutura da língua. Nesse processo, a criança interpreta "textos culturais", aprende como falar e comunicar-se.

Contrariando a tendência de teorias antigas de considerar a criança isolada do mundo, Bruner, na rota de Vygotsky, investiga a aprendizagem de sistemas semióticos por meio de interações indicando dois caminhos. O primeiro consiste em apreender a segmentar a ação na seqüência agente – ação – objeto – destinatário, a distinguir elementos e regras de substituição e a inverter a ordem. O segundo consiste na construção minuciosa de rotinas apropriadas. Nesse caso, o jogo é indicado, porque é uma forma latente que reforça a aprendizagem. O jogo de exercício, ou a repetição de ações coordenadas em sub-rotinas, reforça a ação em si (Bruner, 1983b). O jogo interativo, no formato estipulativo, transforma-se posteriormente em faz-de-conta, processo que será detalhado adiante.

Educação

Se as ciências da educação alinham-se para rediscutir a pedagogia, a ideologia da Guerra Fria contribui para as reformas curriculares. Embora o interesse de Bruner por questões educativas já venha de longa data e acompanhe seus estudos em psicologia,[20] é estimulado pela liderança de Jerrold Zacharias no movimento de reforma curricular americano. Segundo Cambi (1999, p.600):

> As concepções sobre educação de Bruner surgem no contexto de mudança da pedagogia, na segunda metade do século XX, em decorrência de sua reconstrução segundo o paradigma das "ciências da educação", mas também pela retomada da ideologia. É a Guerra Fria que lhe impõe esse vínculo ideológico, pelas suas divisões em concepções do mundo contrapostas, pela lógica do alinhamento que atravessa toda cultura, pelo papel da confirmação/difusão de um determinado modelo de cultura que é atribuído de modo explícito à filosofia.

Na Conferência de Woods Hole, em 1959, cientistas, psicólogos e educadores discutem, sob a coordenação de Bruner, como estimular o ensino de ciências na escola primaria e secundária. A conferência trata do papel da aprendizagem e do desenvolvimento infantil nos currículos e programas. *The process of education* (1960), *Toward a theory of instruction* (1966) e *The relevance of education* (1971) destacam as estruturas das disciplinas e da cognição para a construção de idéias de um campo do conhecimento; o currículo em espiral, que possibilita o retorno e o aperfeiçoamento das concepções; a intuição no pensamento e a instrução para complementar a aprendizagem e o desenvolvimento.

A noção de estrutura (conhecimento e cognitiva) fora adotada no contexto da época, de efervescência estruturalista, vigência de modelos ou estruturas da vida cognitiva[21], como o gerativismo de Noam Chomsky, que suscitava interesse em Cambridge. Piaget e Lévi-Strauss movem-se em clima semelhante.

Nesse período de participação em reformas curriculares, Bruner focaliza temas como educação como invenção social, programas de jardins-de-infância, ensino, aprendizagem de matemática, teorias da instrução e currículo.[22]

Psicólogo e pedagogo, ou "psicopedagogo", como diz Cambi (1999), Bruner orienta suas pesquisas sempre com um olhar nas questões pedagógicas. Desde 1963, no período da teoria da "privação cultural", discute o desenvolvimento de crianças privadas de oportunidade de estimulação. Bronfenbrenner e Bruner pressionam autoridades de Washington para o aperfeiçoamento da legislação do ensino pre-escolar, sobretudo para os de baixa renda.[23]

Com a reeleição de Nixon e a insatisfação pela perda de autonomia de seu centro, que fora anexado ao departamento, em Harvard, em 1971, Bruner transfere-se para Oxford, dando início a uma nova fase. Sua preocupação passa a ser o estudo da linguagem da criança, agora em contexto natural e não-laboratorial. Em Oxford e, posteriormente, em Nova York, Bruner publica *Child's talk: learning to use language* (1983b), *Actual minds, possible words* (1986), *Acts of meaning* (1990) e *The culture of education* (1996). Debruça-se sobre a linguagem dos bebês, as narrativas infantis e utiliza concepções da psicologia, linguística e antropologia para postular práticas educativas.

Como homem de ação, não permanece em teorizações, ou seja, faz pesquisas com bebês que fundamentam práticas pedagógicas, propõe o currículo em espiral, elabora o currículo *Man: a course of study*,[24] critica a política educacional americana, envolve-se na condução de programas, como o Head Start, nos Estados Unidos, e pesquisa a educação infantil inglesa com vistas a melhorar a formação dos professores.[25]

The process of education (1960)[26] relata o movimento curricular dos anos de 1960, que se baseia no pressuposto de que todo corpo de conhecimento organizado (disciplina) assenta-se sobre uma estrutura de idéias significativas. Assim, o objetivo da educação consiste em garantir ao educando o acesso à estrutura subjacente da disciplina, porque o domínio de princípios estruturais gera hipóteses relevantes. A atividade educativa não deve confinar-se à repetição, mas estimular predições razoáveis e comprováveis,[27] porque o ensino de tópicos ou habilidades específicas, sem tornar claro seu contexto na estrutura fundamental mais ampla de um campo de conhecimento, é antieconômico em vários e profundos sentidos.

A famosa frase de Bruner (1960, p.33) "Partimos da hipótese de que qualquer assunto pode ser ensinado com eficiência, de alguma forma intelectualmente honesta, a qualquer criança, em qualquer estágio de desenvolvimento", mostra o valor que ele atribui à educação e à instrução, buscando no estudo do pensamento as bases para questões educacionais. Se o conteúdo respeitar as formas de representação do mundo pela criança e o ato de aprendizagem (criativo) propiciar a sua construção, o currículo em espiral possibilitará a elaboração gradativa, em diferentes graus de profundidade, do conceito a ser construído.

Bruner continua a estudar currículo nos anos de 1960 com Zacharias, o grande reformador do currículo americano, que cultiva a interessante e onerosa prática de plantar sementes diferentes para ver qual delas cresce mais depressa. Assim, Cambridge torna-se um sementeiro de currículos de ciências sociais.[28] Com Kennedy, surge um espírito de reforma e a oportunidade para revitalizar a psicologia na universidade e a pedagogia fora dela. O financiamento veio com mãos generosas.

O currículo *Man: a course of study*,[29] é uma extraordinária experiência de combinação de idéias psicológicas com pedagogias, com o fim de introduzir as principais concepções surgidas nas demais ciências humanas e satisfazer as demandas dos diferentes instrumentos pedagógicos, como material impresso, filmes, cartonados, maletas pedagógicas e exercícios para alunos e professores. O fracasso desse currículo deve-se ao fato de ter sido destinado ao aluno e não ao professor (Bruner, 1960).[30]

Bruner propõe uma teoria de aprendizagem pela descoberta em *The process of education*, explicitada em "Act of Discovery".[31] "O primeiro objetivo de qualquer ato de aprendizagem, acima e além do prazer que nos possa dar, é o de que deverá servir-nos no presente e valer-nos no futuro" (Bruner, 1960, p.17). Assim, a aprendizagem é um ato de motivação e descoberta, tendo como molas propulsoras o prazer e o desejo de ir além da informação dada. Os dados culturalmente destinados à educação do homem não se descobrem, mas são transmitidos; a aprendizagem da linguagem é uma invenção, que se faz a partir de modelos, e não uma descoberta.

Somente a atitude de refletir sobre as próprias ações (*self-loop*), a construção de concepções e a utilização de informações adquiridas anteriormente possibilitam a descoberta de soluções. O aprender só tem significado, quando se constrói, o que implica descobrir (Bruner, 1973). Aprender, descobrir e construir fazem parte do mesmo processo. A noção de *self* composta por um "eu" que constrói o conhecimento a partir do "outro" segue o paradigma de Vygotsky de que o conhecimento está distribuído nas mentes de outros, na sociedade, e que a aprendizagem pela descoberta é o processo de descobrir como fazer essa elaboração.

Bruner propõe em *Toward a theory of instruction* (Bruner, 1966b) uma teoria da instrução,[32] normativa e prescritiva, que considere as experiências e predisposições para a aprendizagem, a estrutura do conhecimento, a seqüência e as formas de *feedbacks*. Uma teoria da educação na intersecção entre a natureza da mente e da cultura, ou seja, que considere a psicologia cultural e a antropologia. Em *Acts of meanings* (1990), deixa claro que não se trata de transmitir conhecimentos, mas de como tornar a educação possível, de como estimular a aprendizagem pela descoberta. *The culture of education* (1996) propõe estratégias para desenvolver a mente narrativa, com base em concepções das ciências sociais, do que se depreende que a teoria de instrução de Bruner traz conseqüências no campo da didática, do currículo e das práticas pedagógicas, conforme alerta Cambi (1999).

UMA PEDAGOGIA SOCIOCONSTRUTIVISTA PARA DESENVOLVER A MENTE NARRATIVA PELA BRINCADEIRA

Uma das grandes contribuições para a educação infantil encontra-se nos estudos da última etapa da produção bruneriana. Preocupado com as formas específicas do pensamento infantil, *Actual minds, possible worlds* propõe a narrativa para dar sentido ao mundo e à experiência. Como forma de discurso oral, que descreve fatos em seqüência, do passado, real ou imaginário (Bruner, 1986), a narrativa ocorre na linguagem articulada, oral ou escrita, na imagem, fixa ou móvel, no gesto, na mistura ordenada de todas as anteriores, no mito, na lenda, na fábula, no conto, na novela, na epopéia, na história, na tragédia, no drama, na comédia, na pantomima, na pintura, no vitral, no cinema, nas histórias em quadrinhos, nos fatos diversos e na conversação (Barthes, 1976).

No âmbito da educação infantil, a narrativa está presente na conversação, no contar e recontar histórias, na expressão gestual e plástica, na brincadeira e nas ações que resultam da integração das várias linguagens. Se a narrativa dá sentido ao mundo, torna-se essencial sua inclusão no cotidiano infantil. Bruner (1986) analisa as similaridades da narrativa com brincadeiras[33] típicas de mães e bebês, como *peekaboo* (esconde-esconde), que só existem quando há linguagem. Tais jogos contribuem, na imaturidade humana, para o uso sistemático da linguagem, auxiliando a explorar como fazer coisas com as palavras. O *peekaboo* contém uma estrutura com uma seqüência de ações: preparação, desaparecimento e reaparecimento do objeto e restabelecimento da comunicação, coordenada primeiro pela mãe e, depois, pela criança. Geralmente, a mãe repete a brincadeira até que a criança tome iniciativa e assuma o lugar de agente (Bruner, 1983b).

Esse tipo de saber-fazer, típico nas relações entre mãe e filho, mostra que a espécie humana utiliza o jogo interativo para desenvolver a linguagem e suas regras. As mudanças ou ritualizações de papéis no esconde-esconde, com um eixo agente – ação – objeto – sinalizam o encadeamento de ações de protagonismo, ora da mãe, ora do filho. No jogo visto como comunicação (Bateson, 1977), é a estrutura partilhada das ações que a tornam possível (Bruner, 1983b). Nesse processo, pode-se ver o jogo de linguagem dissociado do resultado, do uso instrumental. Suas características essencialmente lúdicas[34] são similares às apontadas por Caillois (1967), Huizinga (1951), Brougère (1995), Henriot (1983), Bateson (1977), Kishimoto (1996, 1998), entre outros, em relação ao imaginário, às regras, ao prazer, à flexibilidade de conduta, à improdutividade, à intencionalidade, à comunicação e ao protagonismo.

No esconde-esconde, Bruner (1983b) observa a comunicação da criança com a mãe na brincadeira e a regra na seqüência de passos adotada no brincar; verifica a intencionalidade e o protagonismo, quando a criança presta atenção nos objetos para pegá-los, e o simbolismo, quando há correspondência entre o significado e a ação. Nesse processo, está implícito o prazer da interação; o protagonismo torna possível a adoção de variantes na brincadeira quando a criança toma a iniciativa e altera as regras e, em vez de esconder, com uma fralda, o seu rosto ou o da mãe, esconde um brinquedo (ursinho), criando oportunidades para a flexibilidade de conduta. A mãe, ao brincar de esconder seu rosto, está comunicando-se com o filho de forma lúdica e prazerosa, sem preocupar-se com finalidades, daí o caráter improdutivo do brincar. Processo similar ocorre na leitura de livros, em que as mães geralmente usam frases simples com pouca variação, com uma seqüência (Ninio e Briner, 1978, p.6).

Olha! (vocativo de atenção)
O que é isso? (pergunta)
Coelhos! (nome)
Sim, são coelhos (*feedback*).

A seqüência contém quatro passos:

1. atenção;
2. pergunta;
3. nome;
4. *feedback*.

Crianças de 8 meses a 1 ano e 6 meses já evidenciam fala interativa com os quatro elementos. Com 1 ano e 2 meses, a criança começa a verbalizar nomes. Isso demonstra que a linguagem resulta da atividade da criança e da mãe/do adulto, codificada segundo a cultura de uma comunidade lingüística (Ninio e Bruner, 1978).

A linguagem é um instrumento essencial para a constituição do pensamento e das relações sociais. Bruner opõe-se à visão de linguagem como sistema vagaroso, um tipo de sintoma do pensamento. A linguagem, quando usada como representação, indicador de iniciativa e protagonismo da criança, possibilita a tomada de consciência, a comunicação e as relações sociais. Propor degraus no contexto da interação social significa deixar a criança fazer tarefas sozinha, aprender e desenvolver-se (Bruner, 1983a), mas ao mesmo tempo auxiliar a aprendizagem da criança na busca de soluções para problemas que lhe interessam.

Quando isso ocorre, essa ajuda a si mesma indica que está tomando consciência da própria atividade. Os sistemas de signos disponíveis para a criança – em particular, a linguagem – são essenciais para a tomada de consciência, a qual está relacionada com a ZDP por se tratar de ferramenta particular para a aprendizagem assistida. A criança depende, no início, da consciência do outro para ser capaz de representar as próprias ações com um sistema de signos. Na prática pedagógica, muitos educadores não compreendem que o suporte do adulto deve ser dado como resposta à iniciativa da criança.

Para McEwan e Egan (1995), Bruner utiliza com propriedade o termo andaime (*scaffolding*) como metáfora para o desenvolvimento da narrativa da criança, chamando a atenção para a ação do adulto. Essa noção aparece primeiramente em *The achievement and antecedents of labelling*, estudo longitudinal da díade mãe-criança, de Ninio e Bruner (1978). A atividade de nomear começa muito cedo e pode ser vista quando crianças de 8 meses a 1 ano e 6 meses brincam livremente de ver livros ilustrados. A criança mostra interesse, toma iniciativa e aponta para a imagem. A mãe, ao verbalizar o nome do objeto apontado, cria o andaime ou a ZDP.

Na verdade, há razões para acreditar em mais que uma forma de pedagogia das mães e, possivelmente, em muitas rotas na aquisição da linguagem. A mãe dispõe de um saber que a criança ainda não tem completamente, ou que tem apenas em sentido primitivo. Para auxiliar nesse processo, a mãe usa diferentes formas de "diálogo por andaimes" (Ninio, Bruner, 1978, p.3). Tal diálogo, que surge no ato de nomear, aparece nas primeiras interações quando a mãe responde seletiva e imitativamente aos gestos e à vocalização da criança e esta à mãe. As primeiras formas de "diálogos" observados no estudo mostram condutas orientadas para objetos que passam das mãos da mãe para a criança, e vice-versa, como se fosse um jogo. De fato, o jogo exibe característica de diálogo, com papéis, turnos de pegar, iniciar e responder.

Na brincadeira de ler um livro, iniciada pela mãe, há quatro elementos estruturantes:

1. atenção vocativa;
2. pergunta;
3. nome
4. *feedback* (Ninio, Bruner, 1978, p.6).

> Mãe: Olha! (atenção vocativa)
> Criança: (toca a pintura)
> Mãe: O que é aquilo? (pergunta)
> Criança: (vocaliza e sorri)
> Mãe: Sim, são coelhos (*feedback* e nome)
> Criança: (vocaliza, sorri e olha para a mãe)
> Mãe: (sorri) Sim, coelhos (*feedback* e nome)
> Criança: (vocaliza, sorri)
> Mãe: Sim (sorri, *feedback*)

O diálogo mãe-criança inicia o processo de leitura do mundo. Brincar de ver livros com suporte do adulto é um exemplo de andaime. Ao aprender a estrutura da brincadeira (regra), a criança começa a apontar objetos de seu interesse (intencionalidade), toma decisão (pró-atividade), aprende pela descoberta, constrói conhecimento acerca do manuseio do livro, manifesta prazer e comunica-se com a mãe por sorrisos, olhares, vocalizações. O jogo configura-se nos turnos de tocar a pintura, olhar para a mãe e vocalizar sons, sempre acompanhados pela ação sustentada pela mãe, que chama a atenção, aponta o nome da figura e repete a ação.

Bruner (1986, 1990) apóia-se na antropologia para explicar como o folclore contribui para a construção de uma mente narrativa. Brincadeiras tradicionais, como esconde-esconde ou pega-pega, dispõem de estrutura invariável, implicando o confronto entre personagens que assumem as funções daquele que pega e daquele que se esconde. Mudam os personagens conforme os contextos em que vivem as crianças. Nos tempos da escravidão, elas se divertiam representando o pegador como o "capitão do mato".[35] Na época do faroeste, surgem o bandido e o mocinho. Mais recentemente, o traficante, os super-heróis ou, ainda, os personagens dos contos infantis, como a mula-sem-cabeça, que aterrorizava a infância de Portinari e divertia as crianças nas noites escuras de Brodósqui.

Parlendas e trava-línguas repetidas, recriadas de modo prazeroso, indicam que o domínio da estrutura básica da brincadeira oferece a condição necessária para que, na expressão lúdica, o pensamento narrativo desenvolva-se. Para Sutton-Smith (1995), as brincadeiras da tradição infantil contêm a estrutura da narrativa. Nelson e Seydman (1989) apontam a relevância do guia (roteiro) para a brincadeira simbólica. Se o guia ou roteiro utilizado pela criança na situação simbólica tem estrutura mais complexa, com vários personagens e situações, torna-se mais rico.

Quando se brinca de "escolinha", usando um objeto simbólico como mochila e uma ação indicando que se vai e volta da escola, tem-se um guia simples. Nesse caso, há um personagem e uma ação. Porém, se a criança insere amigos, professor (a), ônibus, hora do lanche e das atividades, há muitos personagens e situações, um guia mais complexo, que requer a memorização de eventos em seqüência para a organização das ações.

Nessa seqüência de ações, tanto a criança que lê como a que não lê utiliza a memória para organizar sua mente, inserir personagens e ações em estruturas que já conhecem, subsidiadas pelas emoções, pelo envolvimento no ato de brincar. Influenciado pelos estudos sobre a memória de Bartlett (1958), Bruner avança em sua tese para mostrar que o pensamento narrativo requer a memorização de *scripts*, esquemas e histórias.

Nesse sentido, Bruner atribui valor importante às histórias infantis, do gênero conto de fadas, porque nelas se encontra uma estrutura prévia, de tipo binário, de situações opostas, típico do processo de categorização. Para Bruner (1986), a estrutura binária dos contos fantásticos auxilia a criança a dominá-la para efetuar suas narrativas. Povos primitivos descritos por Lévi-Strauss dispunham de estratégias similares em seus mitos (Lévi-Strauss, 1976, 1991).

Acredita-se que a criança não dispõe de raciocínio abstrato em decorrência da popularização da teoria piagetiana do estágio concreto do mundo infantil. De modo similar, Lévi-Strauss (1991) opõe-se à tradição de considerar o pensamento primitivo como fraco, intuitivo, concreto e sem abstração. Demonstra brilhantemente que os tótens das sociedades primitivas são classificações complexas comparáveis aos sistemas de signos. A partir da oposição binária, entre cru e cozido, aponta propriedades gerais do pensamento mítico, que abrangem desde relações de aliança matrimonial até uma filosofia da sociedade e do espírito. As categorias empíricas binárias, como as de cru e cozido, de fresco e podre, molhado e queimado, oriundas da observação sensível, do ponto de vista de uma cultura particular, levaram os povos a construir noções abstratas em descrições bastante minuciosas.

Para Lévi-Strauss (1976, 1991), a mentalidade dos povos primitivos é abstrata, dotada de sistemas classificatórios, baseada em percepções e descrições minuciosas, porém muito complexas, indicando uma lógica em cada cultura. As classificações funcionam como estruturas que auxiliam povos sem escrita a compreender seu mundo pela memória. Observam animais corredores, voadores e rastejadores. Entre eles, há viajantes da terra, da água, diurnos e noturnos. O sistema binário que prevalece nas narrativas primitivas possibilita classificar um ser como voador, noturno ou não. Não se pode afirmar que culturas primitivas não dispõem de classificações complexas de natureza abstrata, o que também se aplica às crianças, porque a mente infantil usa tal sistema para a compreensão do mundo.

Para Bruner (1989, 2001) e Egan (1991, 1995), os contos infantis, devido a características como estrutura, formato binário, poder de criação e modificação do narrador, estimulam a mente narrativa para a compreensão do mundo. Situações binárias, como segurança e perigo, coragem e covardia, inteligência e estupidez, esperança e desesperança, bem e mal são as principais tramas dos contos de fadas. No conto *João e Maria*, a criança depara-se com a falta de segurança, o medo das florestas e a segurança do lar, binômio compreendido com facilidade porque faz parte do cotidiano infantil.

A criança precisa de mediação, em situações familiares, para a compreensão dos conceitos. No caso de quente e frio, os conceitos intermediários, como aquecimento ou esfriamento, levam à percepção de nuances e facilitam a sua compreensão. Em conceitos físicos, é mais fácil perceber os mediadores. E em outros, como morte e vida, animal e humano, natureza e cultura? Para Egan (1995), duendes, fantasmas, seres fantásticos e mágicos, personagens típicos dos contos de fadas, são os mediadores. Nas histórias infantis, os animais, descritos de maneira antropomórfica, com comportamento meio humano e animal, possibilitam o uso do conhecimento disponível no mundo infantil, suas vivências para a compreensão do personagem, não pela associação, mas pela substituição metafórica, como faz Lewis Carroll nas *Aventuras de Alice no país das maravilhas.*

"Era uma vez um lobo mau que comeu a vovozinha, ou uma princesa que foi salva pelo príncipe e... viveram felizes para sempre": tal estrutura evidencia uma seqüência com início, meio e fim, conhecida por crianças acostumadas a ouvir contos. O uso de estruturas lingüísticas, como " então" e " depois", auxilia a seqüência dos eventos (Bruner, 1996), assinalando o fio da história. Propp (1970) critica a literatura contemporânea, repleta de imagens fotográficas da realidade, que se distancia dos contos maravilhosos que tratam de mundos imaginários, de religiões antigas. A ausência dos esquemas repetitivos e simples das estruturas transmitidas pelas gerações, somada à substituição por imagens que reproduzem a realidade, empobrecem o imaginário e dificultam o desenvolvimento da narrativa.

Bruner (1986, 1996), Egan (1991, 1995) e Sutton-Smith (1995) intuem o papel das narrativas infantis como uma janela para o desenvolvimento infantil ao propor que as crianças, na condição de protagonistas, modifiquem a história, incluindo situações não-canônicas, provenientes de outras histórias ou de suas vivências, que tornam a narrativa diferente e interessante.

Crianças de uma escola municipal de educação infantil da cidade de São Paulo recontam e modificam histórias, como a do lobo mau que tinha duas pernas (homem) e matava os animais (matança de animais do zoológico paulistano divulgada pela mídia) e o lobo do bem que vivia no zoológico e tinha quatro patas. Uma criança criou nova versão para Chapeuzinho Vermelho indicando que ela escolheu o caminho errado na floresta. A inserção de fatos do cotidiano, em agrupamento multicultural, de crianças brancas, negras e mulatas, aparece no reconto da história de Branca de Neve e os Sete Anões, no personagem Morena das Neves (Gomes, 2005).

A estrutura binária bom/mau, certo/errado, presente nos contos e nas situações vividas pelas crianças facilita a elaboração e a expressão de significados por sua ordenação em duas categorias: pertencer e não pertencer. As narrativas possibilitam a intertextualidade, a criação de textos que integram elementos de várias histórias infantis. Basta respeitar condições como o protagonismo da criança que possibilita a atribuição de significados, a leitura de imagens e a mediação do adulto na oferta de ferramentas para desvendar o mundo encantado dos contos de fadas.

A incorporação de personagens do cotidiano infantil é prática comum nas histórias criadas por crianças de 4 a 5 anos do Colégio D. Pedro V, de Braga, Portugal, que incluem a história *Tiuko e a sementinha.*[36] As narrativas infantis que alteram a canonicidade das histórias tornam as crianças protagonistas, construtoras de mundos reais e possíveis, interessantes e dignos de serem contados.

A preocupação de Bruner (1962) com os processos intuitivos e criativos da mente já aparece em *On knowing: essays for the left hand,* obra destinada à "mão esquerda", vista como um complemento do lado mais ordenado, racional e metódico da " mão direita". Esse ensaio reflete o esforço pela formulação de uma concepção integrada da cognição humana, do homem como cientista, humanista e artista (Anglin, 1973, p.XV). Observando o lúdico na aquisição da linguagem, na comunicação entre adulto e criança, no seio de uma cultura, Bruner conclui que "as bases da educação são poéticas" (Apple, apud Egan, 1991, p.13) e que a criança vive como poeta. Para desenvolver a compreensão poética, sugere a inclusão da fantasia na mente infantil, assim como a construção de teorias e práticas que a estimulem. Huizinga (1951) também chama a atenção para a educação grega, que incorporava artes, poesia, música e jogo lúdico.

Egan (1991) questiona a oposição entre fantasia e racionalidade, pois ambas se completam. A razão é a ferramenta para descobrir a realidade, enquanto a educação é o processo em que se emprega a racionalidade para mostrar e descobrir o real. Nos tempos da cultura grega, os mitos integravam opostos em personagens como Apolo, que representa a ordem, a harmonia e a razão, e Dionísio, que representa o frenesi, a fantasia e a paixão. A visão da racionalidade e a fantasia como opostos vem desde os tempos platônicos, em que se almejava uma República dotada de racionalidade. É recente o conceito de que a fantasia, as expressões fantásticas dos sonhos, os mitos e a "mentalidade primitiva" têm sua ordem, razão e utilidade.

Para Egan (1991, p.48), "o mítico é a primeira forma de compreensão de quase tudo que tem a ver com o pensamento humano". Há diferenças entre a narrativa infantil e a dos mitos, mas ambas se desenvolvem na forma de histórias. No mito, a narrativa é carregada de sagrado, enquanto a narrativa da criança é marcada pelo contato com o cotidiano e suas histórias, tal como o folclore. No mito e nas narrativas infantis, há elementos organizadores binários, como medo/segurança, morte/vida. No entanto, a tendência de excluir a fantasia, a narrativa e o jogo simbólico para valorizar a racionalidade é prática comum dos currículos infantis (Egan, 1991), como registra Kishimoto (2001) em pesquisa nas escolas municipais de educação infantil em São Paulo.

Para Egan (1991), na cultura oral dos tempos homéricos, a aprendizagem ocorria em nível "somático" para auxiliar a "memorização". O jogador utilizava um instrumento de corda, como o tambor, cuja percussão reforçava o ritmo da declamação e o som compassado. O público, convidado a viver o relato, não ficava passivo, mas recriava movimentos. O ritmo acústico, acompanhado pelo instrumento, apoiava-se na métrica reinterpretativa, nos movimentos rítmicos do corpo de acordo com a história, levando os participantes a criarem conexões. Dessa forma, o corpo todo se envolve na "memorização". O pensamento mítico assemelha-se ao pensamento narrativo infantil, quando utiliza formas de compreensão do mundo, integrando o corpo (enativo), suas percepções (icônico) e as significações (simbólico) (Bruner, 1996).

É fundamental compreender como funciona a mente infantil, porque as crianças que freqüentam centros infantis não dominam a escrita e vivem seu mundo da oralidade. A "memorização" a que faz menção Egan (1991) remete para as formas poéticas, que são diferentes da escritura. Nesse processo, cabe um papel essencial às emoções, porque, segundo Bartlett (apud Egan, 1991, p.69), "são mais eficazes para manter e ajudar a recordar os acontecimentos". A relação entre memória e poesia é estreita na mitologia grega. Mnemosina é a deusa da memória e mãe das musas. Na tradição oral, a memória é uma força ativa e, especialmente na recuperação da informação, "razão" e "memória" superpõem-se. Busca-se na memória a seqüência de fatos (razão) que se encadeiam para recuperar o evento.

A narrativa, presente na rima, no ritmo, na métrica e na repetição de fórmulas, comuns nas culturas orais e nas brincadeiras infantis, revela a situação metafórica. A forma primitiva do pensamento discursivo encontra-se no mito e na linguagem cotidiana, e ambos operam com uma mesma concepção mental, o que Cassirer (1946), chama " pensamento metafórico", que deveria ser uma das preocupações da educação infantil. A questão que se coloca é como as crianças ocidentais de culturas letradas acessam recursos intelectuais de uma cultura primitiva até sua entrada no mundo da escrita.

Egan (2002, p.88) indica que "estudiosos da infância, como Opie (1959, 1969, 1985), os Knapps (1976) e Sutton-Smith (1981)", mostram como, "pela rima de apelidos, enigmas, jogos e entesouramento do conhecimento popular e da linguagem da criança", a cultura oral perpassa séculos e cria as condições para o pensamento metafórico. O quadro de Pieter Bruegel (Ariès, Margolin, 1982), *Jogos Infantis*, de 1560, contendo de 86 a 90 brincadeiras tradicionais, em sua grande maioria, perdura até hoje, pela circulação e apropriação das idéias, mesmo com as alterações do modo de vida dos tempos atuais. Nessas brincadeiras, prevalecem narrativas de grande riqueza, como as descritas em nosso país por Cascudo (1954, 1967, 1984a, 1984b), Kishimoto (1993), Fernandes (1979) e Nogueira (2005), entre outros.

Como explicar a narrativa infantil como construção da criança que depende da consciência do adulto e da cultura?

Bruner (1983) observa que a criança tem consciência das intenções do outro e já dispõe de um "*self* transacional", com sentido de mutualidade na ação. Por volta de seu primeiro ano de vida, já está apta a seguir a linha do olhar de outra para procurar um objeto que atrai a atenção de seu parceiro. Isso requer uma concepção sofisticada da mente, que implica a capacidade de intersubjetividade para perceber as intenções do outro. Encanta a Bruner (1997) a maneira como Vygotsky (1998) propõe o pensamento e a fala como instrumentos para planejar e executar a ação, o que explica a necessidade da fala, dos olhos e das mãos.

Para Bruner, o conteúdo aprendido pela criança provém da cultura, não implicando descoberta, mas transmissão de conhecimento. A única característica própria aos seres humanos – a capacidade de fazer reflexões sobre si mesmo, ou seja, a metacognição – tem a ver com a descoberta. Esse saber é adquirido na construção de qualquer tipo de conhecimento, e o contexto da brincadeira potencializa a aquisição de tais conhecimentos. Quando a criança, ao brincar com a mãe, descobre as regras da brincadeira, debruça-se sobre o seu próprio pensamento a fim de ver como utilizar a fralda para cobrir o rosto da mãe ou do ursinho. Essa prática de intersubjetividade, em interações partilhadas com o adulto, de refletir sobre seu pensamento é o que gera a descoberta.

Se toda brincadeira tem regras, brincando a criança aprende a utilizá-las. Em situações de brincadeiras livres, as aprendizagens são de natureza mais simples; porém, quando acompanhadas pelo adulto ou por outras crianças, criam-se aprendizagens mais complexas pela intervenção da zona de desenvolvimento proximal. Esse pressuposto é basilar para justificar o direito de toda criança ao brinquedo e à brincadeira. Para sua implementação, é fundamental o uso de pedagogias que valorizem a especificidade da criança, seus saberes e seu protagonismo. Uma teoria de aprendizagem da descoberta requer uma pedagogia para a descoberta que considere a criança em sua especificidade, como sujeito de direitos, os conteúdos da cultura e o suporte do adulto em um mundo de interações.

Se a boa aprendizagem está à frente do desenvolvimento (Bruner, 1997), como atingi-la antes do desenvolvimento? Sozinha, a criança não o consegue; contudo, se o adulto coloca andaimes, uma forma de tutoramento, cria as possibilidades para a aprendizagem. Em outras palavras, não existe um "mundo real" único que preexista e que seja independente da atividade mental e da linguagem simbólica. O que se chama de mundo é um produto de mentes humanas. Bruner (1989) descreve como a realidade é construída pela mente infantil nas narrativas, o que explica o título do seu livro *Actual minds, possible worlds*.

De acordo com Goodman (apud Bruner, 1997), existe uma pluralidade de mundos, criada pelo artista, pelo romancista, pelo paciente na terapia e pela criança. Para Bruner, na linha de Goodman, todo conhecimento é construído, no sentido vygotskiano, de socioconstrutivismo. Como *construtivista convicto* (1997, p.136), acredita que todo ser humano constrói-se e constituí o mundo, sendo resultado de ação e simbolização. Desse fato resulta a relevância da tarefa educativa de auxiliar a criança a construir um *self* positivo, a valorizar a ação intencional por práticas de desenvolvimento da autonomia, como a narrativa.

AS CONTRIBUIÇÕES DE BRUNER: CONSTRUÇÕES E DESCONSTRUÇÕES

Bruner desconstrói a concepção de percepção da primeira metade do século XX como fenômeno isolado da cognição. O *New Look* coloca Bruner e Postman em segundo lugar, após Freud, em citações bibliográficas nos finais dos anos de 1940 e começos dos anos de 1950. Além disso, contribui para imprimir à psicologia norte-americana, de orientação mais experimental e clássica, uma orientação mais cognitiva, voltada para o terreno da personalidade e da psicologia social. Henri Tajfel sustenta que a atual orientação fenomenológica da psicologia social remonta à corrente do *New Look* (Bruner, 1988).

Na avaliação de Anglin (apud Bruner, 1973, p.XXIII), na recente história da psicologia, as três tradições mais influentes são as teorias de seleção natural de Darwin, a psicanálise de Freud e o behaviorismo de Thorndike, Watson, Guthrie, Hulll, Spencer, Skinner e outros. Tais teorias reforçam as similaridades do homem com os animais, deixando o âmbito emocional, não-consciente e irracional dirigir seu comportamento. Bruner vê o homem como processador de informação, pensador e criador, ressaltando sua racionalidade e dignidade. A concepção de ser humano, intencional, dotado de saber-fazer, que se especializa em processos interativos no seio das culturas, traz novas perspectivas para a prática pedagógica na educação infantil. Participa do processo de desconstrução da psicologia como área hegemônica para análise das questões educativas. Propõe o trabalho conjugado entre as ciências da educação como base para uma nova pedagogia da infância.

Na esteira de Vygotsky, Bruner desconstrói práticas pedagógicas tradicionais de educação, fazendo valer a intencionalidade da criança como ponto de partida e o suporte do adulto para o seu desenvolvimento. Ao enfatizar os processos mentais de alto nível construídos no seio da sociedade, expõe os fundamentos sociais da linguagem e do pensamento (Olson, 1980) e a relevância da ação educativa. Postulações sobre a espontaneidade da criança e o suporte do adulto encontram convergência na teoria bruneriana (Pérez Gómez, 2001), configurando-se como uma teoria construtivista, de natureza sociocultural. Bruner concebe a linguagem interativa como expressão de intencionalidade, como meio de construção e manutenção de relações sociais entre criança e adulto. Ao valorizar as narrativas infantis, com foco na intenção da criança, desconstrói práticas de ensino da leitura em que predominam apenas a ação do adulto e o raciocínio lógico.

Inspirando-se em Vygotsky, Bruner propõe que a mente infantil, ao utilizar o formato narrativo, tem maior poder gerativo e capacidade de desenvolvimento. Com base no conceito de memória, de Bartlett, e nos estudos de antropólogos, como Sutton-Smith e Lévi-Strauss, identifica a similaridade entre a estrutura dos mitos e das narrativas. Com Chomsky, Miller e outros lingüistas, percebe a natureza da linguagem marcada por estruturas pré-linguísticas e, com Vygotsky, que o passado cultural é fundamental para a potencialidade do futuro. Ao postular uma mente narrativa para a criança e reivindicar maior espaço para as narrativas nas escolas, aponta que o mundo real é construído pela criança, mas que a existência de mundos possíveis depende de culturas já construídas. Ao adotar o construtivismo sociocultural no desenvolvimento do pensamento, Bruner diverge do cognitivismo, prioriza a ação do ser humano como fruto do contexto social e cultural, partindo do mesmo ponto: a interação ativa entre a realidade e o sujeito na construção de conhecimentos, sentimentos e conduta.

Preocupado com ações de naturezas enativa, icônica e simbólica, que se integram na mente, por influência da cultura e da própria natureza do ser humano, Bruner insere a mediação do adulto, por meio de ferramentas como a linguagem. Com Bakhtin e Vygotsky, valoriza as múltiplas vozes das crianças. O primeiro entende que um texto provoca outro texto, havendo duas vozes pelo menos, fato que o segundo denomina intersubjetividade, ou seja, subjetividades que dialogam, que se relacionam. Wertsch (1991), à semelhança de Bruner, usa a noção de vozes, partindo de Vygotsky e Bakhtin, compreendendo que a ação mental requer ajudas semióticas de mediação, que o funcionamento mental tem origem social e que se relaciona com os processos comunicativos e o desenvolvimento genético.

O construtivismo de natureza sociocultural aparece na segunda fase dos trabalhos de Bruner, em que troca pesquisas de laboratório pelos contextos da realidade, ao investigar questões como representação do mundo e construção do saber-fazer, especialmente a intencionalidade e a atividade da criança na linguagem infantil. A noção de andaime (*scaffolding*), pela qual o adulto conduz o processo de descoberta do mundo pela criança, constitui um ponto de grande relevância, amplamente reconhecido (Olson, 1980). Outro pressuposto para o desenvolvimento da linguagem da criança são as ações partilhadas pela mãe ou pela educadora, em processos interativos, o que exige teorias de educação que se alinhem com o modo de construção da linguagem infantil. A pedagogia construtivista distancia-se da perspectiva cognitiva ao valorizar os atos intencionais da criança.

Para Bruner, a pedagogia negligencia a intencionalidade da criança com o conceito de "tábula rasa", desvalorizando andaimes para facilitar a aprendizagem pela descoberta; desconhece que a língua não se ensina, mas é construída no contexto interativo; não contempla a intersubjetividade e as ações interativas que oferecem suporte lingüístico para o desenvolvimento de funções já previstas no código biológico de todo ser humano. As políticas públicas deixam de lado as múltiplas vozes das crianças para colocá-las em formas previamente concebidas, as quais desrespeitam suas especificidades.

Se, desde o século XX, a criança é o destaque, escutar suas múltiplas vozes, utilizar o jogo como meio para ver e ouvi-la são desafios para a prática pedagógica. Através do jogo, a mãe interage com o filho, traduz suas intenções e explicita regras que ele utiliza para recriar situações. Através do jogo de linguagem, a criança, em ações de intersubjetividade, descobre as regras e o significado das coisas. Em outros termos, constrói conhecimento, sentimentos, torna-se ser cultural, aprende e desenvolve-se.

UMA PEDAGOGIA DA EQÜIDADE PARA A INFÂNCIA

Muitas políticas públicas continuam privilegiando a igualdade de condições e educação "igualitária". Não percebem que a diversidade marca o mundo dos seres humanos, que os contextos educativos são plurais e requerem soluções – também plurais. Ignoram que as crianças têm múltiplas vozes e que precisam de estratégias diversas para a educação. A eqüidade representa a oportunidade a todas as crianças no âmbito da diversidade.

Para Tooley (2002), uma educação que busca a eqüidade depende de objetivos postos, como educação para todos (universalidade), educação de qualidade (diversidade) e recursos financeiros. Para Bruner, depende ainda da compreensão da complexidade dos objetivos educacionais. Em *The culture of education*, publicada em 1996, considera as antinomias e bipolaridades, como realização individual *versus* preservação da cultura, talento *versus* ferramenta e particularismo *versus* universalismo.

A educação para a eqüidade não pode contrapor o indivíduo à cultura, mas sim oferecer ferramentas para a diversidade de talentos e, a partir da compreensão dos universais do gênero humano, criar espaço para a sua manifestação por meio do protagonismo, da pró-atividade e da auto-estima de cada ser humano. Educar com qualidade é correr riscos, é indagar, é interpretar, é abrir-se para a mudança, porque, no mundo contemporâneo, a mudança é a norma (Bruner, 1997) e educar é caminhar na incerteza (Perrenoud, 1996).

A definição de objetivos da educação é ação política, pois envolve decisões que afetam a população. Bruner alerta para currículos ocultos, discriminatórios, com programas para atender o racismo, a pobreza, o gênero, como o da privação cultural que acompanhou o Head Start nos seus primórdios. Dados de pesquisas de interação com bebês, ações como " olho no olho", condutas mais típicas de mulheres de classe média americana, não podem servir de parâmetros para outras populações, como hispânicos ou negros, com estilos de vida diversos. Somente após 25 anos o Head Start trouxe resultados positivos, contribuindo para diminuir as diferenças entre as classes sociais e oferecer maior eqüidade (Bruner, 2001). Ao analisar a educação americana, Bruner afirma que a eqüidade só é possível com qualidade, expansão e universalização da educação.

The culture of education aborda o modo como estimular a eqüidade pela formação profissional. A partir de uma nova concepção de criança, ativa, dotada de intencionalidade e potencial para aprender no seio de culturas interativas, considera as escolas e pré-escolas como comunidades de aprendizagem, com uma cultura escolar voltada para a resolução de problemas conjuntos e que se influenciam mutuamente, um local para a prática, mais do que para a proclamação da mutualidade cultural, o que representa um aumento na consciência do que as crianças são, do que fazem, por que fazem e como fazem. É a revolução pela educação que propõe em *Acts of meaning* e *Actual minds, possible worlds*.

A inclusão do professor nas questões educativas tem sido a reivindicação de Bruner desde sua participação no movimento de reforma curricular. O Relatório Anual de 1988, dos Fundos Carnegie para o Progresso do Ensino, nos Estados Unidos, expressa o ceticismo dos professores quanto às reformas curriculares que enfatizam aspectos legais e administrativos, assim como seu pouco envolvimento nas discussões. O desafio é ir além das regulamentações e envolver os professores (Bruner, 1986).

Os sistemas que se apegam aos padrões e resultados de desempenho deixam de lado as questões de aprendizagem e de ensino, para as quais são necessários quatro fatores:

1. Autoria: assumir o controle da atividade.
2. Reflexão: não simplesmente "aprender por aprender", mas dar sentido ao que se aprende.
3. Colaboração: compartilhar todas as ações envolvidas no ensino e na aprendizagem.
4 Cultura: o modo de vida e pensamento que construímos, negociamos, institucionalizamos e que, por fim, torna-se realidade.

O objetivo da autoria e da colaboração competentes é atingir não a unanimidade, e sim mais consciência, o que implica mais diversidade.

Bruner está na pós-modernidade, já que busca pluralidade de respostas e de ações – conforme pressupostos de eqüidade, respeito às individualidades, cooperação e envolvimento, crença no poder da mente e sua natureza pró-ativa. Na esteira de Dewey (1924, 1933, 1954, 1955), valoriza a atividade da criança, o papel da linguagem para elucidar o pensamento sobre o mundo, a escola como vida e cultura em si, não apenas "preparo" e aquecimento. As culturas sempre estão em processo de mudança e seu ritmo aumenta com a globalização e os intercâmbios de toda natureza.

Bruner considera a literatura e o teatro importantes para a narrativa porque deixam espaços para rupturas e violações. Avalia experiências, como de Ann Brown, nas escolas de Oakland, que respeitam os membros da comunidade, transformando-os em sujeitos de sua própria mudança, proporcionando reflexões e criando uma cultura institucional colaborativa (Bruner, 1986).

Além disso, trata da cultura institucional e docente nas inovações e práticas pedagógicas, como faz Hargreaves (1994), Hargreaves e Fullan, (2000), Tardif (2002), Habermas (1985, 1988). À semelhança de Dewey e Schön (1992), insiste na prática reflexiva para o desenvolvimento do ser humano e sustenta a relevância de estudos no ambiente natural, no lócus de unidades infantis, como o fazem Dahlberg, Moss, Pence (1999), entre outros.[37]

Para Bruner, um dos gigantes do século XX, a pedagogia construtivista sociocultural vê a criança multivocal, portadora de intencionalidade, pró-atividade e saberes construídos, que só se desenvolve como sujeito dotado de consciência, em processos interativos e intersubjetivos na cultura. Propõe, assim, uma revolução da educação pela construção de pedagogias para a infância que valorizem os jogos e as narrativas infantis, com base nas ciências da educação, nas políticas públicas de eqüidade, com a participação de comunidades de aprendizagem que não tolham as vozes das crianças.

NOTAS

1. Publicada originalmente em Lindzey (1980) e reproduzida em Bruner (1988).
2. Alguns exemplos são Bruner, Goodnow e Austin (1956); Bruner, Olver e Greenfield (1966); Connolly e Bruner (1974), entre outros.
3. Ver, por exemplo, Olson (1980).
4. Bruner, J.S.; Cunningham, B. The effect of thymus extract on the sexual behavior of the female rat. *Journal of Comparative Psychology*, v. 27, p.69-77, 1939.
5. MacCulloch, T.L.; Bruner, J.S. The effect of electric shock upon subsequent learning in the rat. *Journal of Psychology*, n. 7, p.333-36, 1939.
6. Bruner, J. S. After John Dewey, what? *Saturday Review* (june 17), p.58-59, 1961.
7. Ver Miller, G.A.; Bruner, J.S.; Postman, L. Familiarity of letter sequences and tachistoscopic identification. *Journal of General Psychology*, v. 50, p.129-139, 1954; Bruner, J.S.; Goodnow, J.J.; Austin, G.A. *A study of thinking*. New York: Wiley, 1956.
8. Ver Bruner, J.S. L´organisation des premiers savoir-faire. *Child Development*, v. 44, p.1-11, 1978; Ninio, Anat; Bruner, J.S. The achievement and antecedents of labelling. *Journal of Child Language*, p.1-15, november 1976.
9. Esse caráter comunicativo é exemplificado nas correspondências que mantém. Bruner escreve cerca de mil cartas por ano, segundo a secretária da universidade. Tenho uma dessas cartas, datada de 27 de janeiro de 1989.
10. Na Introdução à obra *Beyond the information given*, de 1973, Jeremy Anglin, doutorando e, posteriormente, professor em Harvard, faz uma análise da produção científica de Bruner até os anos de 1970, com temáticas reconhecidas por Bruner e seus pares para a compreensão da trajetória do pesquisador.
11. Artigos publicados por Bruner em 1941: The dimensions of propaganda; German short-wave broadcasts to America. *Journal of Abnormal and Social Psychology*, v. 36, p.311-337; Personality under social catastrophe: ninety life histories of the Nazi revolution. *Caract. Pers.*, v. 10, p.1-22; The impact of terror: audience response to Blitzkrieg in Western. *Journal of Abnormal and Social Psychology*, v. 36, p.561-574; Shortwawe listening in an italian community. *Public Opinion Quarterly*, v. 5, p.640-666.

12. Teoria que, opondo-se à psicologia, refere-se à consciência e busca formular concepções no rastro das ciências físicas. Seu expoente é John Broadus Watson.
13. Publicações desta fase: Bruner e Goodman. Value and need as organizing factors in perception. *Journal of Abnormal and Social Psychology*, v. 42, p.33-55, 1947; Bruner e Postman. Emotional selectivity in perception and reaction. *Journal of Personality*, v. 16, p.69-77, 1947; Bruner e Postman. An approach to social perception. In: *Current trends in social psychology*. W. Dennin (ed.). Pittsburgh: University of Pittsburgh Press, 1948; Miller, Bruner e Postman. Familiarity of letter sequences and tachistoscopic identification. *Journal of General Psychology*, v. 5, p.129-139, 1954. Além desses, mais de 20 outros artigos foram publicados em diferentes periódicos especializados até meados dos anos 1950, quando se iniciam os estudos sobre o pensamento. Ver, também, obra editada por Bruner, J.S.; Krech, D. *Perception and personality: a symposium*. New York: Greenwood Press Publishers, 1968.
14. Outras informações em "The Process of Concept Attainment", inserido originalmente em *A study of thinking*, em 1956, reproduzido em várias publicações pela relevância para os estudos cognitivos que se constituem a partir dessa data.
15. Ver "Reception Strategies in Concept Attainment" publicado em *A study of thinking* (1956).
16. Publicada originalmente em Bruner, J.S. et al. *Contemporary approaches to cognition*. Cambridge, Mass.: Harvard University Press, 1957).
17. J. Bruner. Prefácio para L.S. Vygotsky. *Thought and language* (tradução inglesa). Cambridge, Mass./New York: MIT Press/Wiley, 1962. Em 1989, faz outro Prefácio para a tradução em língua inglesa da coleção de trabalhos de Vygotsky, editada por Robert W. Rieber e Aaron S. Carton.
18. Ver: Bruner, J.S. Overview on development and day care. In: Grotberg. E.H. (ed). *Day care: resources for decisions*. Washington, D.C., Office of Economic Opportunity, 1971; Bruner, J.S. Reason, prejudice and intuition. In: Tiselius, A.; Nilsson, S. (eds.), *The place of value in a world of facts; Nobel symposium* 14, Stockholm: Almqvist e Wiksell, 1970; Bruner, J.S.; Hall, E. Bad education: a conversation with Jerome Bruner and Elizabeth Hall. *Psychology today* dec. p.50-57, 70-74, 1970; Bruner, J.S. Culture, politics and pedagogy. *International Education* v.2, n.1, p.31-35, feb. 1972 e Bruner, J.S. What we have learned about early learning. *European Early Childhood Education Research Journal*, v.4, n.1, p.5-16, 1996.
19. Artigo produzido inicialmente para o XX Congresso Internacional de Psicologia em Tóquio, republicado na revista *American Psychologist*, v.2, n.8, p.1-22, 1972, em *New York University Education Quarterly* v.3, n.4, p.2-11, 1972, e em livros como *The growth of competence* (1973) e *Play: its role in development evolution* (1976).
20. Ver os seguintes artigos de Bruner: Contemporary France and educational reform. *Harvard Educational Review* v.16, p.10-20, 1946; The functions of teaching. *Rhode Island College Journal* v.1, p.2, march 1960; After John Dewey, what? *Saturday Review* (june 17), p.58-59, 1961.
21. Ver outros estudos: Bell, M. The role of instructional theories in the evaluation of microcomputer courseware. *Educational Technology*, v.25, n.3, p.36-40, march 1985; White, M.A. The predicament of theory. *Teachers College Record*, v.48, n.1, p.76-78, october 1966; Thomas, J.L. Structure of or for: knowledge? *The Elementary School Journal* v.72, n.2, p.81-87, november 1971.
22. Ver os seguintes artigos de Bruner: Education as social invention. *Journal of Social Issues* v.20, n.3, p.21-33, 1964; Looking at the curriculum. *The Educational Courier*,

Toronto, v.33, n.3, p.18-26, 1963; Introduction: the new educational techonology. *American Behavioral Scientist* v.4, n.3, p.5, 1962; Needed a theory of instruction. *Educational leadership* v.20, n.8, p.523-532, 1963; School for wives. *The Winson Club Bulletin* v.30, p.5-8, 1963; Observations of the learning of mathematics. *Science Education News*, American Association for the Advancement of Science (april), p.1-5, 1963; *Is well begun half done? New Directions in Kindergarten Programs: Proceedings of the 1963*. New England Kindergarten Conference, Cambridge, Lesley College; Representation and mathematic learning. *Monographs of the Society for Research in Child Development*, v.30, n.1, p.50-59, 1965, entre outros.

23. Ver: Bronfenbrenner, U.; Bruner, J.S. The president and the children (editorial), *New York Times* (jan, 31), p.41, 1972.
24. Bruner, J.S. Man: a course of study. Publicado em *Est Quarterly Report* (spring-summer), p.3-12, 1965 e reproduzido em *Toward a theory of instruction* (1966b).
25. Ver Bruner, J.S. *Under five in Britain*. Ypisilanti, Michigan: High Scope Educational Research Foundation, 1980.
26. Essa obra teve grande impacto no movimento curricular no Brasil, especialmente na organização de currículos para o ensino fundamental e médio.
27. Para ver mais sobre conhecimento, estrutura e disciplina: Philip Phenix, P.H. The use of the disciplines. In: Levit, M. (ed.) *Curriculum: readings in the philosophy of education*. London: University of Illinois Press, 1971. Na mesma obra, há artigos de especialistas como Schwab, Broudy e Othanel Smith.
28. Ver mais sobre o tema em: Tyler, R.W. *Princípios básicos de currículo e ensino*. Porto Alegre: Editora Globo, 1974; Kerr, J.F. (ed.) *Changing the curriculum*. London: University of London Press, 1971. Howson, G. (ed.) *Developing a new curriculum*. London: Heinemann, 1970; Hyman, R.T. (ed.) *Approaches in curriculum*. New Jersey: Prentice-Hall, 1973; Phenix, P.H. *Realms of meaning: a philosophy of the curriculum for general education*. New York: Mac-Graw Hill Book Company, 1964.
29. É um currículo de estudos sociais que trata do tema Homem, destinado a crianças de 5ª série.
30. Ver repercussões desse currículo em: Krug, M.M. Bruner's new social studies: a critique. *Social education* v.30, n.6, p.400-406, set. 1966; Dow, P.B. Man: a course of study in retrospect: a primer for curriculum in the 70's. *Theory into practices*. v.X, n. 3, june, 1971; Herlihy, J.G. Man: a course of study An exemplar of the new social studies. *Social Education*, v.38, n.5, p.442-457, may, 1974.
31. Publicado originalmente por Bruner em *Harvard Educational Review*, v.31, n.1, 1961, reproduzido em *Beyond the information given* (1973) e em *La pédagogie par la découverte* (1970).
32. Na educação infantil, a teoria da instrução poderia ser substituída por outra que considere a mediação do adulto, e não a instrução direta.
33. Termos como brincadeiras, jogos e ações lúdicas aparecem como sinônimos neste texto.
34. Mais informações em Nature and uses of immaturity. In: Bruner, J.S. et al. *Play: its role in development and evolution*. Nova York: Penguin Books, 1976; Bruner, J.S.; Ratner, N. Games, social exchange and the acquisition of language. *Journal of Child Language*, v.5, n.3, p.391-401, oct. 1978; Bruner, J.S. Juego, pensamiento y lenguaje. *Perspectivas*, UNESCO, v.16, n.1, p.79-85, 1986.
35. O caçador de negros fugidos nos tempos da escravidão (Kishimoto, 1993).

36. Narrativa impressa que se encontra no acervo de materiais do Laboratório de Brinquedos e Materiais Pedagógicos da Faculdade de Educação da USP.
37. Ver as obras de Oliveira-Formosinho e Kishimoto (2002) e Formosinho e Oliveira-Formosinho (2001).

REFERÊNCIAS

ARIÈS, P.; MARGOLIN, J.-C. (Org.). *Les jeux à la Renaissance*. Paris: Librairie Philosophique, 1982.

BARTLETT, F.C. *Thinking*. New York: Basics Books, 1958.

BERNSTEIN, N.A. *The coordination and regulation of movement*. London: Pergamon, 1967.

BRUNER, J. *Acts of meaning*. Cambridge: Harvard University, 1990.

______. *Actual minds, possible words*. Cambridge: Harvard University, 1986.

______. Autobiografía. In: ______. *Desarrolo cognitivo y educación:* selección de textos por Jesús Palácios. Madrid: Morata, 1988. p.211-270.

______. *Beyond the information given*. London: George Allen & Unwin, 1973.

______. *Child´s talk:* learning to use language. New York: W.W. Norton, 1983b.

______. *Investigaciones sobre el desarrollo cognitivo*. Madrid: Pablo del Rio Editor, 1980.

______. *L´Éducation, entrée dans la culture:* les problèmes de l´école à la lumière de la psychologie culturelle. Paris: Retz, 1996.

______. *Le development de l´enfant:* savoir faire, savoir dire. Paris: PUF, 1983a.

______. *Le patron:* Jean Piaget. Yale University Press, 1987.

______. *On knowing:* essays for the left hand. Cambridge: Harvard University, 1965.

______. Prologue to the english edition. In: RIEBER, R.S.; CARTON, A.S. (Ed.). *The collected works of L.S. Vygotsky*. New York: Plenum, 1987. p.1-16. Vol. 1: Problems of general psychology.

______. *The relevance of education*. New York: W.W. Norton & Company, 1971.

______. *Toward a theory of instruction*. Cambridge: Harvard University, 1966b.

BRUNER, J.; HASTE, H. (Ed.). *Making sense:* the child´s construction of the world. London: Methuen, 1987.

BRUNER, J. et al. (Ed.). *Play:* its role in development and evolution. Nova York: Penguin Books, 1976.

BRUNER, J. et al. *Studies in cognitive growth*. Nova York: Wiley, 1966a.

BAKHTIN, M.M. *The dialogic imagination:* four essays. Austin: University of Texas, 1981.

BARTHES, R. *Mitologias*. Rio de Janeiro: Bertrand, 1993.

BARTHES, R. et al. *Análise estrutural da narrativa:* pesquisa semiológicas. Petrópolis: Vozes, 1976.

BATESON, G. *Vers une Écologie de l´Esprit*. Paris: Éditions du Seuil, 1977. Tomo 1.

BROUGÈRE, G. *Jeu et Education*. Paris: Retz, 1995.

BRUNER, J.S. *The process of education*. Cambridge: Harvard University, 1960.

BRUNER, J.S.; GOODNOW, J.J.; AUSTIN, G.A. *A study of thinking*. New York: John Wiley & Sons, 1956.

CAILLOIS, R. *Les jeux et les hommes*. Paris: Gallimard, 1967.

CAMBI, F. *História da pedagogia*. São Paulo: UNESP, 1999.

CASCUDO, L.C. *Contos populares do Brasil*. Rio de Janeiro: J. Olympio, 1954.

_______. *Folclore no Brasil:* pesquisas e notas. Rio de Janeiro: Ed. Fundo de Cultura, 1967.

_______. *Literatura oral no Brasil*. São Paulo: Universidade de São Paulo, 1984a.

_______. *Vaqueiros e cantadores*. São Paulo: Universidade de São Paulo, 1984b

CONNOLLY, K.; BRUNER, J.S. (Ed.). *The growth of competence*. London: Academic Press, 1974.

CASSIRER, Ernst. *Language and myth*. New York: Harper & Brothers, [1946]

DAHLBERG, G.; MOSS, P.; PENCE, A. *Beyond quality in early childhood education and care. postmodern perspectives*. London: Falmer, 1999.

DEWEY, J. *Democracy and education:* an introduction to philosophy of education. Nova York: Macmillan, 1955.

_______. *How we think*. Boston: Health, 1933. Versão em português: *Como pensamos*. São Paulo: Companhia Editora Nacional, 1959.

_______. *School of tomorrow*. 15.ed. Nova York: E.P. Dutton, 1924.

_______. *Vida e educação*. São Paulo: Melhoramentos, 1954.

EGAN, K. *A mente educada:* os males da educação e a ineficiência educacional das escolas. Rio de Janeiro: Bertrand, 2002.

_______. *La compreensión de la realidade en la educación infantil y primaria.*Madrid: Morata, 1991.

_______. *Narrative in teaching:* learning, and research. In: HUNTER, M.; EGAN, K. (Ed.). New York: Teachers College,1995. p.211-225.

FERNANDES, F. *Folclore e mudança social na cidade de São Paulo*. Petrópolis: Vozes, 1979.

FULLAN, M.; HARGREAVES, A. *A escola como organização aprendente:* buscando uma educação de qualidade. Porto Alegre: Artmed, 2000.

GOMES, H.S. *Narrativas infantis*: contribuições para a autoria da criança. Dissertação de Mestrado – São Paulo: Faculdade de Educação da USP, 2005.

HABERMAS, J. *Teoria de la acción comunicativa I. Racionalidad de la acción y racionalización social.* Madrid: Taurus, 1988.

HARGREAVES, A. *Changing teachers, changing times: teachers work and culture in the postmodern age.* London: Teachers College, 1994.

_______. *The Philosophical discourse of modernity*. Cambridge: Polity, 1985.

HENRIOT, J. *Le jeu*. Paris: Synonyme. SOR, 1983.

HUIZINGA, J. *Homo Ludens:* Essai sur la Fonction Sociale du Jeu. Paris: Gallimard, 1951.

KISHIMOTO, T.M. Brinquedos e materiais pedagógicos nas escolas infantis. *Educação e Pesquisa. Revista da faculdade de educação da USP,* v. 27, n. 2, p.229-246, 2001.

_______. *Jogo, brinquedo, brincadeira e educação*. São Paulo: Cortez, 1996.

_______. *O brincar e suas teorias*. São Paulo: Pioneira, 1998.

_______. *Jogos tradicionais infantis*. Petrópolis: Vozes, 1993.

LASHLEY, K.S. The problem of serial order in behavior. In: JEFRESS, L.A. (Ed.). *Cerebral mechanism in behavior:* the Hiron symposium. New York: Wiley, 1951.

LÉVI-STRAUSS, C. *O cru e o cozido*. São Paulo: Brasiliense, 1991.

______. *O pensamento selvagem*. 2. ed. São Paulo: Companhia Editora Nacional, 1976.

LINDZEY, G. *A history of psychology in autobiography*. New York: W.H. Freeman, 1980.

MCEWAN, H.; EGAN, K. (Ed.). *Narrative in teaching, learning, and research*. New York: Teachers College, 1995.

NARODOWSKI, M.; NORES, M.; ANDRADA, M. (Org.). *Nuevas tendências em políticas educativas:* estado, mercado y escuela. Argentina: Granica, 2002.

NELSON, K.; SEIDMAN, S. El desarrollo del conocimiento social: jugando com guiones. In: TURIEL, E.; ENESCO, I.; LINAZA, J. (Org.). *El mundo social en la mente infantil.* Madrid: Alianza, 1989. p.155-180.

NINIO, A.; BRUNER, J. The achievement and antecedents of labeling. *Journal of Child Language,* 5, p. 1-15, 1978.

NOGUEIRA, M.E.A.C. *Jogos, brinquedos e brincadeiras no Brasil colonial.* Tese (Doutoramento) – São Paulo, Faculdade de Educação da USP, 2005.

OLIVEIRA-FORMOSINHO, J. *Associação criança*. Braga: Editora do Ninho, 2001.

OLIVEIRA-FORMOSINHO, J.; KISHIMOTO, T.M. *Formação em contexto:* uma estratégia de integração. São Paulo: Pioneira/Thompson, 2002.

OLSON, D.R. (Ed.). *The social foundations of language and thought:* essay in honor of Jerome S. Bruner. New York: W.W. Norton, 1980.

PÉREZ GÓMEZ, A.I. *A Cultura escolar na sociedade neoliberal*. Porto Alegre: Artmed, 2001.

PERRENOUD, P. *Enseigner:* agir dans l´urgence décider dans l´incertitude. Paris: ESF, 1996.

PROPP, W. *Morpologie du conte.* Paris: Editions du Seuil, 1970.

SCHÖN, D.A. Formar professores como profissionais reflexivos. In: NÓVOA, A. (Coord.). *Os professores e a sua formação*. Lisboa: Dom Quixote, 1992.

SHULMAN, L.S.; KEISLAR, E.R. (Dir.). *La pédagogie para la découverte*. Paris: ESF, 1973.

SUTTON-SMITH, B. Radicalizing childhood: the multivocal mind. In: MCEWAN, H.; EGAN, K. (Ed.). *Narrative in teaching, learning, and research.* New York: Teachers College, 1995. p.69-90.

TARDIF, M. *Saberes docentes e formação profissional*. Petrópolis: Vozes, 2002.

TOOLEY, J. Justificacion de las soluciones de mercado en educación. In NARODOWSKI, M. et al. *Nuevas tendencias en políticas educativas*: Estado, mercado y escuela. Barcelona: Granica, 2002. p.307-334.

VYGOTSKY, L. *Pensamento e linguagem*. São Paulo: Martins Fontes, 1998.

WERSTCH, J.V. *Voices of the mind:* a sociocultural approach in mediated action. Cambridge-Massachusetts: Harvard University, 1991.

11

Loris Malaguzzi e os direitos das crianças pequenas

Ana Lúcia Goulart de Faria

MALAGUZZI E O CONTEXTO DE SUA OBRA

Loris Malaguzzi nasceu em 1920. Nessa época, Walter Benjamin, Vygotsky e Mario de Andrade já estavam construindo e publicando uma nova concepção de criança inventiva, imaginativa, portadora de história, produtora de culturas e sujeito de direitos. A partir do final da Segunda Guerra Mundial, nosso "professor primário" vai cursar psicologia em Roma quando inicia em Villa Cella aquela que será sua aventura de Reggio Emilia. Comunista, feminista, "criancista", vai revolucionar de vez o conceito de infância como "pré-pessoa", "apenas como um vir a ser adulto".

Promotor de uma filosofia da educação inovadora, criativa, capaz de valorizar o patrimônio de potencialidades e recursos que emergem das diferentes 100 linguagens da criança[1] (Ambeck-Madsen, 1992), Malaguzzi denunciou os preconceitos que existem em relação à criança, problematizando as ciências em confronto com a realidade e a nova condição da mulher (Malaguzzi, 1986). Colocou a criança como protagonista em um mundo adultocêntrico.

Estava à procura da eqüidade, e não de um modelo redentor que, para superar as desigualdades, pasteuriza as diferenças propondo uma educação igual para todos. A Itália, que desde o início do século XX vem ocupando-se da criança pequena (lembremo-nos de Montessori), agora é uma referência para o século XXI. Concomitantemente à Reggio Emilia, outra cidade da mesma região da Emilia Romagna, sua capital Bologna, também no pós-guerra reorganizava a educação infantil inspirada na experiência húngara de Lóczy.

A gestão de Malaguzzi na Reggio Emilia (depois do trabalho em Villa Cella e Modena) teve lugar durante um período áureo na política italiana: todo o norte da Itália estava sendo governada pela esquerda, travando uma luta por creches com o movimento feminista e as três centrais sindicais. Avançar com práticas socialistas – inclusive (ou principalmente) na educação – fazia parte dos projetos e das utopias da época. Malaguzzi chama a atenção para o sofrimento na infância por que passou sua geração, com os seis anos de guerra que roubaram sua juventude. "Talvez seja esta a razão pela qual estou ainda procurando, para os outros e para mim, os bons e importantes anos da infância" (Ambeck-Madsen, 1992, p.17).

Os jovens estudantes universitários, as mulheres, a política, os operários, os sindicatos estão no mundo todo experimentando práticas rebeldes e aparecendo como novos atores no seu novo lugar de protagonistas. O movimento feminista, as três centrais sindicais e os partidos de esquerda italianos reivindicam o direito a creches e, em 1971, é elaborada e sancionada a lei que garante esse direito. Já em 1968 caiu o governo Aldo Moro quando da aprovação da lei que instituiu a gratuidade e a laicidade da pré-escola estatal.[2]

Com a visão marxista, o comunista Malaguzzi partia do pressuposto de que a educação não é neutra, pois ela tanto reproduz quanto transforma a realidade. Apaixonado pela educação, desafiado a inovar constantemente, elaborou e coordenou a construção de uma pedagogia singular, que não está nos livros (...) Nem triste nem melancólica, sem separar a teoria da prática e, mesmo sem escrevê-la academicamente, documentou e divulgou-a. A documentação tornou-se metodologia que sistematiza essa atividade humana. Para ele, a pedagogia é um motor para a transformação política e a documentação favorece o seu confronto público. Disse ele para o jornalista Peter Ambeck-Madsen (1992, p.19) quando recebeu o Prêmio Lego, em 1992, e foi solicitado a explicar sinteticamente o sucesso do projeto de Reggio Emilia e o que o tornava único:

> Há séculos que as crianças esperam ter credibilidade. Credibilidade nos seus talentos, nas suas sensibilidades, nas suas inteligências criativas, no desejo de entender o mundo. É necessário que se entenda que isso que elas querem é demonstrar aquilo que sabem fazer. Elas têm cem linguagens a serem aprendidas e também a serem mostradas. A paixão pelo conhecimento é intrínseca a elas. Em Reggio Emilia, acreditamos nas crianças. Se acreditamos nelas, devemos mudar muitas coisas.

Desde 1911, a escola elementar passa a ser obrigatória, pública e laica. Porém, essa realidade alcança a pré-escola somente em 1968, após um grande movimento de luta.[3]

A idéia de educação na esfera pública, complementar à educação da família, presente desde o início da vida, atraía os pais, a comunidade, os professores e a municipalidade, levando-os a uma procura de caminhos a percorrer que exigia necessariamente, como pilar do debate, que se abrangesse o patrimônio pedagógico disponível na Itália (a laica médica Montessori, as católicas Irmãs Agazzi), além de Wallon, Declory, Piaget, Freinet, Dewey, Vygotsky e Makarenko (Edwards et al., 1999, p.69). São inúmeras as cidades no norte da Itália que, nesse momento, devido às condições políticas e culturais favoráveis, vão inovar educando as crianças pequenas, como: Parma, Milão, Carpi, Pistóia, Torino, Gênova, Bolonha, Empoli e várias cidades da região da Úmbria.[4]

Loris Malaguzzi diferencia-se de outros pensadores clássicos das pedagogias da infância, de um lado, por sua atuação na administração pública (ele foi secretário de educação do município de Reggio Emilia no norte da Itália) e, de outro, por ter uma escassa produção escrita sobre seus inúmeros avanços conceituais na formulação e na implementação de políticas, práticas pedagógicas e formação de professores e profissionais que atuam na área da educação infantil pública, mantendo uma permanente conexão entre teoria e prática. Outra diferença diz respeito ao fato de Malaguzzi ter sido um pensador da educação somente das crianças pequenas, tanto as de 0 a 3 anos (em creches) quanto as de 3 a 6 anos (em pré-escolas). Outras diferenças também relevantes merecem destaque: ele inaugura na Itália a educação laica para a primeira infância e a rede na esfera municipal (até então só era estatal).

Apenas recentemente sua obra recebeu atenção dos estudiosos da pedagogia através de dois livros, publicados após sua morte em 1994. O primeiro deles, *Nostalgia del futuro: liberare speranza per una nuova cultura dell'infanzia*, publicado em 1998, organizado pela professora Susanna Mantovani, da Universidade de Milão, traz artigos e depoimentos de profissionais acadêmicos e não-acadêmicos de vários países que mantiveram relacionamento com Malaguzzi, assim como de colegas de Reggio Emilia e de toda a Itália, apresentados no seminário em sua homenagem, quando do primeiro aniversário de sua morte.

O segundo livro, que enfoca sua obra como pedagogo da pequena infância, intitulado *Loris Malaguzzi: biografia pedagogica*, foi traduzido do espanhol para o italiano no primeiro semestre de 2004. Trata-se do segundo dos três tomos da tese de doutorado de Alfredo Hoyuelos Planillo, um atelierista de pré-escola da cidade de Pamplona, na Espanha, defendida em novembro de 2001 na Universidade Pública de Navarra, intitulada *Biografía pedagogica de Loris Malaguzzi: el pensamiento y obra pedagógica de Loris Malaguzzi y su repercusión en la educación infantil*. O primeiro tomo da tese analisa o pensamento pedagógico a respeito da ética e estética e o terceiro corresponde à catalogação do material documental. Hoyuelos Planillo conviveu com Malaguzzi ao freqüentar a cidade de Reggio Emilia para realizar seus estudos e, assim, durante seis anos pesquisou sobre a obra do educador italiano.

Malaguzzi escreveu pouco se comparado ao tanto que produziu e documentou como membro do governo municipal administrado pelo então Partido Comunista Italiano. No entanto, concedeu muitas entrevistas[5] e escreveu *Volpino, ultimo ladro di galline* (1995), um livro para crianças. Publicou vários artigos na revista *Zerosei*, depois chamada de *Bambini*, criada por ele e até hoje em circulação.[6]

Para escrever este capítulo, utilizei as publicações de Malaguzzi e dos estudiosos da sua obra, assim como o meu diário de campo, elaborado quando conheci o projeto político-pedagógico de várias cidades do norte da Itália, em 1992, durante o meu doutorado. Conto também com a memória, a saudade e o registro das duas ocasiões[7] em que tive o privilégio de ouvir Malaguzzi e conversar com ele. Desse modo, busco apresentar um personagem que ainda é desconhecido por muitos no âmbito da pedagogia, sem pretender esgotar o assunto ou analisar toda a sua obra, nem cobrir todas as reflexões a que nos convida Malaguzzi. Ao final, reproduzo *Uma carta dos três direitos*, inspiradora deste texto e base da pedagogia da educação infantil por ele inaugurada.

A partir de seu projeto, cada cidade italiana vai articular a educação infantil com os outros setores do tecido social, visando à melhoria das condições de vida material e não-material das crianças e dos adultos. As implicações dessa postura podem ser explicitadas pelas palavras de seu amigo, Enzo Catarsi, professor da Universidade de Firenze, também ele, desde aquela época, articulador e pesquisador da pedagogia da educação infantil em Carpi e outras cidades da Toscana.[8] Segundo Catarsi (2004, p.19):

> A participação dos pais na vida da escola da infância vem enquadrada no mais amplo processo de descentralização e democratização do Estado, que encontra na instituição dos conselhos de quarteirão e, conseqüentemente, nos comitês escola-sociedade uma de suas expressões mais significativas.

Nessa pedagogia que envolve adultos e crianças e revoluciona o espaço da cidade, uma das grandes novidades a ser destacada é o ateliê, que nasce já incluso no projeto geral da educação infantil, fisicamente incluído em cada pré-escola e, desde os anos de 1970, também na creche. O seu papel integrador, combinado com as intencionalidades educativas no quadro das estratégias educacionais com projetos, faz nascer uma pedagogia da educação infantil com uma concepção de criança portadora de história, capaz de múltiplas relações, construtora de culturas infantis, sujeito de direitos.

O aprimoramento dessas práticas ocorre concomitantemente em muitas cidades do norte da Itália ainda sem uma lei nacional. O trabalho na pré-escola passa a ser realizado na esfera municipal a partir de 1963, dando início a um processo descentralizador, democrático e revolucionário. Em 1971, com a criação da primeira creche também municipal, a experiência educativa em Reggio Emilia torna-se visível, instituindo-se a pedagogia das relações, a pedagogia da escuta, a pedagogia das diferenças que, de acordo com Becchi (1987, p.110-111):

> Confronta-se com tanta psicologia piagetiana (...) infringindo um costume educativo não explicitado, mas difundido, principalmente na creche "primeira escola", de uma pedagogia da conformação que se contrapõe com uma pedagogia da divergência (...) (e) a uma pedagogia heterodiretiva, da parcialização e da não significação, se constitui uma pedagogia da completude e do significado, que gratifica pelos resultados, que supera as tensões e exaure as compreensões. Não são as únicas, essas transgressões da teoria, costumes, hábitos. Outras imperceptíveis, mas não por isso menos importantes, se podem destacar na história da poça d'água: a centralidade que as crianças reconhecem na troca de palavras e na cooperação para a construção da realidade (...) a passagem da palavra ao lápis e deste àquela, ágil e desinibida na fixação de imagens, vivências e projetos e no apropriar-se de códigos diferentes e freqüentemente separados (...).

UMA PEDAGOGIA COM AS ROUPAS DO DOMINGO, TODOS OS DIAS

Sem dúvida, a principal herança deixada por Malaguzzi foi tornar essa criança o centro de sua pedagogia, que a reconhece como ativa, inventiva, envolvida, capaz de explorar, curiosa, aceitando o desafio de exprimir-se nas mais diferentes linguagens com as mais diferentes intensidades. Para Malaguzzi (apud Ambeck-Madsen, 1992, p.19), essa crença na criança significa muitas mudanças:

> Devemos parar de pensar em educar através de ensino e de currículos prontos. Devemos privilegiar a auto-aprendizagem das crianças e encontrar com elas os currículos e os campos de experiência.[9] E, tendo conosco nesta empreitada, as contribuições das famílias. Se nós, adultos, colaboramos discutindo, pensando e pesquisando fora de qualquer conformismo, então podemos oferecer às crianças um modelo de valor. É isso que tentamos.
>
> Uma outra coisa que surpreende aqueles que procuram conhecer nossa experiência é que conseguimos acumular um grande patrimônio de observações e pesquisas, todas documentadas, que confirmam como fomos capazes de unir fortemente as teorias às práticas. Ver, tocar e demonstrar é algo extraordinário para uma pedagogia que, freqüentemente, ao contrário, simula, oculta e se limita somente às palavras.

Trabalhando, educando, observando crianças bem pequenas, Malaguzzi precisou buscar em outros campos de conhecimento novos diálogos e interpretações do mundo infantil e adulto. Assim, recuperando a dimensão estética na forma de produção de conhecimento humano,[10] propôs a criação do ateliê. Podemos dizer que essa pedagogia tem na arte seu fundamento, além da ciência, que é permanentemente problematizada. A proposta prevê que (Malaguzzi apud Rabitti, 1999, p.149):

> a arte aprende-se fora da arte, o desenho não se aprende somente desenhando – certamente há necessidade de aprendizagem de técnicas, porém se aprende tanto desenhando quanto fazendo outras coisas (...) e, por outro lado, a lógica se aprende também pelo desenho, projetando e construindo (...) A arte usa as roupas de todos os dias, não a roupa de domingo.

Segundo Rabitti, as afirmações de Malaguzzi são coerentes com a intenção de respeitar a necessidade da criança de sentir-se inteira. Portanto, trata-se de uma educação que privilegia a co-presença de todas as linguagens. Dessa forma, o ateliê atualizou a cultura italiana da imagem, gerando não um espaço separado onde é cômodo pintar, desenhar, fazer esculturas, construir engenhocas e onde se pode sujar e bagunçar, mas onde se promove o trabalho conjunto do(a) atelierista, da professora e das crianças. Nessa relação a três potencializa-se o desenvolvimento integrado das múltiplas linguagens.

Esse processo representa um corte nos métodos da pedagogia tradicional, que devem ser revolucionados para contemplar a abrangência da infância: a observação e a documentação são inseparáveis no ateliê. Conforme Hoyuelos Planillo (1998, p.7):

> O ateliê supõe uma transgressão física: segundo a idéia de Rodari,[11] seria "(...) um diálogo que interrompe a assim chamada normalidade educativa". Malaguzzi já tinha comentado: há muita normalidade na escola. O ateliê convida as crianças e os adultos a experimentar, a provocar, a procurar, a brincar com a loucura.

Podemos notar que suas descobertas sobre a pequena infância foram feitas na esfera pública, em ambientes coletivos de educação, e não em laboratórios, fora da esfera privada da família, ainda que com a participação do pai, da mãe e dos adultos responsáveis pela criança. As descobertas sobre como são as crianças foram resultado da observação do convívio de crianças da mesma e de diferentes idades, juntamente com adultos profissionais que não patologizavam as diferenças, respeitavam os ritmos e tempos infantis. Como ele mesmo dizia, para uma criança diferente, é preciso uma escola também diferente.

Embora essa pedagogia tenha sido construída em todo o norte da Itália, Malaguzzi teve destaque. Como disse Nice Terzi,[12] responsável pela educação infantil da prefeitura de Parma durante os 20 anos simultâneos a Malaguzzi em Reggio e hoje responsável pela educação infantil de Roma: somos todas boas alunas, mas Reggio Emilia é a primeira da classe. Malaguzzi é considerado o promotor das Novas Orientações para uma nova escola da infância, em vigor desde 1991.

Essa criança inteira precisa de uma *professora de criança*, e não de uma professora de disciplina, de matéria escolar. Assim, as Novas Orientações organizam-se com os *campos de experiência educativa*, a saber: a) o corpo e o movimento; b) os discursos e as palavras; c) o espaço, a ordem e a medida; d) as coisas, o tempo e a natureza; e) as mensagens, as formas e a mídia; f) o eu e o outro. Segundo Hoyuelos Planillo (2004b, p.7):

> A pedagogia malaguzziana é complexa: "se permite" interpretações subjetivas, divergentes e independentes sobre o mundo, em contraste com uma idéia de progresso linear e cumulativo. É cética em relação às certezas passadas, presentes e futuras; está preparada para libertar-se dos cânones hegemônicos da pedagogia e da psicologia. A pedagogia malaguzziana também é estética pela sua capacidade de mostrar o essencial através de novas relações, com proximidades aparentemente longínquas. Vive uma tensão transgredindo ela mesma, sem trair-se, e ao mesmo tempo (...) uma comunicação metafórica e simbólica que multiplica a nossa imagem do mundo e da infância.

Filippini,[13] hoje responsável pela coordenação pedagógica da secretaria de educação da Reggio Emilia, salienta a complexidade e a riqueza dessa pedagogia: trata-se de um encontro felicíssimo entre os ideais políticos, sociais e profissionais. Nota-se como é difícil separar o homem, a pedagogia e a política. Malaguzzi confiou nas crianças, nas professoras e no poder da imaginação. Para Gardner[14] (2004, p.17):

> (Isso) significa abandonar uma abordagem da vida puramente instrumental, financeira, puramente darwiniana se quiserem, em favor de uma abordagem que reconheça os direitos das crianças e as obrigações da humanidade (...) visão tão generosa da natureza humana é, até hoje, minoritária no mundo, embora existam sinais na Escandinávia, na Escócia e em certas partes da América Latina; não é certamente assim nos Estados Unidos, na Inglaterra, no resto do mundo "desenvolvido" e em vias de desenvolvimento. No momento, as escolas da Reggio Emilia mantêm-se sobretudo como uma prova de existência, mais que uma previsão de algo que adquirirá forma em futuro próximo. Mas creio que representam muito mais do que uma prova de existência; são uma confirmação esfuziante da possibilidade do homem.

A escola deve ser alegre. As crianças e as professoras devem gostar da escola. Aquelas com necessidades especiais passaram a freqüentar as creches e pré-escolas de Reggio Emilia em uma ação inovadora para a época.[15] Essa pedagogia implica uma ação de autoria, sem separar o trabalho manual do intelectual, em que todos projetam e executam. As professoras inventam formas de documentação e de gestão social com as famílias; nesse momento, surge a figura da coordenadora pedagógica,[16] as professoras passam a trabalhar em dupla nas turmas com 26 crianças, para garantir o permanente confronto das opções entre elas, pois não há uma relação hierarquizada. É uma dupla em confronto. A avaliação não é centrada nas crianças, mas nos projetos[17] (Borghi, s/d).

Essa visão otimista da criança que é autônoma, capaz de estabelecer longas "conversações" com os adultos e com outras crianças, que nasce com infinitas possibilidades de construir pensamentos, idéias, interrogações e tentativas de dar respostas, capaz de observar as coisas e reconstruí-las, exigiu uma professora também "dotada". Entretanto, Malaguzzi,[18] (apud Barsotti, 2004, p.13) adverte:

> (...) a professora "dotada" não existia, nem mesmo existe hoje: constrói-se trabalhando junto com as crianças e com os adultos, experimentando junto, errando junto, corrigindo, revendo e refletindo sobre o trabalho realizado. A cultura das nossas professoras não é somente o saber e a pesquisa, creio que se exprime também em um estilo, uma postura em relação à inteligência, à imaginação, à necessidade de afetividade e de segurança das crianças. E esta, creio, substancialmente ser uma espécie de recurso para a professora, uma capacidade de resistência, de adquirir paixão pelo trabalho que faz.

Os adultos preparam-se para estar junto com as crianças e para manter o distanciamento necessário para observá-las. Observar e documentar são atos inseparáveis. Em Reggio Emília e na cidade de Modena,[19] durante o período de 1967 a 1974, o "diário da turma" vem sendo construído como sistematização e problematização da prática, como momento de formação dos adultos que torna visível e pública a prática pedagógica (Borghi, 1998). Até hoje, em quase todas as creches e pré-escolas italianas, essa prática vem sendo aperfeiçoada.

DESCONSTRUINDO E CONSTRUINDO PEDAGOGIAS

Loris Malaguzzi era muito exigente consigo memso e com os outros; mostrava-se intransigente e, às vezes, até autoritário. Esperava das professoras um constante crescimento.[20] Dito por ele próprio (apud Ambeck-Madsen, 1992):

> Sou muito tenaz, muito obstinado, tenho um grande amor próprio. E não quero perder nunca as batalhas, quero vencer. O meu caráter, talvez, não é sempre fácil. É um caráter que ambiciona muito, que busca muita coisa no alto, que não tolera a mediocridade (...) mediocridade pela qual tenho a maior repulsa. A mediocridade de pessoas perto de mim me faz sofrer enormemente. A negligência, a superficialidade são coisas que não se pode tolerar em uma experiência como esta.

Segundo Hoyuelos Planillo (2004a), para Malaguzzi, quando se fala de infância, é necessário dar sempre o máximo. Ele procurava na criança aquela "nostalgia do futuro", uma nova humanidade perdida. Construiu sua personalidade convivendo com as crianças. Então, não podia mesmo tolerar a superficialidade. A formação continuada, as reuniões periódicas das professoras com a coordenação pedagógica e as reuniões semanais dos coordenadores pedagógicos garantiriam a não-improvisação e o trabalho cuidadoso com as crianças e as famílias.

No entanto, sua cobrança e sua exigência não impediram um bom relacionamento profissional e afetivo com as educadoras e professoras. Quando Malaguzzi morreu, as educadoras de San Miniato enviaram para a seção de cartas da revista *Bambini* (ano X, n.2, fevereiro de 1994) um poema que ele havia feito quando lá esteve fazendo formação. Assim, as professoras demonstraram publicamente o seu profundo sentimento e gratidão ao mestre e educador.

"Não é fácil para nós traduzirmos em palavras os sentimentos, as emoções, a dor. Preferimos, mais uma vez, escutar as palavras, os pensamentos, os sentimentos, as emoções que nos deixou Malaguzzi, quando, em março de 1991, esteve aqui conosco. De agora em diante, seremos todos um pouco mais sós."[21]

Posso entrar com a girafa?

A girafa tem o coração longe dos pensamentos
Se apaixonou ontem e ainda não sabe...
Não sendo uma girafa,
Não tendo o coração longe dos pensamentos,
Não estando apaixonado, sei perfeitamente que força de
amor envolve as coisas, as palavras, os fatos, as obrigações e as
inteligências que tomaram vocês nestes dias fabricando jornadas de
grande deleite e cultura em torno de uma empreitada que honra
San Miniato, a infância, a creche de vocês e a cultura das crianças.
Agora também a girafa percebeu que está apaixonada
recolocando o coração perto dos pensamentos.
E está com vocês. E está comigo.

Trata-se, portanto, de uma pedagogia que vê a professora e a criança inteiras, como protagonistas. A criança com pouca idade não é apenas uma aluna. Ela se espalha por todo o mundo através das culturas infantis, da manifestação de suas obras tridimensionais, dos desenhos inventivos que também mostram a tridimensionalidade do real, do imaginário, dos jogos e dos movimentos que ocupam o espaço em tempos diferenciados do tempo do capital.

Loris Malaguzzi, com sua equipe, construiu um projeto político pedagógico que propõe um ambiente totalmente diferente para a educação da criança de 0 a 6 anos: não é uma escola (de ensino) obrigatória,[22] não é uma casa nem um hospital. É um espaço de criação das culturas infantis, em que o ateliê é o eixo da pedagogia: derrete-se, desmanchando-se pela escola toda. As crianças gostam dessa escola.

Quando crescem, costumam voltar para visitá-la. As professoras, por sua vez, orgulham-se e sentem-se gratificadas. Essa concepção de pedagogia não leva Malaguzzi a desprezar o ensino, mas a reconstruir o conceito de aprendizagem (1999, p.93):

> Não é o caso de desprezarmos o ensino, mas declararmos: coloque-se de lado por um momento e deixe espaço para aprender, observe cuidadosamente o que as crianças fazem e então, se você entendeu bem, talvez ensine de um modo diferente de antes. Piaget alertou-nos de que deve ser tomada uma decisão sobre ensinar esquemas e estruturas diretamente ou apresentar à criança situações ricas de soluções de problemas, nas quais a criança aprende ativamente a partir delas, no curso da exploração. O objetivo da educação é aumentar as possibilidades para que a criança invente e descubra. As palavras não devem ser usadas como atalho para o conhecimento. Como Piaget, concordamos que o objetivo do ensino é oferecer condições para a aprendizagem.

Portanto, não se trata de modelo: o modelo que se tem é mesmo o de valores aqui inseridos e que, ao observarem os adultos, as crianças poderão imitá-los se assim o quiserem. Como já foi dito antes, cada cidade italiana articula a educação infantil com os outros setores do tecido social, visando à melhoria das condições de vida material e não-material das crianças e dos adultos.

E foi nesse contexto que Loris Malaguzzi criou o Grupo Nacional Nido Infanzia, que mantém reuniões bienais para troca de experiência na construção da pedagogia da educação infantil, que fala com a voz das crianças e reconhece que as inteligências são adquiridas usando-as. O adulto profissional tem o compromisso de ir além "do mundo que já existe".[23] A organização do espaço fisico, a construção do ambiente e o escalonamento dos tempos são essenciais para permitir a inventividade infantil e a descoberta.

É preciso deixar de lado o tédio da escola e viver com alegria dentro das instituições. Deixar de lado a "amnésia aguda" que os adultos geralmente trazem (Ambeck-Madsen, 1992, p.19), atravessar fronteiras rumo a essa empreitada não só pedagógica, mas "extraordinariamente política", que vai do "ensina-me a fazer sem você", de Montessori à produção das culturas infantis de Malaguzzi, através das múltiplas relações e das linguagens que as crianças constroem.

Diferentemente do que se possa imaginar, apesar de ser a "primeira da classe", a pedagogia da educação infantil na Reggio Emilia está sendo construída em um esforço coletivo com as prefeituras, as esquerdas e os movimentos feministas. Pretende-se garantir que as crianças construam a infância divertindo-se e, para isso, pela observação se conhecerá os seus desejos e as suas necessidades. Ela é radicalmente coletiva: não só entre as crianças construindo as culturas infantis; não só entre as professoras construindo a cultura da infância, mas entre adultos e crianças, construindo a pedagogia.

UMA PEDAGOGIA DA EDUCAÇÃO INFANTIL QUE VISA À EQÜIDADE

Loris Malaguzzi inaugura sua pedagogia em um país milenar, colonizador e com um passado fascista. O trabalho coletivo na rede pública, com professoras especializadas, garante para as crianças, parafraseando Marx, as "condições dadas" para elas fazerem história.

Uma carta dos três direitos, redigida em 1993 por Malaguzzi, refere-se a direitos diversos, porém complementares, das crianças, dos pais e das professoras. É por meio da gestão social que se dá a participação ativa, cultural e política dos três atores[24] constitutivos da creche e da pré-escola.[25]

Essa carta é um dos frutos de tais experiências e, para nós, um presente ofertado por esse adulto sensível às crianças, aos adultos, pais e professores, e à sociedade em geral. Também um presente para os/as estudiosos/as da pequena infância, envolvidos na construção desse fórum da sociedade civil [26] que congrega adultos e crianças pequenas, em uma empreitada revolucionária de busca da felicidade.

UMA CARTA DOS TRÊS DIREITOS[27]

O direito dos pais

Refere-se aos direitos dos pais de participarem ativamente – e com livre adesão aos princípios estatutários – das experiências de crescimento, criação e formação de seus filhos confiados à instituição escolar. Nada de procurações, nada de retraimentos. Ao contrário, existe a confirmação de uma presença e de uma atuação dos pais valoradas por nossa extensa tradição institucional.

Por um lado, vê-se um forte e insistente estímulo da escola, que sabe quanto pode obter de uma boa colaboração com as famílias, visando a uma maior segurança e serenidade das crianças, assim como à abertura de uma rede comunicativa que leve a um mais verdadeiro e recíproco conhecimento e a uma profícua e compartilhada busca das modalidades, dos conteúdos e dos valores de uma educação mais eficaz.

Por outro lado, os pais na maioria das vezes são jovens, com ocupação, maturidade e cultura diversas, e amiúde de outra origem étnica, mas todos inquietos pela exigüidade dos temas disponíveis, pelo custo de vida, pela dificuldade de seus próprios afazeres, pelo medo da solidão, pelas angústias sobre o futuro. Além disso, todos têm uma grande necessidade e vontade de contar, falar, discutir e refletir sobre seus problemas, especialmente sobre os temas que dizem respeito ao crescimento e à educação de seus filhos.

Se escola e pais convergirem para aquela cultura colaborativa-interativa que é a escolha mais racional e vantajosa para todos, já que todos nós estamos à procura de experiências mais carregadas de sentido, então entende-se quanto pode ser hostil e errada a pedagogia da auto-suficiência e da exclusão, e quanto, ao contrário, é solidária e fecunda a pedagogia da participação e da investigação.

De fato, participação e investigação são dois termos capazes de resumir grande parte da concepção geral de nossa teoria educativa, como também de resumir os melhores requisitos para estimular a realização do entrosamento cooperativo entre pais e professores, com os valores que o mesmo acrescenta à perspectiva educativa das crianças.

Os direitos dos educadores

Refere-se aos direitos dos professores e dos educadores de cada escola de contribuírem na elaboração e no aprofundamento dos quadros conceituais que definem conteúdos, finalidades e práticas da educação, através de confrontos abertos entre os mesmos, os componentes da coordenação pedagógica e os conselhos de gestão social, em plena sintonia com os direitos das crianças e dos pais. Desse modo, concorrem nas escolhas dos métodos, das didáticas, dos projetos de pesquisa e observação, dos campos de experiência, das atualizações profissionais, das iniciativas culturais, das tarefas da gestão social e, finalmente, na resolução dos problemas relacionados com a organização dos ambientes e do trabalho.

Essa rede de colaboração e de interação múltipla que se confia à contribuição das idéias e das competências de cada um e de todos, sendo sempre aberta à atualização e à experimentação, já representa a proposta de um modelo de pesquisa, de interação educativa, de cultura e de vida.

Esse modelo não apenas resgata os papéis da escola e da família, mas também renova e reforça profundamente as formas sociais de construção e reconstrução das modalidades do saber, apresentando-se às crianças como algo de muito vivo e estimulante, perfeitamente integrável com as necessidades e os anseios do mundo de relacionamentos e de aquisição cognitiva em que elas vão se desenvolvendo. Por parte dos professores, os direitos representam uma condição tanto para exaltar o diálogo e o confronto de suas idéias e experiências quanto para enriquecer seus instrumentos de avaliação profissional.

Os direitos das crianças

Referem-se aos direitos das crianças de serem reconhecidas como sujeitos de direitos individuais, jurídicos, civis, sociais: como portadoras e construtoras de suas próprias culturas e, logo, participantes ativas da organização de suas identidades, autonomias e competências através das relações e interações com os colegas da mesma idade, com os adultos, com as idéias e os eventos reais ou imaginários de mundos comunicantes.

Tal concepção, ao sancionar premissas fundamentais para uma mais alta condição de cidadania do indivíduo e de suas relações inter-humanas, atribui às crianças potencialidades naturais de extraordinária riqueza, força, criatividade, as quais não podem ser desconhecidas e desiludidas sem provocar sofrimentos ou empobrecimentos na maioria das vezes irreversíveis.

Diz respeito ao direito de as crianças realizarem e expandirem todas as suas potencialidades, valorizando suas próprias capacidades de socializar, colhendo afeto e confiança e satisfazendo suas necessidades de aprender, sobretudo quando os pequenos são tranqüilizados por uma eficaz aliança com adultos prontos a contribuir com empréstimos e ajudas que privilegiam, mais do que a transmissão de conhecimentos e habilidades, a busca das estratégias construtivas do pensar e do agir.

Este último aspecto é o que concorre para formar inteligências criativas, um saber livre e individualidades capazes de reflexão e sensibilidade, através de ininterruptos processos de diferenciações e integrações com o outro e com as outras culturas.

Que os direitos das crianças sejam os direitos das outras crianças: isso constitui a dimensão de valor de uma humanidade mais completa.

NOTAS

1. A tradução das citações em italiano é de minha responsabilidade. Agradeço à professora Maria de Lourdes Menon pela correção.
2. Vale lembrar que, desde 1911, a escola obrigatória italiana é laica, pública e gratuita. Sobre a luta por creches na Itália, ver Ghedini (1994) e Faria (1994). Sobre a pré-escola, ver Faria (1995).
3. As creches ainda hoje lutam pela gratuidade. São subsidiadas pelo poder público, e as famílias pagam uma taxa proporcional à renda.
4. Sobre as "características de algumas realidades" italianas, ver a Parte V do livro organizado por Bondioli e Mantovani (1998).
5. Entre as várias obras italianas sobre educação infantil traduzidas para o português no livro organizado por Edwards, Gandini e Forman (1999), encontra-se uma entrevista concedida por Loris Malaguzzi.
6. Recentemente, publica-se também a revista *Bambini in Europa*.

7. Estive com Malaguzzi no Congresso do Grupo Nazionale Nido-Infanzia, ocorrido em maio de 1992 em Riccione, e no Seminário sobre Práticas Pedagógicas em Creches e Pré-escolas, realizado em abril de 1992 em Milão.
8. Já em 1971, Loris Malaguzzi realizara um seminário para discutir as experiências para uma nova escola da infância de Modena e Reggio Emilia, de onde vem esses princípios.
9. Desde 1914, a Itália elabora orientações nacionais para a pré-escola. A quinta, que está agora em vigor, foi elaborada em 1991 e tem como organização de base os "campos de experiência", em vez de disciplinas escolares ou simulações delas com outros nomes. Essas "Novas orientações para uma nova escola da infância" de 1991 está traduzida em português (ver Faria, 1995).
10. Sobre a atelierista que compõe o colegiado de professores das pré-escolas de Reggio Emilia, ver Vecchi (1999).
11. Rodari (1982) foi um grande amigo de Malaguzzi, assim como Bruno Ciari.
12. Palestra proferida no III COPEDI em maio de 2003.
13. Palestra proferida na Faculdade de Educação da USP em abril de 2004.
14. Autor do prefácio do livro *As cem linguagens da criança* (Edwards, et al., 1999) e professor de Harvard, Gardner escreveu um artigo em homenagem aos 40 anos de Reggio Emilia na revista *Bambini in Europa* (fevereiro de 2004).
15. Sobre a inclusão dessas crianças, ver um caso em Magrini e Gandini (Gandini e Edwards, 2002).
16. A esse respeito, ver Laura Saitta (Bondioli e Mantovani, 1998) e Filippini (Edwards et al. 1999).
17. Nessa mesma perspectiva, sobre avaliação em Pistóia, ver Becchi e Bondioli (2003). Alguns dos projetos realizados em Reggio Emilia foram publicados em Edwards e colaboradores (1999).
18. Entrevista concedida ao cineasta Carlo Barsotti no documentário "L'uomo di Reggio" em 1993.
19. Sobre a pedagogia em Modena, ver Borghi (1998) e Garuti (1998).
20. Sobre a visão das americanas sobre as instigantes professoras de Reggio Emilia, ver (Edwards et al., 1999). E sobre a profissão de educadora de creche na Itália, ver Mantovani e Perani (1998) e Ongari e Molina (2003). Sobre professoras e comunidade em Reggio Emilia, ver Spaggiari (Edwards et al., 1999).
21. Esta última frase veio escrita depois do poema. Agradeço a Patrizia Piozzi pela revisão da minha tradução dessa poesia.
22. As crianças iniciam a escola obrigatória italiana (*scuola elementare*) com 6 anos.
23. Na poesia "Ao contrário as cem existem", Malaguzzi denuncia a escola e a cultura como usurpadoras de 99 linguagens infantis, reproduzindo um "mundo que já existe" (Edwards et al., 1999)
24. Sobre os três atores, destacando a família e a gestão social, ver os capítulos de Bonomi e Spaggiari em Bondioli e Mantovani, (1998). Sobre família ver ainda Emiliani e Molinari no mesmo livro.
25. Os *decreti delegati* que instituem a gestão social em todos os órgão públicos são de 1975.
26. Como são denominadas as instituições de educação infantil por Dahlberg, Moss e Pence (2003).
27. Tradução no catálogo da exposição "As cem linguagens das crianças: uma viagem extraordinária ao mundo da infância" realizada em São Paulo em julho de 2002.

REFERÊNCIAS

AMBECK-MADSEN, P. *Attività prescolastica:* Reggio Emilia, Itália: non si deve porre limite all"infanzia. Il premio Lego 1992, Ygdrasil, 1992.

AS NOVAS orientações para uma nova escola da infância. In: FARIA, A.L.G. (Org.). *Cadernos Cedes*, n.37, p,64-100, 1995.

BARSOTTI, C. Caminando su fili di seta. *Bambini in Europa*, ano 4, n.1, p.10-15, 2004.

BECCHI, E. Da uma pozzanghera. REGGIO EMILIA, *I cento linguaggi de bambini* – narrativa del possibile, p. 109-112, 1987.

BONDIOLI, A.; MANTOVANI, S. (Org.). *Manual de educação infantil*. Porto Alegre: Artmed, 1998.

BORGHI, B.Q. As escolas infantis municipais de Modena I. In: ZABALZA, M. *Qualidade da educação infantil.* Porto Alegre: Artmed, 1998. p.93-108.

______. Loris Malaguzzi e la documentazione: il diario di sezione nei primi anni delle scuole dell"infanzia di Modena. In: MANTOVANI, S. (Org.). *Nostalgia del futuro*. Bergamo: Junior, 1998. p.185-196.

______. *Prima del curriculum:* alcune esperienze della scuola dell" Infanzia italiana. s/data (digitado).

CATARSI, E. Malaguzzi e la "rivoluzione" delle scuole comunali. *Bambini in Europa,* ano 4, n.1, p.8-10, 2004.

DAHLBERG, G.; MOSS, P.; PENCE, A. *Qualidade na educação da primeira infância.* Porto Alegre: Artmed, 2003.

EDWARDS, C.; GANDINI, L.; FORMAN, G. (Org.). *As cem linguagens da criança.* Porto Alegre: Artmed, 1999.

FARIA, A.L.G. Brasile:costruire una politica per i bambini da zero a sei anni. In: MANTOVANI, S. (Org.). *Nostalgia del futuro*. Bergamo: Junior, 1998. p.110-118.

______. Da escola materna à escola da infância: a pré-escola na Itália hoje. In: ______. (Org.). Grandes políticas para os pequenos. *Cadernos Cedes,* n.37, p.60-64, 1995.

______. Impressões sobre as creches do norte da Itália: bambini si diventa In: ROSEMBERG, F.; CAMPOS, M. (Org.). *Creches e pré-escola no hemisfério norte.* São Paulo: Cortez, 1994.

______. O espaço físico como um dos elementos fundamentais para uma pedagogia da educação infantil In: FARIA, A.L.G.; PALHARES, M. (Org.). *Educação infantil pós- LDB:* rumos e desafios. Campinas: Autores Associados, 1999.

GANDINI, L.; EDWARDS, C. (Org.). *Bambini uma abordagem italiana à educação infantil.* Porto Alegre: Artmed, 2002.

GARDNER, H. I cento linguaggi di una riforma educativa di sucesso. *Bambini in Europa,* ano 4, n.1, p.16-17, fev. 2004.

______. Prefácio. In: EDWARDS, C.; GANDINI, L.; FORMAN, G. (Org.). *As cem linguagens da criança.* Porto Alegre: Artmed, 1999.

GARUTI, N. As escolas infantis municipais de Modena II. In: ZABALZA, M. *Qualidade na educação infantil*. Porto Alegre: Artmed, 1998. p.119-140.

GHEDINI, P. Entre a experiência e os novos projetos: a situação da creche na Itália. In: ROSEMBERG, F.; CAMPOS, M. (Org.). *Creches e pré-escolas no hemisfério norte.* São Paulo: Cortez/FCC, 1994. p.189-209.

HOYUELOS PLANILLO, A. Una trasgressione estetica. *Bambini in Europa,* ano 4, n.1, p.6-7, 2004a.

HOYUELOS PLANILLO, A. Loris Malaguzzi: bibliografia pedagogica. Bergamo: Junior, 2004b.

______. Malaguzzi e l'atelier: complessità dei possibili. In: MANTOVANI, S. (Org.). *Nostalgia del futuro.* Bergamo: Junior, 1998. p.64-69.

MALAGUZZI, L. Andare a cavallo. In *I Cento...* p.50-53, 1987.

______. Bambini e computer-l'incontro di due intelligenze. In: *I Cento...*p.64-66, 1987.

______. Com l'attesa e con la speranza. *Bambini,* ano 10, n.3, p.8-9, março 1994.

______. Come una foglia cresce in mano a bambini e adulti. In *I Cento...*p.55, 1987.

______. Comentários para um código de leitura da Exposição. In: *I cento linguaggi-narrativa del possibile,* Assessorato all' Istruzione. Comune di Reggio Emilia.p.20-22, 1987. Catálogo da Exposição.

______. L. Diritto all'ambiente. In *I cento...*p.30-31,1987.

______. Entrevista a CATINI, E. Bambini, 12/1988. Se l'atelier è dentro una lunga storia e ad un progetto educativo In: Esperienze educatiava a Reggio Emilia Le intelligenze si trovano usandola. Bergamo: Juvenilia, 1990. p.50-55.

______. Entrevista a Lella Gandini História, idéias e filosofia básica. In: EDWARDS, C.; GANDINI, L.; FORMAN, G. (Org.). *As cem linguagens da criança.* Porto Alegre: Artmed, 1999. p.59-105.

______. Eresia della luce del colore. In *I Cento...*p.77, 1987.

______. (Org.). *Esperienze per uma nuova scuola dell'infanzia.* Roma: Riuniti, 1971.

______. Giochi con l'ombra. In *I Cento...*p.70, p. 1987.

______. I bambini e la città e la pioggia. In *I Cento...*p.98-107, 1987.

______. Il senso e i valori dell'educazione e dei suoi protagonisti. *Bambini,* ano 20, n.2, p. 22-29, fev. 2004.

______. L'importanza di vedersi e di sentirsi. In *I Cento...*p.34-35, 1987.

______. L'infanzia e il bambino tra pregiudizi realtà e scienza. *Quaderni Reggiani,* comune di Reggio Emilia, fev.1986.

______. L'intelligenza nella pozzanghera. In *I Cento...*p.109, 1987.

______. Procedure di un passaggio da leone a leone". In *I Cento...*, p.42-44.

______. Quando la notizia arrivò. In: BARAZZONI, R. *Mattone su Mattone:* storia della scuola per bambini "XXV aprile" do Villa Cella. Assessorato alle scuole dell'infanzia e nidi comunali di Reggio Emilia. 1985, p.13-15.

______. Se le versatilità si incontrano. In *I Cento...*p.88, 1987.

______. Un impegno non solo pedagogico ma squisitamente político. In: BENINGI, L. et al. *Un nido educativo.* Milano: Fabbri, 1982. p.135-144.

______. Vendemmiare com i contadini. In *I Cento...*p.93-97, 1987.

______. *Volpino, ultimo ladro di galline.* Bergamo: Junior, 1995.

MALAGUZZI, L.; FORGHIERI, E. Il nido riparte su un buon binario.(Bambini.09/1985). In: Esperienze educativa a Reggio Emilia. *Le intelligenze si trovano usandole.* Bergamo: Juvenilia, 1990. p.5-8.

MANTOVANI, S. (Org.). *Nostalgia del futuro:* liberare speranza per una nuova cultura dell'enfanzia. Bergamo: Junior, 1998.

MANTOVANI, S.; PERANI, R. Uma profissão a ser inventada: o educador da primeira infância. *Pro-posições,* n.28, p.75-98, 1998.

ONGARI, B.; MOLINA, P. *Educadora de creche* construindo suas identidades. São Paulo: Cortez, 2003.

RABITTI, G. *À procura da dimensão perdida:* uma escola de infância de Reggio Emilia. Porto Alegre: Artmed, 1999.

RODARI, G. *Gramática da fantasia.* São Paulo: Summus, 1982.

VECCHI, V. O papel do atelierista. In: EDWARDS, C.; GANDINI, L.; FORMAN, G. (Org.). *As cem linguagens da criança.* Porto Alegre: Artmed, 1999. p.129-135.

12

Anônimo do século XX
A construção da pedagogia burocrática

João Formosinho
Joaquim Machado de Araújo

Nos sistemas escolares contemporâneos, sobressaem três características:

1. a universalidade crescente da educação escolar organizada e a correspondente massificação;
2. a complexificação crescente do sistema e a conseqüente adoção dos modelos organizacionais burocrático e industrial;
3. a dominância estatal no sistema, seja pela responsabilização do serviço diretamente prestado, seja pelo controle e pela tutela que exerce sobre terceiros prestadores do serviço público de educação (Pires, 1990).

Desse modo, os modelos organizacionais burocrático e industrial, embora diferentes, entrecruzam-se na racionalidade que os caracteriza e que reivindicam. Eles parecem incompatíveis com a ação educativa – uma ação intencional de pessoas sobre pessoas (Formosinho, 2000) – e, por isso, são uma parte importante do problema atual da educação. Contudo, constituíram a resposta organizacional à massificação escolar, enquanto atividade de "produção" em larga escala.[1] A massificação escolar e a adoção de um modelo organizacional que, na modernidade, respondeu à complexificação das organizações explicam que a condução da atividade educativa escolar venha a ser pautada estruturalmente por concepções tecnoburocráticas que lhe são facilmente adaptáveis.

Essas concepções enformam uma pedagogia que se consubstancia nas instituições, nas idéias e nas práticas educativas, mesmo que os processos e ritmos evolutivos de cada uma dessas dimensões não surjam necessariamente coincidentes no processo histórico. Assim, neste capítulo damos conta da construção da pedagogia burocrática que configura as práticas e as instituições escolares, embora não seja possível identificar-lhe um autor como personagem individual da história coletiva. Começamos, portanto, por definir o que designamos por autor anônimo, apresentamos a burocracia como tipo ideal definido por Max Weber e explicitamos os processos de decisão em um sistema de ação burocrática. Em seguida, caracterizamos a pedagogia burocrática como "pedagogia ótima", enfatizamos a sua retórica de legitimação e mobilização e identificamos as imagens de criança, de professor e de escola que ela comporta.

O AUTOR ANÔNIMO

A indagação do autor da pedagogia "oficial" conduz-nos ao problema da autoria da decisão no âmbito da administração da educação. Contudo, antes de avançarmos, tomemos a distinção entre a *decisão técnica* e a *decisão política* de que parte Conceição Ramos (1996, p.17): a *decisão técnica* corresponde à escolha entre diferentes soluções que se podem formular para um problema bem definido, o que, em uma situação ideal, traduz-se na determinação da melhor entre todas as soluções possíveis; já a *decisão política* corresponde à análise de um problema, condicionando-o a determinados limites e princípios que restringem as soluções. Diga-se, no entanto, que um processo tão complexo como a decisão resiste a essa distinção elementar: pressupondo a decisão técnica a definição de variáveis e critérios de julgamento, em função dos quais se processa o cálculo que conduz à decisão, essa definição e esse cálculo não evacuarão necessariamente a dimensão política; do mesmo modo, a decisão política assentará também em critérios de natureza técnica para determinar os limites e princípios que restringirão a decisão.

A distinção vem a ser mais operacional em decisões de curto prazo do que em decisões que prevêem o médio e o longo prazo, em que a dimensão política é mais evidente e torna-se necessário ponderar soluções, definir critérios de apreciação, limitar o domínio a considerar, fixar os objetivos e clarificar as (co-)responsabilidades. Mas não deixa de ser importante sublinhar que, mesmo quando se concentram na mesma pessoa ou no mesmo órgão, "a decisão política diz que há lugar a cálculo e fornece-lhe as diretrizes", enquanto "a decisão técnica fornece os instrumentos de decisão, habilita o decisor à decisão" (Ramos, 1996, p.17), em um processo de justificação mútuo: se, por um lado, a decisão política justifica as decisões técnicas, por sua vez, estas tendem hoje a ser apresentadas como justificação de decisões políticas, sofisticando, assim, o esquema racional tradicional de funcionamento e explicação do processo de decisão na administração da educação.

Retoma-se aqui, com efeito, a problemática da decisão no contexto das relações entre política e "técnica", entendida por Jürgen Habermas como "a capacidade de disposição cientificamente racionalizada sobre processos objetivados" (Habermas, 1984, p.123). Na relação entre saber especializado e prática política, podemos considerar os *modelos tecnocrático* e *pragmatista* de decisão que, tal como o *modelo decisionista*, são abordados por esse autor (1984, p.133-139):

- no *modelo tecnocrático* de decisão, o parecer do especialista pretende-se "neutro" frente aos políticos e, por isso, prevaleceria na prática política e sobre ele faria assentar uma pretensa política cientificada, tornando a vontade democrática supérflua em uma administração tecnocrática da sociedade;

- por sua vez, o *modelo pragmatista* de decisão valoriza os interesses sociais que atuam no progresso técnico e afirma uma inter-relação crítica, retendo a idéia de que os cientistas "aconselham" as instâncias que tomam decisões e de que os políticos "recorrem" ao parecer dos cientistas segundo as necessidades da prática, de forma que a comunicação entre especialistas e decisores políticos requer ligação com os interesses sociais e com as orientações de valores de um mundo social.

Portanto, é o *modelo pragmatista* de decisão que incorpora a participação dos atores sociais no processo de decisão, distanciando-se quer da "reserva" aos políticos da decisão (por meio de atos de vontade) sobre questões práticas não suficientemente legitimadas pela razão, como pretende o modelo *decisionista*, quer da prevalência do saber especializado sobre o poder político tomado como "executor de uma *intelligentsia* científica", como pretende o *modelo tecnocrático*.

Aqui nos interessa perspectivar a decisão do ponto de vista da ação política, sem, contudo, aceitar acriticamente a visão cartesiana que faz da linearidade entre causa e efeito, da racionalidade entre fins e meios e da liberdade do decisor político os seus elementos fundamentais (Sfez, 1981). Assim, na administração da educação podemos considerar as grandes decisões ou decisões ditas estratégicas tomadas pelos decisores políticos, sujeitos ao julgamento da população (pelo menos) através do sufrágio eleitoral, e as decisões operacionais ou pequenas decisões tomadas pelos atores na base e entre estes dois níveis encontrar uma cadeia de decisões de gestão tomadas por chefias intermédias.

A execução das políticas é uma função do aparelho administrativo estatal, com áreas de ação específicas, mas por vezes de responsabilidades sobrepostas, que, ao produzir atos administrativos para implementar as políticas, também podem alterá-las. Charles E. Lindblom nota "os vários modos como uma política ostensiva – sob a forma, digamos, de lei ou decreto –, é alterada de maneira significativa nas mãos dos administradores" e apresenta uma série de situações[2] em que "os administradores acabam por decidir as políticas efetivamente seguidas, escolhendo as atividades prioritárias, tendo em vista os recursos e pessoal disponível e a parte de cada programa que deve receber ênfase especial", para além de constatar que a execução das políticas também *cria política*, no sentido em que "a implementação das políticas anteriores constantemente orienta novas políticas" (1981, p.60 e 62).

Porém, esta nossa consideração não visa a estabelecer uma tipologia da decisão. Visa, antes, a ressaltar a possibilidade de identificação de um autor conhecido e, por isso, responsabilizável – o *autor político* das grandes decisões no domínio da educação – e afirmar o anonimato de uma pluralidade de atores cuja ação se consubstancia em uma pedagogia "oficial" que não deixa de ser uma construção sócio-histórica, como também o é a escola, que mobiliza o saber "técnico" adquirido pelos sistemas escolares e aciona a sua "identidade" construída como racionalidade legitimadora que desincentiva, em alguns casos a formulação, em outros casos o sucesso de pedagogias alternativas, mesmo quando se apropria retoricamente de algumas de suas contribuições.

Se o autor político torna-se visível quer no anúncio das grandes decisões, quer nos preâmbulos dos normativos que regulam a sua concretização, já o articulado destes reflete toda uma gramática instalada cujo autor se perde no anonimato histórico e social, mas que ocupa ou o topo ou a base ou o aparelho administrativo das várias instâncias educativas: em nível central, "regional", local ou institucional. É o nosso *autor anônimo* que não assina os normativos ou que, quando deixa o seu nome inscrito em micronormativos, não chama a si a autoria da gramática em que se move, que convoca, reproduz e revitaliza. É esse *autor anônimo* que tem por morada uma infinidade de atores sociais quem têm contribuído para a construção, a consolidação e o (in)êxito de uma *pedagogia burocrática*.

Por um lado, o *autor anônimo* apropria-se do saber construído pelos autores/atores da história coletiva, em um processo de "anonimização" similar ao da paráfrase escolar que, ao mesmo tempo que evita o plágio que o denunciaria, "desencarna" e des-historiciza as idéias e autoriza-se como *autor anônimo*. Por outro lado, o *autor anônimo* "ganha corpo" em uma pluralidade de atores/autores sociais – o político-anônimo, o funcionário-dirigente-anônimo, o funcionário-professor-anônimo, ator/autor-local-anônimo – que, tendo interiorizado esse saber, o "materializam", legitimam e autorizam e, por isso, atribuem-lhe poder.

O pensamento desse autor anônimo torna-se, pois, estruturante do pensamento dos atores/autores sociais e dá conta de uma racionalização da vida social e de uma racionalidade que Max Weber teorizou como *tipo ideal*.

A BUROCRACIA COMO TIPO IDEAL

Max Weber distingue dois tipos importantes de agrupamentos humanos: a *comunidade* e a *sociedade*. Chama *comunidade* a "uma relação quando e na medida em que a atitude na ação social – no caso particular, por termo médio ou no tipo puro – se inspira no *sentimento* subjetivo (afetivo ou tradicional) dos participantes de *constituir um todo*" e chama *sociedade* a "uma relação social quando e na medida em que a atitude na ação social se inspira em uma *compensação* de interesses por motivos racionais (de fins ou de valores) ou também em uma *união* de interesses com igual motivação" (1984, p.33). A família vem a ser o exemplo mais expressivo de agrupamento *comunitário*, isto é, fundado no sentimento de pertença comum. Já a instituição, a associação, a empresa são exemplos de agrupamento *societário*, isto é, baseado na conformidade voluntária a regras formais estabelecidas de modo racional.

É na modernidade que se torna dominante, mas não exclusiva, a socialização societária, como resultado de um processo crescente de racionalização que se opera nos domínios econômico, social, político, cultural e religioso. A modernidade vem a ser, pois, o triunfo da *utopia da razão* (Wunenburger, 2003) que, na senda do

Discurso do método, de Descartes, faz do homem sujeito do *cogito* e da natureza objeto de um pensamento que funciona na base de regras claras e distintas.

Weber estuda a racionalização progressiva da vida social nas sociedades capitalistas, cuja causa, segundo ele, estaria na *ética protestante*,[3] e atribui a razão decisiva para o progresso da organização burocrática à sua "superioridade puramente técnica sobre qualquer forma de organização" (1984, p.730), tal como a máquina o é relativamente aos modos não-mecânicos de produção, e isso devido à sua racionalidade. Com efeito, "precisão, velocidade, clareza, conhecimento dos arquivos, continuidade, discrição, unidade, subordinação rigorosa, redução do atrito e dos custos de material e pessoal – são levados ao ponto ótimo na administração rigorosamente burocrática, especialmente em sua forma monocrática, servida por funcionários especializados" (1984, p.731).

O processo de racionalização do social conjuga-se, assim, com o processo de "desencantamento" ou desmitologização do mundo – o *muthos* é visto como pré-*logos* – que faz da lei *o senhor* do mundo e da racionalização política e social a "religião da lei". Todavia, senhor e lei não deixam, por isso, de ser figuras do poder (Wunenburger, 2003, p.119-134).

Poder, *dominação* e *autoridade* são conceitos que atravessam a sociologia política de Weber e a partir dos quais ele constrói a teoria da burocracia como *tipo ideal* de organização. O conceito de *dominação* torna-se um importante elemento da ação social e recebe sentido da crença na *legitimidade*, entendida como capacidade de justificar o exercício da *autoridade*, que é a representação do *poder* institucionalizado e oficializado. A *legitimidade* do *poder racional e legal* baseia-se em normas legais racionalmente definidas, o que faz da crença na justiça da lei o sustentáculo da *legitimação* na *dominação legal*: no caso da autoridade legal, obedece-se às ordenações impessoais e objetivas legalmente estatuídas e às pessoas por elas designadas, de acordo com procedimentos legais e dentro dos limites fixados pelas regras e regulamentos sancionados legalmente (Weber, 1984, p.172).

Na verdade, na burocracia os funcionários nomeados atuam conforme os 10 critérios seguintes:

1. A ocupação de um cargo é uma "profissão", visto que os funcionários não estabelecem uma relação pessoal, mas a sua lealdade é dedicada a finalidades impessoais e funcionais, isto é, são livres em termos pessoais e estão dependentes em termos *impessoais:* "o desempenho do cargo segue regras gerais, mais ou menos estáveis, mais ou menos exaustivas e que podem ser aprendidas. O conhecimento dessas regras representa um aprendizado técnico especial, a que se submetem esses funcionários" (1979, p.231).
2. Os funcionários estão organizados em uma *hierarquia* de cargos claramente definida:[4] "rege o princípio da hierarquia funcional e da tramitação, isto é, um sistema firmemente ordenado de mando e subordinação mútua das autoridades, mediante uma supervisão dos postos inferiores pelos superiores, sistema que oferece aos governados a possibilidade soli-

damente regulada de recorrer de uma decisão de uma autoridade superior (1984, p.717).

3. Os funcionários têm competências rigorosamente fixadas (normas escritas), de acordo com "o princípio de áreas de jurisdição fixas e oficiais, ordenadas de acordo com regulamentos, ou seja, por leis ou normas administrativas" que constituem a "autoridade burocrática" (1979, p.229): a burocracia é um sistema de antecipação que tudo prevê e tudo soluciona.
4. A posição de funcionário é adquirida por contrato e é denunciável (1984, p.171), já que os funcionários são livres de se demitirem.
5. Os funcionários são selecionados na base de qualificações técnicas, que lhes advêm de diplomas educacionais, sendo nomeados por uma autoridade superior.
6. Os funcionários são remunerados em dinheiro, de acordo com o tipo de função (grau hierárquico) e o tempo de serviço sendo-lhes assegurada uma pensão na velhice.
7. Os funcionários exercem o seu cargo como única ou, pelo menos, principal ocupação: "Quando o cargo está plenamente desenvolvido, a atividade oficial exige a plena capacidade de trabalho do funcionário, a despeito do fato de ser rigorosamente delimitado o tempo de permanência na repartição, que lhe é exigido" (1979, p.231).
8. Os funcionários estão integrados em uma "carreira", conforme a ordem hierárquica do serviço público, com fixação das condições de promoção (se não de cargos, pelo menos de níveis de salário) com base na antiguidade, no mérito ou em ambos.
9. Os funcionários exercem funções sem possibilidade de apropriação do cargo: a sua posição é vitalícia, no sentido de que a sua "independência" é legalmente assegurada pela ocupação do cargo, e não no sentido de ter direito à posse do cargo.
10. Os funcionários estão submetidos a uma rigorosa disciplina e controle.

Ao tipo de sociedade legal, racional ou burocrática corresponde, pois, a *burocracia* como *aparato administrativo*, fundado nas leis e na ordem legal e em que as posições e as relações entre as pessoas são definidas por regras impessoais e escritas.[5] Na verdade, Weber definiu a *burocracia* de acordo com uma série de dimensões, cada qual existente na forma de um *continuum* (Hall, 1971, p.29). Uma organização é mais ou menos burocrática conforme se aproxima ou afasta do padrão definicional, do *typos* (exemplar). Sendo a burocracia o tipo mais puro da dominação legal, para ela não há alternativa: "a opção está entre a burocracia e o diletantismo" (1971, p.25). Ela se impõe em qualquer lado, independentemente da política: "a burocracia como tal é um instrumento de precisão que se pode colocar à disposição de interesses de domínio muito variados – exclusivamente políticos, bem como exclusivamente econômicos, ou de qualquer outra índole" (1984, p.743). Mesmo no caso de revolução ou de ocupação por um inimigo, apenas é necessário mudar os altos funcionários, porque "a máquina burocrática continuaria funcionando normalmente, da mesma forma como o fazia no governo legal anterior" (1971, p.26).

Weber preocupa-se, entretanto, com a expansão do poder burocrático e com as implicações para a elite liberal e não-burocrata, que vê os valores liberais fundamentais ameaçados pelo perigo da dominação dos burocratas, visto que a solução, na sua opinião, está em disposições constitucionais que assegurem o controle da burocracia de cima para baixo pelas próprias elites não-burocráticas: "a questão é sempre a de quem controla a máquina burocrática existente" (1971, p.26). Constitui um perigo o secretismo de conhecimento e intenções característico da burocracia, que, a partir do saber proveniente do conhecimento técnico e da prática adquirida, "procura aumentar a superioridade dos que são profissionalmente informados" (1979, p.269). Merton realça que "a burocracia é um tipo de administração que evita quase por completo a discussão pública de seus procedimentos, ainda que seja possível que se critiquem seus fins" (1971, p.110).

A primeira preocupação do governante será, por isso, a de como explorar o conhecimento especializado do perito sem ter de abdicar em seu favor, mas preservando a sua posição dominante. E o órgão colegial é uma forma típica de fazê-lo. Assim, "mantém um perito sob a observação dos outros e através de medidas canhestras procura obter uma visão global, bem como a certeza de que ninguém o pressiona a tomar decisões arbitrárias" (1979, p.273). No entanto, adverte Beetham (1988, p.79) que:

> é um erro ver o relacionamento típico entre políticos e funcionários como se o primeiro confrontasse o segundo com idéias políticas que depois procurariam desviar ou impedir". Esse autor defende que "é muito mais uma questão de o político dar um impulso próprio ao andamento do processo político, um impulso que pode determinar qual das facções internas em competição prevalecerá, ou o equilíbrio justo do compromisso entre elas que finalmente se consiga.

Como sublinha Beetham, "Weber acreditava que as características definidoras da burocracia eram também condições necessárias à eficácia administrativa e organizacional; que, na verdade, o seu padrão definicional servia também como padrão normativo" (1988, p.27-28). Por isso, importa ver como "opera" o nosso *autor anônimo*, descrevendo os processos de decisão em um sistema de ação regido por essa racionalidade tipificada por Max Weber.

PROCESSOS DE DECISÃO EM UM SISTEMA DE AÇÃO BUROCRÁTICA

O modelo de decisão burocrática[6] enquadra-se em um sistema que valoriza a ação burocrática da administração da educação como o grande critério de adequação da atividade das escolas e dos professores. As características principais dessa ação burocrática são a impessoalidade, a uniformidade, a formalidade e a rigidez.

A ação da decisão burocrática operacionaliza-se através da pré-categorização das situações possíveis que ocorrem na vida das escolas e da pré-decisão dessas situações. É essa pré-decisão, baseada em uma pré-categorização, que, dando as mesmas soluções para todas as situações, garante a uniformidade dos processos decisórios em todo o território. Ela garante, de igual modo, a impessoalidade da decisão, na medida em que a pré-categorização dificulta a consideração, na tomada de decisão, dos fatores pessoais, de amizade, políticos e outros.

Duas razões explicam a separação das pessoas que tomam as decisões – logo, do nosso *autor anônimo* – dos locais onde elas são aplicadas (Formosinho, 1999, p.17):

1. a primeira é a necessidade de uniformidade que obriga que as decisões sejam tomadas por quem as possa impor a todas as pessoas e escolas na mesma situação, o que forçosamente implica que sejam tomadas no topo da organização;
2. a segunda é o respeito integral pela impessoalidade das decisões, ou seja, a não-influência das decisões do conhecimento das pessoas a quem elas dizem respeito implica que todas as decisões que não possam ser tomados previamente através de regras gerais sejam tomadas por quem esteja protegido das diversas pressões das pessoas que sejam afetadas por elas (Crozier, 1963, p.65).

A pré-categorização é feita tanto através dos grandes normativos (nos decretos-leis) como através dos micronormativos (despachos normativos, despachos ou circulares), que, de um modo geral, introduzem sub-pré-categorias em categorias já previamente definidas em documentos legislativos de maior importância. É evidente que um dos objetivos e uma das consequências deste modelo é diminuir bastante a margem de poder discricionário das escolas e dos professores, visto que a sua ação só pode ser mobilizada dentro dos limites dessas pré-categorizações ou, na versão adaptativa do modelo nas escolas, manipulando essas categorizações através de combinações de categorizações, diferenciação do grau de rigor de implementação, exploração de conflitos entre categorizações, etc.

Na sua relação com as escolas, a administração da educação utiliza um juízo de conformidade de *meios* com *meios* e não um juízo de conformidade dos *meios*, com os *fins*. Se consideramos que os instrumentos legais[7] que operacionalizam as decisões, sobretudo os decretos-leis, os decretos regulamentares, as circulares, funcionam como meios, e não como fins em si, então a maior parte da ação burocrática concretiza-se no juízo da conformidade dos *meios práticos* utilizados pelas escolas para concretizarem a sua atuação com os *meios legais* definidos pelo Governo, pelos ministros e, no caso dos micro-normativos, pela própria administração.

De fato, esse juízo de conformidade de *meios* com *meios* não é um *juízo sensato*, no sentido que lhe damos, visto que, ao ritualizarmos as normas, podemos avalizar ou mesmo fomentar a existência de práticas claramente desviantes em relação aos fins definidos.

Por outro lado, a ação burocrática é uma *ação insensata*,[8] no sentido de que provêm do modelo de análise da decisão das escolas os objetivos definidos pelo governo (pelo seu programa, pelos discursos do ministro, pelas orientações políticas) e até os objetivos definidos pela retórica da administração que não estejam concretizados em normativos ou em micronormativos. Ora, essa prática gera um certo desconforto, pois a administração pode avalizar ações de continuidade que estão em clara desconformidade com as normas políticas e inviabilizar ações de empreendedores da mudança que se deixam embalar pela retórica governamental.

A ação burocrática é ainda uma ação que não avalia os resultados da atuação das escolas e dos professores e é, por isso, indiferente às conseqüências da ação. Em outras palavras, é-lhe indiferente saber se elas foram ações sucedidas ou não-sucedidas, não se enquadrando esse tipo de atuação com a componente de modernidade que está implícita no senso comum esclarecido.

Por último, podemos dizer que a ação burocrática é uma *ação insensata* porque não valoriza os "empreendedores da mudança", aqueles que conduzem a sua ação em direção aos fins pré-definidos por si ou pela administração, ou aqueles que procuram utilizar a margem de autonomia que lhes é concedida e que introduzem práticas diferentes. É evidente que a própria existência de práticas diferentes é algo suspeito na lógica de conformidade que subjaz à lógica burocrática e, portanto, a burocracia põe logo sob suspeita aquelas escolas que tenham práticas diferentes, mesmo que essas práticas sejam mais conformes com os objetivos definidos pelo governo.

Evidentemente que nem toda a ação dos administradores da educação baseia-se em juízos burocráticos, pois há no sistema um potencial de *ação sensata* que é, aliás, incentivado pelos políticos que, contrariamente aos burocratas, regularmente têm de prestar contas ao eleitorado. De alguma forma, na situação atual em que há uma retórica a favor da autonomia da escola e a manutenção de um sistema decisório da administração da educação fundamentalmente burocrático, podemos dizer que quanto mais burocrática for a ação da administração mais insensata será e mais acentuará a dissociação entre o discurso governamental e a prática da administração, criando, pelo menos, algum desconforto.

Curiosamente, a esse desconforto é contraposta a consideração de "naturalidade" desse processo de decisão e da impossibilidade de ele acontecer de outro modo. Essa contraposição aduzida pelo *autor anônimo* baseia-se na crença de que a atuação do sistema obedece a um processo de racionalização que é *a melhor maneira* que se conhece de fazer as coisas e no qual se radica a *pedagogia ótima*.

A "PEDAGOGIA ÓTIMA"

O objetivo da administração burocrática e centralizada "não é a máxima adequação das decisões, mas *uma adequação média* ou *o mínimo de desadequação*" (Formosinho, 1999, p.15) e o instrumento indispensável à uniformidade (valor burocrático por excelência) é a *pedagogia ótima*, baseada, no bom estilo tayloriano, na crença de que há sempre *the one best way* (da melhor forma possível) para fazer as coisas e consubstanciada no *currículo* centralizado e *uniforme pronto-a-vestir de tamanho único* (Formosinho, 1987, 1992), que arrasta uma pedagogia uniforme –

mesmos conteúdos, mesma extensão dos programas e limites estreitos para o ritmo de implementação, grelha horária semanal uniforme, cargas horárias determinadas por disciplina –, permitindo, em casos determinados, a substituição do *tamanho único* por *tamanhos estandardizados* para diferentes grupos sociais com a diferenciação das vias de ensino ou a elaboração de *currículos alternativos* ou simplesmente as *adaptações curriculares* para alunos que fogem à "norma" escolar. Tomando como referência o currículo, João Formosinho (1999, p.13-14) exemplificava, em 1984, o centralismo do sistema educativo português:

> A administração central decide não só que disciplinas vão ser leccionadas em cada ano e o tempo dedicado a cada uma, mas também como esse tempo vai ser usado – se em quatro aulas de uma hora ou em duas aulas de duas horas, por exemplo. A pedagogia proposta é, assim, uma *pedagogia burocrática*, pois elabora normas pedagógicas de aplicação *universal* e *impessoal*, como é característico das normas burocráticas. Parte-se do princípio que todas as crianças, independentemente dos seus interesses, necessidades e aptidões, experiência escolar e rendimento académico nas diversas disciplinas, terão de se sujeitar simultaneamente às mesmas disciplinas durante o mesmo período de tempo escolar. Se o aluno tiver grande rendimento a matemática e pouco a línguas, nem por isso pode dedicar mais tempo letivo a uma que a outra, pois a impessoalidade da norma pedagógica burocrática lho impede. A pedagogia burocrática é ainda burocrática em um segundo sentido – na abstração típica dos preceitos administrativos ela ignora também as capacidades, interesses e formação dos professores, as suas opções pedagógicas e as condições de trabalho na escola. Por exemplo, se o professor optar no ensino da história por um método de inquérito que privilegia a descoberta pessoal, ou por trabalho de projectos (em grupo ou pessoais) ou por aulas com jogos de simulação – tudo métodos ativos no ensino da história – dificilmente o conseguirá fazer em aulas de uma hora, que abstrata e impessoalmente foram consideradas as de duração ideal.

Na verdade, em um sistema centralizado, constitui uma das marcas distintivas da "cultura escolar" o princípio da uniformidade – das normas, dos espaços, dos tempos, dos alunos, dos professores, dos saberes e dos processos de inculcação – que João Barroso exemplifica com a evolução pedagógica do ensino primário público, em que a solução alternativa ao *modo individual* de ensino passou pela adoção do *modo simultâneo* (século XVIII) e *do modo mútuo* (século XIX), cujo processo de racionalização adequa-se melhor à revolução industrial:

> em um e noutro caso, a solução adotada passa pela divisão do trabalho dos alunos, pela especialização de funções docentes (com recurso a monitores ou auxiliares do professor), pela seriação do espaço (ainda que no interior da mesma sala), do tempo (horários detalhados), dos saberes (compartimentação das matérias), e dos alunos com a divisão em "classes" e seções, no ensino simultâneo, ou de "monitorias", no ensino mútuo (1993, p.14).

A uniformidade é, na verdade, um conceito essencial a todo o centralismo, que não tolera que as escolas adotem soluções diferentes para os mesmos problemas básicos. De fato, no conceito de uniformidade está implícita a crença de que há sempre *a melhor maneira* de fazer as coisas (Taylor, 1982), válida independentemente das pessoas, das condições locais e das circunstâncias. E, assim, surge igualmente uma *pedagogia ótima* que se concretiza em um programa ótimo para todos os professores e alunos, uma duração de aula ótima, um tamanho de classe ótimo, uma estrutura da escola ótima, etc., cujas "bases científicas" desmoronam-se,[9] porquanto a "boa" pedagogia deve ter em conta quem a usa, para quem é dirigida e em que condições é usada. Essas bases científicas são substituídas em um sistema centralizado pelos juízos de oportunidade dos burocratas centrais que procuram realizar a esse nível o já citado princípio da *mínima desadequação* (Formosinho, 1999, p.16).

É, pois, o princípio da racionalização que leva à adoção de um mesmo modo de organização pedagógica das escolas do ensino primário, que se consubstancia no princípio de *ensinar a muitos como se fosse um só*, tem a "classe" como agrupamento nuclear e faz da "classificação" dos alunos uma das funções organizacionais essenciais para o seu funcionamento. Para Barroso (1993, p.15):

> Esta evolução que obedece a princípios claros de racionalização (do modo de ensino, cujo paradigma continua a ser a relação face a face de um mestre com o seu discípulo) e de eficiência (procurando ensinar ao maior número com o menor dispêndio de meios) faz com que, desde cedo, a escola primária, enquanto organização, adquira um conjunto de características "burocráticas" (temporalmente "pré-burocráticas", se atendermos ao "ideal tipo" de organização definido, mais tarde, por Weber). É o caso, por exemplo, da existência de uma hierarquia de autoridade (entre o professor e os alunos, entre os diversos escalões de alunos-monitores e os alunos menos adiantados, entre os professores das últimas e das primeiras classes, entre o diretor e os professores), assente em uma divisão funcional do trabalho (diretor, professores de cada classe, alunos), prescrita através de regulamentos escritos que possam ser postos em prática, qualquer que seja a escola e qualquer que seja o professor.

A organização burocrática mostra-se, assim, incapaz de se corrigir em função dos seus erros e, se "a sua principal característica é a rigidez, não pode naturalmente adaptar-se facilmente à mudança e tenderá a resistir a qualquer transformação" (Crozier, 1963, p.239). Para contrariar as disfunções que permanentemente segrega, ela se autocorrige pelo *círculo vicioso burocrático* (Gouldner, 1971; Crozier, 1963).

No entanto, a mudança acaba por ser inevitável. Contudo, ela só é possível como *mudança de crise*, concebida por um quadro qualificado da máquina administrativa ou por ela cooptado,[10] conduzida de cima para baixo, e deve ter aplicação universal de modo uniforme em todas as escolas.[11] Na verdade, em um sistema centralizado e burocrático, a introdução de mudanças na pedagogia da escola – seja essa alteração no conteúdo ou na maneira, na estrutura pedagógica ou na prática pedagógica, diga respeito aos alunos, aos professores ou aos processos – só é possível através da produção de regulamentos administrativos: decretos-leis, decretos simples, portarias, despachos normativos, despachos, circulares, ordens de serviço, instruções, esclarecimentos, etc. A inovação aplica-se de maneira (pretensamente) uniforme a todas as escolas, legitimando a concepção que identifica uma inovação com a legislação que a introduz, de modo que "a inovação que é um ato que ocorre nas escolas é diluído em um ato que ocorre nas secretarias dos departamentos centrais; a inovação que por natureza é lenta, ou pelo menos, leva certo tempo a introduzir, é transferida para um ato por natureza rápido e instantâneo" (Formosinho, 1999, p.19).

Esse tipo de inovação por decreto, cujo modelo se baseia na filosofia de que no topo se inova e na base apenas se executa, é caracterizado por Lima (1988, p.58-59) como um paradigma normativo-taylorista:

- Normativo: "estabelece normas burocráticas de alcance universal e uniforme, aplicáveis a todos, em todos os lugares e em todas as circunstâncias. Teoricamente, prevê todos os casos e todas as soluções, tipificando-os e formalizando-os, de tal forma que os atores são reduzidos ao seu papel de meros executores. Com as suas características de centralismo, uniformidade, previsão, hierarquia bem determinada, impessoalidade, etc., bem se pode aproximar do 'tipo ideal' de burocracia, estudado por Max Weber".
- Taylorista: "a tónica na centralização e na hierarquia formal, a divisão de tarefas administrativas em termos rígidos de concepção e implementação, o encadeamento sucessivo das tarefas e dos escalões burocráticos a vencer e, sobretudo a idéia da máxima rentabilidade e eficiência, são algumas das conhecidas máximas tayloristas aplicadas à administração do sistema educativo. Designadamente a máxima rentabilidade e eficiência são conseguidas através da atualização de um único modelo, o modelo mais racional, que supostamente considera todas as alternativas possíveis e opta pela mais adequada, pela solução ótima. Trata-se de uma racionalidade *a priori*, típica do *homo oeconomicus*, oposta a uma racionalidade que mais do que para soluções ótimas se dirige frequentemente para soluções possíveis ou satisfatórias, para já não falar no contraste que mantém com a racionalidade própria dos atores".

Com efeito, as reformas produzidas por iniciativa do poder político e da sua administração central visam a introduzir mudanças estruturais, sejam elas derivadas da pressão das críticas da sociedade e/ou da evolução dos saberes educacionais, seja, apenas motivadas por razões de estratégia de afirmação pessoal ou partidária. Elas "correspondem, normalmente, a respostas globais (decididas centralmente sem terem em conta a diversidade dos contextos) para problemas locais que são os que, em cada escola e sala de aula concretas, afligem, de maneira e por razões diferentes, cada responsável escolar, cada professor e cada aluno" (Barroso, 2001). Mesmo quando se apropriam de inovações produzidas por iniciativa de "minorias ativas" de professores ou movimentos pedagógicos que parecem desfazer a uniformidade que constitui a "imagem de marca" da pedagogia coletiva, a lógica de generalização das "boas práticas" pelo processo burocrático não belisca o "núcleo duro" da organização da classe que "permanece, nos horários, na constituição das turmas, na divisão das disciplinas, na transmissão do saber, no processo de classificação dos alunos, na relação pedagógica" (Barroso, 2001, p.80). Este é também o diagnóstico realizado nos Estados Unidos por David Tyack e Larry Cuban (apud Barroso, 2001, p.80-81) após um século de reformas:

> As bases da gramática da escola, como a própria configuração da classe, têm permanecido estáveis ao longo das últimas décadas. Poucas têm sido as mudanças na maneira como as escolas dividem o tempo e o espaço, classificam os alunos e os distribuem pelas classes, agrupam os conhecimentos em disciplinas e concedem graus e "créditos" como evidências de aprendizagem. (...) A continuidade da gramática da instrução frustrou gerações de reformadores que sonharam alterar estas formas estandardizadas.

Em Portugal, são vários os exemplos de tentativas de reformas que visavam a mudanças estruturais na organização pedagógica da escola e que falharam em seu objetivo: a construção de escolas de *área aberta (tipo P3)*, a introdução do *regime de fases no ensino primário*, a criação de um sistema de *avaliação* baseado no princípio da progressão *contínua*, a criação da *área-escola* como unidade curricular transdisciplinar, a *gestão flexível do currículo*; a "flexibilização" da duração das aulas com a introdução de blocos de 90 minutos. Apesar de mexerem em determinadas dimensões da estrutura da classe, essas reformas mantiveram todo o resto e acabaram por ser "bloqueadas pela própria reação regeneradora da estrutura original", a classe, ela mesma "uma unidade para a definição do espaço escolar, a divisão do tempo, a seriação dos alunos, a distribuição do serviço docente, a progressão das aprendizagens" (Barroso, 2001, p.82). Desse modo, as reformas falham porque se limitam a aperfeiçoar o que já existe, sem abalar os princípios, modelos de referência e modos de organização; elas falham "não tanto por causa do seu conteúdo, mas pela sua forma e pela estratégia de execução", por estarem imbuídas de uma concepção normativa de mudança que não considera a especificidade dos contextos, o carácter construído das situações educativas e a autonomia relativa dos atores escolares (Barroso, 2001, p.82 e 83).

Hoje está em causa esse processo de "tecnização" da mudança organizacional sem contextualização "às características e capacidades concretas dos sistemas humanos que deverão executá-los e que são os únicos que lhes podem dar vida" (Friedberg, 1993, p.329 e 331). Deve-se, porém, salientar que nem todas as áreas da administração escolar são igualmente afetadas pela lógica centralista: "a gestão pedagógica é-o menos que a gestão administrativa da escola; adentro da gestão pedagógica o currículo e a organização pedagógica da escola são mais afetados do que os métodos de ensino e a avaliação"[12] (Formosinho, 1999, p.17). Mas torna-se claro que o sistema burocrático centralizado é intrinsecamente inadequado à gestão escolar pedagógica (op cit., p.18):

> Sendo a relação pedagógica uma relação pessoal não pode ser sujeita a sistemas que se baseiam na *impessoalidade*. Sendo a relação pedagógica uma relação de pessoas concretas dificilmente se sujeita a esquemas que se baseiam na *abstração*. Sendo a relação pedagógica uma relação que se destina a transmitir conhecimentos, valores, normas e atitudes a crianças e adolescentes que diferem grandemente entre si por diferenças de temperamento, de origem social, meio ambiente, aptidões, interesses, necessidades e motivações, transmissão feita por pessoas também diferentes, dificilmente aceita soluções pedagógicas baseadas na uniformidade. Devendo a relação pedagógica ser uma relação pessoal próxima não se compadece com sistemas que se baseiam na *distância* e afastamento entre quem decide e as pessoas interessadas na decisão. Podendo a relação pedagógica ocorrer entre pessoas muito diferentes em contextos muito diferentes não é facilmente enquadrável no princípio da "*pedagogia ótima*", para a qual não há aliás base científica; pelo contrário, se há algum consenso entre as várias teorias pedagógicas, é acerca da necessidade de qualquer relação pedagógica, para ser bem sucedida, ter em conta as especificidades dos intervenientes e do contexto.

Assim, a introdução de inovações pelo *modo burocrático* retoma a "eterna promessa" de resolução para "melhor" das sucessivas "crises" da educação, repõe um sistema de "reforma permanente" que, por sua vez, torna-se parte mais do problema que da solução e, nessa medida, alimenta "a crise permanente" (Terrén, 1999, p.214), abalando as bases da sua legitimação e da mobilização dos atores sociais.

RETÓRICA DE LEGITIMAÇÃO E MOBILIZAÇÃO

A escola de massas é uma realização da modernidade,[13] constelação cultural e estilo de vida cuja ideologia associa o progresso econômico e social ao triunfo da razão e baseia-se na crença de que a estruturação e o funcionamento das instituições estão sob o controle racional de um conhecimento sistemático de verdade. A essa *fé na razão* caracterizadora da modernidade – que toma o lugar da busca e elucidação da razão da fé que uma religião (tornada inimiga do progresso) comporta – Max Weber chama o *carisma da razão*. Esse *carisma da razão* leva à racionalização do sagrado, mas igualmente à sacralização do racional, e o seu triunfo faz da modernidade um tempo de racionalização e emancipação, de conjugação do progresso moral e do progresso material da humanidade em que a educação universal torna-se o instrumento decisivo para controlar o presente e conquistar o futuro: "educar" foi a grande solução da modernidade para quase tudo, "a fórmula mágica da política para reunir a realidade e o sonho" (Terrén, 1999, p.7-8). Daí que as reformas dos sistemas escolares tenham desempenhado "um papel decisivo na passagem da um momento (religião/vida individual) a outro (razão/vida social) ao ligar as preocupações administrativas do estado com as exigências epistemológicas que comportava o autogoverno das subjetividades "liberadas" da velha ordem e que deviam ser ressocializadas no novo" (Terrén, 1999, p.40).

Na escola de massas jogam-se "a utopia da promessa de modernidade e a burocracia do seu pôr-se em marcha", tanto é que o discurso educativo foi buscar "à linguagem da modernidade o mais essencial do acervo simbólico para poder fazer dialogar o utópico e o burocrático na sua permanente espiral de reforma" (Terrén, 1999, p.6). A própria idéia de "reforma" impõe-se no vocabulário da modernidade como correlato prático do diagnóstico do velho e da necessidade de introduzir melhorias: a revolução educativa viria mesmo a ser "a revolução mais significativa do nosso tempo" – pela liderança moral do Estado, a racionalidade das suas organizações e a intervenção das ciências sociais – conduziria a uma sociedade emancipada e democrática e ao desenvolvimento do capitalismo. Assim, a par da ciência e da tecnologia, é na educação pensada e desenhada pelo Iluminismo que se exibe de forma paradigmática a harmonização da dialéctica moderna de fé e razão e nela "o progresso se instituiu como disciplina e a utopia se veio a materializar como burocracia" (Terrén, 1999, p.26). Por detrás da educação, encontra-se o segredo da perfectibilidade da natureza humana e por ela se oferece o repto do seu aperfeiçoamento efetivo: tudo pode ser melhorado, tudo pode ser aprendido... "com muita ordem e método", escrevem Diderot e D"Alembert (apud Terrén, 1999, p.35).

Immanuel Kant (1983, p.32) virá a apontar como finalidade última da educação a regeneração de toda a terra mediante a consecução da meta da Ilustração sobre a perfectibilidade do homem:

> É provável que a educação se vá melhorando constantemente e que cada geração dê um passo em direcção à perfeição da humanidade, já que por trás da educação está o grande segredo da perfeição da natureza humana. A partir de agora pode ocorrer isto, porque se começa a julgar com acerto e a ver com clareza o que propriamente convém a uma boa educação. Encanta imaginar-se que através da educação a natureza humana se desenvolverá cada vez melhor e que isso se pode produzir em uma forma adequada à humanidade. Descobre-se aqui a perspectiva de uma felicidade futura para a espécie humana.

A modernidade afirma, pois, a perfectibilidade do homem através dos seus próprios esforços. É, assim, a filosofia do progresso e da emancipação que orienta as estratégias organizacionais com vistas à racionalização das práticas sociais e à neutralização das formas de vida alternativas, ao mesmo tempo em que o potencial legitimador da mudança social a ser conduzido pelas elites culturais transformou-se de igual modo na "coarctada filosófica de toda uma rede de tecnologias disciplinares, expressão de um novo estilo de dominação e da destruição de formas alternativas de socialização" (Terrén, 1999, p.44).

Desse modo, a racionalização da administração acaba por esgotar-se na uniformidade administrativa que Napoleão introduziu na administração francesa e que veio a influenciar o sistema de administração de outros países. Essa uniformidade administrativa só pode ser bem compreendida se vista como contraponto administrativo da idéia filosófica da igualdade dos homens perante a lei (Formosinho, 1999, p.16).

O fundamento filosófico da igualdade dos homens remete à crença kantiana na racionalidade da igualdade de respeito de todas as pessoas, enquanto uma perspectiva mais utilitarista defende que tratar todas as pessoas como iguais é a melhor forma de maximizar a felicidade. Já a perspectiva religiosa de pendor cristão assume a igualdade dos homens como correlato da filiação divina de cada ser humano, enquanto no manifesto *Os direitos do homem*, de Thomas Paine, em 1791, encontramos uma justificação histórica da igualdade: "Toda a história da criação e toda a narração tradicional (...) estão de acordo em estabelecer (...) que todos os homens nascem iguais e com os mesmos direitos naturais" (apud Bowen, 1992, p.269). Na verdade, todas são versões de uma motivação moral para alcançar a igualdade, em nome da qual se defende que os governantes devem procurar passar do reconhecimento da igualdade moral para a criação efetiva de algum tipo de igualdade nas vidas dos governados (Warburton, 1998, p.107). Helvetius declara mesmo que as causas da desigualdade entre os homens resultam do acaso, isto é, das diferentes oportunidades de educação, e que é possível "modelar um plano" de educação pública que as diminua (1989, p.313). Segundo ele, a chave da solução está, pois, na "boa" organização comum dos homens e no poder da educação.

Porém, a contraposição do princípio da igualdade através da uniformidade administrativa não deixa de representar uma perversão da lógica filosófica, que implica o desejo de dar iguais direitos e deveres a todos os seres humanos independentemente de nascimento, classe social, raça ou religião. Na verdade, "aquela lógica administrativa impõe uma igualdade de comportamento no local de trabalho independentemente de capacidades, interesses, experiências, desejo de inovar, competência profissional, etc." (Formosinho, 1999, p.16). A melhor caricatura dessa uniformidade administrativa na educação é a daquele ministro francês da educação que, no século XIX, gabava-se de poder anunciar com uma simples consulta ao relógio qual era a página de Virgílio que, naquele momento, todos os alunos do Império estavam a anotar.

No entanto, essa uniformidade administrativa restringe o sentido da igualdade em educação. Assim, no que diz respeito à igualdade de oportunidades, encontramos fatores de desigualdade, como a desigual implantação da rede escolar, as desigualdades socioeconômicas e a desigual valorização da educação pelas famílias. E quando o acesso é formalmente garantido a todos, ainda encontramos diferenças na qualidade dos edifícios, dos equipamentos, do material didático e dos recursos humanos das escolas. Além disso, mesmo com a implementação de medidas igualitárias de políticas educativas que garantam a igualdade formal e real de oportunidades educacionais, esta pode não ser usada, tal como quando há crianças que "fogem" à escola. Esses fatores remetem-nos para a igualdade entendida na sua relação com o sucesso escolar e para a consideração de outros aspectos: o desigual grau de adaptação da criança à vida escolar, a seleção escolar precoce por escolha prematura das vias escolares ou de ensino (pré-)profissional, a falta de oportunidades escolares pós-obrigatórias para os alunos que não seguem as vias de acesso ao ensino superior, a menor qualidade dos recursos educacionais nas regiões pobres, os padrões de aprovação/reprovação anual que prejudicam a aprendizagem dos alunos mais desfavorecidos, a falta de atendimento às suas necessidades especiais, o desigual apoio familiar à sua instrução, a falta de preparação dos professores para lidar com a nova população escolar da escola de massas e as diferenças de educação familiar informal que se refletem nas possibilidades de sucesso escolar dos alunos das classes mais desfavorecidas. Todos esses fatores requerem igualmente medidas igualitárias de política educativa (Formosinho, 1998, p.175-183).

A modernidade mobiliza, assim, os "sonhos" da humanidade, como o é a utopia da igualdade, e marca-lhe um lugar e um tempo na história das sociedades distópicas, evidenciando a dimensão distópica das concretizações históricas da utopia da *escola para todos* que, por sua vez, são concebidas como etapas necessárias na *longa marcha* da humanidade para a concretização da felicidade dos homens sem recurso a qualquer providência divina. Na verdade, utopia e burocracia cruzam-se na racionalidade e na "monotonia" do seu modo de pensar a *ordem* por oposição ao *caos*: na simetria e na regularidade, na geometria e na uniformidade, na "hostilidade" à natureza e na crença na educação, no dirigismo e no fechamento autárquico (Ruyer, 1988, p.41-54).

Essa sociedade nova – uma sociedade de seres humanos iguais e felizes – identifica-se com a nação que, para o ser humano, requer um "segundo nascimento" que só a educação pode proporcionar-lhe, como se pode ler nas *Considerações sobre o governo da Polônia e o seu projeto de reforma*, de Rousseau (1988, p.73). Rousseau parece remeter para o *Contrato social*, para a vontade geral e para a conservação do homem, em união com os outros e permanecendo livre (1981, p.21), já que esse autor declara: "É a educação a que deve dar às almas a força nacional, assim como dirigir de tal maneira as suas opiniões e os seus gostos que cheguem a ser patriotas por inclinação, por paixão, por necessidade" (1988, p.68).

Só a educação está, portanto, em condições de "produzir" um *homem novo*, mas, para tal, é necessário que o Estado crie instituições que imprimam nas pessoas "gostos mais sãos e nobres" do que os que existem. Ora, "quem pretenda dar instituições a um povo deve dominar as opiniões e governar através delas as paixões dos homens" (1988, p.68). O *homem novo* é "fruto da educação", seja de uma "educação nacional" (1988, p.69) alcançada através de "jogos de crianças" e de "instituições que aos olhos dos homens superficiais resultam ociosas" e que fazem desenvolver o sentimento de pertença à comunidade pátria – "comover os corações e fazer amar a pátria e as suas leis" (1988, p.56) –, seja através de um sistema escolar único: "Sendo todos constitucionalmente iguais, todos devem ser educados conjuntamente e da mesma maneira, e se não pode estabelecer-se uma educação pública inteiramente gratuita ao menos será necessário pô-la a um preço acessível aos pobres" (1988, p.70).

A educação assume, então, um carácter social. Por meio dela se garante a coesão social: "A sociedade não poderia existir sem que houvesse em seus membros certa homogeneidade: a educação perpetua e reforça essa homogeneidade, fixando de antemão na alma da criança certas similitudes essenciais, reclamadas pela vida coletiva" (Durkheim, p.31). Não lhe chega, pois, a dimensão individual da educação e o seu carácter social apela à "uniformidade" dos homens, que, diz Kant, só é possível quando eles "obrem pelos mesmos princípios, e estes princípios cheguem a ser-lhes outra natureza" (1983, p.33). Nesse sentido, o fim da educação será, diz Stuart Mill, aproximar o homem da perfeição da sua natureza (apud Durkheim, p.26).

Rousseau (1988, p.69) defende que a lei deve regular a matéria, a ordem e a forma dos estudos desse sistema público, que deve ser assegurado por professores cidadãos nacionais:

> Os seus professores serão unicamente polacos, de preferência casados, diferentes todos eles pelos seus costumes, sua probidade, seu bom sentido, sua inteligência, e todos destinados a empregos não mais importantes ou honráveis, o que é impossível, senão menos penosos e mais notórios quando, depois de um certo número de anos, tenham cumprido satisfatoriamente o anterior.

Dessa exigência de professores cidadãos nacionais, em virtude da exigência de nenhum homem público ter mais estádio permanente que o de cidadão, passar-se-á, mais tarde, ao estabelecimento de um corpo nacional de professores, resultante de um complexo processo histórico de profissionalização dos professores (Nóvoa, 1987), no qual se inclui a convergência de interesses, quer do Estado para o controle do sistema público escolar, quer dos professores para fugirem ao controle próximo das comunidades locais. Por esse motivo, "a *funcionarização* deve ser encarada como uma vontade partilhada do Estado e do corpo docente" (Nóvoa, 1991, p.14).

Essa "partilha de vontade" entre o corpo docente e o Estado advém da "comunhão" de idéias e ideais proporcionada pelo pensamento estruturante que o nosso *autor anônimo* apreende e mobiliza, o qual inclui também uma concepção de criança e de infância.

IMAGEM DE CRIANÇA

No primeiro número do *Berlinisches Journal für Aufklärung*, em 1788, discute-se a definição exata da Ilustração, que é apresentada como "um esforço do espírito humano para iluminar totalmente, de acordo com os princípios da razão pura, e com vistas ao progresso do útil, todo o objeto dentro do mundo das idéias, toda a opinião humana e suas consequências, tudo aquilo que tem um efeito sobre o homem" (apud Bowen, 1992, p.228). Assim, escreve Fernández Enguita (1992, p.16), todos os ilustrados assinalam um papel mais importante à formação da conduta e do entendimento que à transmissão de conhecimentos ou idéias: do entendimento, porque vêem nele a base da liberdade de consciência e da tolerância; da conduta, porque vêem na educação o instrumento para tirar o homem do seu estado natural, com o objetivo de que possa somar-se ao contrato social (Locke), de que alcance a moralidade (Kant) ou de que seja um bom cidadão da República (Rousseau).

À infância é reconhecida pelos ilustrados a sua especificidade, de que alguns fazem uma etapa pré-moral, através da sua vinculação à natureza. Contudo, divergem na organização institucional da educação: Locke defende como melhor educação para a criança a que lhe é assegurada por um preceptor privado, enquanto Kant desconfia do particularismo das famílias e prefere a educação pública à doméstica. Em *Emílio*, Rousseau (1990) defende um preceptor privado, à margem da escola, mas em *Considerações sobre o governo da Polônia*, embora contemporize com a instrução doméstica, reclama a educação pública quando se trata dos exercícios corporais, porque, diz ele, é "a parte mais importante" da educação, não apenas por garantir uma *mente sã em um corpo são* (Juvenal), mas principalmente pelo seu objetivo moral de desenvolvimento da sociabilidade. Segundo o autor (1988, p.71, itálicos nossos):

> Não deve permitir-se que joguem separadamente segundo o capricho de cada um, mas todos juntos e em público, de maneira que haja sempre um objetivo comum ao qual todos aspirem e, ao mesmo tempo, impulsione a competência e a emulação. (...) A sua instrução pode ser doméstica e particular, mas os seus jogos devem ser sempre públicos e comuns a todos; não se trata, com efeito, de mantê-los ocupados, de procurar-lhes uma constituição robusta, de fazê-los ágeis e bem *plantados*, mas de *habituá-los desde cedo à regra, à igualdade, à fraternidade, à emulação, a viver sob o olhar dos seus concidadãos e a desejar a aprovação pública.*

A escola da modernidade concebe a educação como um assunto moral, já que os seus resultados mostram-se na produção de pessoas que são "boas ou más, úteis ou não" (Locke, s/d, p.4). A essa concepção não subjaz a noção de uma natureza moralmente preexistente: uma natureza depravada, deduzida da doutrina do pecado original,[14] ou uma natureza boa, como defende Rousseau logo na abertura de *Emílio*, mas que se deformaria pelas mãos do próprio homem, através das instituições e práticas: "Tudo é bem ao sair da mãos do Autor das coisas; tudo degenera entre as mãos do homem" (1990, p.15). A essa concepção subjaz, sim, a noção de neutralidade moral do recém-nascido: "O homem (...) não é por natureza um ser moral; só o será quando eleve a sua razão aos conceitos do dever e da lei" (Kant, 1983, p.86).

Tal como sua mente, o recém-nascido é tábula rasa, é "um papel branco, livre de letras, sem idéia alguma" (Locke, 1974, p.47): a mente da criança é "só como papel branco ou cera, que se pode moldar e adaptar como se quer" (Locke, s/d, p.396). Por isso, Locke afirma que a diferença que se pode encontrar nas maneiras e habilidades dos homens "deve-se mais à sua educação do que a outra coisa" (Locke, p.53). Também Kant aceita o conceito aristotélico da latência, o qual inclui a predisposição ao desenvolvimento para a bondade moral: "a Providência não colocou [as predisposições para o bem] já formadas nele; são meras predisposições e sem a distinção da lei moral"[15] (1983, p.34). De igual modo escreve Durkheim: "Exclusão feita de vagas e incertas tendências sociais atribuídas à hereditariedade, ao entrar na vida, a criança não traz mais do que a sua natureza de indivíduo. A sociedade se encontra, a cada nova geração, como que em face de uma tábula rasa, sobre a qual é preciso construir quase tudo de novo" (s/d, p.32).

É essa convicção de que as pessoas estão uniformemente em branco ao nascer e, por isso, são totalmente moldáveis às influências externas que leva Helvetius a afirmar que *a educação pode tudo*, afirmação em que se alicerça toda uma teoria que barrou o caminho ao absolutismo e ao privilégio e, através da fé em uma educação externa e da conduta, preparou o caminho para o igualitarismo (Bowen, 1992, p.241). Esta imagem da criança como papel em branco no qual tudo se pode escrever ou cera (o mesmo é dizer barro ou matéria-prima)[16] a modelar segundo um modelo pré-determinado completa-se com a noção de não-adulto que comporta a categoria de infância como ausência de liberdade Para Locke (1973, p.46, itálicos nossos):

> Nascemos livres da mesma maneira que nascemos racionais: mas de momento não podemos exercitar nem a liberdade nem a razão. A idade, que nos traz uma, traz-nos outra. Vemos assim como se compaginam a liberdade, a liberdade natural e o *submetimento ao pai e à mãe*, e como ambas as coisas se fundamentam em idêntico princípio. O filho é livre porque seu pai o é, já que *se governa pela inteligência deste*, e seguirá governando-se até ao pleno desenvolvimento da sua própria vida. A liberdade de que goza o homem que chegou à idade da discrição, e o *submetimento da criança a seus pais* até que a alcança, caminham tão unidos entre si e são tão evidentes.

Porque à infância corresponde a ausência de liberdade, torna-se necessária a educação moral, defende Kant. Também Durkheim faz da educação moral e social a "obra da educação": "É preciso que, pelos meios mais rápidos, ela agregue ao ser egoísta e social, que acaba de nascer, uma natureza capaz de vida moral e social" (s/d, p.32-33). Kant retoma a metáfora da *planta* a que se refere Rousseau para aceitar igualmente a especificidade da infância como etapa do desenvolvimento e o tratamento da criança como criança e do adulto como adulto, reconhecer os germes vários que a natureza coloca nessa planta, retomar o princípio do *Emílio* de que "na ordem natural, como todos os homens iguais, a sua vocação comum é o *estado de homem* (1990, p.21, itálico nosso), reafirmar a "capacidade de aprender" que a criança tem desde quando nasce e, contra uma política de *educação negativa* que conduziria ao florescimento da personalidade natural, afirmar a necessidade de *disciplina* para a etapa que vai dos 5 ou 6 anos até a puberdade.

Kant retoma, pois, a metáfora da planta, reconhece os múltiplos germes que a natureza nela colocou e afirma que "o seu desenvolvimento é só questão de semeá-la e plantá-la adequadamente" (1983, p.33) para, em seguida, opor-se a um crescimento espontâneo da criança e afirmar a necessidade de cumprimento do destino da natureza humana: deve-se educar a criança "conforme a idéia de humanidade e do seu completo destino" (1983, p.34). Em Kant, a metáfora do cultivo requer a metáfora do molde que a idéia de homem contém e pela qual se guiará a educação da criança. Parece pressupor, por isso, a poda que, pelo corte e pelo desbaste (1983, p.31), dá forma à planta, influenciando o seu crescimento, mas, de fato, retoma a idéia de *educação negativa* de Rousseau. Com efeito, seguindo de algum modo a noção da segunda etapa rousseauniana (depois da "natureza" vêm as "coisas"), Kant estende a analogia orgânica para argumentar que "a árvore plantada só em um campo cresce torta e estende as suas ramas ao largo, enquanto uma árvore que está no meio do bosque cresce direito pela resistência que lhe opõem as árvores que a rodeiam e busca sobre si a luz do sol" (1983, p.37).

A criança não deixa de ser "uma árvore do (...) jardim", como se pretende em *Emílio* (Rousseau, 1990, p.15), porém a proteção agora é outra. Não se trata de proteger a "arvorezinha que o acaso fez nascer no meio de um caminho e que (...) os passantes fazem definhar, dando-lhe encontrões por todos os lados e dobrando-a em todos os sentidos" (1990, p.15), mas de considerar a planta já nascida, inserida em um "bosque" e *em crescimento*. O educador-jardineiro continua a cultivar, a regar a planta, para que ela não morra, mas zela pelo seu crescimento para assegurar que ela dê frutos que sejam a sua delícia. Não se trata apenas de educação como criação – *educat nutrix*, a ama alimenta –, mas da instituição e da instrução: *instituit poedagogus, docet magister*, o preceptor institui, o mestre instrui (1990, p.16 e 21). Por isso, a metáfora do cultivo carece de imagens que vão além da alimentação e dos cuidados preventivos – como são a rega e a retirada de pedras ou ervas "daninhas" que impediriam que ela vingasse – e que lhe garantam um ambiente propício ao crescimento vertical (1990, p.17).

Não se trata de um crescimento espontâneo que caracterizaria a árvore do campo, mas de um crescimento pensado em função do *ideal de homem* a ser construído em sociedade. Trata-se de guiar, pela disciplina (*Zutch*), o crescimento da planta para que ela cresça direita, não entorte por falta de regras e dê melhores frutos: "a disciplina é meramente a submissão da barbárie" (Kant, 1983, p.38). A disciplina reprime a natureza animal (logo, espontânea e selvagem) e permite o cultivo (*Bildung*), no sentido de proporcionar informação e instrução, levando ao desenvolvimento dos rasgos de discrição (*Klugheit*) que se manifestam na boa conduta social e no refinamento (*Civilisierung*) e que se demonstram nas boas maneiras, na cortesia e na discrição (Kant, 1983, p.38; Bowen, 1992, p.280).

Nesse sentido, a educação encerra a *virtude criadora* do *homem novo* e nela reside a sua grandeza: "A educação não se limita a desenvolver o organismo, no sentido indicado pela natureza, ou a tornar tangíveis os germes, ainda não revelados, embora à procura de oportunidades para isso. Ela cria no homem um ser novo" (Durkheim, s/d, p.33). Nessa *virtude criadora* do homem como ser social reside a importância e a fecundidade do trabalho educativo: "Esse ser social não nasce com o homem, não se apresenta na constituição humana primitiva, como também não resulta de nenhum desenvolvimento espontâneo. Espontaneamente, o homem não se submeteria à autoridade política; não respeitaria a disciplina moral, não se devotaria; não se sacrificaria" (s/d, p.32).

De acordo com tal concepção, a criança precisa de alimento, de disciplina (*Zutch*) e do cultivo dos aspectos morais e cognitivos (*Bildung*). A disciplina, diria Locke, adquire-se pela habituação: "O que pensais que é necessário que façam, deveis ensiná-los a fazê-lo mediante uma prática constante, sempre que a ocasião se apresente e, ainda, se é possível, fazendo surgir as ocasiões. Isso criará hábitos neles que, uma vez estabelecidos, atuarão por si mesmos, fácil e espontaneamente, sem ajuda da memória" (Locke, s/d, p.95-96).

Essa fixação, esse enraizamento, essa modelagem pela habituação fazem parte do desenvolvimento da criança à medida que cresce, desenvolve-lhe a capacidade de deixar de lado os impulsos e até de diferir no tempo aquilo que vale a pena. Pressupõe ainda uma concepção passiva da criança, tornada papel branco pronto a imprimir, receptáculo vazio pronto a receber, cera dúctil pronta a ser modelada pela "moralização": "Ao homem pode-se adestrar, amestrar, instruir mecanicamente ou realmente ilustrar. Adestram-se os cavalos, os cães, e também se podem adestrar os homens. Contudo, não basta o adestramento; o que importa, sobretudo, é que a criança aprenda a pensar. Que obre por princípios, dos quais se origina toda a ação. Vê-se, pois, o muito que se necessita fazer em uma boa educação" (Kant, 1983, p.39).

Kant reforça essa idéia de passividade, de submissão e obediência passiva, de coação mecânica através da disciplina que submete o homem às leis da humanidade quando diz que as crianças devem ser enviadas *desde cedo* à escola, não tanto para que aprendam algo, mas para que se acostumem a "*ficar quietos* e a *observar exatamente o que se lhes manda*, para que mais tarde não se deixem dominar pelos seus caprichos momentâneos" (1983, p.30, itálicos nossos). Trata-se com efeito, da parte *negativa* da cultura do espírito, que se baseia no exercício – no trabalho: "o homem é o único animal que precisa de trabalhar" (1983, p.62) – e na disciplina, sem que as crianças precisem conhecer alguma máxima: a educação é "passiva para o aluno, que há-de seguir a direção de outro; outros pensam por ele" (1983, p.67); "A escola é uma cultura coerciva (*Zwangmässige*). (...) A educação tem que ser coerciva, mas sem que, por isso, se tenha de escravizar as crianças" (1983, p.63).

Esse currículo oculto torna-se "mais fundamental" que o currículo explícito para a formação de homens e mulheres necessários ao aparelho produtivo: "O trabalho fabril requeria trabalhadores que chegassem a tempo, especialmente gente para as linhas de montagem. Requeria trabalhadores que aceitassem ordens sem as questionar, uma hierarquia gestora. E requeria homens e mulheres preparados para mourejarem em máquinas ou em escritórios, a desempenhar operações brutalmente repetitivas" (Toffler, 1984, p.33). Na opinião do autor de *A terceira vaga*, trata-se do currículo dos "três cursos: um de pontualidade, outro de obediência e outro de trabalho de rotina, repetitivo".

Portanto, a educação orienta-se mais para a obediência do que para a liberdade, mais para a submissão que para a participação. É o que salienta Fernández Enguita (1992, p.79-80):

- o pai e o professor são mais que indivíduos, são agentes da sociedade que, na família ou na escola, representam para o filho ou o aluno, o interesse geral frente ao capricho, a norma frente ao caso;

- o pai e, mais ainda, o professor são quem sabe e quem deve ensinar e o filho ou o aluno é quem ignora e deve aprender;
- o pai e o professor são quem dá e o filho ou o aluno é quem recebe;
- o pai e, mais ainda, o professor são os que representam o saber, a racionalidade, a civilização, a cultura e o filho ou aluno representa a ignorância, o instinto, a barbárie, a natureza;
- o pai e o professor são adultos, são os possuem todas as faculdades humanas e, por isso, estão capacitados para decidir e o filho ou o aluno não desenvolveu ainda aquelas capacidade e precisa de alguém que decida por ele;
- enfim, o pai e o professor são quem manda e o filho ou o aluno é quem obedece.

A inculcação e a passividade resultam, pois, de uma concepção de criança como versão imperfeita da idade adulta, que o pai e o educador devem corrigir o mais cedo possível. A noção de *disciplina* comporta a justificação da imposição à criança de modelos de adulto e vê nela um pequeno selvagem, que é necessário "educar, emendar, domar, domesticar, cultivar começando por sachar e cavar o solo, ou, para tudo dizer em uma palavra, corrigir" (Reboul, 2000, p.65). Essa necessidade imperiosa de corrigir desloca-se com facilidade para a ação de castigar e permite até que se associe a educação ao temor ou à vara (ou régua na versão mais escolar) como companheiro constante da infância. O castigo físico[17] legitima-se pela invocação da máxima "poupa a vara e estragarás o menino" (Bowen, 1992, p.247) e do versículo bíblico "Aquele que poupa o chicote odeia o seu filho; aquele que o ama corrige-o sem demora" (*Provérbios*, XIII, 24). Contudo, trata-se mais do dito de Hobbes: *malus, puer robustus*, o homem mau é apenas uma criança robusta, que cresceu em força, não em consciência e em sabedoria (Reboul, 2000, p.65).

Por isso, a modernidade evacua, mais da retórica que das práticas, a violência física e a substitui por dispositivos organizacionais que garantam a "ordem", a "disciplina", a coação sem a qual não concebe a possibilidade de uma educação moral. A modernidade requer que a educação seja "um trabalho de autoridade" (Durkheim, s/d, p.42), porquanto o temor do castigo "não tem valor senão quando o castigo seja reconhecido como justo por aquele que o recebe; e isso implica que a autoridade, ao punir, já é reconhecida como legítima" (s/d, p.43).

Na verdade, mais que a coação mecânica, a resistência natural que impede os vícios, a modernidade prefere a coação moral que caracteriza o modo de pensar: "A liberdade é filha da autoridade bem compreendida. Porque ser livre não é fazer o que se queira; é ser-se senhor de si, saber agir pela razão, praticando o dever" (s/d, p.44). Na coação moral, o aluno faz uso da sua reflexão e da sua liberdade, "mas submetido às leis" (Kant, 1983, p.41). Trata-se, pois, de uma educação *ativa* para o aluno: a educação moral apóia-se não na disciplina, mas em máximas. Por ela, "se há-de procurar que o aluno obre bem pelas suas próprias máximas e não por costumes; que não só faça o bem, mas que o faça porque é bom", já que o único valor moral das ações está nas máximas do bem" (Kant, 1983, p.67).

Nessa parte positiva da educação, Kant sugere o método socrático de usar a razão das crianças para retirar delas mesmas os conhecimentos racionais, em vez de *os meter* na sua mente, como é próprio do método mecânico-catequístico (1983, p.69). Já Durkheim admite que constituem elementos da moralidade: o espírito de disciplina, a vinculação aos grupos sociais, a autonomia da vontade (Durkheim, 2002, p.47-113). Mas pergunta: "Como (...) poderá um indivíduo pretender reconstruir, pelo esforço da sua reflexão, aquilo que não é obra do pensamento individual? Ele não se encontra em face de uma tábula rasa, sobre a qual poderia edificar o que quisesse, mas diante de realidades que não podem ser criadas, destruídas ou transformadas" (p.28). Por isso, adianta Kant, "um dos maiores problemas da educação é conciliar, sob uma legítima coação, a submissão com a faculdade de servir-se da sua vontade" (1983, p.42). E à criança far-se-á ver que "se a educa para que um dia possa ser livre" (1983, p.43).

Trata-se, assim, de "inculcar" na criança o conceito do que é bom ou mau e incutir-lhe no caráter uma dupla *obediência* – primeiro, uma obediência *absoluta* ao diretor, resultante da coação, e depois uma obediência *voluntária*, que resulta da *razão* e do conhecimento do que é *reto*: "Essa obediência voluntária é muito importante, mas aquela é extremamente necessária, porque prepara a criança para o cumprimento das leis, que depois tem que cumprir como cidadão ainda que não lhe agradem" (Kant, 1983, p.73). É essa capacidade racionalizadora da escola a serviço do princípio do ideal racional de humanidade e sociedade, de homem e cidadão que comporta uma *violência simbólica*, cuja sutileza apresenta-se como *a melhor maneira* de fazer as coisas e alimenta o mito narcisista da racionalidade[18] dessa instituição onde se conjugam, entre outros, os verbos *vigiar e punir* (Foucault, 1996).

Emerge, então, a figura do educador como *corretor*. Ele corrige sempre para melhorar: "Corrigir é educar a cada passo, uma vez que é contribuir para a construção pelos alunos de uma imagem de si e, por isso mesmo, de estima de si" (Hameline, 2001, p.59). A correcção implica, pois, um juízo de valorização. E, mesmo quando a escola enaltece a "criatividade" do aluno, pode, na realidade, estar a mantê-lo sob vigilância apertada: "A sua "autonomia" é função direta dos "dispositivos" tecnológicos que são concebidos para observá-lo, avaliá-lo, ajudá-lo de forma oportuna, orientá-lo e, no fim de contas, colocá-lo *right man in the right place* (a pessoa certa no local certo). A libertação das crianças no seio de um universo lúdico e permissivo prende-se com um enquadramento sociotécnico mais do que nunca adaptador e conformante" (Hameline, 2001, p.46).

Essa perspectiva da disciplina como "fabricadora" do *homem novo* remete à condição dos indivíduos como objeto e instrumento do seu exercício em uma instituição – a escola – onde se integram o ensino, a aquisição de conhecimentos e a observação recíproca, hierarquizada e funcional e onde se repõe a dupla condição do professor como superior-subordinado e normalizador-normalizado (Foucault, 1996, p.153-164).

IMAGEM DE PROFESSOR

Em uma visão burocrática, o professor é concebido como agente do Estado, sujeito ao cumprimento do dever, entendido como adesão a normas e regras que garantem a boa ordem da sociedade e da escola. O seu primeiro dever é não para com os alunos, mas para com o Estado, do qual é servidor: é o dever de obediência (Formosinho, 1989, p.56). Neste se incluem os deveres de pontualidade e assiduidade e por eles se mede o bom professor: os deveres de cumprir os programas e de seguir as normas do Ministério enquadram os aspectos mais propriamente docentes; o dever de obedecer ao reitor, ao diretor ou ao presidente do órgão diretivo ou executivo e de aceitar os cargos de gestão intermédia para que é nomeado ou eleito rege os aspectos mais administrativos.

O "bom" professor é um cumpridor das normas e dos regulamentos. Respeita a ordem estabelecida. Não carece de grande espaço para a criatividade e a inovação. Conforme destaca Cunha, (1993, p.34):

> A ordem é valor absoluto e a unidade nacional, condição de progresso. A inovação causa uma certa desordem, logo é deontologicamente desvalorizada. A sociedade é considerada como constituída, com estruturas e normas que apenas é necessário reforçar. A nação facilmente se identifica com o Estado. O professor exprime então a sua identidade, considerando-se um profissional vocacionado para servir o Estado. Não serve interesses particulares nem o seu próprio interesse: serve o Estado; essa é a sua honra.

Não é que deva ser banida a criatividade do professor. Ela deve, isso sim, servir à inovação decretada que ele deve cumprir, a inovação vinda de cima da qual ele é simples executor. Assim, frente a uma inovação decretada, o "bom" professor mudará de práticas e de atitudes. Como funcionário, ele tem o *dever de obediência*, e a não-mudança de práticas implica o não-cumprimento desse *dever*, sobretudo se se tratar de atos passíveis de controle administrativo.

Essa filosofia de que no topo se inova e na base se executa é acompanhada por um conjunto de princípios complementares – o que está escrito é para cumprir, não é seguro que seja permitido fazer o que não está escrito, só é permitido fazer o que está regulamentado, etc. – que podem ser sintetizados no princípio de *o que não é explicitamente ordenado é proibido*, cortando asas a qualquer vontade de inovar a partir das escolas e dos professores, mais socializados para acautelar-se de modo a não dar um passo em falso do que para arriscar à procura de novas soluções para os problemas com que se deparam. Aliás, a inovação a partir de uma escola ou de um professor é tida como violação direta do princípio básico da uniformidade e da universalidade das normas e, implicitamente, pode ser entendida como uma afirmação de que se pode fazer melhor ou diferente do prescrito pela *pedagogia ótima* (Formosinho, 1999, p.21).

Em uma concepção burocrática da carreira docente, o desempenho do professor é tido por bom quando "nada consta" no seu registro biográfico. Limita-se, pois, ao verificável, como seja algum eventual "incidente crítico" registrado em documentação produzida. Na generalidade dos casos, o "bom" professor o é pela pontualidade e pela assiduidade – até mais esta do que aquela – e pelo tempo de serviço contável para "progressão" por antigüidade no exercício da atividade docente. Trata-se de uma avaliação do desempenho que se baseia em critérios claros e observáveis, assim como em elementos escritos que presumem o mérito da experiência adquirida por omissão de registro de demérito da ação exercida e não pelo mérito evidenciado e que, por isso, promovem, embora em nome dos princípios de justiça e igualdade de direitos e deveres entre os professores, uma diferenciação dos professores que favorece a indiferenciação do desempenho concreto das funções docentes (Formosinho e Machado, 2003).

Assim, a "carreira" docente torna-se "um modelo estruturante da atividade ocupacional dominante nas grandes organizações de tipo burocrático/industrial" que, embora querendo compatibilizar o modelo "burocrático" e o modelo "profissional"[19] da atividade docente, elimina o risco da atividade profissional que depende do mérito que lhe é atribuído pela clientela e pode garantir o estatuto social e a retribuição econômica, mas condiciona bastante a autonomia e o poder, sendo progressivamente adquiridos à medida que se caminha da base para o topo. Desse modo, nas disposições estatutárias que regulam a "carreira" docente, as regras do jogo são antecipadamente conhecidas ao ínfimo pormenor, de acordo com a lógica burocrática[20] (Pires, 1990, p.14).

Mesmo quando, ao tempo de exercício da atividade, acrescenta-se como fator de progressão a formação acrescida, hoje designada também por formação contínua, ela acaba por ser inserida em uma lógica burocrática, que considera a formalidade da certificação da formação mais do que os efeitos por ela produzidos na qualidade do desempenho do exercício da atividade docente. E, se em uma perspectiva mais pessimista, a formação vale pela garantia do acesso a uma formalidade certificadora que credencializa a progressão na "carreira", já em uma perspectiva positiva ela é procurada na medida em que, com ela, o professor "atualiza-se", isto é, "conhece" mais para "saber" mais e "fazer" melhor o que no topo é determinado que ele deve "conhecer", "saber" e "executar" (Machado e Formosinho, 2003).

O professor socializado nessa concepção burocrática considera o princípio da uniformidade como salvaguarda de uma igualdade de tratamento impeditivo de qualquer favoritismo ou tratamento privilegiado a certos professores. Como conseqüência, não tem em boa conta o professor inovador: ele põe em causa a igualdade de tratamento; parece querer "evidenciar-se" como singular, chamar para si atenções especiais (do diretor, dos alunos, dos pais dos alunos, da comunidade) e beneficiar-se de mais rápida "promoção"; ou, simplesmente, pôr em causa outros professores (Formosinho, 1999, p.21). Em uma linguagem desportiva, esse professor pretenderia "correr" à parte, "correr" por fora, não integrar o pelotão ou, na hipótese de não estar sozinho, integrar o pelotão da frente.

Continuando essa metáfora desportiva, mas ao contrário do desporto velocipédico em que o pelotão acelera a pedalada para integrar o(s) fugitivo(s), na concepção burocrática o pelotão de professores anula qualquer "fuga", começando pela erradicação do próprio conceito de "fuga" ou *sprint* individual na cultura profissional. O "corpo" de professores seria, nessa concepção, um todo cuja homogeneidade consubstancia-se nas normas burocráticas da uniformidade, da universalidade e da impessoalidade e é garantida, por um lado, pela produção normativa e, por outro, pelo cumprimento do *mínimo burocrático*, que se conjugam para erradicar qualquer inovação a partir da base. Sendo certo, porém, que a concepção do grupo profissional como "corpo", por si só, não impede a inovação como expressão de uma vontade coletiva, uma vontade do "corpo", mas nunca vontade dos indivíduos.

Desse modo, a concepção burocrática apenas "tolera" ao professor a inovação pedagógica na sala de aula, onde "fica escondida, não viola o princípio da privacidade pedagógica, não é controlada e não está sujeita a ser interpretada como uma tentativa de influenciar o comportamento dos outros professores" (Formosinho, 1999, p.22). Assim, contraria-se uma cultura individualista, que se baseia na estrutura de escola como organização celular de classes (agrupamento de alunos) e de disciplinas, fazem da sala de aula o espaço privilegiado de realização do trabalho docente, introduzindo momentos de trabalho em conjunto, isto é, por reuniões em órgãos colegiais, normalmente dominados, não por questões pedagógicas, mas sobretudo por questões normativas, administrativas e financeiras.

Aí se desenvolve uma cultura de colaboração decretada, em que o "grupo", o corpo colegial é a instância que organiza, coordena, monitora e controla o trabalho docente, através da imposição de tendências uniformes do desempenho docente e da produção de normativos internos típicos do controle centralizado burocrático, agora mais aceito porque exercido pelo "coletivo", porém, de igual modo, desincentivador da inovação, agora tida também como desvio à norma local e como ameaça à autoridade "colegial".

Por outro lado, pela lógica burocrática que comporta, a "carreira" tende a privilegiar a dimensão institucional da organização escolar e a evoluir para a "endogamia", correndo o risco de se constituir em espaço fechado onde, apesar do contato diário com os alunos, estes deixam de ser percebidos como tais, o que não deixaria de ser uma perversidade do sistema escolar (Pires, 1990, p.18).

Assim, a concepção burocrática do professor e da carreira requer que se explicite a imagem de escola que a acompanha.

IMAGEM DE ESCOLA

No modelo de administração pública centralizada, a escola é concebida como *serviço local do estado* e integrada na sua administração periférica (Freitas do Amaral, 1988, p.378-400). É um serviço chefiado por órgãos locais e funciona na dependência hierárquica dos serviços centrais concentrados ou desconcentrados do Ministério da Educação.

A comunidade escolar restringe-se aos elementos que podem ser enquadrados na cadeia hierárquica da administração da educação e sujeitos ao poder disciplinar do Estado: professores, funcionários e alunos. Ela não tem autonomia – nem autonomia científica, nem autonomia curricular nem organizacional, nem autonomia financeira nem administrativa. É um serviço dirigido pelos serviços centrais através de despachos normativos, circulares e instruções diretas, sendo que a sua direção se encontra fora dela (Formosinho, 1989, p.55-56).

Já em uma proximidade com uma concepção da escola como "empresa de produção" (Planchard, 1979, p.133), perspectivam-se não só os produtos alcançados, mas também a economia de processos através de soluções padronizadas e da seleção das pessoas certas para os lugares certos, em função dos princípios da divisão do trabalho e da especialização do trabalhador, no pressuposto de que a eficiência aumenta na relação direta dessa especialização. Nesse sentido, compete à administração a seleção, o treino e o aperfeiçoamento do trabalhador para um cabal desempenho das tarefas, tendo em vista as metas da organização escolar.

Compete-lhe, de igual modo, a *concepção* do trabalho (atividade intelectual) e a sua *realização* (atividade prática), em uma relação que se desloca da primeira para a segunda na medida em que se desce na pirâmide organizacional. Segundo Planchard (1979, p.131-135), esse processo integra várias tarefas, das quais as primeiras são: definir o *produto acabado*, isto é, em que consiste o aluno realmente formado; determinar os *fatores* que se conjugam na consecução do resultado; efetuar uma análise minuciosa de todos os elementos que atuam no aluno; determinar os *métodos* de trabalho (no sentido mais lato) e os *instrumentos* mais apropriados para a verificação das diversas influências educativas e didáticas; comparar o seu valor; fixar as condições *ótimas* do seu emprego.

Acrescenta esse autor que a garantia de "uma eficiência máxima" apóia-se no "controle direto e tanto quanto possível objetivo (os resultados no aluno)", tarefa esta que "corresponde à verificação industrial do produto, no que diz respeito à quantidade e à qualidade", seja a "verificação final", seja a "verificação progressiva no decorrer da formação", mas sempre "avaliação objetiva da eficiência dos diversos fatores que intervêm na produção".

Essa direção da escola a partir dos serviços centrais, precisamente em nome da *melhor maneira* de fazer as coisas (Taylor, 1982), acaba, no entanto, por tomar como referência a *mediania*, porquanto o objetivo do centralismo burocrático não é a máxima adequação das decisões, mas uma *adequação média* ou o *mínimo de desadequação* (Formosinho, 1999, p.15). Desse modo, o sistema parece traçar-se objetivos limitados, parecendo não acreditar que seja possível alcançar as melhores decisões na vida administrativa. É, assim, um sistema que defende o centralismo como o menor dos males, o mal necessário; não a melhor solução (que é inatingível), mas a menos pior.

O centralismo burocrático baseia-se, pois, em uma *filosofia pessimista* da gestão a que McGregor, em *The human side of the enterprise*, chamou a "teoria X", cujas premissas básicas são as seguintes:

- o ser humano não gosta de trabalhar e evitará o trabalho enquanto for possível – logo, a administração precisa pressionar o trabalhador para obter produtividade;
- por causa dessa característica aversão ao trabalho, a maioria das pessoas precisa ser coagida e ameaçada para trabalhar e, por isso, a administração tem de criar castigos para obter um esforço razoável dos empregados;
- o ser humano prefere ser dirigido e deseja evitar responsabilidades; é pouco ambicioso e procura segurança.

Claro que o sistema centralizado não tem implícita a pressuposição de que todos os homens são assim, mas a de que a grande maioria o é e que seria essa maioria a dar o tom às organizações locais. Daí ser necessário na lógica do sistema haver alguém que comande, imponha, coaja, ameace e, eventualmente, castigue (Formosinho, 1999, p.16).

Essa *filosofia pessimista* de gestão e a prática da *adequação média* ou *mínima desadequação* acabam por favorecer a *mediocridade* de funcionamento da escola como organização burocrática. Na verdade, a pesquisa realizada por Alvin W. Gouldner, entre 1948 e 1951, veio mostrar que as *regras burocráticas*, gerais e impessoais definem o que é permitido e o que não é permitido e estabelecem um padrão de comportamento *mínimo aceitável*, que passa a ser considerado o nível de comportamento que a organização espera do empregado. Assim, esse comportamento padrão reduz a eficiência, uma vez que diminui a motivação de produzir, e a redução da eficiência leva a uma intensificação da burocracia punitiva (Chiavenato, 1983, p.303-304).

Essa mediocridade é igualmente favorecida pelo processo de prestação de contas da escola como *serviço local de Estado*: a prestação de contas faz-se exclusivamente ao Estado através dos serviços centrais concentrados ou desconcentrados, neles incluídos a inspeção. O tipo de responsabilização é quase exclusivamente o burocrático, em que se controla o cumprimento dos meios independentemente da prossecução dos fins, em que se valorizam os ritos e em que se ignoram as intenções. É uma prestação de contas que, no domínio pedagógico, baseia-se no ensino (o meio), ignorando a aprendizagem dos alunos (o fim) (Formosinho, 1989, p.55-56). Já em uma racionalidade mais própria do mundo da produção, no âmbito da escola propriamente dita, o controle incide "na medição dos resultados obtidos pelo aluno, na verificação do ritmo dos seus progressos, na determinação dos seus pontos fracos, na comparação entre escolas" (Planchard, 1979, p.134).

O processo burocrático de responsabilização, a socialização burocrática dos professores, o seu conformismo frente à falta de espaço de intervenção, a sua ligação à rotina, a falta de estímulo profissional por ausência de carreira docente não-burocrática, a sua capacidade em utilizar as disfunções burocráticas para reforçar a sua posição e defender os seus interesses e a sua atitude de desconfiança em relação ao poder local e regional[21] são outras razões que favorecem a fácil aceitação da centralização do sistema de ensino. Desse modo, "a centralização não é um mero sistema técnico de administração, mas um sistema cultural de decisão que conduz à passividade e ao conformismo dos cidadãos e à desmobilização dos grupos e associações e das comunidades locais" (Formosinho, 1989, p.67).

CONSIDERAÇÕES FINAIS

Pensada como *pedagogia ótima*, a pedagogia burocrática fundamenta-se no caráter legal das normas e dos regulamentos estabelecidos, lança mão de rotinas e formalizações, traça limites às tarefas dos profissionais de educação e ensino (mesmo quando as aumenta), despersonaliza as atividades das pessoas envolvidas no ato pedagógico (mesmo quando apela à pessoa do professor e refere a pessoa do aluno), afirma a cadeia hierárquica (mesmo quando a escola apresenta-se sob a forma de pirâmide achatada, onde o colégio sobrepõe-se a cada membro), fixa regras e procedimentos, reduz o mérito e a competência técnica à posse de certificação legitimadora do exercício da profissão e de progressão na carreira e reconhece a especificidade do corpo profissional dos professores que pode até cooptar na gestão das tarefas imediatas da escola, dando, assim, um matiz "democrático" a um sistema burocorporativo.

Ao conceber o *tipo ideal* de burocracia, Weber considerava que seria previsível o comportamento dos seus membros, parecendo ignorar outras racionalidades que as organizações comportam, cujas conseqüências tornam-se imprevisíveis pela racionalidade normativa – Merton as denomina *disfunções*, isto é, anomalias e imperfeições da *máquina burocrática* –, ao mesmo tempo em que abala a eficiência esperada. Essas disfunções levam o professor a atender mais às normas estabelecidas e a preocupar-se menos com o problema do aluno, porque é pelo cumprimento daquelas que ele deve prestar contas à administração institucional. De fato, a "perfeição" da burocracia como *tipo ideal* weberiano não prevê a possibilidade de flexibilidade frente às exigências internas e externas. Como mostra Selznick, no interior da organização formal desenvolve-se uma *estrutura informal* em cujo seio agem os indivíduos e os grupos, procurando controlar as condições da sua existência, assim como as pressões do ambiente exigem-lhe uma *capacidade adaptativa* que a leva a ajustar e modificar os seus objetivos.

Por seu lado, Crozier analisa o *fenômeno burocrático* e evidencia a sua rigidez, o que explica a incapacidade da burocracia de sair do seu próprio *círculo vicioso*. Na verdade, na escola burocrática a mudança confronta-se com uma racionalidade de raciocínio dedutivo que faz derivar a situação específica do conceito geral e, por isso, enquadra os novos problemas nos antigos quadros conceituais, promove a uniformização de procedimentos e privilegia a estabilidade ambiental como condição ótima do seu funcionamento. A socialização dos professores no modo burocrático de ação leva-os mesmo a encarar a mudança como ameaça à sua segurança e tranqüilidade, podendo resistir de forma mais ou menos ativa. Tratando-se de um grupo profissional com capacidade argumentativa, consegue, em certas matérias, disfarçar os próprios interesses e com eles fazer coincidir o interesse público.

De igual modo, o estudo de Gouldner realça o sistema de crenças e expectativas dos membros da organização e o *sistema solidário informal* que entre eles se estabelece como estratégia defensiva frente à ameaça e ao controle de um sistema burocrático que os perspectiva à luz de um *filosofia pessimista*, ao mesmo tempo em que evidencia a especificação do nível *mínimo de desempenho* aceitável dentro da organização. Assim, a *adequação média* dos meios aos fins, a categorização como base do processo de decisão, o apego aos regulamentos, a capacidade de os fazer jogar a favor dos interesses pessoais ou corporativos, a despersonalização do relacionamento, a identificação do *bom* desempenho como desempenho *mínimo* aceitável, enfim, a racionalização da *pedagogia ótima* própria do modo burocrático toma a criança como matéria-prima a modelar e receptáculo vazio a preencher, requer um professor descarnado como condição de materialização do espírito da burocracia, promove a conformidade e a passividade e faz da escola burocrática uma escola bastante *mediana* em face dos fins sociais, políticos e culturais que lhe são estabelecidos pelo legislador como autor político.

Essa *mediania* de realização e a erosão da legitimidade dos fundamentos da *pedagogia ótima* contribuem para a *crise de legitimidade* da escola e para o *mal-estar* docente e requerem pedagogias alternativas. Por serem alternativas, essas pedagogias são incompatíveis com a racionalidade burocrática. Contudo, o autor anônimo só consegue lidar com aquelas pelo *modo burocrático*: rejeita-as porque lhe são "estranhas" na sua racionalidade ou, se a crise obriga à adaptação a uma realidade a que determinada pedagogia alternativa corresponde melhor, o autor anônimo enquadra-a na sua estrutura de pensamento e no seu processo de decisão, apropria-se dela como "melhor maneira", molda-a à sua "gramática" e "decreta" a sua aplicação universal.

NOTAS

1. Embora seja evidenciada por vários autores a influência nos modos de organização escolar exercida pelos estudos de Taylor e dos trabalhos de Fayol no setor administrativo das empresas, a verdade é que podemos encontrar entre os estudiosos experimentais dos fatos escolares pedagogos de tipo tayloriano antes mesmo de Taylor ter dado o exemplo no campo industrial (ver Planchard, 1979, p.137-138). O próprio Taylor recorreu ao exemplo das escolas graduadas, já existentes nos Estados Unidos desde finais do século XIX, para justificar que a um único dirigente deve corresponder um conjunto de chefes especializados que, por sua vez, acompanham sistematicamente os operários: "Em uma escola semelhante os alunos são tomados, sucessivamente em cada dia, por professores especializados e, em muitos casos, disciplinados por um homem, parti-

cularmente preparado para o efeito: o velho sistema de um só mestre para uma só classe está, por completo, abandonado" (apud Barroso, 2001, p.72).

2. Essas situações verificam-se na determinação de muitos elementos da concepção de políticas apenas esboçadas, na precisão de aspectos menos claros ou não previstos, na determinação entre critérios divergentes de implementação. Mas também pelo desvio devido a incentivos pessoais que conflituam com o dever de obediência (fuga ao trabalho, contorno de um ou outro aspecto menos agradável da política a executar, gestão de carreira política pessoal, cedência a *lobbies*) ou devido à recepção de instruções conflitantes de fontes diversas.
3. Weber inclui na *ética protestante* um conjunto de normas sociais morais, como "o trabalho duro e árduo como dádiva de Deus, a poupança e o ascetismo que proporcionaram a reaplicação das rendas excedentes, em vez do seu dispêndio e consumo em símbolos materiais e improdutivos de vaidade e prestígio" (Chiavenato, 1983, p.412). Aliás, uma das suas principais obras tem por título *A ética protestante* e *O espírito do capitalismo* (Weber, 1987). Sobre outras causalidades e explicações do "espírito do capitalismo", ver Philippe Bernoux (1985) e Michael Novak (2001).
4. A necessidade de rápidas e unívocas decisões, livres da necessidade de compromisso entre diferentes opiniões e também das maiorias instáveis, constitui fator decisivo para o desenvolvimento da autoridade de um único chefe (Weber, 1971, p.23)
5. Ao desenvolver e aprofundar as características da burocracia, Max Weber aproxima-se dos *princípios da administração científica* do trabalho desenvolvidos por Frederick W. Taylor (1982) e dos *princípios gerais da administração* preconizados por Henri Fayol, nomeadamente os princípios da *divisão sistemática do trabalho* e o princípio da *hierarquia da autoridade* que regulam a organização contínua dos cargos que são delimitados por normas de procedimento que estipulam as áreas específicas de competência técnica. Ao princípio da *hierarquia da autoridade* dos cargos subjazem também os princípios de *autoridade e responsabilidade*, *unidade de comando*, *unidade de direção* e *centralização* defendidos em *Administration industrielle et générale* por Fayol (Chiavenato, 1983, p.75-76).
6. Neste ponto, retomamos Formosinho e Machado (2000a, p.23-27 e 2000b, p.105-107).
7. Fazemos aqui a distinção entre leis que têm uma componente de garantia dos direitos e deveres dos cidadãos e de garantia de qualidade dos serviços públicos prestados e normativos claramente regulamentares que são aqueles em que se pré-categorizam essas decisões burocráticas.
8. Entendemos por *ação insensata* uma ação que não está de acordo com o senso comum esclarecido: em uma perspectiva racional, este procura adequar na ação os meios utilizados aos fins pretendidos.
9. Para uma síntese das críticas, logo desde o início, à organização da escola em classes, ver Barroso (2001, p.76-77).
10. Diz Selznick (1971) que, para atingir os seus objetivos, a organização burocrática adota como mecanismos de defesa a *ideologia*, que dá suporte à participação orgânica, ou a *cooptação* de novos elementos na estrutura de decisão como forma de evitar ameaças à estabilidade ou à existência da organização.
11. E, como os professores, como funcionários que são, têm o dever de obediência, é tida como automática e garantida a mudança de práticas e de atitudes. Ora, as atitudes não se mudam por decreto nem se podem impor recorrendo ao dever de obediência. Por vezes, os novos comportamentos são servidos pelas antigas atitudes (ver Formosinho, 1999, p.19).

12. A organização pedagógica coaduna-se mais com uma racionalização que busca a sua legitimação, quer na *cientifização da pedagogia* operada nos inícios da século XX e de "ciências positivas", como a psicologia e a sociologia, quer na consideração da escola como uma *empresa* de produção: "podemos considerar a escola como um centro de produção, e esta comparação nada tem de depreciativo nem de materialista, se precisarmos que os fatores que se conjugam nesta produção dum género particular são muito numerosos, quantitativos mas sobretudo qualitativos, e são orientados para o mais nobre objetivo que se possa imaginar. A única finalidade da ação escolar, em toda a sua complexidade, não é outra coisa senão realizar um produto acabado tão perfeito quanto possível; alunos *bem formados*, que se aproximem do ideal educativo previamente fixado" (Planchard, 1979, p.130).
13. Neste ponto e no seguinte, retomamos Machado (2005).
14. Sobre as imagens otimista e pessimista da infância em uma mundividência cristã, ver Fernandes (2004).
15. Mais adiante, Kant acrescenta a importância da educação na atualização dessa predisposição para o bem: "Uma boa educação é precisamente a origem de todo o bem no mundo. É necessário que os germes que jazem no homem sejam cada vez mais desenvolvidos, pois não se encontram nas suas predisposições os fundamentos para o mal" (1983, p.36).
16. A concepção da criança como papel em branco conjuga-se bem com a do aluno como "a matéria-prima na empresa-escolar, sobre o qual se concentram, em suma, todas as influências educativas", produto a modelar, mesmo que "não seja matéria inerte", pelo professor que, por sua vez, corresponderia ao contramestre nas oficinas" (Planchard, 1979, p.133). Já a metáfora do barro remete a uma visão mitológica do homem e do mundo, que faz da criança o novo Adão que, pela educação, regenerará a sociedade dos homens e, por isso, faz do educador uma réplica do autor das coisas.
17. Sobre o *castigo físico*, *natural* ou *artificial*, o seu uso conveniente para não produzir *indoles servilis* ou *indoles mercenaria* e o seu caráter suplementar relativamente ao castigo moral, ver Kant (1983, p.74). Também sobre a disciplina e os castigos escolares, ver Durkheim (2002, p.117-162).
18. Esse mito é abalado na exata medida em que os rituais escolares (rituais "desmitologizados") perdem a dose de confiança em que se baseia a sua legitimidade social e transformam o "desencantamento" do mundo operado pela *utopia da razão* em "desencantamento" das pessoas pela capacidade de resposta do estado educador à complexidade da escola de massas.
19. O modelo "profissional pode caracterizar-se, em linhas gerais, pelas seguintes características: a afirmação de um saber especializado; a defesa de organizações dos professores cujo objetivo é a definição de educação; o distanciamento em face dos "amadores"; o ideal de serviço – a neutralidade do perito. É essa caracterização que, quando socialmente reconhecida, confere autonomia, estatuto social e poder, estando na base da exigência de formas congruentes de retribuição econômica (Pires, 1990, p.14).
20. Em uma concepção profissional da ocupação docente, os estatutos dão lugar a códigos baseados em normas deontológicas e não-administrativas.
21. Essa atitude de desconfiança dos professores em relação ao poder local e regional provém tanto da tradição de dependência do Estado e da socialização burocrática centralista quanto do comportamento genérico dos profissionais de repugnância de prestação de contas aos pares e de inclusão na sua zona de saber especializado não só das decisões técnicas, como também das não-técnicas (Formosinho, 1989, p.60).

REFERÊNCIAS

BARROSO, J. Escolas, projectos, redes e territórios: educação de todos, para todos e com todos. *Cadernos PEPT*, n. 16, 1993.

________. O século da escola: do mito da reforma à reforma de um mito. In: Ambrósio, T. et al. *O século da escola:* entre a utopia e a burocracia. Porto: Edições ASA, 2001. p. 63-94

BERNOUX, P. *La sociologie des organizations:* initiation théorique suivie de douze cas pratiques. Paris: Éditions du Seuil, 1985.

BEETHAM, D. *A burocracia*. Lisboa: Estampa, 1988.

BOWEN, J. *Historia de la educación occidental.* 2. ed. Barcelona: Herder, 1992. Tomo 3: *El Occidente Moderno, Europa y el Nuevo mundo, siglos XVII-XX.*

CHIAVENATO, I. *Introdução à teoria geral da administração*. São Paulo: McGraw-Hill, 1983.

CROZIER, M. *Le phénomène burocratique*. Paris: Éditions du Seuil, 1963.

CUNHA, P. d'O. Para uma nova deontologia da profissão docente. In: *Educação para Todos:* ponte para um outro futuro. Lisboa: Ministério da Educação, Cadernos PEPT, n. 2, p. 31-43, 1993.

DURKHEIM, É. *Educação e sociologia.* 5. ed. São Paulo: Melhoramentos.

DURKHEIM, É. *La educación moral*. Madrid: Morata, 2002.

FERNANDES, A.S. A mundividência cristã da criança numa perspectiva histórica: entre a concepção pessimista e a concepção optimista da criança. In: OLIVEIRA-FORMOSINHO, J. (Coord.). *A criança na sociedade contemporânea*. Lisboa: Universidade Aberta, 2004. p. 261-288.

FERNÁNDEZ ENGUITA, M. *Poder y participación en el sistema educativo:* sobre las contradicciones del sistema escolar en un contexto democrático. Barcelona: Paidós, 1992.

FORMOSINHO, J. A escola das pessoas para as pessoas: para um manifesto antiburocrático. In: FORMOSINHO et al. *Políticas educativas e autonomia das escolas*. Porto: ASA, 2000. p. 147-159.

________. A igualdade em educação. In: PIRES, E.L.; FERNANDES, A.S.; FORMOSINHO, J. *A construção social da educação escolar.* 2. ed. Rio Tinto: ASA, 1998. p. 169-186.

________. A renovação pedagógica numa administração burocrática centralizada. *O Ensino*, 7-8-9-10, p. 101-107, 1984.

________. A renovação pedagógica numa administração burocrática centralizada. In: FORMOSINHO, J. et al. *Comunidades educativas:* novos desafios à educação básica. Braga: Livraria Minho, 1999.

________. Currículo uniforme pronto a vestir de tamanho único. In: *O insucesso escolar em questão*. Braga: Universidade do Minho, 1987. p. 41-50.

________. De serviço de Estado a Comunidade Educativa: uma nova concepção para a escola portuguesa. *Revista Portuguesa de Educação*, v.2, n.1, p., 53-86, 1989.

________. O dilema organizacional da escola de massas. *Revista Portuguesa de Educação*, v.5, n.3, p.23-48, 1992.

FORMOSINHO, J.; MACHADO, J. Reforma e mudança nas escolas. In: FORMOSINHO et al. *Políticas educativas e autonomia das escolas*. Porto: ASA, 2000a. p. 15-30.

________. Vontade por decreto: projecto por contrato: reflexões sobre os contratos de autonomia. In: FORMOSINHO et al. *Políticas educativas e autonomia das escolas*. Porto: ASA, 2000b. p. 91-115.

FORMOSINHO, J.; MACHADO, J. Formação e (in)diferenciação dos professores. *Elo – A Formação de Professores*, p.117-128, 2003. Número especial.

FOUCAULT, M. *Vigiar e punir:* nascimento da prisão. 13. ed. Petrópolis: Vozes, 1996.

FREITAS DO AMARAL, D. *Curso de direito administrativo*. Coimbra: Livraria Almedina, 1988. vol. 1.

FRIEDBERG, E. *Le pouvoir et la règle:* dynamique de l"action organisée. Paris: Éditions du Seuil, 1993.

GOULDNER, A.W. Conflitos na teoria de Weber. In: CAMPOS, E. (Org.). *Sociologia da burocracia*. Rio de Janeiro: Zahar, 1971. p.59-67.

HABERMAS, J. *Ciencia y tecnica como "ideologia"*. Madrid: Tecnos, 1984.

HAMELINE, D. Os professores: prisioneiros, cúmplices? Que nova profissionalidade. In: AMBRÓSIO, T. ET AL. *O século da escola:* entre a utopia e a burocracia. Porto: ASA, 2001. p. 41-61.

HALL, R.H. O conceito de burocracia: uma contribuição empírica. In: CAMPOS, E. (Org.). *Sociologia da burocracia*. Rio de Janeiro: Zahar, 1971. p. 29-47.

HELVETIUS, M. *De l'homme, de ses facultés intellectuelles, et de son éducation*. Paris: Librairie Arthème-Fayard, 1989. 2 vol.

KANT, I. *Pedagogía*. Madrid: Akal, 1983.

LIMA, L.C. Inovação e mudança em educação de adultos: aspectos organizacionais e de política educativa. *Forum*, n.4, p.57-73, 1988c.

LINDBLOM, C.E. *O processo de decisão política*. Brasília: Universidade de Brasília, 1981.

LOCKE, J. *Ensayo sobre el entendimiento humano*. Buenos Aires: Aguilar, 1974.

________. *Ensayo sobre el gobierno civil*. Madrid: Aguilar, 1973.

________. *Pensamientos acerca de la educación*. Madrid: Lectura.

MACHADO DE ARAÚJO, J. Modernidade, infância e educação. In: ARAÚJO, A.F.; MACHADO DE ARAÚJO, J. *História, educação e imaginário*. Atas do VIII Colóquio de História, Educação e Imaginário (Universidade do Minho, 11 de Abril de 2005). Braga: UM/IEP/CIEd. 2005. No prelo.

MACHADO, J.; FORMOSINHO, J. Professores, escolas e formação: políticas e práticas de formação contínua. *Revista Galego-Portuguesa de Psicoloxía e Educación*, ano 7, v.10, n. 8, p.1138-1663, 2003.

MERTON, R.K. Estrutura burocrática e personalidade. In: CAMPOS, C. (Org.). *Sociologia da burocracia*. Rio de Janeiro: Zahar, 1971. p.107-124.

MICHELIS, R. A tendência burocrática dos partidos políticos. In: CAMPOS, E. (Org.). *Sociologia da burocracia*. Rio de Janeiro: Zahar, 1971. p.101-106.

NOVAK, M. *A ética católica e o espírito do capitalismo*. Cascais: Principia, 2001.

NÓVOA, A. *Le temps des professeurs:* analyse socio-historique de la profession enseignante au portugal (XVIIIe-XXe Siècle). Lisboa: INIC, 1987. 2 vol.

________. (Org.). *Profissão professor*. Porto: Porto Editora, 1991.

PIRES, E.L. Prefácio: o modelo escolar contemporâneo e a natureza da atividade docente. In: Carvalho, M.A.S.; OLIVEIRA, P.P. O estatuto da carreira docente anotado. Rio Tinto: ASA, 1990. p. 7-18.

PLANCHARD, É. *Introdução à pedagogia.* 3. ed. rev. Coimbra: Coimbra Editora, 1979.

RAMOS, M.C.C. *O estatuto da carreira docente:* decisão negociada ou discutida? Porto: ASA, 1996.

REBOUL, O. A filosofia da educação. Lisboa: Edições 70, 2000.

ROUSSEAU, J.-J. *Emílio.* Lisboa: Europa-América, 1990. 2 vol.

________. *O contrato social.* Lisboa: Europa-América, 1981.

________. *Proyecto de constitución para córcega:* consideraciones sobre el Gobierno de Polonia. Madrid: Tecnos, 1988.

RUYER, R. *L'utopie et les utopies.* Brionne: Gérard Monfort, 1988.

SELZNICK, P. Cooptação: um mecanismo para a estabilidade organizacional. In: CAMPOS, E. (Org.). *Sociologia da burocracia.* Rio de Janeiro: Zahar, 1971. p.93-100.

SFEZ, L. *Critique de la decision.* Paris: Fondation Nacional des Sciences Politiques, 1981.

TAYLOR, F.W. *Princípios da administração científica.* São Paulo: Atlas, 1982.

TERRÉN, E. *Educación y modernidad:* entre la utopía y la burocracia. Rubí (Barcelona): Anthropos; A Coruña: Universidade da Coruña, 1999.

TOFFLER, A. *A terceira vaga.* Lisboa: Livros do Brasil, 1984.

TORRES, L.L. *Cultura organizacional em contexto educativo:* sedimentos culturais e processos de construção do simbólico numa escola secundária. Braga: Universidade do Minho / Instituto de Educação e Psicologia, 2004.

WARBURTON, N. *Elementos básicos de filosofia.* Lisboa: Gradiva, 1998.

WEBER, M. *Economia y sociedad:* esbozo de sociologia comprensiva. 2. ed. Mexico: Fondo de Cultura Económica, 1984.

________. *Ensaios de sociologia.* Rio de Janeiro: Zahar, 1979. p. 229-282.

________. *Ensayos sobre sociología de la religión, I.* 2. ed. Madrid: Taurus, 1987.

________. Os fundamentos da organização burocrática: uma construção de tipo ideal. In: CAMPOS, E. (Org.). *Sociologia da burocracia.* Rio de Janeiro: Zahar, 1971. p.15-28.

WUNENBURGER, J.-J. *Uma utopia da razão:* ensaio sobre a política moderna. Lisboa: Instituto Piaget, 2003.